Xiangxiang
Kexue

想象科学

陆苏拉德◆著

安徽师范大学出版社

内容简介

本书综合人类最高智慧，从哲学的高度对传统的心理学、人类学、系统论等学科提出挑战，推出多种新的科学假说和独创性的理论。本书分为两篇：上篇阐述作者的创新理论，包括神经弧论、斗争进化论和精神心理学；下篇为这个理论体系提供大量理论依据和方法，对认识论、科学的性质、科学与哲学的关系以及对科学发展的一般道路等也作了广泛而深入的探讨。

本书是作者20多年思考与研究的成果，新奇独特，追求想象与思辨的完美结合，对开拓思路、拓展想象力、提升创新能力具有重要的参考作用，适合哲学与科学爱好者、研究人员、管理人员、教师与高年级学生阅读。其宗旨在于激发大家的兴趣，共同探讨科学与哲学中未解的问题和规律。

图书在版编目（CIP）数据

想象科学/陆苏拉德著．—芜湖：安徽师范大学出版社，2011.10

ISBN 978-7-81141-400-4

Ⅰ.①想…　Ⅱ.①陆…　Ⅲ.①想象—研究　Ⅳ.①B842.4

中国版本图书馆CIP数据核字（2011）第190983号

想象科学

陆苏拉德　著

出 版 人：张传开
责任编辑：潘　安　桑国磊
装帧设计：丁奕奕

出版发行：安徽师范大学出版社
芜湖市九华南路189号安徽师范大学花津校区　邮政编码：241002
发 行 部：0553-3883578　5910327　5910310（传真）　E-mail：asdcbsfxb@126.com
经　　销：全国新华书店
印　　刷：安徽芜湖新华印务有限责任公司
版　　次：2011年11月第1版
印　　次：2011年11月第1次印刷
规　　格：787×1092　1/16
印　　张：17.5
字　　数：383千字
书　　号：ISBN 978-7-81141-400-4
定　　价：35.00元

前 言

提到科学，人们会联想到大自然、实验室、统计数据和逻辑推理，科学能够是自由思维和想象力的产物吗？回答是十分肯定的。我们只要想一想德谟克利特、毕达哥拉斯、达·芬奇、凡尔纳、韦尔斯、阿西莫夫、爱因斯坦，他们不是实验科学家，却富于想象力，对科学发现和发明作出巨大贡献，我们就会信服此论。这部书定名为《想象科学》，可理解为“从想象产生的科学”，以区别于通常理解的“从实验产生的科学”，即实验科学。《想象科学》并不排斥实验科学，而且实际包含科学实验，只是这些实验不由作者而由其他人进行罢了。

有人说，谁无想象，构思和研制永动机、水变油……不也是想象吗？美国科学阴谋片《连锁反应》还描述了一个“成功”的“水代油”项目，想象真那么有价值吗？

不错，想象容易与空想、幻想、妄想和胡思乱想相混淆，所以需要有个界线，我看可以将理性作为分界线。凡是从理性出发以理性为基础的想象，就是科学的想象。缺乏理性的那些想法，归入其他。但这种划分仍然很模糊，人人都会声称自己的想法是理性的、科学的，最后的裁定也就只好诉诸权威；另一方式就是实验和实践，让它们来检验。若自己的想象能够通过科学实验的验证，或者自己的想象可以制造出成品，而别人也可以通过你的想法重复验证，产生同样的结果或成品，这就算一项科技成果。目前大多数科学技术成果就是这样产生的，即通过实践检验真理。

尽管今天的科学已经达到前所未有的高度，仍然有许多科学课题不能依赖传统的方式解决，它们介于科学和幻想之间，心理学、脑科学和人类学领域就有大量这类课题。它们有理论依据，但缺乏足够的实验数据，也不能用常规的方式做实验，目前能够依赖的也就是想象和推理，幸运时能够加上个体体验和群体观测及统计，本书探讨的主要就是这一类课题。不要过高评价实验的作用，詹姆斯是美国乃至世界心理学界颇有影响的心理学家，被称为美国心理学发展史上第一个科学心理学家、最后一个哲学心理学家，在哈佛大学有他的心理学实验室。据说，他就从未认认真真地在实验室里做过一项心理学研究，他的工作主要依赖日常经验和内省分析。他倡导的心理学方法第一个就是内省分析法，其次才是实验法和比较法。

到达真理之路，柏拉图的方式是从理念到理念，亚里士多德的方式是从质料到形式（相当于理念），笛卡尔的方式是直觉和推理，洛克的方式是经验和实践，康德的方式是综合判断和批判，黑格尔的方式是纯思维和概念，爱因斯坦的方式是想象加计算。哪种方式最好？回答是：因人而异，你有什么特长就用什么方式，“条条大路通罗马”。我认为，相比较而言，柏拉图的方式是最高级且最优秀的，他让人运用灵魂的视觉进入理念世界，并停留在其中，也就是生活在真理之中，世界对你来说是最清楚明白不过的了，但对一般人来说这种方式太过陌生，高不可攀。笛卡尔、康德和黑格尔的方式也难以捉摸，不好把握，爱因斯坦的方式需要天赋与才能的结合，只有亚里士多德和洛克的方式是一般人常用的，最好理解且最易实行的，但也是成效最小的。要想从实践或从经验到达真理，就离不开想象，否则你实践一辈子，经验满箩筐，也未必就见得到真理的影子。爱因斯坦说过："一个理论可以用经验来检验，但是并没有从经验建立理论的道路。"中国古人就有无数实践，积累了大量经验，并且产生了四大发明，但就没有出现科学理论，四大发明就一直停留在初级阶段。

最富有成效的做法是：想象在前，理论和实践在后，爱因斯坦就是这样做的。他自幼出现在心灵中的是：想象自己以接近和超过光的速度在空间飞行……最终产生相对论。相对论首先是想象的产物，缺乏想象力的人绝对创造不了这类理论。世界上众多发明创新，都首先是想象的产物。想象人像鱼一样在水中游动，因此发明了各种船舶和潜水装备；想象人像鸟一样在空中飞翔，因此发明了气球、飞机、火箭和其他飞行器；想象无限地分割事物，产生原子论；想象事物在无限地发散，产生宇宙膨胀论；相反，想象事物被无限地压缩，而且这种压力来自于自身，就产生黑洞理论和宇宙大爆炸论……这一切，不能仅靠实践或知识，大多数时候也无法实践，"想象力比知识重要"（爱因斯坦语），这些理论和知识的产生首先需要想象。

科学发展需要理论、方法和设备，在当代中国，这些东西都不欠缺，而且可以说基本达到甚至超过国际先进水平，高级人才欠缺的状态也以国际交流和大量引进的方式加以解决，所以欠缺的恐怕就是想象力。在科学研究中，理论是软件，设备是硬件，理论比设备重要得多，而想象力又比理论重要得多。缺乏想象力，理论是灰色的、平庸的，甚至可能是毫无价值的，惟有想象力才能产生光彩夺目的理论。看不到想象力的重要性，缺乏想象力，是中国科学步履蹒跚的关键所在。认为科学是踏踏实实的学术，只需要埋头苦干，刻苦钻研，挥洒99%的汗水，在崎岖小路上坚持不懈的攀登就能到达顶峰；认为想象力仅属于艺术，与科学无关或只有无足轻重的作用，就难以在科学上作出创新之举，能够达到的只是别人早就登临的峰顶，甚至连这样的峰顶也达不到，只能跟在别人后面艰难攀爬。

想象是一种天赋，也是智慧的表现，智慧的伸展形态就是想象，缺乏智慧参与的想象往往就是空想、妄想。希腊哲人追求关于世界本源和第一原理的认识，就需要想象，也就是智慧。原与源，是一切事物的出发点和终点，对原与源的认识就需要想象，因为它是看不见摸不着的。科学研究离不开知识，但更需要想象和智慧。

本书的主题是阐述作者心理学和神经生理学上的一种新理论：神经弧论，它是想象加智慧的产物。传统理论与新理论的差异可从两个概念一句话鲜明地显现出来，这就是：神经弧人对神经元人，英文是"Neurarcal Man vs Neuronal Man"。

《神经元的人》（*Neuronal Man*），是当代法国神经生理学家尚若一部专著的名称，书名提示了一种传统的、流行的神经生理学理论：人是神经元主导的，神经元数量、连接方式和利用率决定人的一切言行和成就，就是作者在20年前提出批判的"庞大论"。"神经弧的人"是新理论的一种形象的说法，由神经系统"neur"和弧"arc"两词组合而成。它立足于由大大小小的神经弧组成的神经系统，大脑是系统终端，神经弧在那里汇合，通过突触连接产生意识、想象和思维。大脑的崇高地位受到动摇，它只是系统的“终端机”，神经系统本身才是“主机”。神经元的重要性也大幅下降，它们只不过是传递神经冲动的“导线”（神经束）的材料，本身不可能是记忆单元，更不会是“微型电脑”，“庞大论”的虚假本质被揭示。

阅读本书，若读者不知道该用什么方式才好，就不妨看看以下三点建议，作出自己的选择。

第一，波普尔的证伪主义。他最著名的观点是，认为一切科学理论都是假说和猜测，都是可以被反驳、被推翻的。我在这里提出的理论大多数是本着这种精神，把传统理论认作是假说和猜测，意图推翻它们，另立新论。读者也可以对我的理论这样做：证伪证伪，批判批判。

第二，尼采的游戏说。人们对马虎办事态度的批评是“形同儿戏”，尼采却以游戏的态度对待工作，他曾说过，完成伟大的功业除了采用游戏的方式外，不知道有什么更好的方式。我欣赏这种处事方式，读者不妨也带着游戏的心情阅读此书，作为盟友或对手参与“游戏”。

第三，柏拉图的消遣说。在《蒂迈欧篇》中，柏拉图说他们的探讨不过是消遣。在宴饮中、在泡澡中、在闲庭信步中和各种闲暇生活中探讨学术，正是古希腊人的一种习俗，不少有益的发现和发明从中产生。我们不妨学学古希腊人，暂时忘记实验室、计算机、显微镜、研讨会……就这样闲聊、交谈。不在乎出成果，不期盼权威认同，不企求获奖；钟情于意气相投、无拘无束、无话不说、无有挂碍的氛围；谈天说地，评古论今，指点环宇，激扬文字，在这种洒脱的状态中伸展自己探索的目光、求知的触觉，在心灵的碰撞中让智慧的光芒闪现。

若有人在这三种方式之外对其他方法采取赞同和支持的态度，也不必犹豫，苏拉德欢迎你的参与。很显然，这种参与，并非仅对个人，更是对科学、对事业的参与。德国心理学家冯特在1个世纪前说过，心理学和逻辑学一样，自亚里士多德以来就没有前进过一步。他自己将心理学往前推进了一小步，本书却很可能让心理学往前迈出一大步！何止，还有人类学、系统论、辩证法等学科上的某种突破。新理论在开始时总是弱小的、粗糙的、不完善的，但只要方向正确，它就会变得越来越强而有力，最终战胜旧理论。科学进步就是不断地以新理论战胜旧理论的过程。

看过本书，你会发现，作者并没有停留在想象之上，而是着手重建新系统。本书的主要意图不是传授具体的心理学知识，而是以一套崭新的理论推动一场心理学革命。作者没有受过相关的专业训练，不是心理学家，职称不高，但对自己的理论充满信心。它是如此雄辩有力，独立不凡，可说是达到了想象和思辨的极高境界，世界要对它视而不见是不可能的，早晚它会在心理学的百花园中占据一个显眼的位置。

心理学是人类“认识自己”的科学，关系到每一个人，有条件的人应当积极参与。在科学大殿里，心理科学也是最为热闹的一门，参与者众多，但人口最多的国家却一直当看客，当诠释家，没有独立己见，颇不合适。现在终于有人打破沉默，而且自命不凡说要闹革命！

不过，在中国要闹革命谈何容易，为稳妥起见，我最好先为自己的行为作出解释和辩护。常听到的一种说法是，科学是严肃而精确的学术，将想象的、未经验证的理论公布出来，是不负责任的做法，会误导公众，造成混乱，产生消极后果。对此，我还得请权威帮忙——即使不为帮忙，有些权威也得做个介绍，如以下这一位，以让读者更好地理解本书。

现在需要介绍的是19世纪法国实验生理学家贝尔纳和他的代表作《实验医学研究导论》。他的这部书现在看来，有些观念和用语显得陈旧，但价值仍然不容置疑，属于为数不多的科学哲学经典，具有广泛的启发意义和指导意义，各类科学研究人员阅读这部书都必会有所收获。贝尔纳是个科学家，倡导实验科学，带头创办医学科学实验室，终生从事科学实验和教学，他被认为是实验科学的代表人物之一。但他不像那些整天埋头于实验研究的科学家，贝尔纳比他们高明之处是同时注重哲学与想象力，将它们摆放在研究工作之先。他认为，谁若缺乏想象力和正确的观念，他的观察和实验都不可能有什么重大成果。对那些将想象和观念拒于实验室之外的言论和做法，他的意见是：

> 应当尽量放任想象去活动，观念是一切推理与一切发明的起源，一切带有首创性的东西又回到这个观念上去，我们决不应当以观念会妨害研究作借口而堵塞它和驱除它，我们只能调整观念，并给它制订一个标准，这完全是两码事。

他所说的观念实际是指哲学，应当用哲学指导科学。他区分原理和理论，认为原理就是绝对真理，没有错误；理论却不可能是彻底的，是科学研究活动中陆续产生的成果。他没有提到原理如何产生，而实际上原理就是古希腊哲人所称的本原，是哲学的研究对象。他鼓励研究者随时将自己的探索成果公布出来，哪怕是些不成熟的、矛盾的、假想性的理论，他自己就带头这样做。他说：

> 当人们进入一个新的领域时，为了激发对各个方面的探索，不要害怕发表甚至是偶然得到的见解。根据普利斯特利（18世纪英国化学家，氧气的发现者）的表述，不应该怕犯错误而假谦虚，以至一事无成。

苏拉德时时感到庆幸自己生活在一个倡导思想解放和鼓励创新的时代，可以将自己的众多奇思妙想汇集成书公布出来，争到发言权；而不必假谦虚，有话不说。

“想象力比知识重要”，我坚信，在科学探索的道路上，一个人若果真能够轻松愉快地运用智慧，发挥想象力，他就势必会获得从刻板的读书学习和埋头做实验中得不到的意外收获。

目 录

上 篇

神经弧论

创新意味着对现存事物的批判，这个题目预示一项重大的创新，它与现有理论可用两个概念组成的一个短句概括反映，即“神经弧人对神经元人”，英文是“Neurarcal Man vs Neuronal Man”，两个概念只有一字之差，性质却完全不同。后者是神经元大脑中心论，前者是神经弧系统整体论；在哲学上，后者属于机械论，前者归属辩证法。

1. 大脑的实质：腺体？神经元系统？神经弧汇聚区？

我们绝对应当颠倒地看大脑：它并不像人们所认定的那么重要。它不过是神经弧的交汇中心而已，半脑人和无脑人现象表明，这个中心还可能转移；人的意识不仅存在于脑中，而且存在于腹部神经丛中——“腹脑”论。大脑实际是整个神经网络的“终端机”，神经系统本身才是这个网络的“主机”，神经弧是其主要“部件”。

说大脑是腺体的是亚里士多德，这里涉及大脑的生理性质和功能。他认为负责人的理智的心灵在心脏，脑部只是分泌黏液的腺体及调节体温的一种“冷却器”而已。名医希波克拉底通过观察癫痫病人，对脑有深入一步的认识，但在腺体论上，他与亚里士多德的观点基本一致，中世纪大多数欧洲人也持这个观点。中国古代与国外不通信息，人们有头的观念却没有脑的观念，把心认作思维的器官，主张“心之官则思”，构造出心神、心计、心里、心外、心机、心花、心态、心慌、心烦、心碎、伤心、痛心、恶心、善心、心心相印、心想事成、心花怒放、计上心来，等等与“心官”相关的一大堆词语，与亚里士多德不谋而合。

此后 2 000 多年，人们在心与脑之间摇摆不定，直到 17 世纪笛卡尔提出了松果体灵魂说，脑的地位才得到提升。松果体邻近上丘脑，它的地位的提升带动整个脑子地位的提升，人们开始抛弃“心官论”，普遍相信脑是灵魂之所在，是思维的器官。但对脑的能力并不看好，认为既然动不动要“在脑海中搜索”、“绞尽脑汁”，碰到稍为麻烦的事，就会“伤脑筋”，说明脑资源很有限，还易受伤。这种情况又经历了 300 多年，到 20 世纪中后期发生了大的变化。操纵着最新型电子计算机的科学家们指出，大脑像电脑，神经元是记忆元件或微型电脑，神经元的数量是个天文数，潜力庞大以至无限。人之所以这样愚笨，是大脑没有充分开发利用之故——一般人只利用了不到 10%。

今天，我已经不满足于对以上理论的“异议”，而是直接进行批判，且不停留于批判，转而进行创新，发展起自己的理论：神经弧论。其要旨为：人由神经弧主导，它以感官为中心，本身有记忆——感性记忆。大脑是神经弧终端汇聚区，神经弧在那里相互连接，组成联合区，各神经弧的信息在那里交流、协调，产生意识和思维，也在那里释放热量（亚里士多德的大脑“冷却器”论）。所谓人脑的功能实际是神经弧的联合运动所产生的功能，它是人的生理和心理基础，人的性格、气质、爱好和追求由它决定。

这一理论突出之处在于把人体神经网络看作一个整体，认为其整体起作用，脑只是这个整体中的一环，虽然是重要的一环，但它的基础已经不是大脑神经元，而是脑之外的神经弧，大脑只是它们延伸组成的交流、协调中心而已。下脑（除大脑皮层之外的脑组织）或者说脑干才是最古老的、最基本的神经弧汇聚中心，大脑是后来增生的，犹如计算机的大硬盘或计算机系统的终端机。只不过，在漫长的进化过程中，大脑“抢夺”了或新生了许多原属下脑的功能，“居功自傲”、“喧宾夺主”罢了，这也像计算机的大硬盘，但基本的主从关系没有变。当大脑出现故障时，就可能将这些功能归还下脑。比起神经元，神经弧的数量显得很有限，主要的神经弧不超过10条，若把每个器官的神经弧都算上，不超过百条，条条都与器官相连接，各有自己的独特的功能，没有闲置无用的神经。“庞大论”根本不成立，被“颠倒”了的头脑要再“颠倒”回来。

2. 神经弧的性质

人体细胞各式各样，多呈圆球状，神经细胞（和肌肉细胞）大多数却呈长条纤维状，产生的信息就在神经纤维束间来回传递，类似电话通讯，心理学上所称的神经回路、神经链、反射弧和我现在提出的神经弧都是建立在这个机制之上。

我以前将自己的理论称为神经回路论，并不恰当，现改称神经弧论，它与神经回路有相似之处。20世纪30年代就有人提出一条著名的神经回路：“海马→穹窿→乳头体→乳头丘脑束→丘脑前核→扣带回→海马”，称为帕帕兹环。另外还有美国斯佩里和法国尚若等人以神经元连接为基础的微神经回路论，他们描述的都是首尾相接的环，而且限于脑内。神经弧则是呈链状并超出脑，更像神经链和反射弧。

神经弧可以看成是各器官伸展出众多“触须”的章鱼状组织，各种信息就是在这些连接中来回传递的，大脑是这些“触须”末梢互相接触之所。据此，我们可以简单地将神经弧定义为：感官通达大脑的神经链。

每条神经弧都有个中心，它往往就是器官的核心部分或器官本身，如视觉神经弧的视网膜，听觉神经弧的耳蜗，嗅觉神经弧的鼻黏膜，味觉神经弧的舌头，手神经弧的手掌，性神经弧的性器官等。它们自身即有记忆、反应等功能，具有一定程度的自主性。至此，神经弧的基本形状就清楚了，也就是：始于感官，中心也在感官，左右相交于下脑，全部连接于大脑的神经链。

人体就是一个错综复杂的神经弧网络，神经元轴突和树突上的髓鞘起绝缘作用，表明各神经弧是相对封闭的，到达大脑后才开放。树突末端的突触没有髓鞘，神经弧内部和各神经弧间的联系就经由它们沟通。脑是全部神经弧的汇聚中心，各神经弧在那里进行整合和协调，控制和调节人的意识活动。

除了面神经和鼻神经，其他左右半身神经对都在下脑交叉，面和鼻神经的根基也在下脑，下脑是神经弧第一交汇中心。然后顺着原先的方向向对侧延伸，进入大脑，大脑是神经弧第二交汇中心。第一交汇中心各神经弧之间没有明显的横向联系，相对封闭；它们在神经弧第二交汇中心实现联系，全部处于开放状态。神经弧有较大的独立性，自身具有整合刺激的能力，很多刺激能够自行处理，需要其他神经弧配合处理的刺激才通达大脑。

这样说只为论述方便和好理解，实际上，神经系统是个场，在整体上是时时处处连通的，即每一局部的神经冲动都会扩散至整个系统，只是在主通道外产生的影响比较小罢了，神经弧是相互联系的。这就产生神经通道的概念，它是由特定刺激形成，为特定目的服务的比较稳定的神经连接。喝水这么个简单的动作，它的神经通道就包括眼、手、口三个感官及其神经弧，喝饮料则要让舌头也参与进来，不同的饮料激活舌头和口腔的不同部位，又形成有差异的神经通道，每条神经弧就可能连接数以百计、千计的神经通道。

这种视野让人将目光从大脑转移开去，看到整体。人脑工作并不像“庞大论”宣称的那样以神经元或突触组合的方式进行，而是以神经弧联合的方式进行，脑只是它们的汇聚和协调中心而已。

3. 神经弧的形成

人体是复杂的多层次的神经网络，各感官神经和器官神经组成相对封闭的次级神经网络，即神经弧。我们习惯称眼、耳、鼻、口（包括舌头）、身（皮肤）五种器官为感觉器官，简称感官，它们是外部的。内部的心、肺、肝、胆、脾、胃、肠、肾等称为器官，因为它们也有感觉，人们有时就笼统地将两者合称为感官或器官。这些感官各自形成神经弧，例如，与眼睛连接的视觉神经弧：视网膜神经→视交叉→后脑外侧膝状体→大脑枕叶纹区（布洛德曼 17 区）。其他还有：与双耳连接的听觉神经弧，与鼻腔连接的嗅觉神经弧，与口舌连接的味觉神经弧，与双手连接的手神经弧，与双脚连接的脚神经弧，与性器官连接的性神经弧，与全身皮肤连接的触觉神经弧，此外，味觉神经弧加上声带，也就是说话神经弧，共 9 条，它们的终端在大脑。人在说话时必须与听觉合作——听自己的说话和听别人的说话——说话神经弧也就可以与听觉神经弧联合成一体，称作听—说神经弧。鼻腔与口腔相通，味觉神经弧和嗅觉神经弧也可合而为一，神经弧的总数可缩减至 7 条。内部器官产生各自的神经弧，与腹脑联系，它们有通达下脑和大脑的神经通道。

人在降生前就形成所有的感官和各自的神经弧，它们大多数处于休眠状态，激活它们需要外来刺激。听觉和味觉神经弧是首先被激活的，因为胎儿在子宫中就持续受到母体呼吸声、心跳声和羊水刺激，使婴儿一降生就能够听和吮吸。其他神经弧则在降生后一段时间才先后被激活，性神经弧是最后被激活的。内部脏器的神经弧属于“植物神经弧”，人在降生前就自动起作用，在此忽略不论。听觉神经弧是最早起作用的神经弧，它最早被激活，也以某种形式帮助激活其他神经弧，并在后来的发展中一直起主导作用。

弗洛伊德认为，性神经（弧）也在降生时被激活而且立即占主导地位，这是有争议的。所谓激活是指器官本身意识的觉醒或功能开始发挥作用，婴儿的生殖器虽然降生前就形成，但只是作为排泄器官起作用，性意识起码要到六七岁时才能觉醒，性神经弧也在这前后有知觉，性神经弧真正起作用要到10岁以后。我这里将各器官与各自神经弧相联系，确定听觉神经弧为“总管”；弗洛伊德则将性神经扩大至整个神经网络，实际是以性神经弧作为整个神经网络的主干和核心，这就是差异之所在。按照弗洛伊德的理论，排泄和吮吸也认作由性意识主导的活动，因而有幼儿口腔性欲期、肛门性欲期等说法，人的一切活动均与性神经弧相联系，其他神经弧降到从属的、次要的地位，性本能是人最基本的本能，性欲是人唯一的内驱力，人的行为、感情和疾病由它而生，这是他全部理论的基础。

全部神经弧的形成不是任意的，而是由父母以至种族的遗传基因所规定的，它们以隐蔽的神经肌肉组织形式存在，可称之为遗传和天赋的生理结构，由刺激激活。神经弧又受后天尤其是人刚降生时环境的影响而变化，显现为婴儿神经弧巨大的可塑性。遗传和天赋的组织结构是个富有弹性的框架，外部刺激能够完全改变它的内容和形式，生理结构随之改变，即会按照外部刺激（表现为“印随”学习）生成完全不同的基本神经通道。例如，教给婴儿外语，让他发育起一个有别于母语的言语神经通道。喂给婴儿不同的食物让他形成不同的味（嗅）觉神经通道等，各器官神经结构也相应发生变化，婴儿若意外落入兽群中，他会印随野兽，其神经弧会按兽的意志被改造，形成相应的神经通道。

在《人类的由来》中，达尔文指出，“人的几根动脉的走向往往不同”，是人的变异性的一个体现。我们现在会说，世界上没有两个人的神经系统是完全相同的，因为它们因外界刺激而改变，而神经系统（传统理论认为是大脑）主导人的心理活动，因此之故，世界上没有两个人在心理上和行为上是完全相同的。

“认识你自己”的一个内容是认识自己的身体。古埃及人、古巴比伦人、古希腊人和古罗马人对人体的脑和心脏很早就开展研究，对体液、血液和其他脏器的研究也比较早，对神经系统的研究开展较晚，它是生理和心理结合的组织。早期的生理心理学家认为，任何感觉神经都可以传导任何种类的感觉信号至大脑，就像血管负责输送血液和各种体液一样。1811年英国生理学家贝尔和1822年法国生理学家马戎第分别发现神经纤维是有分工的，传导感觉和主管运动的是不同的神经纤维，在脊椎上，就分别由背根神经纤维和腹根神经纤维承担，称贝尔—马戎第定律。这两种性质不同的神经纤维所连接的区域的性质也是不同的，从而确立了感觉机能和运动机能概念。稍后，德国生理学家缪勒在这个基础上建立了特殊神经能学说，认为不同的神经纤维有不同的特殊能，如光学神经只传递视觉图像，听觉神经只传导声音等，产生听觉理论和视觉理论等生理学理论。从他们的理论，我们不难作出一个推论：感觉由刺激而来，每个人接受的刺激不尽相同，产生的感觉和运动不同，神经纤维和神经结构也就因人而异，沿着这个方向，就能产生神经弧理论。然而，大脑这一神奇器官吸引了众人的注意力，使科学家的目光从感官移转开去，大脑成了一切感觉与运动控制中心，人体的总司令部。

我的一个基本观点是：人的智慧在0—3岁形成。理由之一是人的神经弧和基本神经通道在这个时期通过“印随”学习方式形成和定性。3岁以后，全部神经弧和基本神经通道基本定型，不再容易改变了。通过学习和训练，能够部分改变，即建立新的神经通道，但不会发生根本性的改变，即不能新建和改建基本神经通道。

4. 人体的“第二大脑”——腹脑

近年，美国哥伦比亚大学解剖和细胞生物学系主任格尔森提出“第二大脑”论，指出它的位置在腹部，称“腹脑”，它的神经元数量与大脑差不多，同样有记忆，会做梦和流露感情等功能，只是不能思维，但通过训练可获得，他的理论得到越来越多科学家的支持。

格尔森的理论也有来源，19世纪中期德国精神病医生奥尔巴赫在一次观察一个病人被切开的内脏时发现，肠壁上附着两层由神经细胞和神经束组成的薄如蝉翼的网状物，这个结构后来被医学界称为“奥尔巴赫丛”，也就是格尔森所称的腹脑，我们不妨将它看做是人体植物神经弧交汇中心，它和下脑共同形成和控制潜意识，大脑控制显意识。

腹脑论虽然还很不成熟，却是符合生物进化史和逻辑推理的，它无疑是出现在大脑之先的神经弧交汇中心。对人来说，大脑的迅速发展（在手获得自由之后）掩盖了它的作用，但在低等动物中，腹脑无疑一直是其神经控制中心，蝗虫的脑就在腹部，苍蝇、蟑螂等低等动物断头后身子仍然能够活动一段时间，“脊椎蛙”去脑后四肢仍能正常作出反应，蚯蚓、水蛭被切断后能够再生，也可以看做是腹脑（神经结）的作用。

近年，日本人还提出皮肤是人的第三脑论，认为皮肤能分辨颜色，能够以颜色显示人体的健康状况，是可以与脑相比的至今未知的“思考电路”。加拿大科学家则认为皮肤能听声音。皮肤是人的触觉神经弧，第三脑论和第二脑论都动摇了大脑神经元中心论，支持了神经弧论。

5. 记忆和思维是神经弧的功能

每条神经弧都有特殊的感性记忆功能。视觉神经弧记住各种影像，包括物体、文字和符号的影像；听—说神经弧记住各种声音信息，包括言语、唱歌、机械运转和自然界各种声响；触觉神经弧记住各种刺激体表的信息，包括刺激皮肤、四肢和性器官的信息，痛和痒是经常性的表征；嗅觉和味觉神经弧记住各种气味信息，包括进入口中的食物滋味和进入鼻腔的气体味道，流涎和打喷嚏是经常性的表征；手神经弧记住动作和程序……这些全属于感官记忆。它们的记忆功能相互重叠、相互补充，记忆的方式是形成独特的微神经回路和特殊的神经通道。微神经回路由感官的神经元连接构成，这些神经元与大脑相应的神经元是链接的，它们间存在的是同一神经束的始端和终端的关系。神经通道分为基本通道、长期通道和临时通道三种，分别由刺激的次数和强度所决定。基本通道在出生头几年形成，之后，根据刺激反复次数和强烈程度在基本通道的基础之上分别形成后两种神经通道，临时通道是最频繁、量最大的一种。像一套复杂的电路，某一刺激发生，神经弧系统中相应的神经通道被激活，产生回忆。神经弧是主干道，神经通道是其上的支线，数量众多，它们超出原神经弧，而与多条神经弧链接。

神经弧具有很强的封闭性，神经通道却是比较开放的，表现为共用通道，尤其是语言通道。我们不能设想每个词语形成单独一条通道，它们只可能是通向大脑语言区共用的通道，所有言语、语言和文字都在这同一通道中储存着，由连接神经弧的数量和方式、递质数量、脑电强弱、体液分泌性质及数量等因素显现它们间的差异，其他神经通道的运作情形相似。神经弧在进入大脑之前都是封闭的，但神经通道却一直是局部开放的，神经弧也就成为间断开放的，即当神经通道激活时，会促使相应的神经弧处于开放状态。

神经弧存在记忆的证明是：当感官或相应的神经通道损坏时，例如色盲或视网膜脱落，色彩记忆和形象记忆（视觉感性记忆）就会减弱或消失。这时人仍有色觉，只是单调的概念色觉，在那里一切彩色和形象都转化为模糊的灰色，没有真实的鲜艳的色彩感觉。老年人耳聋就更是连声音的概念都会消失，更别说真实的音响。他这时也许能够书写一些描述声音的词语，甚至作曲，这一切却全成了文字和符号编排的技巧，而不是自己真实感受的描述。

按神经弧论，思维与回忆是紧密联系的。所谓回忆，一是相关神经通道激活，二是相关神经弧连接。连接分内外两种。内连接指同一神经弧的左右神经对连接，称第一交叉，如左右眼的视神经交叉，左右手的运动神经交叉等，它们大多数发生在下脑，只有面神经和鼻神经没有在下脑交叉。神经弧只要处于激活状态，第一交叉就会自动进行，神经交叉产生多维的感性回忆。通过交叉，神经弧继续往大脑延伸，通过突触与其他神经弧连接（可称为外连接或第二连接）产生思维。思维就是全面的、专注的、连续的、概念性的回忆。概念性的回忆以感性回忆为基础，即思维离不开神经弧的记忆，神经弧若受损，意味着记忆根基受破坏，不能提供感性回忆，思维这时就只能依赖概念性回忆，就会“失真”和“失色”。

6. 意识由神经弧交汇产生

解剖显示，神经元大多数有髓鞘，它们起营养和绝缘作用，各神经弧是封闭的，即便没有髓鞘的神经元也是封闭的，只在终端（突触）处开放。它们汇集的处所就是大脑，各神经弧在那里沟通，意识就是在这种开放的状态下产生的，即由相关的神经弧提供回忆，产生意识。在清醒状态下产生的是显意识；在睡眠或迷糊状态下产生的是潜意识。单独一个神经弧产生感觉或称感性回忆，意识的产生却需要多个乃至全部神经弧参与，尤其需要语言区（包括文字语言和话语）参与。语言区是否参与并起主导作用，是判断显意识与潜意识的重要标志。潜意识主要由植物神经起作用，由下脑和腹脑控制。人在清醒状态时记忆与思维随之活跃，意识也就是主动的记忆与思维活动，潜意识则是自动的记忆与思维活动。

意识的实质是自我意识，来自笛卡尔的二元论，我将它发展为肉体自我意识和精神自我意识，分别源自感官记忆和概念记忆。前一种意识人与动物共有，后一种意识仅属于人。

人的眼睛是外显的且灵敏的感觉器官，人的意识常常通过眼睛表现。医生检查垂危病人时常用的方式之一是用光源照射病人的眼睛，观察其瞳孔反应，有反应（遇光收缩），就有意识；无反应，就是无意识。前一种情况表示感官记忆能力存在，后一种情况表示感官记忆能力丧失。

7. 下脑是“指挥部”

人体头部器官共有 12 对脑神经，大部分是首先通向脑干，随后交叉进入大脑。31 对脊神经首先集中形成脊髓，脊髓与延髓直接相连，经桥脑、中脑、间脑最后交叉进入大脑，它们分别被归入以上 9 大神经弧中。下脑是所有神经弧进入大脑的通道，是神经弧的第一汇聚区，它的终端不断往前推进，形成大脑。大脑实际是下脑的延伸，是下脑的附属物，受下脑控制。

在动物进化史中，下脑是原始的、先产生的脑，大脑是新生的、后生的脑，因此，合乎逻辑的说法是：下脑是脑的基本的、主要的、支配的部分；而大脑则是辅助的、次要的、受控的部分。

下脑包括小脑、脑干和边缘系统，目前比较确定的是脑干，小脑的作用尚不清楚。艾里斯指出，人的下脑“似乎比大脑更稳定，它们并未随着年龄或精神病而耗费掉”。但小脑的形成却慢于下脑其余部分和大脑，只是接着的发育又比大脑快。

8. 大脑是“终端机”

人们习惯将大脑看作神经系统的中心，起控制整体的作用，实际它只是神经系统的终端，犹如计算机系统的终端机，神经系统本身才是主机。我们可以将器官想象成一台特殊机器中的主要部件，它们各自伸出或长或短的导线（神经纤维束）以接收和输出信息（神经冲动），这些导线终端相互连接、相互配合，使机器正常运行。导线相互连接之处就是大脑。从部件到终端连接就是神经弧，当中又连接上复杂的元件和线路，就是神经弧的记忆结构；它们相互间根据需要实现的横向连接，就是神经通道。整个神经弧系统就显现为一幅封闭与开放共存的错综复杂的线路图，大脑则处于全部线路的终端。

大脑由神经弧的延伸组成，称端脑或末脑，指神经弧在脑中的终端或最外层，也可以看成是神经系统的末梢。若将植物比作人的神经系统，它的基础当然是根部

（感官及其神经弧），根部的损坏会导致植物的死亡，不断向上延伸的枝叶花果，虽然也有吸收养分的作用，类似人的大脑，但终究不是根基，它们部分甚至全部受损，一般不会导致植物的死亡。在人来说，脑瘫或无脑人仍然能够存活，甚至活得很正常，是因为神经系统的基础不在大脑。

大脑终端机论并不表示大脑完全处于被动状态。在计算机系统中，终端机不仅指显示器，还包括工作机，可以运行各种软件，完成各种操作，甚至可以反过来操纵主机，我们工作常用的计算机就是终端机。大脑的情况相似，我们进行学习和思维经常用的就是它。但它不是主机，终归要受主机控制，主机受它控制属于非正常情况。两者的一个重要区别是，主机不能受损更不能空缺，而终端机却可以，尽管它显得更为纷繁复杂。主机若受损或空缺，整个系统瘫痪，终端机无法正常运行或根本不能运行；终端机若受损或空缺，主机运行一般不受影响。这也是神经弧与大脑的情况，神经弧若受损或空缺，大脑相应部分失灵；而大脑受损或空缺，典型的如半脑人和无脑人，只要器官健全，神经弧仍然能够起作用，经修补终端（重生被截断的终端并改变连接地点和连接方式）后就能够让相应的器官正常运行。

9. “联合办公”

脑如何工作，即如何记忆和思维？传统的理论认为是由神经元对信息进行接收、编码、传递、储存和加工，神经元或突触是基本“元件”。现在提供一幅新图画：由神经弧进行运动、交流和协调，脑的联合区就是它们联合的办公区。各神经弧是独立的（髓鞘的绝缘作用），信息以封闭的方式传导，也各有记忆和学习机制，它们的联合产生意识。人在清醒时全部神经弧参与运作，相互连接，产生显意识；人在睡眠和迷糊状态时，植物神经弧参与运作，产生潜意识。“联合办公”是指各神经弧在大脑连接和相互传递信息的活动，它是人脑的基本工作方式，其中起主导和协调作用的是听—说神经弧，即让语言参与，这时的意识活动就是思维。

亚里士多德认为，人不是通过个别感官而是通过所有感官获得感知的，他称之为“统觉”，类似这里说的“联合办公”。不同之处在于，他所称的统觉中心在心脏，起主导作用的器官就是心脏；而这里所称的联合办公，在正常情况下是在大脑联合区，主导机构是语言区。

大脑的形象和地位随之改变。按传统理论，大脑主管一切，就像是独资公司的总裁，企业全体人员（全部器官）都是他的下属，一切由他说了算，按他的意志活动。而按神经弧论，器官及其神经弧主管一切，下脑是各神经弧内部的会合处，大脑是不同神经弧相互联络处。大脑这时犹如合伙公司，一切由“股东”（神经弧）说了算，共同作决定。一般人的头脑有 9 大“股东”，其中听—说神经弧是“总经理”，负责组织与协调的工作。有一两位“股东”缺位者，就是残疾人，就得由其他“股东”兼职，办公效率会受影响。

新的探索

运用新理论，对一些常见的生理和心理现象就可以作出新的、更为合理的解释，它们又反过来证实了新理论。

1. 脑细胞无再生能力，数量有限

脑细胞即大脑神经元，每个人平均拥有的总数超过 100 亿，也有人认为超过 1 000亿，两种观点不论持哪一种，在总量只减不增上是一致的。新生婴儿即拥有与成人接近的神经元数量，只是突触少并且没有髓鞘而已。成人的神经元则不断减少，只减不增，平均日减数万个，老年人的神经元总量一般只有年轻时的 80% ~90%。

我们将细胞看作最基本的生命单位，人体各部分的细胞不断有一部分死亡，然后再生出来，每天生与死的总量各约 10 亿，也有说是几十个亿，这是新陈代谢的基本形式，脑细胞却不遵从这个规则，是什么原因？现在就可以应用新理论解释。

脑细胞就是感官和器官神经的延伸，与人体其他细胞相比，都是超长细胞，尤其是四肢到达大脑的神经，中间经过多次转接（郎飞氏结）、重组，大脑是它们终端的交汇处，以突触形式相互连接。所以，超长是全部神经细胞的特点，当它们死亡（大多数情况应理解为失效）时，就很难重新产生出来。

不过，不能因为这种现象的存在而认为神经元没有生长能力，突触和连接突触那段树突甚至轴突的生长能力是很强的。当代英国科学家苏珊·格林菲尔德在她的著作中提到，在组织培养皿中的脑细胞都会生长轴突，通过照相记录，还能够观察到这些神经末梢生长速度神速，而且似乎是轻车熟路地奔向一个目的地，这被西班牙解剖学家拉蒙·卡赫称之为“破城槌”，她则称之为“生长锥”。面对这种现象，格林菲尔德感叹道：“看着这些胶卷时，你将很难理解，人们怎么能把脑视为计算机，甚至怎么能把脑与计算机相提并论。”（《人脑之谜》第四章）我理解她的意思是：计算机元件是不可能生长的，受损不能自动恢复，这完全有异于神经元，因此，将脑与计算机相比是不恰当的。

从这个现象我们知道，神经元自身有很强的修复能力。当它受损后，只要主干（轴突基部）能够部分保存下来，就能够迅速修补损坏部分，即使细胞核不存在。例如半脑切除，被切断的半脑的神经元很快就能弥合切口，开始再生出被切除的轴突、树突和突触，若原来的通道被堵塞，它还会像藤蔓植物那样改变方向，见缝插针地生长——转向保留半脑或下脑，建立新基地。不过，中枢神经缺乏这种能力，当人的脊椎断裂时，神经不能以这种方式修复过来，人将终生处于截瘫状态。这种情况不难理解，这里存在的不是神经生长的困难，而是重新对接的困难。中枢神经汇集全部躯干神经，当它断裂或严重损伤时，通过外科手术将它简单地重新连接起来毫无困难，困难的是让数以亿计的神经纤维按原来的关系一一重新对接起来，恢复原来的连接状态，这也是头颅移植术的大难题。

若往回追溯，关于脑细胞不断单向减少的论断并非产生于严格的科学观测和实验，依据并不充分，很可能属于以讹传讹的一种说法，近年科学界许多人通过观察和论证，已经得出相反的结论。从生物学上说，随着年龄增长，人体总体上呈现新陈代谢速率放慢，体重减轻、功能下降等现象，脑细胞减少是合理的，但通过特殊应用和锻炼，导致相反趋势的出现也不是不可能的，就像一些老年人整个机体出现返老还童的现象那样。

即使按照原来的理论，由于神经弧以神经束的形式存在并组成神经系统，记忆泛化，因此，神经元经常性的死亡（失效）并不会给人的心智带来明显的影响，给人心智带来最全面最显著影响的主要因素是衰老。衰老会带来整体性的机能下降，器官和相应的神经弧跟着会变得衰弱，功能下降，显现为记忆力衰退、思维混乱等，严重者出现老年痴呆症状，即医学上称的阿尔海默症，所以注意器官和相应的神经弧保健，有助于预防这种疾病。

2. 人的智能与脑容量的关系

人类进化的同时脑容量跟着增大，表明两者有正向的相关性。脑容量增加在人类进化的过程中显现为脑细胞数量增多，但这个现象早就中止了。现代人个体脑容量增大主要因素是：神经元长大，髓鞘形成，树突和突触膨大、增长和增多。这无疑会提高脑电和递质传输的速度，对提高学习与思维能力有帮助，给智能提高创造条件。

然而，能力和条件不等于成就，决定成就更重要的是内容和目的。大脑袋表示“联合办公室”的空间大，给提高效率创造条件，而效率最终能否提高、价值是大是小，则由内容和目的决定。在现实中，若论重要与否，则财务办公室远不如总经理办公室重要，比如前者一番忙乱，不如后者一道正确的指令，只是“办公”内容和目的不同而已。同理，若将大脑袋用于学习会计知识就远不如用于学习辩证法或心理学更富成效。日本科学家的一个研究成果是，日本人的平均脑容量略大于欧美白人，但他们突出的是仿造能力，在创造力上则不如欧美人。中国人的平均脑容量也不低，但无论在创造力上抑或模仿能力上都不如日本人。这里的原因在于，日本人和中国人的智能较多用于营生和实务上，而欧美人的智能较多用于宗教、哲学与艺术创造之故。

决不要过高评价脑容量的作用，它与肢体活动的联系比与智力活动的联系密切得多。鸟类的肢体活动在所有动物中是最高的，它们的体重—脑重比（鸟类大多数体小身轻，不能用绝对量与其他动物相比）就高，其中蜂鸟这个比值最高，达到30:1，人的这个比值却是50:1，总不能说这种指头大的小鸟比人还聪明吧？事实是，它们的食量惊人，每天吃的食物重量要比自身体重多一倍。它的食物主要是花蜜，所以得像蝴蝶和蜜蜂那样向一朵朵花采蜜，而且更艰难。蝴蝶和蜜蜂可以落在花朵上慢慢地采蜜，蜂鸟却需要一直快速扇动翅膀停留在空中用它的尖嘴从花蕊中吸食花蜜，能量消耗巨大，是它食量大的原因，也是它体脑比值大的原因。科学家又曾做过白鼠实验，发现单纯增加运动量或让它们处于紧张环境中，就能够让它们的神经元突触数量增加，连接变复杂，人与鸟兽在这上面肯定没有任何差异。对人来说，脑容量的大小主要由日常活动决定，不一定是智力活动，人际交往、手工劳动、频繁说话，甚至噪声和躁动不安的环境都会促进脑容量。在《人类在自然界的位置》一书中，赫胥黎引用了瓦格纳教授一项调查统计结果，测量到最重的脑（1 872 克）是属于一个普通女人的，次重的脑（1 861 克）才属于一个科学家居维叶的。法国文学家法朗士的脑袋虽小，只有 1 017 克，但在文学上的成就却比一般人高得多。这些事例也说明智能运用的内容和目的的首要地位。

还有就是，不要忘记促成大脑袋的另一个平常的因素：肉食。草食长躯体，肉食长脑袋，这是自然界的普遍现象。草食恐龙的躯体就比肉食恐龙的躯体庞大，脑袋却不成比例的小；人与猩猩也有类似的情况。在人类中，考古发现，欧洲的尼安德特人的脑容量比现代人的还大，克鲁马农人和美洲的玛雅人脑袋也不小；在当代人中，爱斯基摩人被认为是属于大脑袋的民族。很明显，上述人群都不经营种植业，他们日常饭食中肉类占的比例较高是他们脑袋大的最重要的因素，虽然不是唯一的因素。

不要迷信神经元数量，它和肌肉纤维一样，只是组成“束”的材料罢了，多点少点无关大局。与智能密切相关的是感官和神经弧的健康状况，以及它们接受的训练，尤其是听、视和手三个神经弧的训练。

3. 两半脑分工

一般认为，大脑的两半脑存在明显分工。右半脑运用形象思维，左半脑运用概念思维。右半脑信息处理机制是空间依赖性的、同时的、并行的；左半脑是时间依赖性的、序列的、串行的。右半脑是形象的、直觉的，左半脑是逻辑的、理性的。右半脑是描述的、模拟的，左半脑是分析的、数字的。

这种情况与一种生理机制相联系，即语言区在左半脑而形象区在右半脑。左半脑与语言和概念相联系，更接近科学；右半脑与言语和形象相联系，更接近艺术，这就造成了它们间的差异。

从语言区的发现史我们得知，它与右手有直接的联系——右手瘫痪将导致语言区障碍。从此，我们就可以想象到，语言区和形象区是手神经弧的创作，它们的产生和发展都依赖人手。

为什么右手产生语言，左手产生形象？因为大多数人是右利手，习惯让右手主动，做一些费力的、精细的、准确的工作；左手则习惯于当助手，做一些相对轻松的、支持性的、辅助性的工作。经观察，婴幼儿两半脑没有分工，因为他们的左右手没有分工。

又有人认为东方人两半脑分工现象不如西方人明显，这可以从职业上加以解释。东方人自古以来以农业为主，大多数是粗笨的、简单的作业，双手活动没有很大差别；西方古代以畜牧业为主，后来则发展起工商业，活动复杂多样，双手活动差异大，右手特异性强。弹钢琴、拉提琴和打字等活动都是右手主导，但也让左手获得许多精细训练的机会，因而右半脑也有较强的精细工作能力，整个大脑在语言文字处理、逻辑推理方面的能力显现强于东方人，从而在文化的某些方面上取得较大的成就。另一个影响语言区定位的因素是东西方文字差异。拼音文字属于听—说型文字，类似音乐，听觉神经弧终端在颞叶，更接近也更容易与手神经弧连接，离负责创造的前额叶距离也近；而象形文字属于视觉型文字，哑巴文字，类似图画，视觉神经弧终端在枕叶，与手神经弧和前额叶的连接不如前者方便，对两半脑分工的影响较弱，对思维和创造的阻碍较强。

按照神经弧论，大脑联合区是神经弧“联合办公室”，中间又被隔开分成两个相对独立的半间，分别命名为语言间和艺术间。当人要进行逻辑、计算、书写一类活动时，神经弧聚集于语言间；要进行想象、音乐、绘画、舞蹈一类活动时，神经弧聚集于艺术间。两半间有通道（胼胝体），神经弧不断地来回奔忙其中。当通道被切断（割裂脑手术），“联合办公”就无法进行。

4. 胎教确有成效

胎教的方式之一是对着5个月以上的胎儿播放音乐，另一是隔着孕妇肚皮抚摸胎儿，引导它做体操，经过不少人的实践，表明是确有成效的。加拿大交响乐指挥家布罗特第一次走上指挥台时，就惊奇地发现自己可以不看乐谱，乐曲旋律在心中会自动浮现，后来知道这就是他母亲在怀孕时经常播放的曲子。

播放音乐以两种方式起作用：其一是音响直接震动胎儿，让它的神经弧尤其是听觉神经弧在一种和谐的节奏引导下成长，为日后形成一个优秀的音响系统奠定基础。其二是音乐直接影响母亲的听觉神经弧，间接影响胎儿，产生以上效果。虽然是间接作用，却有更强的效果，因为胎儿与母亲这时是一体的，而音响对胎儿直接的震动是很微弱的。胎教首先是对母亲的教育，这是达·芬奇的观点：同一个灵魂支配着两个躯体，母亲的愿望对其腹中的胎儿不断产生影响，母亲的意志、希望、恐惧以及精神上的痛苦对胎儿的严重影响，大大超过对母亲本身的影响！所以，教育孩子，首先从改造孩子的母亲开始。

不知有没有人这样做：将喇叭固定在孕妇的肚皮上对胎儿播放音乐，这可能会产生奇迹。法国科学家曾做过一个实验，将一个耳机套在土里一株番茄的一个番茄上，每天给它播放3个小时的音乐，番茄后来竟然长到2.5千克！成为世界番茄王。音乐还能让奶牛增产牛奶，由此得出结论：优美悦耳的音频对所有生物的生长都有促进作用，这就是音乐胎教的原理。

引导胎儿手指运动实际是提前激活它手神经弧的工作，而手神经弧与语言区的发育密切相关，这就是胎儿体操起作用的道理。胎教的作用不限于此，它是对胎儿整体神经系统起作用的。

5. 成人学不好外语和数理化

婴儿学习母语毫不费力，但如果身边的人常用两三种言语说话，婴儿也能轻易掌握，即便不是父母的言语，而是外族的或野兽的言语（兽孩事例），不知不觉间就学会了。之后学其他语言就很困难，往往终生学习还是不如当地人，这是人人都有的感受。按照神经弧论，这就是印随学习形成听—说神经弧和言语基本神经通道的结果。所有神经弧在这期间激活，所有基本神经通道在这期间形成并定型，整个神经系统基本定型，我成为“我”。后来的学习有可能对“我”产生影响，也会产生更多的神经通道，但只可能是长期的或临时的神经通道，它们不能取代基本神经通道，我将始终是“我”。之后所有的学习适合“我”的，就轻松自如，成为“我”的强固剂；不适合“我”的，就是异物，难以接受。

语言具有更多的概念性和理性，常用文字描述，与神经弧终端联系密切，是后发展起来的能力；言语即说话，具有更多的感性，与感官联系密切，是人一降生就开始发展的能力，人的听—说基本神经通道由它主导形成，它是人的全部语言的基础。成人之所以始终对外语和数理化知识感到陌生，是因为这些后来的语言没有进入听—说基本神经通道之故，基本神经通道往往还对新的长期或临时的神经通道的建立起干扰作用。

6. 成人学会游泳就忘不了

人并非生来就会游泳，要在水里学习或长或短一段时间才能掌握，而一旦掌握，即使多年不下水，也忘不了。我把这种现象解释为建立长期神经通道的作用，类似的情况还有骑自行车、驾驶机动交通工具、跳舞、使用筷子等。为什么这些技艺容易牢固学到手而语言和符号却不能？我认为，最重要的原因是它们需要运用不同的器官，形成不同的记忆机制之故。学技艺主要运用肢体神经弧，形成感官记忆并由感官记忆起作用；学语言和符号主要运用听—说神经弧，形成概念记忆并由概念记忆起作用。感官记忆是“铭刻”进神经系统的，它所建立的神经通道是一种牢固的神经生理结构，一旦形成，不会轻易消失；概念记忆则是浮浅的，它由神经弧终端连接构成，所建立的往往是脆弱的短期神经通道，还会因神经元经常性的死亡而削弱。关于感官记忆和概念记忆，后面另有详细论述。

以上所说的是运动技巧，是后天习得的，人还有许多其他的爱好或是嗜好，也是后天习得的，也可以看成是学习得来的成果，不过不全是积极的，典型的如酗酒和抽烟，更极端的还有吸毒，它们也要学才会。一些人学了也不会，而另一些人一学就上手，而且就此不能罢手，俗称上瘾。这种情况也可以看成记忆，就是感官记忆。学不会的人根源于他们的感官不适应烟和酒的刺激，无法建立相应的神经通道；上瘾的人他们的感官适应烟和酒的刺激，并产生愉悦感，轻松地建立了相应的神经通道，而且是长期通道。说这类学习不是积极的而是消极的理由是，这类刺激和它们产生的记忆太过强大，对基本神经通道起压制和改造的作用，毒品的作用尤其大，往往影响到神经系统的正常运行，损害健康。

游泳之类的学习最终体现为新神经通道的建立，主要依赖于肢体神经弧的灵巧性。现实中，我们看到，手脚灵巧的人，学这类技艺能够很快掌握，并且样样精；手脚笨拙的人却学不来，做不好。总体上年轻人又普遍比老年人显现优势，实际上就是肢体神经弧能力的表现和感官记忆能力的表现。

7. 帮助动物建立基本神经通道

马戏团的动物能够表演许多精彩技艺，如倒立、顶球、走钢丝、在滚动的圆球上走跳、骑自行车等，有的做得比人还要漂亮，这显然不是它们的本能，而是驯兽师的劳动成果。动物同样受神经弧支配，它们的神经弧也在降生后被激活，然后建立基本神经通道，这个过程比人经历的过程短得多，野兽不容易驯服就是这个原因。马戏团训练的动物多是人工饲养的动物生产的后代或捕获的幼兽，一出生就让它们脱离母兽，不让吃母乳，让它们处于人为设计的环境中，成为印随设计的对象，然后用人工食物作奖励，诱导它们的活动，帮助它们按人的意志实现神经连接和建立特定的基本神经通道，动物惊人的技艺和“人性”就这样产生。成年动物就很难培训出来，是因为无法改建它们的基本神经通道，兽性难以改变。

不是所有的动物都能够训练得出来的，普通马能够训练它走舞步，斑马却不论你对它多么好它也不会让你骑，这与它们的遗传特性相关。能够训练出来的动物是经过长期驯化的动物，通过一代代人工驯养，它们的野性就会减弱，人工性增强，并且形成隐性神经通道遗传给下一代。不是所有动物都能够达到这种程度，大多数动物的神经系统不接受任何改造，这种情况可以从动物的印随时期上找原因。印随时期的长短由大脑的胎外发育时间决定，若动物发育在胎内基本完成，胎外发育所需时间很短，印随时期短，就不容易驯化，能够驯化的动物它们胎外发育时间往往比较长，意味着它们的大脑比较发达，可塑性强，如猴子、猩猩、海豚、海狗等。鸟类因飞翔而大脑较发达，就比较容易接受训练，相比之下，训练家禽就困难得多，因为它们是小脑占优势的动物，出生时，脑发育就基本完成，爬行动物和昆虫的情况类似。

8. 神经系统四通八达

根据中医经络和穴位理论，在某一穴位施加的刺激会顺着经络影响相应的器官。例如，针刺拇指根部内侧的合谷穴，会引起口腔反应——针刺麻醉拔牙应用的就是这个穴位，这与潘菲尔德演示的现象相类，只不过它的对应位置不是在大脑，而是身体其他地方，称反射作用。中医较早给出的是耳朵和脚掌的反射图，人体的器官在上面都有对应的穴位，只是耳朵上的人体是倒向下的而脚掌上的是正向前的。近年出版的中医书籍除保留这两个图外，还在人的脸上、躯干、上身、四肢、手掌和脚掌外侧、手背第二指骨等处画出 10 多个反射图，人体上的主要器官在各图中都有对应的位置。

不能把这些反射图看做是虚幻的作品，人的神经系统是个整体，神经弧的联系四通八达，每一条神经弧都与其他神经弧联系，到处都有它们的投射区。近年这类反射图是按张颖清教授的生物全息理论建立的，他认为人体每个细胞都包含全部个人信息，都可以在内找到人体器官的踪影。这一理论在现代基因技术中得到证实：从细胞培育出相同的生物。美国亚利桑那州大学心理学教授盖里 · 希瓦兹通过观察研究 70

多例器官移植者术后性格和心理经历与器官捐赠者的趋同的现象，建立起“细胞记忆”论。不过，不要过高估计张颖清理论和希瓦兹理论的独创性，“细胞记忆”论并非新理论，19 世纪德国生物学家海克尔在《宇宙之谜》一书中就有论述。他称记忆为一种“灵魂活动”，分为四个等级，第一个就是细胞记忆，然后是组细胞记忆、无意识记忆和有意识记忆。他还提到，1870 年德国生理学家赫林在一篇论文中提到一个观念：记忆是“保持痕迹的能力”，是“物质的普遍属性”，“无意识记忆是所有原生体一种普遍最重要的功能”，作出“记忆是有机物质的一般功能”的假定。

相比较而言，潘菲尔德的“小人图”是最重要的，因为它位于大脑皮质之上，处于神经系统的终端，是全部神经弧最主要的联络区。但不能因此认为它是人体的控制中心，真正的中心在下脑，大脑只是下脑的延伸，“小人图”是它的投射区，类似电脑软件的快捷方式。它可以带人进入“文本”中，它本身却不是“文本”。中医众多的反射图也都可以看成是这类快捷方式。这里要注意“类似”一词。它当然比快捷方式重要得多——快捷方式可以随时建立和删除而不影响文本，它却不能。

经络理论是中医的基础理论，相当于西医的神经系统论，穴位图显示了这一理论的内部结构和关键点，中医的多个反射图就建立在这个理论之上。经络理论至今尚不是一种成熟的理论，经络不能在解剖学上得到描述，它的作用的发挥受到限制，主要依靠在实践中摸索，即便如此，其显示的潜力也是巨大的。

9. 半脑人、无脑人和脑瘫儿的脑

这些脑异常人的现象有力地支持新理论。大脑是各神经弧的终端交汇区、联络处，人体各感官和内脏才是各神经弧的源头，它们像章鱼一样，向四面八方伸出自己的触须，即由神经元组成的神经束。若终端受损，只要源头没受破坏，神经弧就会重生，终端会往合适的区域延伸，建立新的基地。以上三种脑异常人就可解释为神经弧汇聚区转移，新的终端基地建立在健全半脑、下脑甚至腹脑的结果。

这三种情况按照传统理论尤其是“庞大论”是说不过去的，它认为，人的智能建立在神经元的数量及其利用率之上。若这样的话，被切除半脑、无脑和脑瘫，都势必伤害大脑这个信息库，这几类人就不可能是心智正常的，应用所谓补偿说也是说不过去的。

半脑切除术通常用以治疗癫痫病，这种疾病可以理解为神经通道连接错误，即突触连接不当，人若存在生理缺陷或遭遇强烈精神刺激时，就可能导致神经通道连接异常，半脑切除或胼胝体切断（裂脑人）往往就能奏效——切断了错误连接。当然，在这种情况下，原先正确的连接也会同时被切断，但神经弧有很强的再生修补能力，在排除外部刺激时，能够选择适当的地方以适当的方式让它恢复过来，人也就变得正常。

广东人对一些轻微的神经和精神病症状称为“蚩线”，类似电路接错电线或短路，可用以理解突触连接错误。矫正这类错误，在电路中是断电、断线、重接，胼胝体切断和半脑切除手术在原理上与之相类。

脑手术后，一些病人会出现失忆、失认、失读、失写、无梦、动作不协调、左右两半脑不配合等心理和生理症状，也可以看成是神经弧和神经通道连接的故障——手术没有达到矫正错误的目的，或造成新的连接错误。

10. 给灵魂画像

人有精神与身体，我们见过很多身体的画像：男人的、女人的；年轻的、年老的；漂亮的、丑陋的；肥胖的、精瘦的；精细的、粗糙的；外表的、内里的；生理学的、解剖学的……却从未见到精神的画像，现在就来试试画一幅。把神经系统从身体完整地抽离出来，让它原封不动地保持人形，就可把它看作是生理性的精神画像，或者就是灵魂的模样。那个抽掉了神经系统的人体，可能还活着，却是纯粹的“酒囊饭袋”或“行尸走肉”，人若没有了灵魂就是那么个样子。

从这个角度看，灵魂就具有两重性。它既有物质性又有精神性，既有生理性又有心理性，既是可见的生理实体，又是不可见的心理实体，是两者的结合，而且以精神为主导。由于这一特点，灵魂就具有自我审视的能力——以精神审视肉体。我们通常称为内省、反思、思辨等精神活动，当对象停留在世间万物之上时，产生科学；转向自我意识时，产生心理学；转向心灵时，产生哲学。这一切的总导演，亚里士多德称为统觉（Apperception），莱布尼茨称为先验统觉（Transcendental Unity of Apperception），本书称之为“联合办公室主任”，并指出，它就是在神经系统中联系最广、隐藏最深的听觉神经弧。

灵魂一词含有较浓的宗教意味，崇尚科学的人们都回避这个词，或将它转化为精神，黑格尔就是这样做的。灵魂的英语词是“soul”，来自希腊语“psyche”，这个词的中译为灵魂、心灵、精神等，精神是常用语，我们就没有道理回避灵魂这个词。将灵魂抽离出肉体，成为肉体的对立面，是一种二元论，它比那种灵肉一体论更佳之处在于它能够帮助人更好地认识自己。这是人所特有的能力，动物缺乏这种能力。

奥地利哲学家维特根斯坦说：“人的身体是人的灵魂的最好的图画。”身体是灵魂的物质载体，人的神经系统隐藏其中，它就是灵魂。

11. 教育观念的变革

建立在“庞大论”基础上的教育的目的是提高人的智能，它的最高成果就是当前无处不在的专家、博士和教授等；建立在神经弧论基础上的教育的目的是提升人的灵魂，它的成果是人数稀少的神学家、立法家、哲学家、思想家和艺术家，后一种教育可说是达到了教育的终极目的。

传统教育的重点对象是大脑，强调开发脑潜力，增加大脑神经元利用率，增强记忆力，快速提高记忆效率。为此，设计了对脑的种种训练和提升方案，主要还是记忆训练，辅以音乐练习、体育锻炼以及补脑营养液。记忆是传统教育的基本原理。

新的教育观将人的神经系统看作灵魂，提升灵魂的目标就是造就一个优秀的神经系统，自人降生的那一刻开始。从创造的角度，最重要之点是保持神经弧的弹性，不是指物理和生物弹性，而是指记忆力和理解力的延展性，即想象力。中国学生普遍记忆力优异，学习外语、语文等课程成绩突出，却又普遍缺乏创造力，原因就在于他们的神经弧缺乏弹性，不善于吸收新事物，记忆力不能够转换为想象力，这是传统教育造成的后果。新教育观的内容包括：印随教育、音响（言语和音乐）教育、健康食品，之后是游戏、体育、美术、练手和健康生活（简单食物、宽松衣服、赤脚行走、亲近冷水，等等），最后才是知识教育。之所以将知识排在最后，是因为它是社会规范，若人一开始就印随社会规范，被知识化、“格式化”，让它来塑造自己的基本神经通道，人本有的素质就会被转换并永久丧失，人就不再是他自己，像印度当代哲学家奥修说的，一开始就被弄残废，这正是当代人的悲剧。

教育最基本也最有成效的是训练神经弧的工作，它以感官训练为核心。卡尔·威特：“从训练他的五官开始”，但也可以反过来从大脑进行，就像我们优化硬盘达到对整机的优化，或从终端机达到对系统的优化一样，只是效果不如从感官入手的好罢了；机器也是一样，对主机的优化才是最根本最有效的。传统教育中许多富有成效的做法就可以这样看待：实际训练了感官和相应的神经弧，但被误认成是训练大脑。

人在开始时要做的，不是吸收知识，而是回避知识（卢梭语），保护并培育素质。具体地说就是：通过广泛的运动和良好的刺激，激活全身神经弧，提升器官的功能，建造各种优良的神经通道，最终建成一个优秀的神经体系——灵魂。这时再进行知识学习和社会活动才是富有成效的。

上下脑分工论

长久以来，人们对大脑的认识一直很模糊，直到发现语言区之后，情况才根本改变过来。这项发现是1861年由法国外科医生布罗卡作出的，他宣称，该区若受破坏，人将产生语言障碍。该区后被命名为布罗卡区，位于左半脑颞叶，是人脑重要的语言功能区。文明人的一切精神活动都离不开语言，语言区在大脑，大脑也就很自然地成为心智的中心，地位至高无上。

医生潘菲尔德通过吸收前人研究成果和自己进行广泛的实验研究，给出了一幅大脑四叶功能分布图：枕叶——视觉；颞叶——听觉与记忆；顶叶——触觉和认知，最后，处于大脑前端的额叶，则是主管运动、创造、思考和情操的部位。他后来还将人体全部器官在大脑中央前回的相应位置绘制成功能定位图，称为“小人图”。

这种定位主义的观念并没有在科学家中得到普遍认同。另一派人以同样无可置疑的事例和实验指出，人脑是整体起作用的，称为整体论派。19世纪英国神经心理学家杰克逊就是最坚定的整体论者。他认为对于心理过程来说，脑组织十分复杂，不能从有限部分的定位观点来考察，只能从整体出发进行分析，同时指出，言语活动的脑定位和言语障碍的脑定位是两码事。他的观点得到20世纪英国神经生理学家海德等人的支持。

美国行为主义心理学家华生的学生拉什利是另一位坚定的整体论者。他以猫、鼠为实验对象，先通过训练，让它们获得某种技能如走迷宫之类，然后先后逐一切除部分皮质，重新训练，仍然获得相同的学习效果，表明脑是整体起作用的。

两派的理论既有各自合理的一面，又有各自矛盾的一面，这种情况产生有一个共同的原因，那就是，两派都聚焦于大脑，而忽略了脑的其他部分及其与大脑的联系。

20 世纪 20 年代由美国霍普金斯大学丹地医生首开先河的大脑半球切除术给整体论以最有力的支持。他和其后世界各地数以百计的成功手术表明，不仅非优势半球，而且优势半球切除的病人（多为严重癫痫病患者）——所谓半脑人，不仅疾病症状有所改善，行为及性格异常有所改变，而且最为担心的脑功能丧失也只是术后一段时期的现象，时间稍长（神经元再生需要时间），无需特殊训练即自行恢复。如安排特殊训练，恢复得更快，不少人恢复到发病前的水平或与常人无异，婴儿病人效果尤佳。

大脑被认为是人的智能组织，前额叶又被认做是这个组织的中心，20 世纪额叶白质切除术曾在美国风行几十年，波及欧洲和日本，全世界接受手术的人数达 10 万之众，有成功的也有失败的，其副作用相当大，但对精神病有一定的疗效，接受手术者的智能一般没有因此而丧失，同样表明脑是整体起作用的。近年还发现无脑人或称水脑人，给传统的大脑理论带来新的冲击。人们都将这种种现象归因于大脑自身的代偿能力，少有人想到是大脑之外的因素（下脑乃至整体神经系统）在起作用。

脑科学研究揭示，人的思维、语言、计算、想象和对行为及情绪的控制等活动主要由大脑进行，而人的视觉、听觉、嗅觉、触觉等感官活动和肢体运动及情绪的发生，主要由小脑、脑干和神经系统进行。大脑中间有一道较深的脑沟，将大脑分成左右两半脑。左半脑主要负责逻辑思维和计算，语言区也偏向左半脑，称优势半球；右半脑主要负责形象和图形处理，称非优势半球。另一种划分法按脑的新旧皮层次序划分。新皮层在高处，共有六层，就是大脑皮层。旧皮层有四层，位于大脑下面的海马区及边缘区，与小脑和脑干相联系。参照保罗·麦克莱恩的理论，我把这种划分形象地说成是上下脑分工。新皮层就是大脑，它在高处，就是上脑；小脑、边缘系统和脑干在下面，合称下脑。为了简洁，以下在需要的地方就采用上下脑的说法。

上下脑分工虽然属于一种新提法，但它的道理并不新。20 世纪 40 至 50 年代，麦克莱恩在解剖学上大体把脑区的功能活动彼此联系起来，把脑看作是一种等级式整体结构，由三个等级组成：最“原始的爬行类脑”、较高级的“旧哺乳类脑”和最复杂的“新哺乳类脑”。爬行类的脑（恐龙脑）相当于脑干（从脊髓伸出的中央主干），控制本能行为，“在攻击行为、保卫领域、礼仪和建立社会等级差异中起着重要作用”。旧哺乳类的脑（猫脑）由一系列相互联系的中脑水平的结构，即边缘系统所组成，它“控制兴奋、恐惧以及多种人所特有的又往往是难以捉摸的感情”。新哺乳类的脑（人脑）是居于脑外层用于理性思维过程的区域，称为皮层。麦克莱恩将这种等级式结构称为三位一体脑。他认为人类的许多冲突都是由于这三个层次间缺少协调所致。

他的前辈杰克逊也是三位一体脑论者，他将脑分成高中低三级，称“功能组织”。第一是低级水平，包括脊髓和脑干；第二是中等水平，包括大脑皮层的运动区和感觉区；第三是高级水平，指大脑额叶。前苏联心理学家鲁利亚以另一种方式将脑分为三个相互联系的部分，称三个机能系统。第一系统称动力系统，由脑干网状结构和边缘系统组成，相当于这里所说的下脑；第二系统和第三系统均在上脑，与杰克逊的相反，他这个排列突出了下脑的重要地位。鲁利亚也是个脑功能整体论者，在二战期间，他和同事曾对大量脑损伤人员进行功能恢复工作，他发现，脑特定部位的损伤并不一定导致相应的心理功能的丧失，从而得出三个系统是相互作用、协同活动的结论。

然而，他们的理论没有受到足够的重视。一般认为，人有异于其他动物，生理上的原因就是人有发达的大脑，人的智力超过其他动物，与动物有质的差别。人类因此为自己优越的大脑而骄傲，众多自我赞扬的书和开发智力的书也是以大脑为对象。但这种想法和做法很可能是一种偏差。这一偏差的产生是由于忽视下脑的作用及上下脑的联系的缘故，如果将两者联系起来看，观念就会完全改变，人脑最重要的部分不是上脑，而是下脑，人类更应该为自己的下脑而骄傲。这是因为，上脑是知识的仓库，下脑是智慧的寓所。

上脑的确可以说是知识的仓库，也主要起仓库或图书馆的作用，它所有的功能均以知识为基础，即使创造的功能也是在知识基础上进行的创造。它的创造作用与知识的数量成比例，有知识才有创造，知识越多，创造力越强，犹如一个图书馆，人们可以依靠它的藏书作研究，写论文，藏书越丰富，作研究或写文章就越方便。上脑的作用虽然大，但比起下脑的作用，则算是小巫见大巫了——下脑可是这个“仓库”或“图书馆”真正的管理者和使用者！

这样说的依据是，下脑比上脑发展的历史漫长得多，完善得多，它一直是全脑的支配者。让我们首先看看以下事例。

第一，原始人的事例。上脑不如现代人发达的原始人在体力和技能，如嗅觉及猎取猛兽的技巧上，大为强于现代人，现代人与自己的祖先相比，在许多方面是退化而不是进化。人类文明是原始人和古人创造的，他们的功业包括创造文字和思想，大多数属于创新性的。现代人的知识丰富了，但创造力并没有相应提高，在许多方面，如艺术创作，还不如自己的祖先，现代人实际上是在享用自己祖先创造的文明成果。

第二，动物的事例。没有多少皮质的鱼类和鸟类显现出众多优于人类的特长。这里指一些可比的技能，如记忆力和判断力。鱼类和鸟类在这些方面就拥有惊人的能力，如鲑鱼在海水和江湖之间长距离的定期定点往返，候鸟在北方与南方远距离空间的定期定点往返，鸽子能够记住长距离的飞行路线，视力不佳的蝙蝠能够灵敏辨别空中可食物体或有害物体并分别采取捕食和绕开的动作，等等。这些情况告诉我们，下脑比上脑远为重要。

为什么会出现这种轻重倒置的错误呢？我认为，一个原因是上脑大而新下脑小而旧。一些科学家（久保田競等）注意到，小脑的外形虽小，但细胞的数量并不少——它足足是大脑细胞数量的10倍！但因为它是“旧时代”的事物，属于功能退化的“陈旧”组织，对它的作用也就不那么关注，所以科学家们一致认定上脑是高级的，高级的精神活动如思维、计算、判断、创造等，都在上脑进行；下脑是低级的，没有精神活动，主管原始的神经活动，与感官及肢体运动有关。下脑被上脑严密包裹，深度隐蔽，研究起来不如上脑方便，也是对它不够重视的一个原因。另外的原因是，人类在进化过程中，脑的功能逐渐发生转移，总的趋势是下脑的功能逐渐转移到上脑中。例如，负责肢体运动原本绝对是下脑的功能，看看蜈蚣走路就会明白这一点，但在潘菲尔德的“小人图”中，人的手和脚占有最宽的位置，身体其他部分也有各自的位置，用电刺激大脑“小人图”中特定位置，就会引起躯体相应部位的感觉。反过来说，躯体相应部位的运动和感觉，会传达到大脑“小人图”中相应的区位，引起这些区位的反应。学习、思考、计算、想象和创造等活动，则在大脑的一些联合区中进行，这就给人一种大脑控制一切的印象。

然而，想想人类的进化史，我们应当发现这是个假象，“小人图”只是下脑的投射区，下脑并没有真正“搬迁”，上脑并没有在总体上取代下脑，它只是成了信息储存和加工的场所，真正的“指挥部”是在下脑。这可以解释各大脑区域在功能上的代偿性和可塑性。当然，在漫长的进化过程中，上脑也取得了一些实质性的成果，不能仅把它看成是下脑的投射区。它有些功能已经部分取代下脑，即脱离下脑也能产生，比如有些新功能如文字识别、数字计算、逻辑思维和手指运动，确实是它特有的，许多较晚获得的功能都由上脑直接控制。但全脑的基础还是属于下脑，上脑特有的新功能离不开下脑的支持作用，如数字计算离不开意念计算。

若把计算机比拟作人脑，那么我认为基本内存（BIOS即基本输入输出系统）相当于下脑，上脑主要起硬盘和内存条的作用，中央处理器相当于上脑中的联合区，缓存和虚拟内存则相当于人脑的边缘系统，计算机的总线相当于中枢神经和胼胝体。联合区是上脑高级功能发生的区域，但把它们仅理解为大脑四叶不同方式的联合是不够的，它们是上下脑的联合区，或下脑在上脑开设的“驻点”，也就是各神经弧的“联合办公区”。

若将军事组织与人脑相比较的话，那么下脑是“司令部”，而上脑是庞大的“部队”。从这个角度，你就不会奇怪为什么小脑会有约2 000万的信息输出细胞——称蒲肯野细胞（久保田競等人的研究成果），这类细胞是大脑所缺乏的，因为小脑才是“司令部”，它要不断向上脑发指令呀。

一个传统观念是，无需思维的自主运动，基本上是属于下脑的功能。大脑主导有意识活动，小脑主导无意识活动，这一观念在300多年前就由一位名叫托马斯·威利斯的英国内科医生指出，他因此而在科学发展史上留名。无意识或潜意识比意识更重要，这一观点在弗洛伊德和荣格那里得到确立，他们以浮冰的水下部分和水上部分比拟两者的分量，但他们是否同意威利斯的观点不得而知，他们关于意识定位是不明确的。

根据神经弧论，这一观念需要改变，下脑不仅控制潜意识，同时控制显意识，是全部意识的中心。既然下脑相当于电脑的核心部件，相当于军事组织的指挥部，说它控制全部意识也就是顺理成章的事，上面提到的半脑人、无脑人等事例也支持这一论断。上脑不全，意识犹在，下脑受损，则往往导致意识丧失，这里最关键的是听觉神经弧。

前面提到听觉神经弧是最早起作用的神经弧，并在后来的发展中一直起主导作用，这个原因主要不在它本身，而在于它的关系——与其他神经通道的联系。从解剖学上看，耳朵的结构是比较清楚明白的，它的功能就是听声和保持身体平衡，功能的机制也是清楚的。但耳朵不等于听觉，它只是听觉的外部装置，较不重要的部分，内部才是最重要的。所谓听声，主要就是听说话。说话又有两种，他人的说话和自己的对话，这后一种说话是更为经常也更为重要的。当我们对他人说话之前，我们首先听到自己要说出口的话，一切思维活动实则就是倾听自己内心的对话，聋哑人也有这种内心的对话，这在他们身上是唯一的对话形式，也是他们的思维活动的唯一形式。费尔巴哈说："人思维，其实就是人跟自己本人交谈、讲话。"人若听不到自己的心头语言，丧失了内心对话的能力，也就丧失了思维能力。这时，即使他双耳和嘴巴健全，也是听不懂人话的，更无法与他人对话，处于无意识状态，兽孩的内心就是这个样子，所以内在的听觉是最重要的。因此，听觉的器官就不局限于耳朵，而扩及整体神经系统，这个论断只从逻辑推理即可得出。

常识告诉我们，动物的视觉来自光刺激，听觉来自震动刺激，后者比前者先发展起来且更为完善，这一理论从很多至今尚无视觉或视觉微弱却听觉灵敏的动物身上即可得到验证。人也是听觉优先的动物。一般人觉得视觉比听觉宝贵，宁愿当聋子不当瞎子，这是缺乏内在听觉概念时的想法，如果认识这个道理，就不会这样想了。震动刺激作用于触觉，但更主要还是听觉。一是由于震动往往打破平衡，让处于其上的人感到站立不稳，这就是听觉的事，耳蜗内的半规管就是为保持平衡而发展起来的。二是由于震动往往伴随声响，声响往往产生震动，这也是听觉的事。耳朵的主要作用就是感受震动，把震动说成声音就缩小了耳朵的功能范围。动物和人还没有降生就会感受震动，降生后感受最多最强的也是震动，地震、打雷、爆炸、崩塌和言语是震动，一些无声的活动和阅读也是震动（内震动），所以，震动是动物和人不可缺少的生存条件。由此可知，听觉是人最重要的知觉，它也不限于双耳，而遍及全身，因为身体没有一处不感受震动，它的控制中心可能是小脑和海马体。听觉神经弧也与其他神经弧在大脑联系，但更主要的联系在下脑发生，在上脑的联系则是次要的，"小人图"中就看不到耳朵的位置，因此它与其他神经弧的联系就更为隐蔽，也更为直接和迅速。恶言恶语容易伤人就是这个原因，还由此产生"闻鸡起舞"、"闻声而动"、"一听就跳"之类的俗语，但同样也是音乐教育容易见成效的原因。

神经弧论是系统论，不仅超出了大脑主导论，也超出了三位一体脑论——这一理论并没有超越脑，只不过从大脑扩展到全脑罢了。萨根虽然欣赏麦克莱恩的理论，他自己也有许多大胆的想象和猜测，但他也没有摆脱大脑主导论。

显意识、潜意识和灵感

意识的概念与灵魂的概念比较接近，只是意识更具生理性，即肉体性。希腊人重精神轻肉体，谈论较多的是灵魂和心灵，较少谈论意识；后人中，笛卡尔是第一位将意识提升到灵魂高度的人。笛卡尔也信仰灵魂，他所说的灵魂也是肉体的——就是人脑中的松果体，但他谈论更多的还是意识，实际上将意识取代了灵魂。他认为，心灵是人的本质，而心灵的本质不是智能，而是意识，即意识到自己的思想及其对象。人是思想着的心灵，是唯一有意识的动物，其他一切动物都只是复杂却没有意识的机器而已。

我将意识的实质确定为自我意识，并将自我意识分为肉体自我意识和精神自我意识，分别源自感官记忆和概念记忆，前一种意识人与动物共有，后一种意识仅属于人，这与笛卡尔的观点相近，但他没有说的那么明确，我也不好说在这里是沿用他的理论，以免有穿凿附会之嫌。在写作上，亚里士多德是我的榜样，他在论述自己的观点之时，都在前或在后将他人的观点尽可能全部列出。在灵魂论上我与笛卡尔的差异是，他以意识取代灵魂，我则认为意识只是灵魂的表现；心灵可以看做是灵魂的本质，但不能取代灵魂，两者的差别起码在应用范围上显现：灵魂适用于一切有生命之物，而心灵和意识仅适用于人。

海克尔是个坚定的一元论者，也是达尔文进化论的坚定支持者和发扬者，他相信生物包括动物和植物是沿着低级到高级的路线进化的，从单细胞到人，这个过程还在个体中一再重演。他将生物大致分为单细胞、细胞团、低级生物、高级生物四大类，相信所有生物都有灵魂，也就有理性、有意志并能记忆会运动，灵魂、理性、意志、记忆和运动也按此分类，只有意识似乎是例外。笛卡尔被认为是个典型的二元论者，在意识观上，海克尔称笛卡尔的观点为意识的先验论，他自己的则为意识的生理学。海克尔曾把意识称为“心理学的神秘核心”，经过批判性的研究，神秘色彩消失。生命、灵魂和意识虽然通常被认为是一体的，“但意识仅仅是心理活动的一部分，正如心理活动又是生命活动的一部分一样”，意识“也像其他灵魂活动一样，是不折不扣的自然现象，因此它也像其他的自然现象一样，受实体定律的制约”。“真正的意识只有在较为发达的中枢神经系统和感官的高级动物身上出现。可以断言，只有高级脊椎动物，主要是人类祖先的那些胎盘哺乳动物才具有真正的意识。而高度进化的猿猴、犬、象等的意识与人类的意识相比也只是程度上的差异，没有本质上的区别。”意识最终的“所在”，就是大脑皮层，意识是“高级灵魂活动的一部分”，大脑是“灵魂的器官”，在那里达到了心理与生理的统一，精神与肉体的统一，这就是海克尔的一元论。他的理论对世界心理学界影响深远。他的《宇宙之谜》在 1899 年初出版，1919 年就出到第 11 版；1917 年开始介绍到中国，之后多次出新版译本，现在见到的已经是第五个中文译本，可见国内外对这部书的重视程度。

他的全部理论最终归结为实体定律，它是一种包罗万象的宇宙基本定律，即“力与物质守恒定律”，它永远处于运动和变化之中，所以也是普遍进化的定律。它将精神与物质、上帝与自然联结成一体，最后还原成化学和物理基本定律。

自我意识也是艾克尔斯的信念，与我所论的差异在于，他提供的自我意识的来源是超自然的。

关于灵魂论，我的观点是独特的，即将灵魂在生理学上等同于神经系统，系统的核心是听觉神经弧而不是松果体。按照这个观点，动物以及植物都是有灵魂、有物质（动物的肉体、植物的实体）自我意识的，因它们都有神经系统，在植物那里就是它的纤维系统，但它们都没有精神自我意识。精神自我意识就是亚里士多德所说的理性灵魂，这是动植物所缺乏的，它们只有营养灵魂和感觉灵魂，就是物质自我意识，相当于本能。笛卡尔否认动物有灵魂、心灵和意识，他的一个著名命题就是：动物是机器。在他眼里，人是二元的，拥有两个独立的实体：心灵和身体。身体也像机器一样，不需要灵魂也能够运动，从这个角度看，他心里想说却没有说出口的话是：人是机器——一部附着心灵的会思维的机器。此话由后来的一个法国人拉·梅特里说出来。

我认为，自觉自身的存在，清醒地认识自己周围的环境和自身与环境的关系，等等，就是意识。完全的自觉性是显意识，不完全的自觉性为潜意识，前者与精神自我相联系，后者与物质自我相联系。人在睡眠时和昏迷时，显意识隐退，潜意识活跃。人的灵感态是完全且专注的自觉性，我称之为人在清醒状态下的潜意识活动状态，即可控的潜意识活动。这可以归结为神经系统的活动。

动物有许多为自身的行为，如争夺食物和配偶，护卫自己幼仔和领地等，在形式上类似人的自我意识，但都是在缺乏自觉性的情况下作出的，一般称为本能，我称之为肉体自我意识。用黑格尔的话来说就是，本能是自在的，肉体自我意识也是自在的，精神自我意识才是自为的。前者是自动起作用的，后者则与自觉性或主动性相联系。两者都包含有分析、判断即思维活动，但后者由于是自觉和主动的，因而在这上面具有灵活性和普遍性；前者的这种能力则是固定的、程序化的且范围有限的，主要在食与性上，这是一种基本的生存智慧。也可以说，后者有学习能力而前者缺乏这种能力，表现为动物和植物无法主动地改变自己的习性。环境可以在这方面发挥作用，速度却相当缓慢，需要漫长的时间，物种经常因为不适应环境而灭绝，拥有精神自我意识的人却可以对环境变化立即作出反应，让自己适应环境，或采取躲避行动保存自己。

一个人虽处于清醒状态，却对自身和周围的事物认识不清，如不能辨认亲友，自我伤害而全然不知等，我们称他为无意识，即无精神自我意识，类似动物，在法律上和伦理上也按动物处理：保护他的安全同时限制他的行为。然而，原本有意识的人不可能变成无意识，因此，对于上述那一类人，通常称为意识失常或意识混乱，以区别于天生就无精神自我意识的动物。人在睡眠时，虽然显意识下降，潜意识处于自动发挥的状态，但我们仍称其为意识而不是本能，因为人在这时并没有完全丧失自我，仍有个体自觉性。

按照神经弧论，所有意识源自身体运动，显意识源自感官和肢体（也可看成感官）运动，潜意识源自内部器官运动，运动产生刺激，刺激引起神经系统的反应，就是意识。先是身体运动激活神经弧，它们的连接产生意识活动（精神运动或思维），然后意识活动反过来协调和引导身体运动。人在清醒状态时，感官和肢体开始主导意识活动，人的内部器官运动信息也通过中枢神经到达上下脑，并通过“联合办公”与其他神经弧相互作用。这时的意识活动可以称为“理性的”显意识活动，即所有神经弧参与的和谐的运动。当人在睡眠状态下，感官和肢体大部分处于僵化状态，显意识被抑制。内部器官的运动却没有停顿，相反，往往还呈现活跃状态，潜意识这时更为活跃，似乎这才是它真正发挥作用的时候。婴儿在睡眠中加速生长，成年男人在睡眠中阴茎勃起、遗精，就是这方面的表现，做梦是潜意识活动最普遍的形式，这一切活动也是感官记忆和回忆的现象。显意识和潜意识就是上面所论的精神自我意识和肉体自我意识，两者的差异主要表现在以下几方面。

第一，参与程度，这是两种意识相区别的主要指标。显意识活动时由全部感官和器官参与，由听—说神经弧主导，即语言区主导，上脑、下脑和腹脑协调运动，显现高度的整体性和统一性；潜意识活动由部分感官和器官参与，主要是内脏器官参与，上脑处于休眠状态，语言区关闭，下脑和腹脑主持运动，显现局部性和分散性。

第二，持续性和连贯性。显意识活动可以持续于一个主题上并且前后一贯，即使被中断也可以再连接上，直至完成，是可控制的；潜意识则缺乏这个特点，人在做梦时就很少是持续的和连贯的，经常从一个主题跳到另一个主题，无法控制。真正的原因是内部器官活动。常见现象之一：因为体内尿液增多，膀胱受压，激活了排尿神经通道，睡梦中的人就会从当时的活动中突然转向寻找厕所。

第三，清晰性与准确性。必定是前者高后者低。例如，完全排除与实物联系的意识活动，前者能够清晰地准确地分辨文字、形象、场景等，而且可以让这种清晰性与准确性继续提高；后者却难做到，大多数时候“看到”的一切都是模糊不清的。这与前面两个特性相联系。前者的典型是想象，后者的典型是做梦。

第四，自动化程度，前者低后者高。以学习来说，显意识要记住生字、生词和数字常常要付出努力，需要反复朗读、默写，而且不牢固。这类信息若由潜意识（非睡眠状态）处理，则容易得多，而且十分牢靠，想忘也忘不掉。潜意识不可控制，不能按人的意志进行这类学习活动，范围有限，而一旦在无意中学会，就不容易忘记，能够自动起作用。

两者有区别，也有联系。它们共处一体，相互联系是必然的，在正常情况下，两者必定是协调的。当这种联系发生障碍时，就会表现为思维障碍，精神发生混乱。

除了上述两种状态，人的意识还有第三种状态：可控的潜意识状态，即灵感态。

和心理学许多概念一样，关于灵感的论述也是见仁见智，莫衷一是。一般认为，它是一种专注的、突发性的创造状态。处在这种状态中，人仿若获得神明指点，产生一种大彻大悟的感觉，对自己探索的课题一通百通，才思泉涌，不吐不快。柏拉图在《斐德罗篇》中提到四种迷狂（mania），其中第三种就是艺术迷狂，可以理解为灵感态，只是比灵感更“灵”，达到通神的地步。

大多数只有一两件精品的作家都属于灵感型天才。他们表现平常，凭灵感产生作品，灵感一过，江郎才尽，又退回常态。当然世上没有神灵相助，而是神经弧的特殊连接造成。当一个人高度专注于一个课题时，显意识和潜意识全部被动员，全部神经弧接通，聚焦于特定课题之上，干扰信息被屏蔽，就有可能进入灵感状态。这就像拥挤的交通线路中突然来了一辆高响着喇叭的警车或救护车，所有活动暂停，给它让路或协助，让它畅通无阻地直达目的地一样。灵感多发生在清醒状态，这时的干扰信息主要作用于显意识，屏蔽这些信息也就是显意识的任务，显意识这样做时也让自身主要的功能被屏蔽，灵感就成了人在清醒状态下的潜意识活动状态。这也就是庄子所称的“坐忘”之术：“堕肢体，黜聪明，离形去知，同于大通。”在这种状态下，人甚至可能激活荣格所称的原型意象或原始意象，产生不凡的作品。

荣格理论的核心是潜意识论或无意识论，即这里所说的肉体自我意识，分为个人无意识和集体无意识，后者是前者的基础。集体无意识在个人那里就叫原型意象，这个观念最初由瑞典文艺史家柏克哈特提出，荣格给予充分发挥。集体无意识是一种代代相传的无数同类经验在同一种族全体成员心理上的积淀物，还有可能夹杂着动物祖先的印记。荣格对此评价极高：“最伟大的和最好的观念是由全人类的古代的共同的财产等原型意象所形成的。”萨根则提供了一些负面事例，摔落、受攻击等，它们是在婴儿梦境中经常出现的现象。

在潜意识论上，荣格与弗洛伊德显现出根本性的差异。他着力挖掘的是其积极的一面而弗洛伊德则从消极面看待潜意识，认为潜意识是人为忘却或压制不愉快的、尴尬的经验，或不能接受的观念和行为的沉积物，像个大的杂物间，不时以梦或精神病变的形式显现出来。

实际上潜意识有个人心理根源，也有社会文化根源，它包含积极的因素和消极的因素，哪种为主，主要由个人心理素质决定。人的心理素质或思想境界千差万别，从根本上说可分为灵魂关注型与身体关注型两种，前一种人无比优越，它致力于艺术创造；后一种人致力于肉体享受，注定终生忧愁、焦虑，因为身体的欲望无穷，欲望会以各种形态源源不断地进人的显意识和无意识中，让人时刻不得安宁。这就是荣格与弗洛伊德分歧的根源。从这个角度看，潜意识并非完全处于人的控制之外，它是健康还是病态，归根到底由显意识决定，即肉体自我由精神自我决定，按神经弧论就是由基本神经通道结构决定，这又要回溯到早期的印随教育和由此建立的思想境界。

亚里士多德指出，人是社会动物。此语可以解读为，人是群居动物，相互依赖，个人不能离开社会；另一个含义，人有社会的理念，主要是社会文化的理念。社会文化一般指民族文化，它有漫长的历史，在创造和使用文字之前很久，就有文化活动，平时看似消失，实际却沉淀在潜意识（神经弧）中，就是荣格所称的原型意象。它是一种空泛的、模糊的影像，难以用文字描述，却饱含智慧——我们的先人就是以此进行史无前例的创造活动的。当代文明的主要成果，都以知识形态印刷在教科书上，中学生就能掌握。当代人都接受学校教育，以为这就是全部，所以一般人也就难有大的作为。只有那少数不满足于常规教育，或不受常规教育约束，自觉关注灵魂，能够比较好地保存本真的人，才容易连接上原型意象，创造出伟大的作品。要让原型意象发挥积极作用，离不开主观努力。

人在觉醒的状态下，多处于显意识状态，但当潜意识被唤醒，往往就会压倒显意识，让人的行为表现异常。人在遭遇突然降临的灾难时会不顾一切地拔腿就跑，或被惊呆了不知所措；碰到气愤的事会不顾后果地冲动行事等都是这方面的事例。所谓感情冲动就是潜意识的表露。一般人很难控制自己的感情，即肉体自我，它在“联合办公室主任”能力之外。只有非常出色的“主任”，才能控制住自己的感情，我们通常称这类人为有教养的人，西方人所说的绅士，老子所称道的圣人就是这类人。

当潜意识很强大，就可能不要“主任”管束而自行其是，这属于无意识行为，但却不一定是无理性的行为，典型的是催眠状态和梦游状态，它们是介于清醒与睡眠之间的行为。有报道，人在梦游状态中，能够完成挑水、洗衣一类工作，当事人自己次日醒来后对自己晚上在梦游状态中所做的事全然无知。此外，还有在睡梦中扼死身边的人和在梦游状态下行凶杀人的报道，均可以解释为无控制的潜意识活动。人在这时概念记忆混乱，凭感官记忆行事，这时可称为是处于灵魂与肉体分离的状态，肉体这时按分离在外的灵魂的指令行事，在催眠状态下，催眠师就成了自己的灵魂。用强刺激可让他们惊醒，即让灵魂返回肉体，他们同样会对自己刚才的行为一无所知。

人的智慧在0—3岁形成

0—3岁是人的心智最重要的发展期，人的基本神经弧在这期间被激活和定型，它的基本原理是印随教育。这个时期的教育和训练对人的神经系统的形成产生直接的影响，它确定神经弧和脑组织的基本结构，形成基本神经通道，人本身（婴儿）成兽或成人，成为什么样的人，在这个阶段基本被决定。

1. 初生阶段的教育决定一生

这一阶段的教育被称为早期教育，是许多著名的心理学家和教育家的研究课题。美国心理学家布鲁纳认为：一个孩子到4岁时，其智力发展了50%，另外30%到8岁时发育完成，其余20%到17岁完成。意大利教育家蒙台梭利说：儿童出生后三年的发展在其程度和重要性上超过人一生的任何阶段。前苏联教育家马卡连柯说：教育基础主要是5岁以前奠定的，它占整个教育过程的90%，另一位前苏联教育家乌申斯基表达过类似的意思。而前苏联生理学家巴甫洛夫的话最为令人震惊：如果婴儿生下来的第三天开始教育，就晚了两天了！

他们的说法不同，但确定无疑的意思是：早期教育比后期教育重要得多。中国人则用一句话来概括：三岁定八十！

为什么？神经弧论提出了两点理由。第一，这时期是人的语言形成期。个人使用的基本语言在这期间获得，主要是母语，但如果身边的人常用两三种语言，婴儿也能轻易掌握。智慧是灵魂的助手，语言又是智慧的助手，运用语言，人的智慧才能充分发挥。我们要造就或改变一个人，最基本、最有效也最方便的手段是改变他的语言，包括选择不同的民族语言和不同性质的语言——艺术性、知识性、商业性或是通俗的日常用语等。对婴儿的语言训练，实际就是给他铺设今后特殊的人生之路。第二，人的神经弧在这个时期形成。这个意思不是简单地指它们获得应有的功能，如耳能听，眼能看，而是指它们获得特定的功能——眼耳擅长于看什么形象和听什么声响，用什么方式接收和加工信息等。特化的意思是指在生理上相应地形成特殊的神经通道以及它们特殊的连接方式和作用方式。

人们一直将大脑认作人的智能机构，早教的重点也是开发大脑，我却认为人的智能是一些连接上下脑甚至纵贯全身的大神经弧的作用，脑是它们的会聚与协调中心，所谓人脑的功能实际是神经弧系统的功能，它们是人的生理和心理基础，日后的性格、气质、爱好和思维能力由它们决定，早教的重点也就变成对神经弧乃至整体神经系统的训练。

2. 印随教育成果长在

心理学中有一种印痕说或铭刻说，它来自动物实验：印随教育，或称印随学习，可以用来解释人在婴儿期的学习。

澳大利亚科学家洛伦佐在 1935 年首先描述了印随行为。他做了一个实验，让刚刚孵化出来的小鸭看到的第一个运动的物体是他本人，而不是母鸭，小鸭就把他作为追随对象，即使到了成年也不改变。后来的一些实验表明，用一些无生命的物体如一个白色球，也会被小鸭认作“妈妈”。洛伦佐称这种现象为“印随”（imprinting），意为新生的鸟类（不仅是鸭子）会被它第一次碰到的感性物体直接地且不可逆地“踩”进神经系统中，在那儿留下足迹。他因这项研究成果荣获 1973 年诺贝尔医学奖和生理学奖。

按照神经弧论，这种现象很好理解，它就是新生动物建立基本神经通道的方式，重点是视觉、听觉和味觉三条神经通道。基本神经通道具有永恒性，人具有主观能动性，有可能让它们发生局部变化，动物没有主观意识，变化就很难发生，表现为印随学习的稳定性、终生性。这种学习不限于“跟随”，而是全面的学习，包括对特定气味和特殊声响的反应。也不是教什么就学什么，有生理和遗传限制。遗传模式是以隐神经通道方式存在的，学习不能超越它的限度。所谓遗传，或本能，或天赋，对人来说，就是这种隐神经通道，它不仅隐含着父母的遗传信息，而且隐含着种族的乃至动物祖先的遗传信息——荣格所称的集体无意识和原型意象。

印随能力不限于鸟类，所有动物都有，只是表现形式不一样罢了，比如，在人身上表现为“有奶便是娘”的现象。它是新生动物神经弧及其连接激活的一般方式，与神经系统的复杂程度和发育成型的时间相关，主要是与上脑胎外发育时间相关，即基本神经通道建设的时间，所有神经通道都在上脑连接。一般动物包括人，下脑在出生时就基本完成，欠缺的是上脑及上下脑间的联系，需要或长或短的胎外发育时间建造。越是高级的动物，这个时间越长，印随延续的时间相应变长；低级动物，这个时间就短。有人做过试验，小鸡的印随时间只有10多个小时，小鹅的为24小时，小狗的约1个月，过了这段时间，这种能力就会消失。

人的神经系统最复杂，上脑发育成型（基本神经通道建成）需要的时间最长，印随延续的时间也就比其他动物都长。兽孩现象表明，人的这种能力起码能够延续到3岁，越往后越差，到6岁时完全消失。3岁前的小孩因为印随显效期没有过完，落入兽群中才能适应，野兽也因此才会把他认作自己的成员。这也是人在婴幼儿时期获得的能力，包括言语、口味、视听和行为方式终生不变的原因——它们已经铭刻进神经系统中，这是我立论的主要依据。在种种能力中，又以言语的印随现象最普遍、效果最显著，原因在于听觉神经弧是最早（降生前）被激活的，也就最早被特化。马戏团的动物能够听人话就是这个道理，这是它们一出生就被铭刻进听觉神经通道中的内容。

园艺师一个经常性的工作是人为地改变植物外观，例如让向上笔直生长的松树变成螺旋状。他使用的方式往往是在树木的木质层形成前就将幼苗捆绕到一个柱子上，并让它以这种方式生长，此后生成的就是一株螺旋状的松树，到它的木质层形成后再做这个工作就不灵了。这就是印随学习的原理，对植物来说，它的纤维层就是它的神经系统，印随学习就是塑造神经系统的工作。

动物和人的印随机制常在其他科学研究项目中以不同的形式被发现，日本京都大学名誉教授久保田競的书中提到的哈佛大学诺贝尔生理学奖得主戴维·休贝尔等人的动物实验就是一例。他们将刚出生的猫或猴的一只眼睛蒙住，几个月后拆开，发现动物看不到立体的东西，表示受蒙蔽而错过印随教育时机的眼睛已经丧失视觉。剑桥大学一位教授则将一只刚出生的小猫关在一间竖条纹的房间中饲养，当他对小猫大脑第一级视觉区进行研究后发现，小猫对竖条纹作出应答的神经细胞占有绝对的数量，对横条纹作出应答的神经细胞数量很少，表明这只猫难于看到横条纹，因为它接受的是竖条纹的印随教育。如果能够观察动物的视网膜，情况就会更清楚。久保田競接着写道，“就拿人类的视觉来说，神经回路到三岁半基本形成，一直到8岁前都处于未成熟期。出生后的3个月到2岁这段时间感受性尤其强，如果这一时期蒙住一只眼睛达一周以上，那么这只眼睛就会变成弱视。”后一种情况在临床医学上确有这样的实例报道，不仅是弱视，而且可能是睁眼瞎。他另外提到，“让刚出生的幼年大白鼠在1个月内不见亮光，它会永远失明。人类的视觉临界期普遍认为在出生后两年半的时间。如果在这段时间不让眼睛接受亮光，那么以后很难恢复正常视力。”维加拉的书中介绍，犹太人作过一项调查，发现6岁前生活在一个非常亲密的集体之中——像生活在一个大家族中的男女儿童，成长后相互间缺乏男女之情爱，没有结婚的意愿；而被孤独地关在窝里达12周的小狗，就会变得胆小又不友好，这从另一个角度描述出印随教育的作用。

不仅视觉，其他神经弧情况也是一样的，一旦错过印随教育机会，功能就会减弱或丧失，终生无法弥补。在中国和外国的历史上都记载过人自小被单独关闭长大后丧失学习能力，成为白痴的事例，从反面说明了印随教育不可替代的作用。

3. 铭刻的记忆永存

儿时记忆常在，近期记忆常忘；“乡音无改鬓毛衰”，我就是“我”，是成人尤其是老年人中常见的现象，应归因于“铭刻”，它是印随教育的结果。当代德国开放大学生物系教授罗斯在题为“大脑如何产生记忆”的讲座中提到：“在我看来，记忆是把我们每个单个的人界定为个体的那个特征……我们就是我们的记忆。在年老的时候，我们能够保持我们自己80或90年前的童年记忆，尽管我们身体上的每个分子以及除了神经元之外的每个细胞已经再循环了数千次，也许是数百万次。”（《剑桥年度主题讲座·记忆》）他是洛伦佐理论的支持者，曾和剑桥大学两位同事合作研究小鸡的印随行为10多年，发现记忆储存不是固定的而是动态的。回忆的行为不是被动地像从电脑文件夹中调出材料的行为，而是一个积极的过程。

这里又需要用到神经弧论。印随教育造就的是特殊的神经通道，它的特殊结构产生特殊的记忆、回忆和其他功能，铭刻其上的不是具体的信息，而是“操作系统”，它只要被激活，就能够产生相关的回忆。早期铭刻的“操作系统”永不失效，让我始终是“我”，尽管它也用来加工后来的信息。

“江山易改，本性难移”，这是中外人士普遍的信念，法国思想家伏尔泰在这方面的描述尤其生动而深刻。他认为人的性格就是人的本质，自幼即已形成，可能在形态上有所改变，如让一种情欲压倒另一种情欲，到老年时有可能减弱，但本质始终不变。“这就好像一棵树，虽结了一些变种的果子，但是果性未变；这棵树虽长了一些藓苔，生了蛀虫，总还是橡树或梨树。如若有人能改变树的本性，他也就可以凭空产生另一棵树来，那便成了自然的主宰。”他还从词汇学上指出，性格这个词是从希腊语“盖印”和“雕刻”两个词来的。这两个词都描述一种不可移易的记忆，这也就是后来印随、铭刻理论的依据。

4. “白板”在哪里

洛伦佐的研究并非是个孤立现象，20世纪初，正是世界工业和科学大发展时期，工业上的发明创造层出不穷，科学上的创新也花样百出，心理学是突出的学科之一，天才成群、学派林立、论争不断，洛伦佐的理论并不特别显眼。

各家之言虽有差异，但也有内在的联系，深入一步，我们就要追究到英国哲学家洛克。在西方世界，洛克的影响是全面而深远的，仅就教育而论，洛克的“白板论”就很有名，他认为人的脑子或心灵像块白板，你给它刻录什么内容，人就成为什么样的人。美国行为主义者华生就是他这一理论的直接继承者和发扬者，他声称可以随心所欲地培训婴儿成为各种类型的人。后人的研究大都可以看成是围绕着这块白板做文章。弗洛伊德说这块白板最初刻录上去的文字是“性欲”；荣格说是“无意识”，而且“集体无意识”预先就以隐形字体刻在上面了。斯金纳等人则以动物实验为证，指出如何在有“字”的白板上书写或改写上去新的“文字”。但洛伦佐的研究仍然是重要的，它指明了在白板上“写字”的方式：印随以及最佳时间。

但白板本身性质的问题并没有解决，它是什么？一般认为，白板就是大脑，“庞大论”认为就是神经元总体，它在人出生时是未完成的，不完善的，等待别人在上面“书写”，一般人只利用了全部空间的10%左右。罗斯教授虽然不赞同AI（人工智能）记忆理论，认为“因为‘记忆’读解各自有别的联系模式，即使有关神经元和突触数目的某些假设是有用的。但我相信这样的模型离生物学的现实仍然有一段漫长的道路”，但他显然是大脑主导论者，记忆铭刻之处是大脑，而不是大脑之外其他地方，即白板就是大脑。

就半脑人现象现在提出质疑：已经书写在白板（被切除的半脑）上的东西到哪里去啦？无脑人则会奇怪自己祖辈“书写”的和后来自己“书写”的“文字”到底藏在哪里。若“书写”的东西就是铭刻于神经元上的东西，那根本就是不可以转移的，切除后也是不可恢复的；即使以神经回路形式存贮，也会被破坏殆尽。只有回到神经弧论：白板不是大脑，而是神经弧，铭刻的东西都由神经弧保存着呢，只要将它们连接到一起，相关的回忆就会出现。

这里值得关注的是小脑。在生物进化史中，小脑属于成熟较早的器官，鱼类就有发达的小脑而没有什么大脑，但在人的个体发育过程中，它却属于发育较晚的器官。上海医学界于1997年曾对平均为4.7天龄的90例足月新生儿小脑进行颅脑超声测量，平均面积只有$5.9\pm0.9cm^2$，直径不到2cm，发育程度远较大脑低。（《中国超声医学杂志》）但其后发育的速度却又比大脑快得多，到18个月时即接近成人水平，而大脑要达到这个程度则要等6年以上。这种情况让我们想到，婴儿在0至3岁时从印随学习获得的成果很可能大部分铭刻在小脑中，小脑就是白板的主体。铭刻在小脑中的印痕是抹不掉的，因而小脑是人的智慧的寓所。

5. 白板上有“文字”

认真的观察还会发现，白板并非完全空白，它上面早已被祖辈密密麻麻地用“隐形文字”——遗传信息书写好了，只是不被人看见，需要外界刺激才显现罢了。但也并非原封不动地显现，而是根据外部刺激的性质和强度，以新的形式显现。它的主体是小脑，但不限于小脑，而是整个原初神经系统，包括原初大脑，按照神经弧论，神经系统是整体起作用的。

国人阐释遗传和家教现象的俗语很多，如：“种瓜得瓜，种豆得豆”，“龙生龙，凤生凤，老鼠的儿子会打洞”，“有其父必有其子”，“将门之内无犬子”，等等。然而，人们也注意到一个普遍的现象：天才不能遗传，也教不出来，“庞大论”以大脑利用率低来解释，是说不过去的。

看了这篇文章，你该找到更好的答案。人的素质（智慧、品德、爱好等）并非天生，也非人们通常理解的后天教育的结果，而是刚出生那几年的教育——印随教育，它助人建立基本神经通道，人的性格、气质、喜好由之确立。印随教育是第一位的因素，遗传是次要的，认为天才的后代是天才的说法已被大量事实所否定，“有其父必有其子”的说法只有部分正确，如外貌、体型、寿命之类非本质表现，本质方面如智慧、思想、性格等是不能依赖遗传获得的，一对懂得多国语言的父母，他们的后代如不经训练，就会连一种外语都不懂；在训练中，也未必就比其他孩子轻松。这些说法就是法国博物学家拉马克所称的获得性遗传原理，已被证明缺乏普适性，尤其是在智能领域。天才父母们一般不懂得这个道理，他们也未必能够做到教子有方，甚至没有时间教子。他们的名声给子女带来的往往不是积极的作用，而是消极的作用。采用天才的精子生产天才和采用天才身上的细胞克隆天才的想法和做法是注定失败的，其道理也在于此。

根据这种现象，我们可以得出这样的结论：人的体质和外部特征主要由遗传决定，人的思想品质和才能则主要由印随学习决定。

遗传对个人成长的影响不明显，但对民族的影响却十分明显，显现为民族特性。例如，在大体上，英国人和美国人显现出对政治和实践的天赋；德国人显现出对理论与思辨的才能；法国人显现出艺术才能和优雅与浪漫的气质；中国人显现出对持家理财的偏好……因为每个民族的人自小各自从印随教育所得就是日后所表现出来的，神经弧和神经通道均在幼年期按长辈们的期望被塑造完成，终生不变。民族特性的保存和发扬靠遗传加印随教育。

印随教育或印随学习不是一般的教育和学习，而是一个伴随生理和心理发展的过程，不仅学到手，而且铭刻到心上，它直接塑造人的神经系统，即灵魂。

印随教育效果最普遍、最明显的是信仰。达尔文认为，对上帝的信仰让人区别于动物。“但我们不可能说，人的这个信仰是先天的，或者是属于本能的。”（《人类的由来》）现在我要说，信仰也不是后天的，一切信仰来自印随教育。基督教国家许多教徒会因信仰不同而接受各种恐怖的刑罚，印随教育让他们普遍表现得英勇无畏，视死如归；这种现象在非基督教国家就难得见到，虽则这当中有些国家的基督徒人数不算少，在相同的情况下，他们会找很多借口为自己的软弱或背弃戒律的行为开脱。主要的原因就是这些国家的信教者大多数是成年人，小时候接受的是传统文化教育，与基督教的教义存在或大或小的距离。又如灵魂观，当代人大多数的印随教育都没有这一项，灵魂的观念就很难被人认真看待，普遍接受。

人的教育和学习不限于0—3岁，可以说终生都在有意无意地接受教育和学习，但0—3岁时的教育和学习是最基本的、最重要的，因为这是建立基本神经通道的工作，语言和音乐神经通道即音响系统也是在那时建造完成——人体这部机器的BIOS就是在那个时期编制完成并被贮存进小脑中的，其后的教育和学习都以此为基础。一个人是天才还是庸才，在这时被基本决定，而主要不由遗传基因决定，遗传基因决定印随学习的效果。

印随教育对成人也有作用，只是需要较强的刺激或长时间的反复刺激，它是一项改造基本神经通道的工作。“一朝被蛇咬，十年怕草绳”就是这类现象。当代曾在阿富汗和伊拉克服役的多国部队士兵，有不少人留下心理障碍，这也属于成人印随教育的结果。不过，这类情况不发生在所有遭遇相同的人的身上，这应当归因到个人幼年时期建立的自己特别的基本神经通道。一些天才训练营和外语速成培训班，用的也是这种方法：导师们依据教学内容，制造一些让人印象深刻的情景，将教学内容铭刻进学员的神经系统中，只是效果往往不像他们所宣称的那么好。他们实际能够帮助学员建立的大多数属于短期神经通道，而不是长期神经通道，更不可能是基本神经通道。大多数学员在学习期间印象深刻，似乎收获不浅，过后却很快遗忘。真正有收获的是少数人，如果我们能够对他们进行认真检查，会发现这少数人的基本神经通道的特性与训练内容是相容的，训练使基本神经通道的功能得到强化。

0—3 岁的教育是所有人生命中最基本且最重要的教育，是塑造人的灵魂的教育，大多数人却对此懵然无知，用制度的、习惯的或想当然的方式抚育自己的后代。这是值得国家首脑、官员、教育家以至每一位为人父母者深思的问题。

两大神经弧的建立

1. 人的初生态

人人都经历过婴儿期。婴儿的发育是心理过程和生理过程同时进行的，而且生理过程是更为基本的，因而显现出不可逆性。

婴儿的上脑是空白的，就像新计算机上的空白硬盘与内存条，起作用的是下脑，它需要在上下脑间、脑和感官间迅速建立联系，犹如利用 BIOS 给计算机整机建立操作系统。0—3 岁是基本建设期，在这期间主要是下脑起作用，上脑还未发育完成，只起机械记忆的作用，边发育边工作。

婴儿的脑子也有类似计算机 BIOS 的组织，它就是柏拉图“回忆说”的生理组织，在人下脑中的海马区和小脑中，在婴儿的吸食、听声活动过程中逐渐起作用。父母以至种族的遗传信息（以隐神经通道的形式存在）在这个过程中逐渐被激活，成为指导和控制婴儿活动的机制。这种机制使婴儿具备初步的辨别力。

人在出生后，最先开始建立的是味—嗅觉神经弧和听觉神经弧。这两个神经弧在人降生前就已经觉醒，它们是人与外界联系最经常用到的神经弧。下面分别论述。

2. 味—嗅觉神经弧的建立

婴儿一出生就嗅着寻找母亲的奶头，开始尝味和辨味的活动。母乳是他最钟爱的食品，他喜欢这种单纯而清淡的食品，因为进食不仅为了肚子，还为了智慧。婴儿不信任其他认知方式，他认识世界最常用的方式是辨味，表现在他把一切到手的东西毫不犹豫地往嘴里塞，如果手里什么都没有，就把手指或拳头塞进口中——这被弗洛伊德加上性的色彩称作“自我享乐”。同时也表现在他大了一点之后显得特别“馋”，对一切新奇的东西都想用嘴尝尝。第一个神经弧就这样在不知不觉中建成了，为随后的辨味能力以至辨善恶能力的建立打下基础。这一神经弧包括口和鼻子两个感官，其中心是舌头和鼻黏膜。

要让婴儿发展起灵敏的辨味能力的要点是给他提供天然的和尽可能简单食物。母乳对婴儿来说是天然食物，谷物、水果和蔬菜也是天然食物，它们也都是比较单纯的食物。肉类本来也是天然食物，但因为烹调肉食往往要添加多种调料，因而丧失天然味道并使味道变得复杂。洛克就主张，三四岁前不给婴儿肉食，偶尔食肉也不要多加调料；老威特则将这个时间定为两周岁。他们倒不是从提高辨味能力考虑，而是从健康方面考虑。给婴儿提供复杂的加工食品，如香甜类、油炸类食品，婴儿就容易养成挑食的毛病。这类孩子长大了既容易产生健康缺陷又容易出现智力障碍。不要过分重视营养学家的意见，古代没有营养学家，人们的食物相对单纯，在体格和创造力上却超过现代人；动物的食物更单纯，生长发育却堪称完美。

简单的食物是形成正常的基本味觉神经通道的需要。什么是正常的辨味力？喜爱普通而健康的食物就是答案。对此，我们不必要作特殊安排，只要让食物简单就可以了，上面提到的天然食物就符合要求。老威特认为孩子爱吃的食物就是最好的食物，即谷类食物。

所有的基本神经通道都是在婴儿期形成的，基本味觉神经通道也是在人降生后形成的，而且是最早形成的神经通道之一，因为它在降生前就打下比较好的基础。一般人的这个神经通道都有喜甜恶苦的特性，一些科学家借助仪器观察到胎儿就有这个特性，这是普通食物与辨味神经相互适应的结果。美国科普作家 W. C. 维加拉指出，普通食物都是碳水化合物，都含糖，葡萄糖、果糖、蔗糖等，是甜的，它们有共同的分子结构：两个氢原子。它们间的距离约为 2.4 ~4 埃，正好与舌头味觉器官形成化学吻合——其上的分子有两个尖角系统与甜分子结合成氢链，让人产生愉悦感。作为对比，苦味分子也有两个夹角，但相互距离只有 1.5 埃，不适合味觉器官分子的尖角系统，就会让人产生难受的感觉。其他味道或让人产生愉悦感，或产生难受感，都是这个道理。舌头不同部位还有不同的感觉：舌尖舌中对甜味和咸味敏感、舌边对酸味、舌根对苦味敏感。除了味道，舌头对食物还有质感和温度感。《裸猿》的作者莫利斯认为，人的嗅觉在辨味中比舌头的作用还重要（有人将两者的比重分别定为 3/4 与 1/4），细微的味道“实际上不是尝出来的，而是闻出来的”，因此，人一旦得了重感冒，鼻子不通，就会诉说食物没有味道。显然，味觉接收器官的结构是基本的，它决定人对味道的感受，人在降生前即形成，降生后立即被激活。它有可能部分改变，表现为人的口味各异，譬如一些特别喜爱酸辣味道的人，但在喜甜恶苦上是比较一致的。原因很简单：母乳和乳制品是甜的，其他婴儿食品大多数也是甜的，人的基本味觉神经通道就是在那期间自然形成的，终生不变，神经弧的记忆也是这样形成的。

味—嗅觉是动物认知的最重要机能，也是早期人类认识世界的重要工具，这一功能随着人类文明的进步而衰退，除尼采这样的少数人，对大多数人来说，以它作为认识世界的工具上说，已经不重要了。但味—嗅觉仍然是人的神经系统中一个最基本的神经通道，在“联合办公”时，它以间接的、不显著的方式对人的其他神经弧产生影响，进而对人的智慧产生影响，因而对它的形成决不能掉以轻心。目前已知这一神经弧的一个作用方式是与性的密切联系。一种实验是切除金色仓鼠脑中的嗅觉中枢，发现雄性仓鼠完全丧失交配能力。观察嗅觉失灵的人，约有1/4的患者变得性冷漠或性冲动减弱以致消失。

弗洛伊德泛性欲论的一个内容指向创造，即利比多转移论，这是需要认真对待的，性欲与创造有高度的关联性。一些科学家认为大脑前额叶是创造中心，另一些科学家则将前额叶确定为“快感中枢”神经通道的一个端点，我们将两种理论结合，就能看出性与创造的密切关系。嗅觉是最古老的神经组织，在生物进化中起主导作用(苏拉德的辨味引导动物进化论)。它与其他神经弧早就在下脑建立联系，而且发展到非常完善的程度，因而不需要进入大脑联系（实际在大脑中也有联系，是次要的联系），在解剖上看不到鼻神经交叉，鼻子在“小人图”中的地位很不显眼，它的概念记忆也不像视听神经弧的概念记忆那样鲜明，就因它的“办公地”是在下脑之故，主要以感性的方式进行。在现实中，我们看到众多杰出人物，多是感情丰富、食欲和性欲旺盛的人，连希腊神话中的神都有这个特点，从一个方面反映了辨味、性与创造三者间的联系。

3. 听觉神经弧的建立

婴儿在发出他的哭声后，就开始“竖着小耳朵听”，这是他从动物祖先那儿得来的警觉，世界太凶险，弱小的生命时刻受威胁。当他听到母亲的声音时，就放心了，这是他还未降生时唯一熟悉而亲切的声频。音响对婴儿来说是他与世界最重要的联系方式：用哭（开始时还不会笑）来表达自己的感情和愿望，用耳朵来接收外界的信息，人一降生后原本空白的上脑立即在下脑的帮助下开始接收和加工信息，听觉神经弧被激活。

这一神经弧的感官就是双耳，中心在耳蜗，在下脑实现第一交叉，终端在大脑颞叶。听觉与说话不可分，听觉神经弧与说话神经弧也就紧密相连，组成听—说神经弧，它的感官除了耳朵，还有舌头、声带等，为论述方便，现在将两者分开，说话神经弧暂时搁置一旁，单独论述听觉神经弧。听觉神经弧也有说话的内容，说话其实有内外之别，即对他人说话和对自己说话，后面那种说话就是心头言语，人在清醒和睡梦时都能“听到”。对他人说话由发声器官负责，但也少不了听觉神经弧，因为言语还没有出口就会首先在心头中酝酿，“脱口而出”的话多是欠考虑的话，说完之后往往还需要听觉神经弧作反思的工作。别人的说话也得由耳朵听，听觉神经弧在这一过程中一直是起主导作用。

人的这一神经弧在胎儿期就形成并被母亲的心跳声和呼吸声激活，与大脑的联系是出生后发生的。广东中山大学附属第一医院刘敏的一篇译文《听觉中枢神经系统的发育和可塑性》指出：人类听觉皮层形成分三个阶段，其中第三阶段是5岁时皮层表面开始有成熟的轴突，并在12岁或更大年龄时才完全成熟。这些纤维属于皮层—皮层系统，联系听觉皮层和颞叶不同区域、颅顶和额叶前部皮层之间，故听觉直至15岁才完美（《中华耳科学杂志》2006年3月4卷1期）。人的听觉分为听感觉和听知觉，前者一出生就发生，后者则要在3岁时开始形成，按照这篇文章所载，听知觉要到15岁才算完美。可见，大脑对听觉神经弧是较晚起作用的，而且是次要的作用。在先期作用的是神经弧本身和下脑；视觉神经弧也是这样，婴儿是先有视感觉，后有视知觉。开始时只是看见光亮和影像，几个月后才开始看见“人”和“物”，其他神经弧这方面的情况类似。由此得出结论：所有神经弧的根基在器官和下脑，是全脑的基础，上脑是其延伸区，神经弧在上脑的伸展很晚才发展到完善状态，神经弧相互间的联系（思维）完善时间更晚，因为上脑本身就需要多年时间才发育完好，良好的早期训练能够缩短这个过程。从这里我们看到儿童教育的阶段性和给予艺术教育的生理学依据。

按照柏拉图的观点，听觉训练的要点同样要求简单，既为灵魂，又为身体。“复杂的音乐产生放纵，复杂的食品产生疾病。至于朴质的音乐文艺教育则能产生心灵方面的节制，朴质的体育锻炼产生身体的健康。”（《理想国》）

简单，甚至是一些机械性的、重复性的动作和音乐，是训练婴儿、训练灵魂、增长智慧的一个诀窍，可以扩大到学习的各方面。给婴儿提供复杂的训练，如多种外语学习、播放复杂的音乐（婴儿往往将其听成噪声）等，就不容易收到好效果。

这既出于对婴儿特点的考虑，又出于对神经弧特化的考虑。婴儿在生长发育过程中，它的所有神经弧都会走向特化，即显现某种特征，在放任自流情况下都会产生这个结果。若我们希望孩子走向我们所希望的或一般认为是合适的方向，就要给予强力引导。食物和音乐就是我们可以精选的两种引导手段，以让孩子按所选的方向发育它的味觉神经弧和听觉神经弧。这在形式上与马戏团训练动物的情况相似。

莫利斯还发现婴儿最容易接受的音响节律是心跳声。根据妇产科医院里的一项试验，他指出，给新生儿单纯播放标准心跳录音（72次/分钟），就能让婴儿降低哭叫（大多数新生儿在头三个月内会哭叫不停）时间，缩短入睡所需时间，而播放用节拍器模仿的音响就不能收到这个效果。“试验不但证明，心跳声是强有力的使婴儿镇静的刺激信号，而且说明，婴儿的反应是非常专一的。”这种情况会持续半年到婴儿认知自己的母亲之后，这时母亲对婴儿的摇晃就能起同样的作用，因为这时“母亲摇晃婴儿的节律与心跳的节律接近，它再次‘提醒’婴儿，使其重温在子宫里已经熟悉的节律感；母亲巨大的心脏在它们上方怦怦跳动时使胎儿养成了节律感。”不仅如此，这种节律感（稍低于心跳节律，约60次/分钟），将伴随人的一生，它在人的各种日常活动中自然地起作用，在整体上显现为音乐节奏和社会各个领域活动的恒定节奏，心跳节律成了人类音响上的集体无意识，它引导社会走向和谐有序。一旦这个节律被打乱，例如加速，如今天用节奏急促的流行音乐代替昔日节奏舒缓的乡村音乐和交响乐，学校用繁重的课业代替昔日逍遥漫步的学习方式，高速流水生产线和交通工具代替昔日缓慢的手工机械和马车，等等，人们就会普遍出现紧张心理和恐慌心理，社会秩序混乱，精神崩溃和自杀人数就会上升。另一方面，如果这个节律过低，又容易出现死气沉沉、了无生气的现象。

对婴儿的音响训练就需要考虑这个节律，用于选择对婴儿播放的唱片和对婴儿的说话中，之后与婴儿做游戏和引导婴儿的其他活动也要考虑这个基本节律，这样做也符合柏拉图要求的简单性原则。哲学家将心态平静认作幸福，就可以认为是在这一基本节律主导下的生活。老庄主张清静无为，返回婴儿状态，也就是遵循这个节律活动的境界。

音乐的神奇功效

音乐对个人的成长是隐蔽而持久的，它让人生成特殊的音乐神经通道，显现特殊的气质、性格，并对人的一言一行产生微妙而深远的影响，引导人走上不同的生命历程。这个神经通道的感官包括耳朵、口腔、声带和脑。

美是灵魂的感性显现。最优美的乐曲是音乐家创作出来最接近宇宙灵魂的旋律，具有震撼听众灵魂的魔力。它能激励人向上，鼓舞战斗（不少进行曲是在战场上演奏的）。不断对婴儿播放健康、优美的音乐，很快就会让他的“白板”建立一个节奏和谐的乐音神经通道，各种进入心灵的声音将被它组合成优美的旋律，如果再加上手指的练习，音乐神童就会产生。为什么音乐界容易出神童，为什么音乐家的儿子容易成为音乐家（巴赫家族最典型，在10多代人中先后产生了60多位音乐家），而画家及其他职业人的子女不容易继承父业，成才也较晚？答案很明显：音乐家的家庭环境有助于婴儿优美的乐音神经通道的形成，音乐家父母不经意间就对自己的孩子进行富有成效的音乐印随教育，造就出音乐天才。

音乐对人的影响远远超出艺术与情感世界，而达到心智的各方面，比如科学方面。认为音乐只是艺术的活动，与科学没有多少联系的想法是极其错误的，它其实是推动科学发展的一股强大而隐蔽的力量。开普勒就声称，他投身天文学研究，并作出行星三大定律的伟大发现，并非出于对社会需要的考虑或学术上的兴趣，而是一种音乐感情在起作用。在他的心目中，“天体的运动只不过是一首歌，一首连续的歌，几个声部的歌，它只为智慧的思索所理解，而不能听到。这个音乐好像是通过抑扬顿挫的、根据一定的、预先设计的六声部韵律进行，借以在不可计量的时间穿流中定出界标”。不仅对科学，对哲学同样有这类影响，毕达哥拉斯的哲学就在很大程度上得益于他所听到的“天体音乐”，他是“第一个把七星运动归为旋律的人”。尼采诗一般的语言和妙思也应当归功于他对音乐的热爱。人的气质，是由他自幼脑子里形成的音乐神经通道决定，若他选择适于这一通道的职业，他就能在这一领域表现出色。

柏拉图认为，儿童阶段音乐教育最为重要。因为调子和节奏必须符合歌词，对儿童的音乐教育实际上也就是辨美丑、辨善恶的教育：让理性与优美乐曲相配合进入人的心灵。一个儿童从小受了好的教育，节奏与和谐浸入了他的灵魂深处，在那里牢牢地生了根，他就会变得温文有礼，在行为举止上处处表现出美；如果受了坏的教育，结果就会相反。“同声相应，同气相求”，受过良好音乐教育的人也会与那些在行为举止上表现优美的人交往，而远离那些表现粗俗恶劣的人。这样，就会出现“美好的灵魂与形体和谐地结合为一体”（《理想国》）这种最美好的景象。音乐是动态的艺术，时间的艺术，而灵魂，按柏拉图的观念，是爱动的，也容易接受动态事物的影响，这也是音乐深入灵魂、震动灵魂和教育灵魂的原因。

灵魂是人的本质，社会传统、教育、法律等是外部强制，对灵魂起约束作用，而起决定性作用的最终力量还是灵魂自身，表现为灵魂的自觉性。高贵者的一个特征就是自律，他神经系统中自幼就铭刻着一些自我强制性的“法规”，如追求美，行善绝恶等，类似虔诚宗教徒心灵中的戒律。它们不像成文法律条文那么清晰，往往以诗歌的形式体现，在他们心灵中时常浮现的歌曲就是它的体现，这是强制性的信念转变为自觉性意念的优美方式。敏锐的观察者能够通过民歌、人们喜爱的歌曲和吟唱方式，甚至是不经意的哼鸣声、叹息声和其他表达情感的声音，察觉人的灵魂状态，顺便也就察觉出音乐作者的灵魂。个人的品性也可以通过审视自己的音乐爱好去确定，并可以通过提高自己的音乐品位去提高自己的品性。

谈到运动，舞蹈又比唱歌强烈，更为理想的教育也就是唱歌与舞蹈结合的教育，柏拉图教育思想的关键词就两个：音乐和体操，舞蹈与体操实为一类。在《法篇》中，那位“雅典人”就强调：一个人有没有教养就看他有没有接受过歌舞训练。舞蹈是音乐与体操的综合，是按音乐节奏与旋律而进行的运动，歌舞训练将引导灵魂接受和习惯一种优美的运动模式，也就是让人的全部神经弧运动变得优美和谐，并显现出外部言行的优美、高尚。

唱歌在音域、速度等方面受到人体的生理限制，解决的办法是乐曲，它又离不开乐器演奏。乐器又有简单与复杂之分，简单的乐器如笛子、三弦琴等，但还是不能解决音域的限制，必须用高级乐器如钢琴、小提琴等才能较好地解决，唱歌、跳舞和乐曲（乐器演奏）三者相加，才是最为理想的音乐教育。古希腊人制造不出高级乐器，乐曲似乎没有包括在柏拉图的教育体系中，但从希腊人的实践中，仅歌舞教育，效果已经十分显著。希腊人和欧洲人中能有那么多从心灵到行为优美、高贵的圣徒、大师，喜爱歌舞、戏剧的传统和能歌善舞的素质是重要的一个因素。有人甚至把歌舞看作是民族的标志，美国当代舞蹈家米尔就说过：“要想了解一个民族，看它的舞蹈，听它的民歌，而不要去管它的政客们。”要想了解西班牙人，请观赏“斗牛士之歌”和舞蹈；要想了解美国人，就到百老汇看“扬基”歌舞；俄罗斯人则以芭蕾舞体现民族风情；中国人以扭秧歌显现朴实的民族特色；还有印度人、吉普赛人、非洲和拉丁美洲众多民族，都有他们的特色歌舞。歌舞的这种功效可以从神经弧论中得到解释。这一理论强调和谐、协调和“联合办公”。人要在学习、工作和创造中取得成效的重要条件是各神经弧的合作，歌舞就在这方面起引导作用。很普通的事如驾驶汽车，就需要眼睛、耳朵和四肢的联合，即需要这几个神经弧的合作。歌舞提供一种旋律和节奏，让全部神经弧习惯这种共同的模式和速度运行，犹如给一个乐队配置了一个高明的指挥，就能随时随地做到和谐合作。

音乐的神奇功效令人颇感神秘，美国西北大学的神经学家尼娜·克劳斯领导的一个研究小组对音乐与智力的关系进行多年研究，最近证实：音乐可以促进人类脑干发育。这是脑科学研究上一项重大突破，它在一定程度上解决了我们的困惑。我称丘脑为灵魂的寓所，它就在脑干中，是脑干最重要的部件，克劳斯的研究成果表明，音乐直接作用于人的灵魂。

声讯神经通道的建立

科学家曾经创造多种绝音的环境，让一些志愿者生活其中，结果没有人能够长期坚持。我们常常听到人们埋怨噪声干扰，但当什么声音也没有的时候，人们会感到异常恐惧，或难以忍受，说明音响是人的生存条件之一，生活在绝音环境中的人会产生被人类社会遗弃的感觉。按神经弧论，“办公室主任”需要音响激活，没有任何外界音响，它就会陷于休眠状态，让人六神无主。

音响包括言语、音乐，以及各种响声和噪声，前文论述过音乐的神奇功效，现在要论述语言的功效，它的威力也不可小觑。话语无形，却可重达千钧，肺腑之言，令人终生难忘。对婴儿裸露的灵魂讲故事、反复倾诉，用灵魂对灵魂进行教育，就会让婴儿脑子建立一个能接收和加工特定语言的基本神经通道。人们学母语很轻松——对婴儿来说，母语可以是任何言语和多种言语，甚至可以是某种养育他的动物的言语，不知不觉间就学会了。而长大后学外来语言很困难，往往终生学习还是不如当地人，这就很能说明问题。

如果将音乐与语言同时加给婴儿，两个通道就会合并为一，成为一个相互联系相互促进的整体，我称它为声讯神经通道或简称音响系统，由耳朵、舌头、声带、鼻子等感官组成。在这个系统中，音乐将给语言赋予韵律，使语言变得优美动听、易记忆；语言将给音乐赋予内涵，让婴儿在享受乐曲的美感同时不知不觉地获得想象力和创造力。

在物理学上，声和光一样是一种波，也和光一样只以部分波段作用于人的感官，每个婴儿在接收声音时都会形成自己的“优势波段”，对这个波段内的声音表现非常敏感，并长驻音响系统中，其他波段的声音逐渐被屏蔽，或成为杂音，形成一种像收音机调频调幅那样的机制。给婴儿反复播放优美的乐曲将大为改善这一“优势波段”，让它的“调频和调幅”能力增强，对声波的加工能力增强，对儿童未来的音乐才能和语言才能的发展都将产生重大的影响。人们对音乐和语言千差万别的感受性就来自这个音响系统，人的理性也在很大程度上由它决定。叔本华指出：

> 语言是人类理性的第一个产物，也是必需的工具。所以，在希腊文和拉丁文中，语言和理性是用同一个字来表示的；理性一字是从 vernehmen（相当于一种理性能力的听觉）引申来的，它不是动词“听”的同义词，而是对语言传达的思想所具意义的意识。惟有透过语言的助力，理性才完成它最重要的功能——几个人的联合行动、许多人有计划的合作、文明、国家；还有科学……

婴儿学习语言并非通过文字，而是通过声音，包括声调、语气等，一个词因声调、语气不同而包含不同的含义，婴儿很快就掌握这种艺术，通过语言获得理性。拥有理性是人与动物一个根本性的区别，而人的理性的基础就是这样随着人的音响系统的建设在3岁前部分人延续到6岁前奠定的。过了这个年龄段，人要另外学习一种陌生的语言就会感到困难重重，甚至终生努力都学不好。原因就在于这种学习并非完全是语言本身的问题，它还牵涉到生理机制的改变和一种新的理性基础的建立，而原有的理性基础则变成了一种阻力。此外，还存在“音响冲突”。当儿童的音响系统基本建成后，再学习新的语言时，因为和原有音响系统不能和谐组合，就会发生冲突，表现为不能掌握新语言的准确发音——未能建立相应的神经通道，因而影响了新语言的流畅性，新语言就会像一种拗口的音乐或杂音，让人始终感到陌生。

声讯神经通道的作用远不限于表现在音乐和文学上，它对儿童记忆力的锻炼作用也是惊人的。虽然我们反对死记硬背的教学方式，但死记硬背在基础学习上仍然具有重要性，起码在应用相关知识时能给人带来方便：不用临时查字典、找资料，人要做到语言优雅、能言善辩、出口成章，就需要具有强记的本领，柏拉图就将记忆力好作为选拔哲学王的一个条件。人们发明了许多记忆的技巧，今天这类书籍在书市上随处可见，相关的培训班广告也充斥媒体。但这类培训班能产生像一些音乐神童那样对听过的乐曲能够即时演奏出来的孩子吗？从来没有听说过。自幼建立的优秀的音响神经通道就有这种神奇的效果，音乐神童莫扎特就有这种“过耳不忘”的本事。19世纪美国一位名叫汤姆·威吉斯的盲童，也有这种本事，他后来成为一名即席表演别人刚弹奏过的乐曲的钢琴表演家。这种技术的关键是：利用自身优异的音响系统，给语言和声音“配曲”，由此产生了众多的记忆才子。

中国人背书的功夫是世界有名的，古代就有不少人对一些文章和书籍表现出“过目不忘”甚至“倒背如流”（很可能是一种夸张的说法，实际是不可能的）的本领，其中的一个秘密就是押韵。作者在写作时押韵，背诵者在背诵时也押韵，即给文章“配曲”，让文章念起来朗朗上口。反复背诵多遍，就能形成一条临时的神经通道，产生音乐录制在计算机硬盘上的效果，一些佶屈聱牙的作品就不容易令人获得这种效果，这也是“倒背如流”不可能的原因。一条吉尼斯世界纪录是：1974年5月，一位名叫维吉答萨拉阿毗旺萨的大长老，在缅甸仰光当众背诵长达16 000页的佛经。还有更普遍的事是，阿拉伯世界的一些大学入学考试的一个内容是背诵全本《古兰经》，卡内基曾提到，仅开罗一间回教学院，每年就有2 000名以上的学生，能够通过这种考试。估计学生通常采用的办法也是给经文“配曲”，像唱歌一样抑扬顿挫地把它一口气念完。人们将这些惊人记忆现象归结为信息编码的作用，我却相信是语言“配曲”的作用。拥有一个优秀音响系统的儿童，他就会给一切进入耳朵里的言语和数字“配曲”，从而像唱歌一样将它们复制或重新创造出来。这种方法用在文章的记诵上即显出这么神奇的效果，用在乐曲的记忆和创作上，就更像是如鱼得水，效果自然更佳。每个成人可以认真想想，自己心灵中经常浮现的儿童期的信息是什么？它们是否都带有模糊的音乐色彩或诗意？

不要把我这里的所说的音响系统与商店售卖的音响系统相提并论，后者只是简单的输入—输出设备，而人体内的音响系统却是个制造音响——以乐曲的形式，或如前面说的“操作系统”，两者相似之处只在发声上。每个人在 6 岁前就形成自己音响系统的基调，说起话来都有自己特色的节奏、旋律和主题。据此，我们不但可以将唱歌称为唱歌，而且完全可以将说话也称作是唱歌——用各自特殊的音响系统和旋律进行的演奏，演说家就是另一种形式的歌星。我这一说法可以认为是 17 世纪意大利思想家维柯以下观点的改进，他说：

> 拿中国人来说，中国汉语只有 300 个可发音的元音词，它们在音高和音长上有各种不同的变化，来配上他们的 12 000 个象形文字，因此，他们是用歌唱来说话。阿拉伯人几乎发每个词的音都用“al”开始。据说匈奴人之所以叫匈奴也是因为发每个词的音之前都先“hun”一声。

在这句话的省略部分，维柯还提到一位口吃的意大利歌手“用美妙的声音”唱出那些难发音的词，教会中的神父们用诗的节奏布道，作家们写作散文和宗教经典也运用这种节奏。苏格兰散文家和历史学家卡莱尔在纪念但丁和莎士比亚的《诗人英雄》一文中也提到，一切内在的东西都是和谐的，都是在歌声中自然地表达出来的。所有语言甚至最普通的语言，都有某种歌的东西在里面。充满激情的语言是音乐，怒骂声也会成为一支曲子、一首歌。一切深刻的思想都是歌。歌，这似乎是我们最核心的本质，好像所有其他的东西只不过是外壳！

记忆并不像一般人所说的记性那么简单，维柯通过词语考证和对肉体的反思推论出：

> 记忆有三个不同的作用，当记住事物时就是记忆，当改变或模仿时就是想象，当把诸事物的关系作出较妥帖的安排时就是发明或创造。由于这些理由，神学诗人们把掌记忆的女神称为各种女诗神的母亲。

一些人为什么成了艺术家，另一些人成了哲学家、科学家或其他类型的人？决定性的一点是：他自幼获得的是个什么样的音响系统，时时浮现在他心灵中的是什么样的乐曲和歌声，主导语言和想象的是什么样的音乐旋律和主题曲，而不是他在学校里学了什么专业，掌握了多少知识。

扩展开来说，为什么世界上各民族间存在如此大的差异，例如，一些民族爱好艺术，另一些民族长于科技创新，还有一些民族却醉心于经商赚钱，并各自表现出一种整体性？我认为最重要原因是，他们人人自幼接受的是相同的语言训练，生成大致相同的音乐旋律和音响系统，在心灵中建立起接收和加工某种专门语言和音乐的优势波段，演唱大致相同的曲目之故。欧洲人在学会唱歌之前（16 世纪前）在文化上就没有多少成就，中国人一直在音乐创作上少有成就，只会唱老调（读儒经），文化上也就长期停滞不前，连文字都是几千年不变。审视自杀率高的人群，你会发现人们内心经常吟唱的是些忧伤的、悲凉的音乐——从流行在他们当中的诗歌、小说、绘画、电影等艺术作品中就可以看到。而乐观的人群，从内到外洋溢在他们当中的都是欢乐的歌声和说话声。人在成长过程中可能学习其他语言和技能，拥有其他民族的特性，但母语在一开始就将人的智慧以至于灵魂定型，成为其后灵魂转变的阻力，使民族性在精神上显现和保持整体性。

现代人普遍关心自己的后代，其中头一件事就是身体健康，让孩子吃好穿暖；其次是智能，尽早教以各种知识（在实践中常将知识放在健康的前面），这样做不能说错，但不是最重要的事，因为塑造灵魂才是最重要的。灵魂教育虽然困难，但却是可能的。其中一个途径是授予儿童优美的语言。不是说要选用世界上被认作最优美的语言，而是母语中的优美词语。无需特别训练，只要在对儿童说话时和在儿童面前谈话时注意运用优美的词语，避免恶俗的词语，就会有收效。另一个途径是经常吟唱或播放优美歌曲，这就不能局限于本国，而要选用世界上最优秀的作品。以语言和音乐让孩子生成一个优美的声讯神经通道，造就一个对美敏感的音响系统，他就能够像尼采所说的那样，无需特别筹划，就能进入“一个拥有更高尚和更优美事物的世界”。父母给孩子的最好礼物不是健康、知识或财富，而是一种辨善恶辨美丑辨真伪的能力，拥有这种能力，他就能在今后的人生中始终走向美和善，回避丑和恶，获得真正的幸福。

当父母者可要注意，你若能够这样做，那么你送给孩子的就是一件从神那儿都得不到的最为珍贵的礼物！翻开圣经创世记第一页你就能够看到，上帝是不允许人吃到善恶树上的果子的——不允许人拥有智慧。

拉丁谚语：善人眼中全是善，恶人眼中全是恶。人性善还是性恶，与环境固然有关，但却是灵魂的本质，在很大程度上由他的父母造就，在孩子 3 岁前的言语印随教育中。若父母能够给自己的孩子铺就一条进入美和善王国之路，孩子“眼中全是善”，像卡莱尔说的，连怒骂声都听成乐曲，他就会热爱这个世界，要努力建设它、美化它，坚定地朝着这个方向走下去。相反，若接受了丑和恶的教育，“眼中全是恶”，他就会痛恨这个世界，想要破坏它，摧毁它，容易走向堕落和犯罪。

现实世界是美与丑、善与恶混杂的世界，长久以来丑与恶的现象更为普遍，也更让人关注，人们将主要力量用于与丑恶进行斗争。这不能算错，但不是最好的方式。我们更应当关注美和善，将主要力量用于创造美和善，以美和善去驱逐丑恶。事实上，社会如果不能产生美和善，社会就没有战胜丑和恶的力量和替代丑和恶之物，丑和恶就不会自动消失，打倒了又会再生。战胜丑和恶的最有效的方式就是创造美和善，这就得从教育儿童开始，用美和善教育他们，并形成一种社会潮流。这也就是柏拉图的教育思想，给儿童美和善的教育，即正面教育，不容许混杂着丑和恶的成分在其中。

长久以来，我们过分关注丑与恶，忽略了美和善，发展到丑与恶成为正常，美和善反倒成为不正常。现在该是扭转这种趋势的时候了，第一件事就是倡导优美的音响教育，从人降生那一刻开始。

人类辨味能力的消长

辨味力是人身上一种原始的颇为神秘的能力，人人拥有，各种内外因素造成人类千差万别的辨味能力，而这种能力又反过来影响人的素质和各地人群的文化，但它作用如此之大却少有人注意到，这是缺乏智慧的表现。

人类进化被认为是自然选择的结果，这是一种环境决定论。而从生物自身来说，则可以用一种新的方式描述：辨味力造就人。牛羊咀嚼出嫩草的芳香，它们成了温和的植食动物，因为要不停地低头吃草，它们就永远直立不起来；狮虎啖出牛羊血肉的鲜美，进化为凶猛的肉食动物，它们也不能直立，因为它们的食物多在地上活动；鸟类大多比较弱小，争抢不到地面上的食物，就将目光转向植物的籽实和飞翔的昆虫，发展起直立的本领，前肢却进化成翅膀；而人类，原先像猴子那样树栖，以植物果实为生，给直立奠定基础，后来进入水中生活，水生物成为主食，捕捉水生物让人类的四肢变得灵巧，形体在水的帮助下也变得强壮而优美，智力同时得到发展，“反攻大陆”后，人类就成为杂食生物，直立起来，成为万物之王。

类人动物在树栖和水中生活期间，数量比较少，食物品种比较单纯，对辨味能力要求不高。“反攻大陆”开始过穴居生活后，人口数量大增，这就要求人类不断寻找新的食物和药物来源，对辨味能力要求增高，具有异常辨味能力的人就广受尊重。他们属于鲁迅所说的“第一个吃螃蟹的人”，既勇敢又给人民带来巨大的福泽，因而被人民看作勇士和圣人。

这方面的典型在中国。中国传说中的神农氏（炎帝）就因为通过“尝百草”，知道众多植物的食性和药性，造福社会，而被看成神，长久受人祭拜，16 世纪的民间医生李时珍也由于相同的原因而名垂千古。中国人在这一基础上建立了中药的性味归经，将中药据其味性分为辛、甘、酸、咸、苦五种，用在味性相异的疾病上，例如用辛味草药治寒性疾病，用苦味药治热性病等。这一理论还将许多性味相同的食物看作同类的药物，调配出多种多样的药膳，既果腹又治病。此外，中国还有四大厨神：彭祖、伊尹、易牙及詹王，他们堪称辨味大师，其中当过奴隶的伊尹还以“负鼎俎，以滋味说汤，致于王道”，史上留名，几乎可与罗马的奴隶哲学家爱比克泰德相比。最后我们还不会忘了提到把治大国当作“小鲜”烹的老子，他这才真是地道的中国特色。比他早生几十年的梭伦，据说在德尔菲神庙上的两句名言：认识你自己和勿过度，就是他的创作；比老子晚生几十年的苏格拉底强调智慧在治国中的第一作用，这一切都在老子身上体现了——在有智慧的人看来，治国不过是小菜一碟，关键是掌握好火候，即保持“正义与中庸”，老子可谓治国的“特级大厨”也。

进入文明时期，科学知识逐渐普及，对自然界的开发利用逐渐深入，原始的辨味能力就不再稀罕了，人们将这种对辨味的尊重转向善于辨善恶即善于辨别真理与谬误的人，他们就是哲学家。希腊人称哲学家为“有敏锐味觉的人”是意味深长的。哲学家通过他们灵敏的“味觉”去辨别自然之味和社会之味，人民能够从他们的感受中辨别自己言行和社会的好坏，明确自己和社会今后应走的方向，因而给哲学家这一称号。自然和社会尤其是社会不仅有景观，而且有味道，健康的自然和社会处处散发甜香味，让人生活其中感到十分舒适、惬意，让病态的人也会变得健康起来；而病态的自然和社会会发出苦、酸、臭味，让人寝食不安，让正常人也会变得病态。景观靠眼睛一眼就能看到，但往往包含许多假象；味道是确实可靠的，但要靠特殊的辨味力去分辨。一般人对食物和性的辨味能力强，对自然和社会的辨味能力就很差，因为他们大多数自小一直生活在柏拉图描绘的洞穴中，已经习惯了观看虚假现象，并把虚假当作真实，对真实的嗅觉和味觉不灵。哲学家则是生活在洞穴外阳光之下的人，不会被假象所迷惑，始终保持着灵敏的嗅觉和味觉。这就是说，辨味能力就是辨善恶、辨好坏的能力，发现真理的能力，是智慧的一种表现。哲学家是靠嗅觉和味觉去辨善恶、辨好坏、发现真理的。这意思也不是说哲学家像猎犬一样到处嗅到处舔（他们研究的对象不是可见的食物和事物），而是说他们经常运用朴素的感官和直觉去分辨事物的善恶好坏。

在这方面，尼采就是个突出的例子。在自我剖析性的作品《瞧！这个人》中，尼采提到他体质上最后一个特点：“在我与他人相交往时，这个特点为我带来不少困扰。我赋有一种完全不可思议的清洁本能；因此，我能在生理上探到，也就是我能嗅到附近的地方，也可以说，我能嗅到最内在的地方，能嗅到每个人心灵的‘内脏’……这个敏感性具有心理触觉。我可以借此觉察并把握任何秘密，我可以第一眼就看出那些隐秘在许多人性深处看不见的污秽……是我首先发现了真理，因为我认为谎言就是谎言——用鼻子闻出来的……我的天才在我的鼻端”，这种能力在哲学家中也是罕见的。

辨味力造就文化

我们都知道，不同的动物有不同的感知力：鸟的视觉灵敏，狗的嗅觉惊人，猫有夜视力，蝙蝠具有特殊的声讯系统……也可以说是各具特异的神经弧，其成因皆可归结为“食、色”两个字，一切为“食、色”服务，人类的情况何尝不是如此。

人在生理特征和文化特征上大致可分为东方人和西方人，他们传统的事业分别是农业和畜牧业。前者能够做到自给自足，长期稳定不变；后者却不能，一开始就需要与他人交换物品，在这个基础上，很快发展起工商业。农业劳动主要的对象是土地，劳动者只要睁着眼睛干活就可以，偶尔对牛马吆喝几声，不必多说话；畜牧业和商业的劳动对象是活物，需要频繁吆喝（对家畜）和说话（对人），加上其他原因如不同食物、饮料、信仰等，东方人视觉神经弧优先而西方人听—说神经弧优异，以此发展起各自的文化。

东方文化以中国文化为代表，可称为视觉特色文化，其标志是：单音节的象形文字，平面图画，较为单调的音乐和语言，整体文化像一幅图画，全部清楚明白地呈现在表面上。

西方文化遍及欧美，可称为听觉特色文化，其标志是：多音节的拼音文字，立体图画，复杂的音乐和语言，整体文化像一部交响乐，深刻而曲折。

言语即口头语言是所有人时刻运用的，文字语言或称书面语言却是哲学家、思想家、教师等少数人运用的工具，他们的思想和理论主要以这种形式描述并流传下来。象形文字是哑巴文字，文字与说话脱节，故文字就不能在说话中很好地发挥作用，帮助改进言语，这也妨碍了哲学家、思想家、教师等人的思想和理论在群众中的普及，人们说话的能力不能借助文字得以提高，也就不会讲理。中国人一直使用象形文字，这方面尤为突出。

中国传统文化是典型的视觉特色文化，音乐不发达，人们不善言词，不会说理，甚至反感说理，说理的人常被称为“腐儒”，哲学家、思想家、教师都不敢多说话，说话和写文章都很简洁，令一般人更难听懂和读懂他们的思想。这种情况在埃及更严重。这个古老的国家虽则在中国之前很久就发明和使用象形文字，却一直限于祭司阶层的少数人，一般人根本看不懂，终至失传，以致 1799 年拿破仑军队发掘出“罗塞塔碑”时，上面的埃及象形文字竟无人认识，经法国学者商博良花了 3 年时光才破译出来。

拼音文字由说话形成，与说话同一，随时能够结合为一体，从而哲学家、思想家、教师等人的思想和理论能够方便地、及时地在群众中普及，群众的言语和语言获得源源不断的动力，这是西方人普遍口才较好，演说家众多的一个重要原因。古希腊公共场所天天有人演说、辩论，苏格拉底就是突出的一个，公共场所就是他的讲堂；罗马帝国也曾出现过一个“修辞学时期”，产生西塞罗等雄辩家。这种风气在西方延续至今，连小学生听课都不老实，不时用他们稚嫩的声音打断老师的讲课。

中国人因为不善言词，也不爱说话（指在公共场合说话。在家中和私人交往中说话还是很多的，一般比西方人多话），一般人也就缺乏辨善恶与辨美丑的能力——这类能力往往要靠交谈和辩论获得，愚昧、落后、压迫、剥削的现象由是得以大行其道。一般人碰到什么麻烦事要么闷在心里，要么找他人代言，而代言人往往就是些有权势者。有权势者本来也不是能言善辩之人，只因他们处于天然尊长的地位，找的人多了，自己手中又有权势，说话有人听，就变得敢说，甚至专横，说不服就压服，逐渐成了公众的代言人，实际的统治者。其中最大者就是皇帝，他是万民所瞩目者，他说的话无人敢不听，封建专制统治制度由此得以长期延续。西方人普遍能言善辩，看到不顺眼的事就大喊怪叫，引致众议，刺激神经，挑起事端，封建专制统治制度就难以命长，民主制度从古希腊就开始实施，其后越来越普遍。

不善言词者常受人同情，还有人赞美少言寡语作风，称“沉默是金”，但对民族、集体来说，却不应当鼓励。埃及、印度与中国的农民都不善言词，这是这些民族积弱、社会不公的根源。马克思对那时印度农民遭遇英国资产阶级野蛮压迫和掠夺一方面表示愤慨和同情，另一方面，他又指出：

> 但是我们不应该忘记，这些田园风味的农村公社不管起初看起来怎样无害于人，却始终是东方专制制度的基础；它们使人的头脑局限在极小的范围内，成为迷信的驯服工具，成为传统规则的奴隶，表现不出任何伟大和任何历史首创精神。我们不应该忘记那种关于不开化的人的利己性，他们把自己全部注意力集中在一块小得可怜的土地上，静静地看着整个帝国的崩溃、各种难以形容的残暴行为和大城市居民的被屠杀，就像观看自然现象那样无动于衷；至于他们自己，只要某个侵略者肯来照顾他们一下，他们就成为这个侵略者的无可奈何的俘虏。我们不应该忘记，这种失掉尊严的、停滞的、苟安的生活，这种消极的生活方式，在另一方面反而产生了野性的、盲目的、放纵的破坏力量，甚至使惨杀在印度斯坦成了宗教仪式。

我们习惯将一切压迫、剥削和各种社会不公事件推到统治阶级头上，没有想到自己的责任更为根本。马克思告诉我们，谁纵容迷信、野蛮和暴力，谁实际上就是它们的帮凶和支持者，我们不要因为他们是受压迫受剥削的群体而袒护他们的缺点。专制统治离不开这种支持，它也有意地扶植这种支持自己的势力。统治者也不是外星人，归根到底来自群众，一旦纵容迷信、野蛮和暴力的人成为统治者，就会使这些邪恶势力升级。

影像停留在表面，声响深入内心。视觉神经弧主要处理事物表象，是肤浅的而且夹杂着许多错觉，在视觉特色文化氛围中的群体，就像一群冷漠的、沉默寡言的看客，难得听到见到智慧的声音和勇敢的行为；听—说神经弧主要处理事物的音响信息，深入心灵，且与语言密切联系，拼音语言尤其如此，因而成了全部神经弧的“联合办公室主任”、“代言人”和“发号施令者”。在听觉特色文化氛围中的群体，就像一群吵吵嚷嚷的政客，个个在抢话筒，争发言权，人的智能就能够得到充分发挥。

一个优秀的“音响系统”对个人和民族都无比重要。

记忆：神经弧各自的功能

记忆（它的作用就是回忆）和思维（包括想象、分析、综合、判断、推理等）无疑是人最主要的精神活动，两者之中又以记忆为基础，人的学习和思维都离不开记忆，它是传统心理学的支柱。作为基础，人的全部精神活动都离不开记忆，现在将它与思维分开，只是研究和论述上的需要，实际上人总是边记忆边思维，记忆和思维总是同时发生，交织进行的。

1. 大脑潜力“庞大论”及替代理论

人们一个普遍的信念是，记忆与思维是脑的功能，而且认定主要是大脑的功能。然而，记忆发挥作用的方式，至今没有谁说得清。希腊人将这事归于神，希腊神话中的墨涅莫辛尼就是主管记忆的女神，九位缪斯就是她与主神宙斯共同生育的女儿。缪斯们主管人间的音乐、诗歌、历史、舞蹈、戏剧等艺术活动，都少不了记忆。柏拉图则将好记性作为哲学家的一个条件，他的一个著名论点：学习就是回忆。和当时大多数希腊人一样，柏拉图信仰灵魂论，且相信灵魂不朽，他还发展出独特的灵魂三分论，分别居于人的头部、胸部和腹部，人的记忆的内容似乎就是灵魂轮回前遭遇过的事，记忆就是灵魂三部分中学习部分的功能，即头脑的功能，这一观点没有得到亚里士多德的认同。亚里士多德是三灵魂论者，即植物、动物和人各拥有逐级包容的三种灵魂，只有人有理性灵魂。理性和智慧并不在头脑，而在心脏，头脑只是个大腺体，负责调节体液和体温。他认为心脏的功能与血液有关，记忆是以血液流动为基础的，遗忘的发生主要是血液流动减缓所致。亚里士多德还提出了联想法则，这是他在记忆研究领域所做出的另一个重大贡献。

在他们前后，还有不少希腊人和罗马人进行记忆研究，并提出自己的观点，罗马人在修辞学研究中还总结出不少实用的记忆方法。

之后 1 000 多年间，与大脑研究一样，记忆研究没有什么进展，直到欧洲文艺复兴，众多的哲学家和科学家纷纷推出附带的或专门的记忆研究成果，在上世纪形成热潮，集中体现为“庞大论”，这一热潮延续至今。

“庞大论”将大脑比作电脑，认为大脑的作用方式也类似电脑，即主要依靠神经元，神经元就像电脑的记忆元件，神经元之间的突触联系达 10^{14} ~ 10^{15} 数量级，也就是比特量，可将全世界图书馆或 50 个藏书 1 000 多万册的美国国会图书馆全部图书资料信息贮存进去而绰绰有余，由此得出大脑 90% 以上能力尚未开发利用，潜力庞大以至无限的结论。记忆依靠神经元，思维同样依靠神经元，人的一切智能是神经元的作用，大脑是智能中心，人是“神经元的人”或“突触自我”。

“庞大论”的一个依据是潘非尔德的大脑分区定位说。他曾用微弱电流刺激病人裸露的大脑不同部位，病人分别诉说听到童年的音乐、谈话或回忆起以前的印象。另一依据是涡虫实验，20 世纪不少科学家以不同的方式对这种软体小虫做过实验，发现它们通过学习能够获得新记忆，将它截成几段，记忆犹在，将它身上的组织注射进未经训练的涡虫体内，这些涡虫也获得这种新记忆，从而断定生物体内存在记忆细胞，对人来说就是脑细胞，记忆就是这些细胞的功能。人的脑细胞数量庞大，潜力几乎是无限的。对此论，20 年前我就提出了“异议”，但没有提供替代方案，直到现在。

替代“庞大论”的理论是神经弧论。这是想象科学的成果而不是实验科学的成果，因为我没有做任何实验，也没有做实验的条件，提到的一些实验和数据都是现成的从书本等搜集来的。我能依赖的，一是想象力，二是哲学，三是逻辑，包括颠倒的逻辑。

2. 记忆是神经弧的功能

视觉神经弧记住各种进入视网膜的影像，包括实物、文字和符号的影像；听觉神经弧记住各种振动耳膜的声音信息，包括说话、唱歌、机械运转和自然界各种响声；触觉神经弧记住各种刺激体表的信息，包括刺激皮肤、四肢和性器官的信息；嗅觉和味觉神经弧记住各种接触到的气味信息，包括进入口腔的食物滋味和进入鼻腔的气体味道；手神经弧记住动作和程序……它们各自的功能不能相互替代，颜色只能依赖视觉神经弧，用耳朵或鼻子是听不到的；同理，音乐是听—说神经弧的专业，视觉很难“插手”。当某一神经弧出故障时，别的一些神经弧不得不接手它的工作，效果很差。

神经弧直接从刺激生成的记忆称感官记忆，记忆的方式是形成具体的特殊的神经通道，包括基本通道、长期通道和临时通道三种，分别由刺激的次数和强度所决定，以感官神经回路形式存在。基本通道在婴幼年期间完成，之后反复和强烈的刺激形成长期通道——我们的全部记忆就是以这种形式铭刻在神经弧里的。偶然发生的和弱的刺激形成最后一种神经通道，它是最频繁的、量最大的，但根基浅，只有些浅“印痕”，容易消失。人的神经系统像一套复杂的电路，某一刺激发生，系统中相应的神经通道被激活，产生相关的回忆。

没有脑的神经弧能够记忆吗？有这种疑问的人，可以想想水蛭、蚯蚓等低级生物，它们实际是只有一条神经弧：味觉神经弧，以及一个系统：消化系统。消化系统的生物，没有什么脑，但不能说它们没有记忆，把它们截成两段都能够按原型再生出来就是拥有高级记忆的表现。往低处找，还有涡虫，科学家已经认可它有记忆细胞，而且这种细胞还可以将记忆带给其他个体。往高处找，有鹦鹉，“鹦鹉学舌”是一种典型的学习与记忆行为，与人的无异，差别仅在于人运用自我意识，鹦鹉却不需要，仅神经弧作用而已，是一种单纯的感官记忆。“脊椎蛙”是当代中学生物学课程的一个实验，切断青蛙的脑与脊椎的联系或剪掉它的脑，这时在它的背部或腹部皮肤上贴上浸过酸液的纸片，它会巧妙地屈腿将纸片蹭掉，四肢的屈伸犹如脑和脊椎连在一起的时候那样。高级生物就是从低级生物演化而来的，最终演化为人类，而人体上任何一条神经弧都比低级生物整体的神经系统复杂，为何就不能有记忆？

就像每一条水蛭和蚯蚓都有记忆一样，人的每一条神经弧也都有各具特色的记忆。人们把低级生物这种机制称作本能，人的记忆同样可以看成是本能。本能就可以理解为生理和神经的综合机制，一旦形成，就能自动运行。也许人的记忆的内容有许多非本能的成分，人为的成分，但不可否认，它是建立在本能之上的。当人遭遇奇特、怪异、恐怖、灾难等等情景，无需任何努力，就会在心灵上留下强烈的印记，刻骨铭心，想要忘都忘不掉，有时还因此而造成神经病，这就是本能，是长期神经通道产生的一种方式。

神经弧的记忆能力是人与动物共同拥有的，许多动物在这方面表现得比人出色，如狗的嗅觉记忆。让警犬跟踪一个目标时，它就能凭人让它嗅闻的微弱气味对目标穷追不舍，置其他强烈气味于不顾。狗对气味的记忆力强，占第一位的因素绝对不是意识清晰、思维敏捷，而是它的嗅觉神经弧生理结构优越：人的鼻腔只有500万个嗅觉细胞，狗的却有2亿个左右，足以形成多种记忆通道和回路，莫利斯认为其灵敏度起码比人的强100倍左右。它的嗅脑也不差，但这是第二位的因素，也很难将它的脑活动称作思维。神经元在这里发生作用：由感官神经元组成的微神经回路（神经通道最普通的形式）进行记忆，狗的追踪能力强应归因于它生成和掌握临时神经通道的能力。这种现象提示了生理因素在记忆中无可争辩的首要地位。人也是这样，决定记忆力特征和强弱的第一位因素是生理性的，即神经弧的生理结构。脑虽然重要，却是第二位的，它不过是神经弧终端交汇区，首要的因素是神经弧本身的质量，本身好，它的终端才会同样好，由此还显现出个体记忆力的差异。例如，记住食物滋味的首先是舌头，只要一接触食物或饮料，它上面众多的味蕾立即就会产生回忆，将它们分辨出来。口中没有任何食物和饮料，我们也能够回忆滋味，却多是模糊暗淡的印象，说不清道不明，不是真正的滋味，只是淡而无味的“滋味”概念。这时起作用的不是舌头的感性回忆，而是味觉神经弧和其他相关神经弧联合产生的概念回忆。

现代人习惯将记忆看作非生理性的心理作用，认为记忆就是过去的经验被符号化并编码存储在大脑神经元中，像计算机硬盘存储信息那样，“庞大论”就是典型。新理论要求人跳出这个框框，将记忆看做是生理性的物理与化学过程，这实际就是冯特《生理心理学》的基本思想。从这个角度说，一粒细小的种子发育成一株高大的植物，或一个微小的受精卵发育成一个复杂的生物体，或更微小的病毒进入生物细胞建立基地，都是完整的记忆展现过程。

希瓦兹说：“当器官被移植到另一人身上后，器官中储存的信息和能量也就被转移到另一人身上，这些器官可能是肾脏、肝脏甚至肌肉组织。我们发现的证据是非常惊人的。”这就是感官和肌肉组织独立拥有记忆的现象。不知道是记录者的疏漏还是希瓦兹缺乏这方面的实践，按照亚里士多德的理论，心脏在这里应当排在第一位，希瓦兹的话中却恰恰没有提到心脏。20世纪医学界在器官移植项目中，心脏移植数量居第二位，仅次于肾脏移植。

据互联网报导，美国加州心脏学协会的专家近年就发现了一种能够具有长期记忆和短期记忆的神经细胞在心脏中工作，并且组成了一个微小但却复杂的神经系统。国外媒体还报道了多例换心人的奇异事迹，其中最为怪异的是一位名叫格雷厄姆的美国人，1995年移植了一位对自己头部开枪自杀而死的男子的心脏，不久访问心脏捐赠者遗孀谢莉尔时竟对她一见钟情，后结为连理。而在换心12年后的一天，格雷厄姆却毫无征兆也毫无理由地把自己关在一个房子里朝自己的头部开枪自杀，令所有亲朋感到惊异。另外还有换心人食性与捐心人食性趋同，换心人梦见捐心人等报道。

在中国发生的事例也非常奇异，《哈尔滨日报》2010年11月25日一篇报道称：

2000年，58岁的杨孟勇在哈医大二院接受换心手术后，成为当时亚洲年龄最大的换心人。让所有人惊奇的是，杨孟勇换心后竟然性情大变。原本粗线条的杨孟勇感觉自己变得细腻敏感，并且诗意大发。术后一个礼拜就开始写诗，几乎是一天一首。3个月后，他就完成了个人的第一部诗集《太阳传奇》。以前从不碰零食的他吃小食品上了瘾，常和小外孙抢零食吃。同时家人还发现他的其他变化：术前非常邋遢的他，术后变得爱整洁、爱漂亮，喜欢照镜子了。如今60多岁，满头黑发的杨孟勇还对样式新颖、色彩鲜艳的服装感兴趣。

另有一位名叫蒋广祥的男子，于2005年11月15日在江苏某医院换心，出院不久性格大变，“以前温柔如今易怒，突然爱吃辣椒，常梦见打打杀杀”。(《重庆晚报》2007年6月14日)

这些事例表明，人不仅大脑有记忆，器官、肌肉和细胞同样有记忆，即心理上和生理上都有记忆而且生理记忆是更基本的。概括地说，记忆就是神经系统的基本功能，神经弧和神经通道以特殊的形式拥有记忆功能。这是希瓦兹尚没有说清楚的。器官、肌肉之所以有记忆，是因为它们都保有原先的神经结构的缘故。若抽掉全部神经(假定能够做到)，或破坏它们原先的连接方式，器官移植就不会伴生性格转移的现象了。

国外的涡虫研究和张颖清的研究表明，细胞也是有记忆的，神经元就是脑细胞，也必有记忆，但不应该将细胞列作心理学要素，感官和它们的神经弧才是，细胞在这里只是“建筑材料”，是成束起作用的。就像机器，它的要素是部件和零件，而不是组成机器的金属分子或原子，它们可能是部件和零件的要素，但不是机器的要素。涡虫的例子不适合于心理学就是这个道理，神经元也是。系统具有相对性或称层次性，系统的要素只能是紧邻的下一层次的系统，不能越级。在生物学系统中，涡虫比人低了好几个层次，在低层次系统适用的规律到高层次系统中就不一定适用。将高层次降到低层次进行观察，以低层次的规律套用到高层次上的做法，哲学上称为还原论。我们进行科学研究，虽然不排斥任何方法，还原论也时有所用，但要明白它的局限性，不能作为主要方法。

人们对第一因素视而不见，把一切功劳归于上脑，主要原因在于人是个复杂的有机体，具有高度的内部关联性和整体性，内部的独立性被忽略。所有复杂的有机系统都有这个特点，系统越复杂，组织程度越高，要素相应地越缺乏独立性，这是一种普遍现象。这种现象让人感觉不到神经弧的记忆功能——记忆似乎是由一个中心（大脑）集中起作用的。大脑是人体唯一拥有记忆的组织，这是目前科学界的普遍信念，把记忆功能建立在神经元之上的做法则是这一理论走到极端的表现。

对神经弧记忆能力有怀疑的人可以观察吃虫植物（又称吃肉植物），体会如猪笼草、狸藻、茅膏菜和捕蝇草等的捕虫技巧，就会有所感悟：没有意志也没有心理活动的植物就有精细的记忆机制，人的感官神经弧有记忆还有什么好奇怪的呢？记忆的原理也可以从这些植物的巧妙设置中获得启发。如果说上面提到的水蛭和蚯蚓的记忆机制仍然模糊不清，无法观察，不好捉摸，那么这些植物的记忆机制甚至“思维”过程却是极其清楚明白的，我们可以用眼睛或摄像机清楚地观察或拍摄全过程，足以用来解释神经弧的记忆机制。植物的记忆机制是天生的，神经弧的记忆机制也是这样，人在出生后它就是完好的，随着神经弧的激活而激活。这些植物平时处于无作为状态，获得刺激（昆虫落入）后才开始运作，神经弧也需要新的刺激才运作，没有刺激时睡大觉。这些植物中有些还有判断能力，例如捕蝇草，如果触动它纤毛的不是昆虫，而是树枝之类，它就不会有任何反应。神经弧在这方面若说有什么不同，那就是它表现更为出色。神经弧的生成和运作，可以从这些模型上观察、领悟。

猪笼草属有许多品种，一些高大的品种已经不是草，而是比人还高的灌木，昆明世博园的大温室就有几株。有人观察到，含羞草被剪断后仍有感觉，猪笼草也会有这种事情发生：有“猪笼”的断枝仍会在一定期间保持捕捉和消化昆虫的功能。这种现象提示了人体感官拥有独立记忆的可能性。

记忆还可以从物理上理解为事物恢复它的固有状态的能力，例如金属记忆。当金属在外力作用下，被加工成一种特殊形状，如发条，这就是它新获得的状态。要改变它的这种状态，比如要发条收紧或伸展开来，就需要外加的力，当这种力消失后，发条就会恢复原状，这就可以看成是记忆。同理，用力牵拉树木枝条，只要不至折断，放手后它也会恢复原状。神经弧的记忆机制的形成和发挥（即回忆）就可以从这个角度理解，人的神经系统从印随学习中获得一种新状态，即新生儿的隐神经弧受激活并按照刺激形成的新神经弧和基本神经通道，平时处于休眠状态，遇到相同刺激时恢复印随时获得的状态，它比金属和树木等不同之处是具有更大的可塑性。这就和“庞大论”的记忆机制区别开来——神经元从理论上即缺乏这种稳固性，因为神经元随时有部分死亡发生。

荣格理论的核心是无意识论和原型意象论，就可以归类为隐蔽形态的长期记忆。学界一般认同长期记忆以脑组织结构形式或以基因结构形式保留下来，而按照“庞大论”也就是神经元的特殊结构，这些解释都不如神经弧论那么清晰明白——像金属记忆一样，历代的记忆以天然生理结构的形式铭刻在神经弧上，遇到类似的刺激，就能回忆出来。这也可理解为是柏拉图“学习就是回忆”论的生理基础。

反射弧所表现的特殊反射动作就可以看成是生理性的记忆和回忆的作用，它是一系列感官生理记忆的唤醒和反应。按传统理论，完整的反射过程需要感应器将冲动传入中枢神经，经中枢神经整合后传出冲动到效应器，我却认为一般是没有中枢神经参与的，即使它们后来也传入到神经中枢。如膝跳反射，它就不必要中枢神经“批准”才动作，而是在经受打击的一瞬间发生，一碰就跳，像鼓一敲它就响一样，完全不需要中枢神经参与，就算中枢神经不“批准”它也照样发生，人在睡眠状态中都会发生。这就是神经弧的作用方式，它的记忆与回忆是无需中枢神经参与的，即它独立作决定，无需与其他神经弧“联合办公”。

这里指的是感性的记忆和回忆，是所有神经弧拥有的功能，需要中枢神经参与的是概念的记忆和回忆，这时就是思维，是多条以致全部神经弧参与的联合功能。视神经弧的运动就是很好的例子，它的根基就在视网膜。它由两种不同形态的感光细胞组成：视杆细胞和视锥细胞。视杆细胞通常是几百个会聚到一条视神经纤维上，主管夜间和暗黑环境视觉；视锥细胞与视神经纤维数目基本相同，主管白昼视觉和色视觉。这种精细而复杂的结构足可以承担感性视觉记忆的任务——眼睛只要张着就能够看到眼前的事物如一个人，只在需要进一步辨别出眼前这个人是谁时才进入中枢神经系统，与其他神经弧“联合办公”。心理学有个“注意”的题目，人只要张开眼睛，就能够看到身边各种事物，但对大多数事物是视而不见的，我们只见到自己“注意”的事物，“见到”与“视而不见”的区别就在于有无“联合办公”，“办公室主任”是否“注意”到它。

记忆机制在植物神经上的表现比在中枢神经上的表现为佳，它的回忆达到了高度自动化的程度，无须中枢神经参与（一般由下脑和腹脑控制，它们也是高度自动化的），人在睡眠、昏迷或植物人状态下都能起作用，这是人能够在这些状态下继续维持生命的原因。动物尤其是低级动物和昆虫，被认为是没有意识和理性的，它们依赖的是自动化的神经系统，类似人身上的植物神经系统或潜意识，却能够活动自如，表现出色，甚至去了头都能够活动一段时间，充分显示了神经弧尤其是植物神经弧的特性和作用。水蛭、蚯蚓、涡虫被截成两段后，不仅头段能够再生出尾段，尾段同样会再生出头段，也说明这个问题。

3. 记忆的定义和种类

现在我们再回过头来讨论这个基本问题：记忆是什么？

曹日昌给记忆作的定义是：人在感知过程中所形成的对客观事物的反映。彭聃龄的说法是：通过识记、保持、再现（再认、回忆）等方式，在人们头脑中积累和保存个体经验的心理过程。运用信息加工的术语讲，就是人脑对外界输入的信息进行编码、存贮和提取的过程。它的分类，按内容分为：形象记忆、逻辑记忆、情绪记忆和运动记忆四种；按时间分为：短时记忆和长时记忆两种。

新的定义：记忆是神经通道的激活和特殊的连接状态。

这一定义将回忆包括在内，记忆和回忆实际上是不可分的，同时进行的。在清醒时，人的神经通道会被自己体内生成的刺激和环境刺激激活，不断产生记忆和回忆；在睡眠状态中也有部分神经通道（主要是植物神经）被激活，产生记忆和回忆，这就是做梦。

记忆的分类就两种：感官记忆和概念记忆。又可将前者称为感性记忆，后者称为理性记忆。套用巴甫洛夫的理论，感官记忆就是第一信号系统，概念记忆为第二信号系统。有无感官记忆是新理论与传统理论的根本区别所在。传统记忆理论除逻辑记忆外，其他几种都与感官活动有关，但它们与本书提出的感官记忆性质完全不同，它们处理的是些编码符号，存储于大脑神经元网络中；而本书说的感官记忆则是存储于感官中的声音和影像，包括文字和符号的影像。存储方式与传统理论的存储方式也完全不同，实际只是经由刺激生成了相应的神经通道，相同的刺激将它激活，相应的回忆产生。

传统理论把记忆看作上脑的功能，完全是心理性的，概念性的，所谓形象记忆、运动记忆等也被编码而成为心理性的和概念性的符号，以神经元网络形式存储于大脑中，现在这种划分则增加了生理成分。感官记忆就是生理性的，与生理组织结构相联系，它的内容是一些感性的声音和影像，包括文字和符号的影像，概念记忆才是心理性的——也以生理为基础。神经弧和神经通道就是生理性的，它们为感官服务，由感官刺激生成。萨根根据做梦和记忆电话号码的现象，提出他的一个猜测："这确实意味着大脑里有个特定部位专门记忆声音和影像，但并不记忆思想。"这就是概念记忆以感性记忆为基础的表现，所谓思想实际是感官通过"联合办公"现加工出来的成果，而不是事前藏在大脑什么地方的成品。其实何止思想，达·芬奇的图画、莎士比亚的戏剧、贝多芬的交响乐，所有人的所有精神产品，都是这样产生出来的，它是创造的过程，而不是机械的复制和回放的过程。

概念记忆实际不是记忆，只是神经弧的激活和联合状态，感官记忆才是真正的记忆。所谓大脑是"知识仓库"，要有的话，也是空空如也的，连计算机硬盘都不像，只像是缓存：使用时起记忆作用，过后立即清空。如果说记住什么，那就是程序。我们可以在计算机上设立一个无限计算 π 值的程序，只要启动这个程序，越来越长的数值就会源源而出，而这个数值原先并不储存在计算机内。概念记忆与这种现象相类，它记不住 π 值，但记住了 π 的生成"程序"，以神经通道的方式，回忆时由神经弧连接通过"联合办公"现时产生出来。大脑也像现代的网络通讯平台，我们只要启动 windows，接通网络，所需信息就会源源不断地出来，它们并没有预存在计算机（大脑）中。这一观点，詹姆斯在 100 多年前就在他的著作中表达了。大意是：每一感觉都有着某种对应的大脑活动，而人的大脑活动在生理上总是时刻在发生着变化，因此任何状态都是一去不复返的，也必然与以前的状态不完全相同。任何意识状态在经过了之后就不会再出现，后来出现的看起来和先前的有些相同，但它其实是一个新的意识形态。

感官记忆是各感官神经弧的功能，是感觉的基础。它以神经通道形式存在，遵循"刺激—反应"的模式运行。神经通道由特定刺激生成，也对特定刺激作出反应，它的激活就是回忆，即熟悉的感觉，它是短期的甚至可说是瞬时起作用的。相同的刺激发生，相应的神经通道被激活，立即产生回忆，刺激过后，回忆消退，没有刺激，就没有反应，表现为无记性。

"视觉暂留"现象就是每个人都经历过的感官记忆。眼前的景象作用在视网膜上，形成临时神经通道，这就是感官记忆。在"视觉暂留"过后，记忆似乎消失，实际上却没有完全消失，痕迹仍然存在，以临时神经通道的形式，在相同的景象出现时，就会被激活，产生熟悉感或似曾相识感。就算是你自己最亲近的人，如果不在眼前，你也很难有个清晰的记忆，当他或她出现在你面前之时，你只要瞟上一眼，形象立即变得一清二楚，种种鲜活的回忆立即复苏，连你现在没有看到但以前看到过的一颗痣一个疤痕都会清晰呈现。感官的这种能力是人的"欲求无已"、"欲壑难填"的根源，同时也让人在每次获得刺激时都能够产生新鲜感，人也因此而避免持续生活在强烈的感觉中，可以说是又好又不好。

感官记忆短暂性的原因：一是在于它的物理性和化学性。这些特性来自于直接刺激；刺激源中断，物理和化学过程终止，感觉终止。二是出于神经的自身保护机制。神经组织比较精细和敏感，也比较脆弱，容易疲劳，不能经受持续的刺激，纤细而长的物体都是这个样子。长时间的刺激，感官反应会衰退，感觉变迟钝。若超过阈值，甚至会走向反面，这时甜味会变苦味，快感变不快。最后一种情况就是感官对意识发出信号，表示自身疲劳、难受，请求系统采取行动，脱离刺激源，中断刺激。这也可以解释为感官感觉的周期性。人的心理欲求无已——来自感官的需求，但感官都有生理限制，承受不了持续的刺激，一旦达到高潮，刺激的作用就会消退或走向反面，对心理欲求变得无奈或畏惧，即通常说的力不从心。

概念记忆是语言区的功能，它实际也是生理性的，也是由神经弧运动造成——主要是听觉神经弧。听神经弧是各神经弧的“联合办公室主任”，“兼职”处理语言和文字符号。概念记忆紧接着感官记忆发生或同时发生，当刺激对象消失后，感官记忆开始消退，概念记忆根据需要继续起作用。它也是由相关的神经弧提供形象、声音、滋味、感觉等各种回忆形成的。概念记忆有可能是详尽的，甚至是激情澎湃的，人却可能是理性的、平静的，仿佛叙述的是与己无关的、身外的事。这时人的意识会说，“我知道是怎么回事，但我感觉不到”，因为这时起作用的只是概念记忆而不是感官记忆，感官并没有受到相应的物理和化学刺激，没有“亲临现场”、“感同身受”，成了“看客”。然而，概念记忆活动稍长，就不会停留在概念上，它经常会引起生理响应，“看客”成了“主角”。这些响应大多数是轻微的、间接的，有时又可能很强烈，甚至比生理感受还强烈，令人坐立不安，迫使人行动。这后一种情况的出现是由于语言具有驱动力，促使内分泌活跃，体内出现物理和化学反应，即生理反应，导致内部刺激增强之故，就像在现实中语言（这时成了听众的外部刺激源）能够触发人的激情，促使人行动一样。

刺激对主体来说，是内外有别的。外部刺激指外环境对感官及相应的神经弧的作用；内部刺激指体内变化对神经弧的作用，也可称作内环境的作用。后一种刺激会受外部刺激的影响而增强或减弱，但在外部刺激不存在时它也能独立激活相应的神经弧。最常见的如胃肠空虚时激活味觉神经弧和对食物形象及滋味的回忆；荷尔蒙增多激活性神经弧和对性爱活动的回忆。古希腊名医希波克拉底“四体液说”就是这后一种刺激的描述：不同体液会促使相应的神经弧时时处于激活状态，让人经常生活在相应的回忆中，表现为特殊的性格和行为。我们说某人处于激情状态，就意味着他体内某种体液在“沸腾”。无论是内部刺激还是外部刺激，它们都首先作用于感官，因而人在进行概念思维时（写文章、计算等）常常需要安静不受干扰的环境，并努力让自己处于凝神状态，以减少内部刺激和外部刺激，抑制感官记忆，活跃概念记忆。

两种记忆相比，感官记忆比概念记忆是更为根本也更为重要的，前者是一种肉体的力量。原始人不仅将肉体看作力量的源泉，还将肉体看作智慧的源泉。维柯指出，人的智慧最初之源要回溯到最原始的祖先那里，即“巨人的时代”。那时的人像野兽那样野蛮，却已经从缪斯女诗神那儿获得智慧，他称之为“诗性的智慧”。原始人和动物一样，用感官认识事物，“各种感官是他认识事物的唯一渠道”。由认识而产生想象力，人类就是在这个基础上开始他的创造活动的。神用最纯真的理智去认识和创造事物，而且因为这种想象力完全是肉体方面的，他们就以惊人的崇高气魄去创造，这种崇高气魄伟大到使那些用想象来创造的本人也感到非常惶惑。原始人使用神的语言，将雷电和各种自然物转化为符号，人类就用这种符号化了的实物文字说话和思考。它的缺点是持续时间短并且肤浅，尤其不善于抽象思维和逻辑思维，它们需要概念记忆帮助。

概念记忆是人类创造文字，进行理性思维的产物。婴儿学习母语，不知不觉间就学会；成人学外语，花大力气也学不好，原因就在于他们运用的是不同种类的记忆。婴儿的学习是无意识地运用感官记忆建立起第一信号系统的工作，并以基本神经通道形式存在，终生不变。成人的学习是有意识地运用概念记忆建立第二信号系统的工作，不再能够以这种方式形成基本神经通道——这一类神经通道只限于0~3岁时期建立完成，而且只能在基本神经通道的基础上建立长期神经通道和临时神经通道。基本神经通道主要依赖印随学习方式建立，能够不依赖意识自动运行，或在很低程度上依赖意识，它是“我”的组成部分；长期和临时神经通道主要依赖语言教学方式建立，对意识的依赖程度高，管理说话和行为常常要靠“翻译”，它始终是“他”而不是“我”，这就是差异。

人的想象力的提高需要概念记忆，但感官记忆是基础，人的智能最终由基础决定，这个基础是在幼年时奠定的，因而幼年时期的教育一定要以感官训练为主，知识教育为辅。

思维：神经弧联合的功能

1. 思维是神经弧的联合活动

思维是人的神经系统的高级活动，它的成果就是思想。英语分别为“think”和“thinking”（或“thought”），一般包括想象、反思、分析、综合、判断等精神活动，它的基础就是记忆。

柏拉图认为，理念来自回忆，转义为学习就是回忆，思维也必定是建立在记忆的基础之上的。一个人若是缺乏记忆力，学什么忘什么，他也就没有什么材料可回忆，无法思维，连文字记录都不能理解，完全缺乏智能。传统理论认为，正常人都有或强或弱的记忆力，在使用语言和文字后，事物都以概念的形式贮存在大脑里，当需要时，再把它提取出来，进行组合和运用，这就是思维，所以，大脑就是信息的贮存、提取和加工的组织，而新理论将这一切交给神经弧。

按神经弧论，思维就是回忆，但不是各别神经弧孤立的活动，而是多条以致全部神经弧参与的综合性的活动。所谓回忆一般分两步：第一，激活相关神经通道；第二，实现神经弧连接。连接分内外两种。内连接指同一条神经弧左右神经对连接，如左右眼的视神经交叉，左右手的运动神经交叉等，它们全部发生在下脑，神经交叉产生多维的感性回忆，如视神经交叉获得影像的视觉立体感。通过交叉后，神经通道继续往上脑延伸，通过突触与其他神经弧连接——可称为第二连接或外连接，产生思维。思维就是多条神经弧联合的、概念性的、全面的、专注的、连续的回忆活动。从这个角度，柏拉图学习回忆论的意思就是：只要人的神经系统正常，具有正常的思维能力，就能够理解和产生理念和概念。

人们早就发现大脑两半球交叉支配身体的事实，却无法作出合理的解释。两交叉论提供了圆满的解答：第二交叉是第一交叉的延续，由此形成的信息流通大环路是最短最通畅的。我们的常用工具中有一种圆嘴的钳子，将它放大与前面描画的灵魂的图画并排放在一起或覆盖其上，就可以看到这个信息流通大环路的构架：四肢和其它器官神经组成钳把，双把的铰接处就是神经第一连接，它也是大脑胼胝体的所在，钳的圆嘴就是第二连接，即大脑，整体神经系统就像这种圆嘴钳这么结构简洁、牢靠，运行顺畅而高效。它也能够大致显示神经系统运动的特点：左右相向、整体连通而且需要外力推动。这最后一点，对神经系统来说，就是需要外部刺激。圆嘴钳按圆嘴的尺寸大小分为大号与小号多种，可用以表示人和其他动物在神经系统上的差异。第一连接是基础，由它决定第二连接的方向。上文中说下脑是“司令部”，上脑是“联合办公室”就是这个意思。假如没有第一交叉，这时神经系统的构架就像没有打结的领带，它的效能和效率就会大打折扣。这种情形也像两支执行同一任务而事前却没有联系的部队，其作战能力可想而知。

神经元的轴突和树突都有起绝缘作用的髓鞘保护这一事实表明，神经弧具有封闭性，例如，视觉神经弧和听觉神经弧就是相互独立的。眼睛和耳朵距离很近，两条神经弧却不会裹搅在一起，它们的记忆机制和内容是各自独立的。即便没有髓鞘的神经元也是具有封闭性的，它不像裸露的电线那样会“漏电”。这种独立性在进入下脑时仍然存在，它们各自在下脑实现左右神经束会合，并按照原来方向交叉进入上脑。在上脑，各神经元树突的终端伸出突触，它们没有髓鞘，作用是和本神经弧更主要的是与其他神经弧沟通，其他大多数神经通道也是在那里连接和聚集。人在进行思维时，就需要多条神经弧连接。例如，回忆苹果这一概念，视觉神经弧立即提供苹果的形状、颜色和文字影像回忆，听觉神经弧提供相关的声音回忆，味觉神经弧提供相关的滋味回忆，手神经弧提供质感、重量和相关的动作回忆……通过综合，人立即获得全面的苹果的概念。各神经弧内部这时也处于激活状态，各神经通道相互沟通（通过各神经弧突触），产生联想的功能。例如，从苹果联想到神话中的金苹果和其他水果等等，对概念的回忆和联想就是思维。在思维和阅读等心智活动过程中，这些神经弧就不断地随着内容需要而交替主导活动，有时是视觉神经弧主导，有时是听觉神经弧主导，有时是味觉神经弧或触觉神经弧主导，但最经常起主导作用的还是听觉神经弧。

最近互联网发布一条消息，说的是加拿大不列颠哥伦比亚大学语言学系教授布赖恩·吉克和唐纳德·德里克一项最新研究成果：发现皮肤也能“听”出声音。吉克说，“人们通常认为，我们通过眼睛看到周围的可观信息，通过耳朵听到周围可听的东西，耳朵听到和眼睛看到的信息在大脑不同区域分别得到处理，但这其实是有一些误导的。”“更确切的解释是：我们是通过各种器官传达给大脑的信息来感知事物，而不是仅仅通过眼睛和耳朵。”他们没有说清楚的意思似乎是，人感知事物不是靠感官各别起作用，而是联合起作用，这和我所说的神经弧的“联合办公”的意思有相似之处。借用（涵义不完全相同）亚里士多德和莱布尼茨的统觉论，人的感官有不同的功能，存在一个超感官的综合机制，由它形成统觉，人依靠统觉达到认知。亚里士多德认为统觉的器官是心脏，两位教授的意思是统觉在皮肤，我则认为是在大脑联合区，起主导作用的是听觉神经弧。

想象归想象，现在我们还是回到大脑统觉论，将神经弧“联合办公室”确定为大脑的联合区，它们占皮层的80%左右，回忆与思维活动就在那里进行。

需要考虑的一个问题是，若各神经弧一直处于封闭状态，它们进入大脑后是否会自行其是，互不配合，甚至相互冲突呢？这里似乎需要一位“联合办公室主任”，即神经弧的调节和控制中心。对这位“主任”，前面多处提到，只是没有详论，一种设想是，这个中心就是听—说神经弧，更确切地说就是听觉神经弧。它也“说话”，只是大多数时候是运用无声语言自说自听，人在刚醒又不和别人说话时就是这个样子，因而说话神经弧可以略而不提。它就是“我”的代言人，或者直接将它认作“自我”，人的思维主要靠它引导。这个中心与手的联系也很密切，手神经弧可说是就是“联合办公室副主任”，聋哑人就是以手神经弧接替听—说神经弧的工作的。突出“自我”，将它提升到心理学的首席位置上，是美国人詹姆斯和艾克尔斯的功绩，但他们没有说清楚它的运作机制和生理实体，只是笼统地归结为大脑的作用，艾克尔斯更将它看成神，我这里则明确为听觉神经弧。

这一理论虽然仍然将上脑看做是心智活动的主要区域，与传统理论却有了根本性的区别。传统理论将脑设想为计算机主机，以各种神经元结构模式现成地储存着学习获得的全部概念和经验，将这些信息进行提取、加工，成为回忆和思维。新理论描述的是另一种情景，神经元并没有储存着什么信息，一切都是由神经弧在被激活状态下现加工出来的，记忆、回忆和思维全都是神经弧特殊运动的成果，神经元只是组成神经弧的材料。上脑不再是一个独立组织，它只是神经弧汇聚的中心，借用上脑这个空间“办公”而已，类似电脑系统的终端机。

2. 思维是感性的精神活动

“庞大论”设想人脑是台高级计算机，大量知识被编码储存其中，思维就是对这些信息做提取、加工、组合的工作，这些工作全是逻辑性的、心理性的符号运作过程。神经弧论则将大脑看作是个设施先进却空空如也的“办公室”或“会所”，是自带资料的“能人”（神经弧）聚会之所。他们方便地利用这一复杂的网络相互传递信息，作出决策。“办公室”还有一套高效率的“空调设备”，“办公”时产生的热量能够顺畅地流走——亚里士多德的大脑“冷却器论”。

所谓思维，“庞大论”将它描述成一种机械的信息加工活动，一般人认为是抽象的精神活动，“是人脑对客观现实的概括的、间接的反映”（曹日昌、彭聃龄）。神经弧论则认为是具体的感性的精神活动，它来自感性记忆，主要是视听记忆。曹日昌等的说法也有感性的意思，所谓现实或事物的反映就是感性的，即使是概括的和间接的反映。然而，把“反映”用于认识还勉强说得过去，把它用于思维就不合适了。思维明显是一种主观的直接的精神活动，是对“反映”的分析、综合、判断的活动，甚至没有“反映”也能进行。从他们的著作就可以看到，传统心理学无法解释清楚记忆、思维、意识等基本精神活动，因为它的基础是大脑，大脑又被看成是计算机。在他们的书中，只有注意和意志的题目，而心理学原名灵魂学或心灵学，自我意识是其核心内容。

思维在形式上是理性的精神活动，在实质上却是感性的精神活动。每个人只要静下心来稍微想一想，就会发现，人在思维时，并非空洞的冥思苦想的理性活动，而是不断地伴随着感性的活动，即在心灵中连续不断地出现相关的事物影像和声音。即使最抽象的思维内容，如数学、化学、物理、玄学、逻辑学等，也起码有两种感性活动相随：一是言语，我们在思考时，会“听到”内心的一个声音不断念叨着自己的思考内容，引导着思维。二是图像，在思考时，我们即使不会“看到”物体形象，起码也会“看到”相关的文字影像，例如思考花朵，我们脑子里即使没有某种花朵的影像出现，也会有“花朵”这两个文字图像出现。任何人在思维时，都不能够完全摆脱这些感性的精神活动，尤其是听觉感性。它是人的一种天赋，是维柯所称的“肉体方面的想象力”的集中表现。

维柯指出，原始人还没有发明文字，他们进行创造性的工作，凭借的完全是这种“肉体方面的想象力”，或称肉体的智慧，上面所说的内心的声音和影像就是它的基础，如果缺乏这些声音和影像，内心一片空白，就完全不可能进行思维活动，连正常的日常活动都不可能，更谈不上创造。不仅原始人，12 世纪前大多数欧洲人和新中国成立前大多数中国人都是这种情况，他们没有条件接受学校教育，都是不识字的文盲，他们的意识中没有文字符号的影像和“读书声”，只有具体事物的形象，即一些哲学家所称的“感觉要素”，它们就是记忆和回忆的全部内容，但他们并不糊涂，基本上都能理性地度过一生，依靠的就是这种肉体智慧。其中不少人还显现高度的智慧，因而有“三个臭皮匠胜过一个诸葛亮”的俗语。他们思维时，没有文字的外壳，就是一系列事物的影像和相伴的声音相继显现的活动，像放电影一样，当代文盲和学龄前儿童也是这样思维的。这就是神经弧的“联合办公”活动的实质。

普遍使用文字于思维是晚近的事。孔子时代的中国人已经使用文字 1 000 多年，而当时世界上大多数民族都没有自己的文字，一些国王都是大字不识，但并不妨碍他们理性地统治国家。

维柯书中提到的一个事例是，不识字的中亚游牧民族西徐亚国王面对波斯国王大流士的挑战的答复，用的就是五样实物——蛙、鼠、鸟、犁、弓作答，表示他是西徐亚人（蛙），以草原为家（田鼠），是掌握占卜权（鸟）的统治者，国家由他创立（犁），有能力保卫家园（弓）。谢尔盖耶夫提供了俄皇彼得一世时代的一个例子。那个时候，左右这一对概念已经在世界上一些国家产生，在俄国却还没有，给军事训练带来困难，士兵们不懂得该从哪条腿开始迈步。教官们想出个办法，在新兵两条腿上分别绑上一束干草和稻草，然后连续发出“干草—稻草”的口令对他们进行训练。

我们不要以为这种事只发生在古代，自己离他们很远，实际上即使现代的文化人，他的思维都离不开感性活动，像自己的原始祖先一样。道理很简单，大多数人普遍接受义务教育，掌握文字和科学知识还只是不到一个世纪以来的事，对漫长的人类进化史来说，只是一瞬间。即使从文明期之初（开始使用文字）算起，也不过是近几千年的事，不足以对抗祖先给我们留下的习俗，不能消除早已铭刻进神经系统中的原型意象和潜意识。

人们将思维完全归结为心理活动、概念编码，就把它说得神了；如果将它与感官活动相联系，神乎其神的事就会变得极其简单明白，普通的植物就能够揭示这个秘密。就说捕蝇草吧，它的“思维”能力就很强。我们可以设想这种植物内部的纤维束有不同的分工，类似动物的神经弧，也就有“联合办公”活动，枝条上的“捕蝇夹”就是它们的“办公室”，就会发现这种植物聪明的“思维”过程。

当昆虫进入它们的“办公室”时，所有“成员”（纤维束）就会从休眠状态中惊醒过来，注意着“客人”的一举一动，并先后发出“释放香味，欢迎客人”、“准备”、“关闭”、“分泌解体液，进行消化吸收”等一系列指令和动作，完全符合理性和逻辑程序，且非常精确，完成“关闭”动作仅用百分之一秒，这种事，即使让当代最精明的军事指挥官或企业管理大师坐镇其中也不会比植物自身做得更好。动物也是这样，海葵、珊瑚等腔肠动物就接近捕蝇草，“思维”过程与之大致相同。比较高级的动物如母鸡，当它看见一堆它未曾见过的大麦会怎么“思维”？不难想象情况会是：“很像我以前吃过的东西呀，还有点香味，管它呢，尝尝再说；唔，味道不错，吃饱再说；哦，我的孩子呢？咯咯咯，孩子们，我发现了一堆美食，快过来！”

我们也可以将这个过程看作回忆，实际上就是一系列记忆、回忆和思维相交错的感性活动，植物、动物和人相同，记忆、回忆和思维实是大自然全部生物生命的本能。柏拉图说，学习就是回忆，我们可以理解为，思维是合乎逻辑的理性的回忆，植物和动物在这方面表现出色，只是范围受限制。这一思想在海克尔的书中就有论述，他将记忆分为四个等级，最高的意识记忆专属于人和高级动物，他们也有无意识记忆，并且无意识记忆是更经常的记忆；次等的无意识记忆属于绝大多数低级动物，它们没有意识记忆；植物体内和没有神经的低级动物（海绵等）体内拥有的是组细胞记忆；最后最简单的记忆是细胞记忆，属于单细胞原生质生物所有，它们介于动物与植物之间。

恩格斯称动植物这种能力为计划性：

> 我们并不想否认，动物是具有从事有计划的、经过思考的行动的能力的。相反的，凡是有原生质和有生命的蛋白质存在和起反应，即完成某种即使是由外面的一定的刺激所引起的极简单运动的地方，这种有计划的行动，就已经以萌芽的形式存在着。这种反应甚至在还没有细胞（更不用说什么神经细胞）的地方，就已经存在着。食虫植物捕获食物的方法，虽然完全是无意识的，但在某一方面也表现出是有计划的。动物从事有意识、有计划的行动的能力，和神经系统的发展相关联起来了，而在哺乳动物那里这种关联则达到了已经相当高的阶段。

认为记忆和思维不仅属于人，动物和植物普遍拥有这两种能力，也就是拥有智能，这一观念，今天已经引起科学家的广泛重视，并为越来越多人所接受，动物的智能在先已经普遍得到公认。植物会十分谨慎地思考它们所处的环境，适应环境，征服生存领域和敌人，而且常常能够进行预谋，表现出色。1983 年诺贝尔生物学奖得主、植物遗传学家麦克林托克就曾惊呼：植物的细胞是有思想的！

人在思维上胜于植物和动物之处，在于具有精神自我意识。明确自己是一切行为的主体，具有主动性和想象力，智能应用的范围也远比动植物广泛，并能随机应变。人还能在相互间进行交流、学习，共同进步，集中对付自然界，这是在植物和动物中不可能发生的。在精神领域，植物和动物当然不能与人相比，无论如何高明和机巧，人都不会承认它们会思维，更不可能形成思想，海克尔四个记忆等级中后三个都属于无意识记忆，实际上就是本能。无意识也就无思维，思维是由意识引导的，这里提到植物和动物的思维，只是为了说明思维的原理和感性本质，提到动植物的记忆也是这个目的。我们不要被麦克林托克热情洋溢的赞语所迷惑，不能因为动植物有这些本能而将人的精神能力与之混为一谈。

思维说到底就是感性的精神活动，是悄无声息的“听”、“说”和“看”的活动，且以听为主。苏格拉底和柏拉图赞赏迷狂状态，苏格拉底就经常陷于这种状态之中；庄子推崇“坐忘术”，他就是“坐忘术”大师；黑格尔精通“纯思维”，他们无疑都能够在很高程度上驾驭精神，这似乎是纯粹理性的，但能肯定他们在思维时也不能完全摆脱感性的精神活动，只是内容和方式不同而已。看看庄子的《逍遥游》、《齐物论》等篇章就不会怀疑这种说法。柏拉图提供的道路也是具体而美丽的，例如他在《会饮篇》中描述的第俄提玛的“登天梯”就是感性的。以认识美来说，就好像升梯，逐步上进，从一个美的形体到两个，再到全部形体之美，从形体美到制度美，从制度美到理论美……最后到达美本身。

提到感性，人们首先会想到视觉和触觉，实际上听觉才是最重要的。记忆理论中有个形象记忆法，就是听觉而不是视觉和触觉起主导作用的，其他记忆法更是如此。鲁利亚提供形象记忆法的一个实例，他曾对一位记忆力超群的新闻记者作过多种测试，其中最简单的是记忆用粉笔写在黑板上的数表，被测试者非常仔细地看过，然后不看黑板开始应对测试。“当给他信号时，即可不断地说出数字系列。而且能不费力的相反的或按对角线说出数字系列。”显然，被测试者是将数表作为一幅图画印记进头脑中。然而，我要说，即使在这种情况下，仍然不能缺少听觉的引导作用。被测试者必定要在心中默念每一个数字，还要默默地对自己说“左边第一个数”、“左上角第一个数”、“最后一个数”之类的话语，尽管这个过程可能很快，也许就是一闪念，可要是缺乏这种对话能力，他是无法通过测试的，即使这个数表已经被他像相片一样储存于头脑中。这里说的是记忆和回忆，与思维的情况相同，这些精神活动全部都是由听觉主导进行的，视觉反而是次要的，开头也许需要，然后就可以闭着眼睛进行，触觉更是可有可无。

“联合办公”是多条神经弧参与的联合活动，起主导作用的是听觉神经弧，它是“主任”，其他神经弧提供的信息全都集中到“主任”那里，图表、文字、符号、实物影像等等均被“翻译”成音响痕迹，形成一条条音响临时神经通道，这就是记忆。之后激活这些神经通道，就是回忆，按照一个主题将它们的内容综合起来，就是思维。若进一步划分，则感官的核心部分（视网膜、耳蜗等）主要负责感性记忆，以影像形式存在，听觉神经弧负责回忆和思维，以内部言语形式存在——将各种感官记忆转换为内部言语。前面提到对一个熟人的回忆，熟人的出现就是一种刺激，能够挑起“主任”对他的全部回忆，包括当时并没有仔细观察到的细节，道理就在于这种回忆已经形成或长或短的神经通道，而且这时处于激活状态，以内部言语陈述出来。

思维的感性活动是任何人都无法摆脱的，也无须摆脱，它几乎等同于想象力和创造力。缺乏感性内容，别说想象力和创造力，人的思维也根本不能够进行。前面提到那个内心的声音不仅在思维的时候出现，人只要醒着它就会出现，我们的思维是被它激发出来并由它引导进行的。苏格拉底说他自小就经常在内心听到神向他说话，引出思维，他有时就这样边倾听神的声音边思维，站在原地几个小时不动，甚至一整天，这就是哲学家的迷狂状态。他听到的其实是他自己内心的声音，维柯所称的“心头语言”，这是每时每刻都发生在每个人身上的事，也就是前面说的感性的精神活动，只是一般人不像他那么留意倾听罢了。哲学家与常人的区别也在这里：哲学家留意倾听自己内心的声音，与之“对话”，忽略他人的声音；常人则相反，不留意倾听自己内心的声音，而重视他人的声音。

肢体语言就是感性的语言，它可以看成是神经弧的直接表演，演说家、演员经常要借助肢体语言，情人之间的交流往往就运用这种语言，人还可以依赖这种语言和动物沟通。我们评论某人说话干巴巴，意思就是，他的讲话内容缺乏感性，说话时缺乏肢体语言。领袖一挥手，尊长一个严厉的眼神，卓别林早期的无声电影作品，等等，都体现出肢体语言的威力。

在其他许多活动中，哲学家与常人也显现差异。前者在阅读、听讲时，都受内心响亮的声音所主导，感情不容易被他人左右；后者内心的声音很微弱，也不受重视，他们的感情就容易被书本或演讲感染，不知不觉间被他人牵着走。

突出了思维感性的一面并非就意味着可以忽略它的理性一面，当代人思维的主要要素还是概念，概念是理性的产物而不是感性的产物，思维不能忽视分析、判断、推理、逻辑等非感性的精神活动，最后还得要主题正确，言之有理，哲学、科学类著作在这些方面尤其重要，否则就是哗众取宠的低级趣味的作品。这一切都需要理性，它们的基本单位是概念，分析、判断、推理、逻辑等活动都离不开概念，也可以说是从概念到概念的精神活动。概念主要是理性的产物，然而，从原与源上，概念来自感性，或者说是感性与先验性的结合。

康德和黑格尔都认为概念没有来源，是先验地存在于人的心灵中的。这种说法虽不好理解，但却是有道理的。要理解它，要求承认心灵的天赋，即一些人所称的良知、直觉、理性等，是每个正常人天生就具备的。例如多少、大小、高低、白黑、早晚、前后、上下、左右、长短、动静、男女、喜怒、美丑、各种颜色和声音，等等概念，就是天生就有的，或稍被教导就能够掌握的。虽说是先验的，但也是感性的，即人是在实物面前和在实践中，这些概念才会浮现出来；脱离实物、脱离环境，这些概念将始终处于潜在状态。人们依靠这些先验的概念对事物进行划分，产生其他各种概念，所以，概念的产生就可以说是从对事物进行分类开始的。例如，植物与动物的概念开始时是怎么产生的呢？它依靠的就是先验的动静概念和“我”与万物对立的概念（它也是先验的）产生的。接着，人们会依据先验的基本概念和已经建立的新概念，即现在已经认识到的植物和动物的概念，对各种植物和动物品种作进一步的分类，产生大树、小树、绿叶树、红叶树、松树、栗树等概念，动物和其他事物的概念也是这样一步步建立起来的，这是个先验又感性的过程。在实际中，这个过程常常是反向进行的，即先有“各种树”的概念，然后才有“树”的概念。所有概念的产生开始时都是言语，先在人的内心“说”出或在人群说话中流行，都是感性活动，然后才形成文字，这又突出了听觉神经弧的作用。

至此，我们得出了神经弧论与“庞大论”的一个差异：前者偏向感性，知识和符号也被感性化；后者偏向符号和理性，感性事物也被符号化、理性化。

两者似乎各有所长也各有所短，前者是对原始自然的回归，后者则是先进科学的产物，似乎更值得追求。看了本文，认识到感性精神活动的重要性和肢体语言的威力，这一观念可能就会有所改变。

3. 决定记忆与思维效率的因素

按照神经弧论，主要是三项：第一，健全的神经弧；第二，全面的突触联系；第三，优秀的语言能力。感性的特征明显。

健全的神经弧是记忆与思维效率的基础，器官健全是最重要的因素。聪明的注解是耳聪目明，一个人的耳目健全，相应的神经弧也必定健全，同时也就记忆力强、思维敏捷。相比较而言，残疾人就很难在这些方面表现优异，器官缺陷会导致智能的欠缺。盲人的视神经弧无法记忆形象和色彩，聋哑人的听神经弧无法记忆音响，相应的文字和概念也就难以理解和难以记忆，不能用于思维，思维必定是比较贫乏、单调、粗陋的。

不过，神经系统是个整体，当残疾限于个别器官时，有可能成为促进其他健全器官能力的因素，显现特异。盲童汤姆，正因为目盲，才发展起特异的听觉神经通道，显现“过耳不忘”的本领。贝多芬后来的耳聋并没有影响他的创作，而爱迪生1 300多项的科技发明却很可能得益于他的耳聋——器官残障会抑制人的社交热情并屏蔽信息，让人专注于本业。这是神经系统的自组织能力或称补偿能力在起作用。

突触联系是各神经弧相互联系（第二连接）的主要方式，各神经弧的联系以这种方式实现，产生联想、想象和思想，言语和行为由此受到指导和控制。在人类进化过程中，言语和行为是在先的，正是由于言语、语言和行为的复杂化而导致突触联系的增加和上脑的扩张，突触数量和联系大幅度的增加正是为了适应这种需要而来的。这种变化是突然产生的，是由于环境变化迫使人类动物祖先进入水中生活而开始的，上脑发育的飞跃反映了这个变化。初生婴儿上脑神经元的数量就基本齐备，所欠缺的是突触，它们是大脑在随后几年生长并连接起来的，它们的数量和连接方式由婴儿的活动决定，它们是神经通道的终端主要的组成部分，构成基本神经通道，对之后人的意识和思维的发展起决定性作用，所以，婴儿在这之前就显现出缺乏理性。突触在6岁前后有个急速发展期，此后，人的神经连接变得固定，进入了成长的新阶段，6岁前的事被全盘遗忘，但基本记忆通道没有消失。神经系统的自组织能力能让人尽量适应环境，人在婴儿期这种能力最强，当基本神经通道建成后，维持平衡就成了系统的主要任务，自组织能力处于休眠状态。一旦平衡被打破，如因意外突然耳聋或失明，它又会发挥作用，尽管这时的能力已经大不如前。

语言（包括言语）能力就是“办公室主任”的调控能力，它负责组织和引导记忆、回忆和思维活动。因为语言的形成和控制与手的活动相关，手神经弧就是“联合办公室副主任”，它与个人从事的职业直接相关。乐器演奏、画画、雕刻、刺绣、解剖、打字、书写等活动有利于手尤其是手指的灵巧性练习，从事相关职业的人，他的思考、判断、分析和综合能力都会比较强，显现为较强的创造力。这类职业也需要健全器官为条件，如灵敏的听力和清晰的视力，所以，不是每个人都能胜任的。因为与语言和手的运用相关，所以语言区定位不是人人相同的，一般在左半脑——具体位置也因人而异，语言区在顶部或右半脑的人也不少见。这种情况提示我们，语言并非是上脑的功能，而是神经弧联合的功能，上脑只是它们的活动区。

4. 神经弧的长度导致男女有别

男人与女人在外貌、体能和智能上都有显著的差异，在外貌和体能上的差异尤为明显；在智能上的差异比较隐蔽，争议较大，分为两派：平等论和差异论。前一种观点认为男女智能无实质差异，差异仅发生在形式上，各有所长罢了。相反的观点则认为男女智能具有质的差异，表现在创造力上，女人明显劣于男人。女人在艺术创造，语言文字处理、逻辑推理方面的能力普遍不如男人，在这些领域女性大师寥寥无几；即便是妇女占优势的领域，如缝纫、厨艺、美容等，佼佼者也多是男性。达尔文就是后一观点的支持者。他说：

> 男女所从事的业务一般在深沉思考、推理、想象，或许只是运用感官和

双手等方面大体相同，但是男子从事事业时造诣所达到的高度，明显要超过女子。普通男子与普通女子的心理能力进行比较，男子的平均值肯定要高于女子。

我的观点与之相同，并给男女差异找到三个原因：激素、社会分工和神经弧长度。

激素主要作用于人的外貌和体能上，对人的智能的影响是次要的，但也是不可忽略的，表现为气质、性格、感情、爱好和思维内容上的差异。

社会分工来自生理差异和体能差异，男主外，女主内，是普遍的模式，世界各地基本如此。家务劳动、哺育子女，基本上属于女人的事，这些工作的特点是：琐细、重复、简易、轻松，环境相对舒适、安全。劳动对象大多数属于温和、柔软之物，如婴儿、粮食、蔬菜、家具、衣物、水，等等，社会工作也多是室内的、简单的、轻松的、重复性的劳动；而男人往往面对的是复杂多变充满未知数的环境，露天工作机会较多，工作比较复杂多变，并要求体力和精确性，更有利于手神经弧的发展，从而带动其他神经弧，显现优异。

至于神经弧的长度，是体型造成的。男性普遍比女性的体型大，这种差异的成因源远流长，自猿进入水中生活开始，获得的恒欲和随之而来的血腥斗争让这一差异强化，这点后面将有详述。男性的神经弧（和神经通道）相应较长而曲折，女性的体型较小，神经弧相应较短而直。神经弧的始端是器官，终端是大脑，前面所论的两种记忆分处两端，这就和神经弧的长度相关。感官记忆由外部刺激形成并被相同的刺激激活，产生回忆，回忆的信息由感官曲折传递至大脑，与其他神经弧汇合产生概念记忆。两种记忆相互联系、相互影响，强的一方会对弱的一方形成压制，显示自身的优势。感官记忆直接与外部刺激联系，因而是局部的、短程的，刺激过后很快消失；概念记忆由多条神经弧联合产生，就比较全面而持久。感官记忆是先发生的，当同样的刺激引发感官记忆时，在较短的神经弧中就比在较长的神经弧中显现强势。在较短的神经弧中，感官记忆较快地将刺激信号传递到终端，对概念记忆产生较强的抑制作用；而在较长的神经弧中，刺激信号在传递过程中有较多衰减的机会，对概念记忆产生的抑制作用相对较轻，神经弧就显现较强的概念特性。一些科学家作过视觉暂留试验，发现女人比男人持续的时间更长；另有人做过听力记单词测验，称为雷氏听闻口头学习测验，发现男性的瞬时记忆次于女性，两种研究结果均显示了女性感官记忆的优势。女性偏向感性，男性偏向理性，原因也在于此。

从事创造性的工作既需要感性，又需要理性，要求两者结合，男性在此就显现优势。因为感性属于天生的，男女基本相同，外界刺激对男女也一样；理性属于后来获得的，与概念记忆相联系，男性较长的神经弧有利于获取。女性较短而直的神经弧结构，使感官记忆相对强烈，加上激素分泌和社会分工的因素，妨碍她们获得理性和创造能力。但有利于掌握需要运用感官的知识。

婴幼儿的神经弧更短，神经通道和神经突触不发达，语言不丰富，概念记忆未形成，更需要依赖感官记忆，所以，更接近女性。婴幼儿和女性都容易激动，因一些琐事而大吵大闹，就是这个道理；发作过后又容易淡忘，因为感官记忆缺乏持续性，刺激过后就会迅速减弱或消失，这在婴幼儿尤为明显——很容易破涕为笑。动物的情况更是如此，加之完全缺乏言语，无概念记忆，与创造不沾边，接受人的训练后情况稍好。马戏团的动物明星们就是动物接受人的言语和符号训练，感官记忆被改造并建立起少量概念记忆的结果。

超越贝克莱和马赫

18 世纪爱尔兰哲学家贝克莱的著名论点是：存在就是被感知。这一论点令人耳目一新，奇妙之处在于，它是唯心论，却建立在唯物论的基础之上，达到两者的统一，或称中和，亦称抵消。

在贝克莱眼中，世间存在的一切是不确实的，不是物，只是人的感知，物质是虚无，这就是典型的唯心论。和传统的唯心论又不同，差异在感知工具上：传统认为是心灵而贝克莱认为是感官。心灵实际指大脑用以思维的部分（联合区），是看不到的，它本身不是感官，要靠感官传达刺激才能感知，是间接感知。感官指眼耳口鼻等器官，它们直接感知事物，贝克莱理论唯物的性质就表现在这里，它舍弃间接的曲折的感知而采用直接感知。

传统理论将人的认识分为感性与理性两个阶段，感性认识是表浅的非本质的认识；理性认识才是本质的认识。贝克莱则将他的认识论止于感性阶段，人的认识完全依赖感官，认识的对象全部转化成感知材料，对象本身不复存在，没有物质。

罗素点出贝克莱的理论的特征：一棵树，当我看它时，它引起我的感觉，它就存在；当我看不到它，它不存在。对这么个明显违反常理的现象，贝克莱的回答是：神总在感知一切。这一回答是不能令人满意的，因为树还能看到，而神是看不到的，神存在吗？

贝克莱的理论在国内外都曾受到批评，大多数人至今没有看懂他理论的反宗教本质。欧洲人提倡自由、民主，然而，直到 18 世纪（也可以认为直到今天），自由、民主都没有真正实现，其中最大的障碍就是宗教。宗教奇妙之处是，它发挥作用的方式不必定是外部强制，很多时候是通过信徒的自我约束实现。希腊人有神话，有信仰，但始终没有形成宗教。一般民众是迷信的，他们碰到大事小事都要到神庙听取神谕，按神的教导行事，但他们也尊敬哲学家和英明君主，后者则要求民众“认识自己”，让人成为神的对立面。当一个人将注意力转向认识自身时，意味着要自己掌握自己的命运，神的地位就下降了。贝克莱在晚年当上了主教，就“丢开了哲学，去弄焦油水”，一种“开怀解愁但不令人酣醉的杯中物”。他们给后人树立宗教徒如何与理性和谐共处的榜样，被众多后人效法。

现在我们只要认真地审视贝克莱的理论，就会发现与传统和流行理论并没有实质性的差异。感觉和知觉（相当于感知）是传统心理学两个基本概念，与贝克莱的理论就没有很大的差别。曹日昌和彭聃龄的书都是这样描述：人脑对直接作用于感官的刺激物的个别属性的反映，是感觉；通过感觉，头脑中产生对事物整体的反映，就是知觉。他们所说的“事物的个别属性”，即颜色、声音等，贝克莱称为“感觉要素”；而“事物整体”，就是贝克莱所称的“感觉复合”。贝克莱声称只有感觉没有物，曹日昌他们说感觉和知觉全是事物在头脑中的反映，也是没有物的，只是事物影像的反映罢了。不同之处仅在于曹日昌他们的描述提到事物是一种客观存在，头脑反映的也就是客观事物，人看或不看它，它都在该在的地方，贝克莱则根本否认事物的存在。你可以从阶级斗争的角度上认为这个差异是原则性的，但也可以从学术探讨上认为是无关大局的，和研究“反映”一样，研究“感觉要素”和“感觉复合”同样可以达到对事物本质的认识。“庞大论”回避了这种分歧，将感觉、感知和其他精神活动都“翻译”成计算机语言，编码存储到大脑中。

贝克莱的理论最著名的继承者和发扬者不是些哲学家，而是几个 19 世纪的科学家，包括奥地利物理学家马赫，德国生理学兼心理学家冯特和缪勒，也许还要将前苏联生理学家巴甫洛夫的名字添加进这个名单中，他们改进了贝克莱的理论，让它变得更加唯物。

冯特于 1879 年在莱比锡大学建立起第一个心理学实验室，是公认的第一个把心理学转变成一门正式独立学科的开创者，被认为是心理学史上第一位真正的心理学家。他发展起来的是心理与生理互相关联的学说，他主张：一切心理活动来自生理活动，一切脑活动来自感官和神经系统的活动，因而可以通过科学实验的方式认识，他的代表作就是《生理心理学原理》，书名即反映出他理论的特点。马赫发展起来的是要素一元论，代表作是《感觉的分析》（1885 年）。他是用感觉要素代替物质和心灵，以“物是要素的复合体”论取代贝克莱“物是感觉的复合体”论，物被分解为一些颜色、声音之类的物理要素，它们是人的感官感觉；物在这个过程中形成相应的生理要素和心理要素，也就是记忆，物就是这些要素的复合体，人的意识和思维就是在创制和运用这些复合体的过程中进行的。缪勒则发展起神经特殊能学说，称各种神经各有自己的特殊能，性质不同，每种神经只能产生一种感觉，如遭遇相同的刺激，视神经产生的是视觉、听神经产生的是听觉，并宣称，“我们始终不能直接感受外物自身的性质”，“我们所知道的只是我们的感觉。”

哲学家中，休谟的理论也值得关注，他与贝克莱同是英国人，比贝克莱年轻 20 多岁，很难说他是贝克莱的继承者，但在对待感性的态度上有共同点。在他的专著《人性论》中，他将知觉分为印象与观念两种，它们间的关系是，“一切单纯的观念都有一个单纯的印象和它相似；而一切单纯的印象都有一个相应的观念。”相比较而言，印象是更为感性也更为清晰的，观念实指“思考和推理中的印象的模糊心像。”(《西方哲学史》)

哲学一个根本课题是思维与存在的关系，何者为根本？相关的论题是灵魂与肉体的关系，或称心与物、心与身的关系。希腊人持的是二元论：灵魂与身体是截然不同的两个实体，灵魂高贵并且不朽，肉体卑贱且可朽。思想、理念和知识均属于灵魂，肉体只有欲望和激情，人需要以灵魂指导肉体。后人中笛卡尔也是二元论者，认为心灵比身体更确实，人因思想而存在，肉体本身的存在却是值得怀疑的。

二元论在洛克那里受到挑战。他认为思想的唯一来源是经验。经验来自实践，实践，我们一般理解为是身体的活动，而在洛克那里实践是身和心共同的活动，他的“内省经验”就是属于心的，从总体上说，身体是主导的一方。贝克莱他们无疑是洛克的延续，他将知识的来源具体落实到感官上，而马赫则将感官的感觉转换为物理和生理性质的要素，让两者在科学中统一起来。

在他们之前的阿奎那是个神学家，研究的重点是神学，在认识论上却强调感觉，把感官经验认作一切认识与知识的基础。

阿奎那的理论又来自亚里士多德。亚里士多德的（植物、动物和人）三灵魂论就是心物统一论，即理性、感觉和营养三者统一。虽然没有明确的陈述，但从这个角度，我们就可以认为他倾向于身心一元论。在他那里，肉体是灵魂的承载体，两者有差别，但是却是统一的，肉体死亡，灵魂不能够独立存在，他对当时流行的灵魂不朽论不完全赞同。在《形而上学》中，他又将求知与感觉相联系，尤其是视觉。他还引用一句被黑格尔认作误传却广为流行的话：“存于理智的任何事物必先存于感觉中”，这也说明亚里士多德重视感性。与柏拉图相比，亚里士多德偏重科学，走的是从具体到抽象、从特殊到普遍的自下而上的道路，需要动手实践，感觉、感官是第一位的。

从这里可以看到，哲学与科学混杂的一脉相承的一个派别，我们笼统地称作一元论派，即亚里士多德、阿奎那、洛克、贝克莱等人组成的派别，这里还要添加上培根、霍布斯和霍尔巴赫等人的名字。虽然在理论的细节上各有很多特点，但他们在强调实践、实验、经验、感性、感官的作用上，是比较一致的。这与柏拉图为首的二元论派明显的分歧在认识论上。

人要认识世界，必定要依赖感官。感官不健全的人，他认识的世界也是不健全的。即使感官健全的人，对于从未作用于感官中的事物，也是不可能认识的，这其实就是亚里士多德那句话：“存于理智的任何事物必先存于感觉之中”，这是一元论的理由。二元论的理由也很有力：人不能事事亲历，大多数知识不是直接来自感觉，而是来自信仰和心灵。古代生物、古代社会、宗教、精神、思想、天体、原子、元素，等等，仅靠感官和感觉，是不可能认识的。感官感觉到的往往是事物外表和形式，事物的本质是感觉不到的。即使呈现在眼前的事物如一滴水或一粒沙子，若完全抛开信仰和心灵，你不可能真正认识它们。当你向上抛掷一块石头，你的感官会告诉你它必定仍然下落地面上，但不可能知道这当中还有个万有引力定律和落体定律。

以柏拉图为代表古老的心身二元论在教育学上是可取的，却不宜应用于科学研究，困难之处在于心身两者的定性，贝克莱的理论无疑是条出路。感觉被定义为刺激作用于我们感官的影响，知觉被定义为感觉向大脑的传递；感知，不完全属于心又不完全属于身；既属于心又属于身，是两者的综合并可取代两者。马赫以感觉要素取代感知，就更独立于心和身，又与两者相联系，他实际上是将思维建立在感官之上。冯特的同代人海克尔则直接将生命、灵魂和高级意识结合为一体，这是彻底的一元论。

将人的心智引导回感官，无疑是返璞归真之举，也是神经弧论的要点。感官的感受引发情绪，我们只要认真想一想，就会发现，心智活动与感官活动是紧密相关，时刻相随的，即理性与情绪是时刻相随的。按神经弧论，就是概念记忆与感性记忆是时刻关联的。当我们进行心智活动时，感官记忆就会活跃起来，提供相应的回忆并处于"联合办公"的状态；当我们的感官处于活跃状态时，心智活动也处于响应状态。我们会为他人正义的行为感到鼓舞，会为他人的痛苦生出同情心，也是因为这种心智活动会对感官活动产生影响之故。如果一个人对面前发生的事已经从概念上有所认识，却在感情上丝毫不为所动，我们就会说此人处于麻木不仁的状态，即他的感官麻木，停止参与心智活动。

一些抽象的心智活动似乎与感官无关，实际也是关联的，只是我们没有刻意去探查罢了。例如，当我们思考光明这个概念时，眼睛会"看到"光亮，内心会出现阳光普照一类的情景和舒适、温暖的感觉，还会"听到"相关的励志语；而当我们思考黑暗这个概念时，内心会出现黑夜的情景，尽管这时是阳光普照的大白天，但还是有暗昧、阴冷的感觉，"听到"一些不吉利的内心言语。如果认真检查身体，就会发现人处于这两种思维状态时身体状况的差异，也许很轻微，但肯定差异是存在的，这就是感官参与心智活动的证据。乐观主义者与悲观主义者的一个表现就是，前者心灵中时常思考光明面、肯定面的事物和概念；而悲观者时常思考阴暗面、否定面的事物和概念，并各自导致相应的心理活动的产生。

但若像经验派那样将一切认识活动都归结为感觉与感知活动也有许多困难，它们有许多局限性，也就是感官的局限性，这种广泛的局限性限制了人正确认识世界，不时还会产生错觉，将人的认识引向歧路上。经验派理论的另一个缺陷是将感觉与感知混为一谈，未能将两者的区别说清楚。最主要的区别是：感知或称知觉有理性的参与而感觉没有，感觉只是感官受到刺激后的直接生理察觉，在这点上人与动物相同；感知则不是感觉材料的简单拼凑，不仅是察觉，而且是辨认，即对感觉的性质、来源和后果等的解释和判断。在认识论上，感觉是表浅的、形式的，与感官记忆相联系；感知是深刻的、本质的，与概念记忆相联系。

感觉与感知通常伴随着行为反应，或称"刺激—反应"行为，反应是它们的表现形式，表明受到刺激，获得感觉或感知，两者也有很大的差异。感觉作出的是纯粹的生理机械反应，如婴儿嚼食不良食物，嘴巴、舌头会作出种种抗拒的动作，内部的不适会引起呕吐等反应。感知作出的则是理性参与的反应，多了一种价值判断，让感觉更舒适或加倍难受。仍以嚼食为例，具有感知能力的孩子就能够吞食一些对健康有益但难以下咽的东西，如药物，而不作出或强行压抑抗拒和呕吐等反应。

正常人一出生就有感觉能力，但这完全是感官的作用，还不能称为感知。最早形成的感知是辨味知觉，最早感知到的事物是母乳，但很模糊，实际上仍是感觉，较真切的感觉罢了。但是，这种感觉很快会发展到感知，并由感知母乳发展到对其他常用食品的感知，人的辨味能力就是这样发展起来的。其次是声音，婴儿很快能够分辨不同的人声，逐渐懂得它们的涵义。而视觉和触觉感知较晚，常常需要感觉来纠正。这些感官的感知产生马赫所称的感觉要素，物就是这些要素的复合。

从这个角度，婴幼儿的成长可分这么几个阶段：感觉发生期，感知发生期和感知系统形成期。第一个时期从降生开始，很快就达到完善。感知能力的发展则是与各个神经弧不同期的，一般是味觉和听觉在前。而感知系统初步形成则要到6岁左右性器官开始获得感知能力后，这也是感知系统开始工作的时刻。但感官的感觉机制不会因此消失，反会在后者的帮助之下发展完善，成为感觉系统。这之后，人作为一个统一体在内部就可以划分出三种生理心理机制：感知系统、感觉系统和身体。感知系统开始发挥主导作用，感觉系统降到从属地位，它是感知系统的基础，接受感知系统的分析、检查和指导，并由身体作出相应的反应，身体是两者的综合。

贝克莱所说的感知指成人的感知系统，它形成了物的概念，也就是贝克莱所说的感觉联合和马赫所说的要素复合。感知的复合与概念应当是有区别的，感知按说是与感觉相联系的，是感觉的结果，但有延时性。感觉是感官与物接触时产生的，即刺激，是物作用于感官瞬时产生的物理与化学作用的结果，当物脱离感官，刺激消除，感觉随之消失，至多有个视觉暂留；但感知却可以延续，并和其他神经弧"联合办公"形成概念，大多数概念就是这样形成的。但概念活动却不限于感知活动，完全脱离物和感官也可以进行，这就是真正的思维活动，黑格尔所说的纯思维就是从概念到概念方式的神经弧"联合办公"的活动。纯思维是完全脱离感觉脱离物的纯精神活动，它处理的不是感觉和感知材料，而是概念，但它的基础仍是感官。这就是我们从贝克莱和马赫的理论中得到的启示，不过，这恐怕不是黑格尔的意思，更不是贝克莱和马赫的意思，他们似乎没有思维的概念。

柏拉图认为理念来自回忆，康德和黑格尔认为概念没有来源，是先验地存在于人的心灵之中的。贝克莱和马赫的观点虽然不是那么明确，但他们的意思大致是：概念归根到底来自感官——感觉和感知，是要素的综合。如果强调感知，那么他们之间的观点就很接近，因为康德和黑格尔并不否认感觉的作用，只是他们将感觉心灵化，也就是感知，它是内部的。

神经弧论与贝克莱的理论最大的共同之处在于，都承认感觉的作用，人的精神世界，包括意识、记忆和概念等归根到底来自感觉和感知；不同之处是，贝克莱强调现时感官的感觉和感知而本书强调神经系统，这一系统当人在幼年时即已经基本造就，它将人的各种感知与理性相结合，以神经通道的形式存在，与海克尔提到的生命、灵魂、意识一体论比较接近。神经通道是由反复的感觉（感官刺激）造成的，神经通道系统就是感知系统，或感知程序，新的刺激发生时，相应的神经通道被激活，带动感知系统工作，产生概念。贝克莱所称的感觉综合和马赫所称的要素综合就是神经弧论的"联合办公"活动，他们所说"感觉要素"就是感官记忆，所说的"复合物"就是概念记忆，回忆和思维等精神活动就是运用概念记忆的活动。

神经弧组成神经系统，它属于心，也属于身；把它抽离出来可以看做是人的灵魂，但这种抽离是办不到的，神经系统与身体是不可分的，身体死亡神经系统也不可能单独存活，因而神经弧的功能实是身心结合的功能，却又相对独立，在这点上类似马赫所称的“要素复合”，以及这种复合的再复合活动，但这已经大大地超越了他的描述——在要素如何“复合”上，马赫就没有能够说清楚，而神经弧论对此则有清晰的说明。

语言区探秘

柏拉图说过，智慧是灵魂的助手，我又给他做了个补充：语言是智慧的助手。

人脑的语言区是法国外科医生布罗卡于1861年发现的，该区就以他的名字命名。布罗卡区，位于大脑的左半脑。其他动物的脑子也有语言区，但肯定不像人脑的语言区那么强大而复杂，它主导了人的概念记忆从而产生理性思维，是人脑的核心，科学家称它所在的半脑为优势半脑，认为是人的意识之所在。

按照神经弧论，大脑是神经弧的汇聚中心，语言区则是这个中心的中心，主要是听—说神经弧和手神经弧起作用。

后人发现，失语症病人受损的语言区与运动区紧密相连，言语障碍是受损的语言区对发音器官运动控制失效造成的——发音器官本身可以是健全的；而有些运动器官故障，如手的瘫痪，又会累及语言区，出现言语障碍，所以又称该区为运动性或表达性语言中枢。与之相关的情况是：语言区定位不确定。

比较普遍的现象是，语言区定位与利手相关。一般人是右利手，当右手瘫痪时，出现语言障碍，左手瘫痪则不影响语言。理由是，右手瘫痪意味着左半脑血管破裂、出血，这个部位往往正好邻近右肢运动区和语言区。但对于左撇子来说，这个脑区受损不影响语言，因为他们的语言区在右半脑。但这种情况也不是绝对的，也有相反的观点和例证，表明利手与语言区非关联性的一面。另外，按民族传统，使用拼音文字或象形文字而在语言区定位上显现差别，前者在颞叶，后者在顶叶。后一种情况在中国人和日本人中常见。

这些现象表明，语言区定位是不确定的，更不是精确的。据此可以作出推论：语言区是个功能性的组织而不是器质性的组织。这种说法也适用于大脑联合区，即神经弧的“联合办公室”也是功能性的而不是器质性的，是因人而异而且可以“搬迁”的。

英国剑桥大学三一学院主任约翰·莱昂斯在他的题为“语言的起源”讲座中谈到布罗卡区，认为：

> 我们现在已经知道的第一个事实，是大脑并不存在一个单一的区域专用于贮存和处理语言。而且，对言语和语言的处理，也并不全是在大脑左半球进行，甚至也不是唯一地由“新脑”组织即新皮质组织进行处理。对某些

失语症患者所做的研究表明，脑边缘组织能够参与对具有浓重情感色彩的词语的存取。

这从神经弧论上不难理解。语言区主要由听—说神经弧和手神经弧产生，是它们汇聚的结果，也由它们起主导作用，进行回忆、思维等精神活动。它们左右两部分的交叉在下脑，包括脑干和莱昂斯提到的边缘组织，下一步才进入大脑与其他神经弧连接。语言区大脑定位不确定的现象表明，它的特性不由神经元结构决定，而由上下脑联合区的结构决定，即由神经弧的连接方式决定，而神经弧的连接方式又由各人各自经常性的活动决定，这种活动是多式多样的，因人而异的，语言区定位也就不可能是人人一样的。

话虽如此，它又不失遗传性的和一个代偿的机会。萨根书中提到，研究人员发现，人和黑猩猩左右半球的颞叶是不对称的，左颞叶相对发达。婴儿生下来就有这种天生的不对称（早在妊娠第 29 周就出现这种不对称），使人联想到左颞叶擅长控制语言的遗传素质。可是，两岁内的幼儿如发生左颞叶损伤，也能在右半球的相应部分发展所有的语言功能，并不减低语言能力。但若大于两岁，这种代偿功能就无法兑现，在视听方面也有这种偏向的情况发生。这也显示了印随教育的作用：婴儿在正常情况下接受正常的言语和手训练，他的遗传因素就会被激活、强化，继续显现这种不对称；如果遗传区受损，语言区就会“搬迁”至健康区，发展起另一种不对称。按新的说法，就是语言基本神经通道改变方向，在健康区建立——这种情况只能够在 3 岁前发生。可以推想，在这种情况下，大脑联合区的结构也会发生相应变化。联合区的布局是非常灵活的，它不过是神经弧“快捷方式”的联合而已。

语言区主导显意识和思维，它就是“联合办公室主任”，这是可以确定的。显意识与潜意识的显著区别就在于语言区是否参与并起主导作用，显意识主导的情况仅发生在清醒状态，而在睡眠状态则是潜意识起主导作用。人在睡眠中会做梦，会说话，会根据梦境作出反应，这一概由潜意识处理，由神经弧的感官记忆起作用，概念记忆不活跃。

语言是个很宽泛的概念，包括不同民族的语言，也包括口头语言和书面语言，深入的研究就需要注意这种区分。莱昂斯的文章中就提到言语和语言两个概念，英语分别为 speech 和 language。言语即口语、说话，它由前言语（pre-speech，发声规则）发展而来。按前文的划分，言语属于神经弧的感官记忆，语言属于神经弧的概念记忆。

人类语言史无疑是按前言语—言语—语言这个顺序发展而来，这之前大约还有一个漫长的无规则的发声期，莱昂斯提到“汪汪”（bow-wow）、“哇呀”（pooh-pooh）、“丁冬”（ding）、“唷唷”（yo-ye-yo）四种理论。其中前两种出现在达尔文的著作中，后两种更早，是达尔文之前其他人的观点。此外，还有人认为“语言并非起源于言语，而是起源于手势”和“产自于虚无（ex nihilo）和自生（de novo）”。莱昂斯赞同语言起源于手势的观点，他认为这是一种最具独创性和最有影响的一种观点。它早在 1746 年由康迪拉克首先提出，受到泰勒、摩根、华莱士、冯特等人的支持和采纳。

手属于肢体，手势语言稍加扩大就是肢体语言，言语最初起源于手势的观点是符合逻辑的。不会发声和发声能力很低的动物如蚂蚁、蜜蜂、乌龟、鱼，就是运用肢体语言交流的，发声能力强的动物也少不了肢体语言。当一只老虎张着大嘴奔跑过来，即使它一声不吭，所有野兽都会明白它想“说”的是什么而四散奔逃；同样，一只母鸡只要瞟一眼身旁那只振羽舞爪“茶饭不思”的大公鸡，就会明白它的意图。人类的动物祖先无疑经历过这么个“比手画脚”的阶段，但应当是很古老的事，也许在新生代以前。

“个体发展是系统演化的缩影”（海克尔语），人学习语言是人类语言史的缩影，莱昂斯将它划分为三个阶段。第一个阶段，是从出生后3个月左右开始，婴儿牙牙学语。第二个阶段，是从快满1岁时开始，能够每次用一个词来表达意思，即可以说所谓的单词复义语。第三个阶段，可以说出由多个词组成的简单句子。这可以理解为手势语言、前言语和言语学习阶段，之后才进入文字语言学习阶段。婴儿不会思维，它学习言语完全依靠感官能力，并在学习过程中建立感官记忆，建成听—说基本神经通道，终生不变。因此有贺知章诗句：“少小离家老大回，乡音无改鬓毛衰。”

莱昂斯另外提到一种“心智语言”（mantalese），即每个人掌握了的特定的、“内在”的思维的语言，用以区别各种特定的“外在”语言，是学外语的先决条件。当我们说话时，在它们被产生和被理解的过程中需要从心智语言翻译出来和被翻译成心智语言。他认为这是“一种传统的理性主义观点”。

按我的理解，莱昂斯所谓“心智语言”不过就是母语的另一种说法。人在婴儿期学到，或印随获得的语言就是“心智语言”，与发声相联系，是“铭刻”在神经系统中，并形成特殊的听—说神经通道的语言。每个人只要醒着，就会“听到”这种言语，没有受到正规教育的人都不会缺乏这种言语。成人学外语之所以感到困难，就因为存在一个“被翻译成心智语言”的过程。维柯在《新科学》中有“心头语言”和“心头辞典”一说，它是一种“通用于一切现存和已死的发音的语言”。不过这与莱昂斯所称的“心智语言”的意思不完全一样，“心智语言”指人类在发明文字以前通用的“发音的语言”。

“心智语言”和“心头语言”都是指古老的、基本的言语，以某种隐神经弧形式遗传后代，是荣格所称的集体无意识的组成部分。它让婴儿学习母语比学习外语方便，也是在本地出生的外国人或外地人说话总带有母语口音的原因，在北京长大的广东人或四川人和北京本地人的发音就不一样；美国的黑人和白人在发音上也显现一种普遍的差异。这一切都说明，语言区是神经弧的作用，由舌头、口腔、鼻腔、声带和手的神经以致肌肉结构先天决定，而不是由神经元的结构决定的。

手势语言和肢体语言非常近似，可以将它们合并为一，之外还要添上表情，它们往往伴随口头言语出现。人在高兴时不仅说话声音悦耳，而且眉开眼笑、手舞足蹈；生气时则会恶言恶语、脸色阴沉、手脚僵硬，也就是说，时至今日，人都没有完全抛弃肢体语言。肢体语言往往比口头语言和文字语言更强有力，因而有“看他人脸色过日子”一类的说法。这是语言起源于手势的一个证据，也是本书将手神经弧列入语言区，让它成为“联合办公室副主任”的依据。这一起源说与言语起源说并不矛盾，语言的起源不可能是单一的，手势和发声必定是同时并进的，四足走路的动物都是既有发声又有肢体运动的，人与它们的显著区别是前肢获得自由成为手，手带动了发声器官的发育，共同促成语言区的形成和发达，也促进了听觉的发育，共同统辖“联合办公”活动，即意识和思维活动。

为自己有一双巧手骄傲吧！

古希腊人就高度评价人的双手，阿那克萨哥拉认为手是智慧的象征，人有智慧因为人有手。亚里士多德将话反过来说，认为人有手是因他最有智慧，手是运用其他工具的工具，用处最多的工具，脑子不过是个调节体液和体温的腺体，人有智慧才让手的作用发挥得淋漓尽致。后人中，以康德对手的评价为高，他称手是外部脑，脑的可见部分。今天大多数人却为自己有个聪明的大脑感到骄傲，有了它，学习成绩优秀，点子多，工作事事顺心，得心应手，步步高升。然而，一切成绩首先应该归功于双手，是双手运动造就语言，然后语言造就智慧，才有今天的一切。

1. 手神经弧

科学家早就确定，人的神经系统包括12对脑神经，31对脊神经，我把这43对神经组成9条神经弧。此外，还有众多支配内脏的植物神经，它们是自动起作用的，在此略而不论。

手神经弧的结构颇为简明：双手神经在下脑交叉在上脑连接，形成一个长条神经链。它的中心在双掌，终端在上脑，协助听—说神经弧主导意识和思维，是意识和思维指令的主要执行者。

这个神经弧其实是在出生时即建立，但很粗糙，它的发展和脑的发展是同步进行的，并主要由手的活动引导。前后肢分工是人类脱离动物界决定性的一步，猿的前肢进化到高级形态就是人的双手，它由于是近期（与人类1 000多万年的进化史相比）形成的，它的大多数功能是新的，因此，它不像后肢那样主要与下脑联系，而主要与上脑联系，或者说，它在上脑中占主导地位，在“小人图”中占据的面积最大。而前后肢没有明显分工的动物，四肢组成一条统一的神经弧，主导四肢运动，控制中心在下脑，多足动物更是这样。前后肢分工是前肢从四肢神经弧中分离出来，并由上脑管理。所谓人手的解放，意思就是手从四肢神经弧中独立出来，它的运动不再受后肢约束，可以“自行其是”；而且因为上脑有广阔的管理空间，手的活动就变得灵巧多样。人的上脑本来是从前后肢分工开始长大的，并随着手的进化而进化，两者相互影响、相互促进，这在人类进化史上还属新近的事，因而并没有形成一种深刻的遗传机制，需要后天训练——练手。

2. 人类特有的神经弧

除了这个神经弧，人的其他神经弧在动物身上都是可以找到的，如视觉、听觉、味觉、嗅觉、性欲等神经弧，其原理基本相同，功能也差不多。要说有差异，那就在于动物的比人的一般说来要优异。只有这个手神经弧是人特有的，是人之所以为人的重要标志，因为其他动物没有真正的手。所谓真正的手，主要指灵活的十指。猿手最接近人手，它们也有十指，但与人的手指相比，却功能有限，只能做些抓握拈等一类动作，起的只是手掌的延伸作用，手指和手掌没有明显分工，拇指和其他四指的相向性很差，手指很难单独活动。例如，它们不能像人那样只让任一指头活动而其他手指保持不动，我们也就不能指望它们能够进行打字、弹琴一类需要手指灵活分工的动作。它们的双手还没有与下肢完全分离，走路时不时还得用到它，相当于刚学会走路的婴儿的双手。

兽孩不能返回人类社会最重要的原因就是：它被野兽训练成四足走路，手回归为前爪，参与形成四爪神经弧，已具雏形的手神经弧的发展被中断，肌肉和骨骼都发生相应的变化，手神经弧因废弃不用而萎缩，时间稍长，就无法恢复，“音响系统”也被兽化。婴儿一般在 1 岁左右即学会直立行走，假如落入兽群中的婴儿能够保持双足走路，而不印随野兽四足走路，就不容易兽化，长大了就有可能脱离兽群，重返人类社会，甚至成为能够与野兽沟通的人。手神经弧能否形成和得到锻炼，是婴儿成人或成兽关键的一步。

3. 前后肢分工促进发声

观察动物我们就会发现，前后肢分工能够让发声变得复杂多样。在动物中，鸟类的声音最为复杂多样，鹦鹉、八哥等还能模仿人声说话，原因就在于它的前肢高度发展，成了翅膀，使用频繁；猿、猩猩、猴子的发声也比较复杂多样，猫的前肢比狗的前肢运动复杂多样，发声也比狗的复杂多样。而前后肢没有分工的动物，如牛、马、羊、猪等，就只能发简单的哼呜或吼叫声，显示了前肢与声音、手与语言的关联性。

脑从神经弧发展而来，上脑是神经弧连接的中心，是为了适应感官和肢体运动的需要而生成的，感官与肢体运动越复杂多样，脑越复杂多样。感官与肢体的运动主要由下脑控制，上脑也受下脑控制，而不是相反，它是作为下脑的延伸物后生的。

人类化石研究表明，在距今约 250 万年左右，人类的上脑还处于原始状态，其容量与猿脑没有多少差别，这之后才突然加速长大，远远超过猿脑。因为脑与肢体运动相关（肢体运动又促进感官发达），脑发展的加速可以合理地猜测为是前后肢分工与手运动的复杂化相关，我将这种改变归因于从陆生到水生的转变，即部分猿成为水猿——它们是人类的动物祖先。是水中生活让人类的先祖的肌体发生这一系列改变，细节在专文中论述。

水中生活促使猿的前后肢进一步分工，前肢发展成手；手的自由让猿可以完成许多以前不能做的精细的工作，如捕捉和加工水生物，制作简单的工具等，这又促使上脑的发展，并促使一个人类特有的神经弧——手神经弧的建立。

如前述，上脑是后起之物，它主要为肢体后起的功能服务，手是它的主要服务对象；手反过来成为上脑的促进力量，上脑随手运动的改进而改进，语言就在这个过程中发展起来，其成果就是上脑语言区的建立，也就是说，语言区是手帮助建立的。这样说的依据是：

第一，手瘫痪导致语言障碍。这已经获得大量临床观察证实。

第二，手能够代替眼、耳、口获得语言。由美国聋、盲、哑女作家、教育家海伦·凯勒的事例所证实，一般盲人日常活动也主要靠手。

第三，手的运动能够帮助记忆语言。例如，通过反复书写帮助记住词语和句子，特别是一些生僻字词和拗口的句子，这是一般人都能够体验到的。

第四，语言区不固定。大多数人语言区在大脑左侧，这种情况与大多数人天生是右利手相联系；左利手的人则定位于右半脑，但也有停留在左半脑的情况。另外，婴儿、东方人左右脑分工不明显，不少人的语言区定位居中。这些现象表明，语言区是不固定的，主要与人手的活动内容和活动方式相关。

按照潘菲尔德脑功能分区定位说，人体所有器官功能都是上脑直接控制的，因为所有器官在运动皮层条形区都有各自的位置，都会相互产生刺激和反应，这一脑区（中央前回）也就俗称“小人图”，德国神经学家布罗德曼更将大脑皮质分为52个区。本书却认为这是个假象，呈现在那个区域的并非器官的控制组织，而只是控制组织的投射区，类似电脑软件的快捷图标，运动功能大多数还是由下脑控制。神经弧自有记忆功能，它们从左右半身到达下脑实现交叉，下脑是它们原始的、真正的交汇中心，上脑是下脑的延伸物。语言、思维并非像权威科学家所想象的是从神经元提取记忆元素进行加工组合的工作，而是在听觉神经弧和手神经弧主导下各神经弧综合性的工作，本书称它为“联合办公”活动。

4. 创造靠双手

创造靠双手是不争的事实，尤其是创造精美物品。上帝创造星辰天地都是心想事成，惟独创造人和动物要亲自动手，造人还要给他吹口灵气，因为人是他最重要的作品。基督徒认定创造是神的事而不是人的事，我们鼓励创造就是接手神的工作，既然神创造人和动物需要动手，人进行创造活动就更需要动手。世界上富有创造力的民族都懂得双手的重要性并有意或无意地巧妙运用自己的双手于创造，并且硕果累累。古希腊公民就很少从事体力劳动（奴隶制是个条件），他们热衷的是各种创造活动，如写作、雕刻、绘画、计算、工艺制作等。犹太人热心手艺，希伯来教规要求每个犹太人掌握多门手艺，既为生存也为智慧。德国人则是金工、木工、石工、泥瓦工、编织样样精的民族，连高档轿车和跑车都能够手工打造，他们的技工至今仍属世界一流，广受欧洲各国欢迎。这几个民族的成就有目共睹。为谋生让自己的双手不停地从事简单、重复、粗重劳动的民族，就少有创造性成果。

智慧教育就是巧妙动手的艺术教育，教儿童弹奏乐器、绘画、做手工，加上唱歌、写诗歌和做体操，就是艺术教育，是许多发达国家中小学教育的主要内容；与之相反的则是知识教育，从幼儿园开始就给儿童灌输外语、数学、政治和科学知识，意图让他们日后成长为科学家、官员和其他“大人物”，主要训练的不是手（知识教育的一个主要内容是如何节约用手，用机器代替手工劳动），而是眼睛和耳朵，结果往往事与愿违。

5. 提升灵魂的途径

希腊人一个普遍的信念是人有灵魂，而且灵魂不朽。柏拉图在《蒂迈欧篇》中探讨的就是这个大题目。他指出，灵魂本身由创造主用最优秀的理智造成，本质是优秀的。但在进入人体（和兽体）后，就会屈服于肉体，在欲望的支配下堕落，变得卑贱，大多数人就此平庸、卑贱甚至罪恶地度过一生。灵魂是人的本质，有没有什么办法提升灵魂？宗教的回答是肯定的，就是终生敬神，求得神的恩典。柏拉图提供的途径是灵魂转向，不是像宗教徒那样转向神，而是让灵魂获得视觉，转向善，并且坚持向上看。宗教徒的做法对无神论者不适用，柏拉图的做法也不是一般人能够实践的。本书在这里大胆地提出一条人人可行的途径：通过对双手进行特殊训练实现灵魂转向和提升。这实际是司空见惯的现象，只是人们没有往这上面想罢了。让我们先看一个实例。

你知道英语“sadism”（施虐狂）这个词怎么来的吗？它来自18世纪法国一位名叫萨德的侯爵，他是个典型的性变态者，要从虐待女性中获得快感。因受性虐待指控，他被关进了监狱，他生命随后的40年就是在监狱和疯人院中度过的。在这漫长而单调的年月中，他的利比多不再能以他喜爱的方式发泄，也就被迫转向文艺创作，写下了不少小说和剧本，竟被后人誉为天才作家。这既是个利比多成功转移的实例，又是灵魂成功转向和提升的实例。萨德以这种方式实现灵魂转向超出了柏拉图的设想，但却是有道理的。写作迫使手指运动，虽然不是很好的手指运动，但它能够带动和协同大脑前额叶——同时管理性与创造的“联合办公室”工作，使手神经弧的功能得到提升，将它的协作范围扩展到全脑。经常性的写作还意味着这个神经弧任务转向，对萨德来说就是双手从虐待女性改变为摆弄笔杆，从为灵魂的欲望部分服务转向为灵魂的学习和创造部分服务。灵魂是爱动的，它需要在运动中学习和创作，手指运动的改变引导灵魂转向新的领域，灵魂对这种新的活动从不情愿到喜爱。

不是任何手的运动都能够收到好的效果的，它不能是消耗大量体力的、繁重的、笨重的、机械重复的简单劳动，而必须是轻巧的、复杂的、需要同时运用手指和心灵的运动，书写、绘画、雕刻、弹奏乐器等，就属于这类运动。这里揭示了一些音乐神童成长的秘密：他们不仅听觉神经弧能够获得一个良好的成长环境，生成一条优秀的乐音神经通道，而且手指也有很好的训练机会（家中有各种乐器）。一些监狱官员也意识到这点，因而容许在押犯人写作。

世界著名成功学家卡内基给我们提供了这方面的许多事例。美国作家欧·亨利就是在狱中开始他的写作生涯的。卡内基说，他出身贫寒，没有受过多少教育，健康状况不佳，放过牛，当过学徒，在当银行出纳时因短款被关进监狱，如果不是这一意外，不一定会走上文学创作的道路。此外还有，约翰·班杨，他在狱中写成《天路历程》；塞万提斯在狱中完成《唐·吉诃德》；康帕内拉在狱中写成《太阳城》。还有“脚上戴着金刚钻、耳朵上戴着珍珠”的花花公子瓦尔特·罗利爵士——伊丽莎白女王的媚臣，“甚至连他都在狱里从事写作”。我们如果认真收集，这方面的事例还会成倍增加。不过不是所有人都像欧·亨利那样在狱中才开始写作，部分人在入狱前已经开始写作活动。中国也有“文王拘而演《周易》”、“韩非囚秦，《说难》、《孤愤》”一类的事。

写作能够帮助灵魂提升的道理在于，它促使“联合办公室主任”与“副主任”的良好合作，这是我们获取重大成就的秘诀。我们的一个信念是思想指导行动，但思想是看不见的，要通过语言和文字表现，写作就是用文字表现思想，让看不见的思想能够被看见，我们就能对它进行审视和改进，常常还让他人也参与这种活动，使自己的思想获得提高，写作和修改文章就是改进思想常用的形式。前面说过，智慧是灵魂的助手，语言是智慧的助手，语言的改进帮助思想改进，智慧与灵魂就能通过这种方式得到提升。从这个角度出发，弹奏乐器则是通过审视他人灵魂（定义：艺术是爱美；美是灵魂的感性显现）达到演奏者本人灵魂提升的方式，也是手的作用。同理，手还可以通过绘画、雕刻等活动引导灵魂，帮助灵魂提升。

对自己的双手活动进行精心设计，有目的地练手并让它与职业相结合，尽量避免选择那些无需运用手指或对双手优化有害的职业，从而培育起一个优秀的手神经弧，是帮助灵魂获得视觉（即使原先没有视觉的人），让灵魂向上看并获得提升的一个有效途径。

6. 练手原则

现代人热心锻炼形体，但很少人想到练手，手的训练往往在日常活动中顺其自然地进行。然而，练手却是锻炼神经系统的重要途径，主动锻炼，就会比因工作需要而被动锻炼的效果好得多，主要是掌握以下练手原则。

第一，手脑并用原则。人类文明一切成果都是手脑结合的产物。完全的学习应是手脑均得到全面发展的学习，即不仅学进心里，而且要“学到手”。要想获得这种结果，在学习过程中就需要手与脑共同参与，像前苏联教育家苏霍姆林斯基所说的，动脑时动手，动手时动脑，以脑动控制手动，以手动带动脑动，让手和脑在同动中互相影响、互相促进、协调发展，他之前，贝尔纳持类似的观点。动手时动脑，脑子将给手的运动赋予目标和方向，使手动的效果得到保证；动脑时动手，手将引导大脑进行一些有助于提高功能和手脑协作的运动，并能给发生在脑子里无形的运动以确定性，又将实际中发生的信息反馈回大脑，帮助大脑修正它的指令，提高它的效率。

第二，双手同动原则。双手同时在运动而且动作不同，不要迁就自己的爱好和习惯只训练一只手，或在训练一只手时让另一只手闲着。双手同动的作用一是为了提高双手的协同性，使双手相互帮助、相互促进，而不是相互妨碍。二是为了训练左右半脑。左右两半脑分工论认为，两半脑交叉控制人的两半身和左右手，相应地，左右手的运动交叉影响右左两半脑的发展。双手同时运动能带动左右半脑同时运动，有利于提高双手、左右半脑和手脑之间的协调性，比单手运动的效果好得多。

第三，尖端倚重原则。不少事物的尖端部分都是重要的信息、物质与能量输入/输出口，因而是信息流量最大最具活力的部位，避雷针、各种针头、弹头、笔尖、蜜蜂的尾针、毒蛇的尖牙、蜘蛛的尾孔、雄性动物的阴茎、钻探机的钻头、电路和水气管道中的开关，等等，都是些典型例子。作为脑子重要的输入/输出器官，人手的尖端——手指尖也就比手的其他部分更具活力，它集中大量敏感的神经末梢，也集中了人的各种才能，因此有人说，人类文明大部分成果是由人的指尖完成的，指尖也就应成为练手的重点。

第四，尖端敲击原则。事物尖端最重要且最有力的运动方式是穿刺，并在这瞬间完成输入和输出，这是事物尖端的特殊功能。指尖的运动同样以穿刺方式最重要且最有力，但指尖不能穿刺一般物体，它的穿刺运动止于物体的表面，表现为对物体表面的敲击按压动作。指尖敲击按压动作如弹钢琴或按键盘要求干脆利落，需要脑子快速而准确的配合。多作这种训练，有助于改变手脑运动常见的犹豫不决、拖泥带水的习惯。西方人科技发明创造多与他们很早就比较普遍地进行弹琴、打字等活动关系极大。中国人智商较高与使用筷子的习惯也大有关系，但效果远不如弹琴和打字——前者不必动脑后者却时刻需要动脑，因为使用筷子需要运用指尖但却不是敲击运动。

第五，复杂多变、有序又全面的原则。复杂多变而又有序的运动比简单重复或混乱无序的运动更能激活思维，锻炼智力和提高创造力，这是自古以来木匠一般比石匠手巧聪明点子多的重要原因。练手应尽量选用复杂多变的项目，使十个指头全部参与，不忽视任何一个指头。

第六，避重就轻、避简就巧的原则。不要做那些消耗体力的繁重而又简单的训练（出于增强体力的目的则另当别论），而要做那些轻松的、灵巧的训练，只要有空，随时进行。

我们在训练时，要尽量选择那些全面符合练手原则的项目，最好能够与职业相结合，选择职业时要尽量回避那些违反练手原则的工作。如果工作中缺失部分练手原则，则要另外选择具有这部分原则的项目作补充，如选择一两种弹奏乐器，天天练习，无疑是个好主意。

人是热机

古希腊人让世人折服的一句格言是：“认识你自己”，但至今，人似乎还没有很好地达到这个目的，首先是认识自己的身体方面。为了这个目的，无数人类、动物的尸体被解剖、研究；或将各种仪器放进活人体内东照西看，最后的结论是什么？人体是个基因库、化工厂、加工厂、废料场、管腺束，最后还有：钟表，“人是机器”这就是机械论。

1. 机械论的作用

古希腊人从天空获得大量真理，但他们眼中的天空是被理想化了的，而且布局有误，太阳、地球和其他行星都没有在它们应当在的位置上。直到16世纪哥白尼给天空重新定位，太阳被确定为中心，其他行星围着太阳转，开普勒在这一基础上确立行星运动三大定律，人们对太阳系和宇宙才第一次获得正确的认识。之后，笛卡尔在古希腊人的基础上创立宇宙涡漩说。这一学说表明，宇宙是物质的，（漩涡）运动是物质的属性，物质不仅时刻在运动，而且这种运动不是杂乱无章的，而是井然有序的，天体在漫长的岁月中稳定的运行证明了这一点。整个宇宙如此，由物质组成的个体也必如此。笛卡尔进一步提出“动物是机器”的哲学命题，他的同代人霍布斯强化了他的观点，从此，笛卡尔机械论就在欧洲流行开来。牛顿把这个工作推向完美，最终导致拉·梅特里“人是机器”哲学命题的产生和18世纪法国机械唯物论的确立。

柏拉图认为，人们从生灭变动的事物中看不到实在，要通过永恒的事物去把握实在，而机械论把世界万物比作机器，无疑是柏拉图理论的一个灵活运用。机械论者所说的机器当然是看不见的、永恒的，它只不过是将确定的机械原理套用在自然万物上。大多数人害怕思考，对理论有种敬畏感，而那些喜爱并擅长思考的人，为了让大众接受自己的理论，就想出了个深入浅出的方法：用浅显明白易懂的事理去阐述抽象复杂难懂的事理。像钟表一类机器的运动原理是一目了然的，即便是个无知的儿童，对他稍作解说，他就会明白；而像社会、人体这类事物，却是怎么看怎么说，都是不容易让人明白的。现在将后者与前者联系，指明它们间的联系和相似之处，后一种事物就变得清楚明白多了。当代大学，主要教学内容是科学知识，里面有辩证法，但机械论是其骨架，物理、化学是典型的机械论，数学是机械论的工具，许多人还致力于其他学科的科学化、知识化，也就是机械论化，知识教育的本质就是机械论的。

机械论受到众多批评，反对者反对将这种理论应用到社会和人这样的有机体上，认为它会导致思想僵化。但无论怎么说，它还是一种有用的思维模式，太阳系都可以用几何图形描述，动物和人为什么就不能用机器来描述？人的思想的片面和僵化并不在于他采用什么思维模式，而在于他有无智慧。我们可以避开拉·梅特里的观点，只采用他的方法，本书在这里运用的就是这种方法。不过，这样做一个不言而喻的含义是：采纳笛卡尔的二元论，暂时将灵魂搁置一旁，只谈论身体，灵魂是不可以比作机器的。

2. 热机原理

没有错，人像机器，而且越来越近似机器，不仅在机械学上可以这样说（机器人、机械心脏等），在社会学上（人在社会化的劳动中个性消失，智力因素减少，机械因素增加，在越来越高的程度上成为机器的附属部分）也说得过去。德国当代哲学家雅斯贝尔斯就毫不隐讳地说到，现代人没有个性，他不是他自己，只是一架机器的组成部分，一排插销中的一根插销。20 世纪美国数学家维纳创立控制论要解决的就是人与机器在控制和通讯中的问题，他认为，两者在这上面没有区别。不过，机器有许多品种，并可以从多种角度进行观察。笛卡尔、牛顿、拉·梅特里他们设想的机器是由齿轮、杠杆和发条组成的钟表，世界被从纯粹的机械运动角度观察；而另一些人设想的机器是由热源、传输管道和工作机组成的热机，关注的是机械功，这会产生新的效果。

从做功的角度观察，所有机器包括制冷机都是热机。机器只要一开动，就会发热，这种热主要由机械摩擦产生，再有就是能量损耗产生的热和外来的热，这是多余的。它们不能做功，反而会对机器造成损害并影响其效率，所以，怕热不怕冷就成了机器的普遍特性。机器处于较低的温度，只要不达到低限，就能运转顺畅，而处于较高温度则不然。多余的热构成机器的外部温度，或称环境温度。机器还有个内部温度，主要是其动力部分和做功部分的温度，这一部分的温度往往是整机中最高的，是做功所必需的，所以，机器这部分要用特殊的耐高温材料制作。机器的其他部分不需要热，热只会加剧机械磨损和降低机械运转效率，这些部分的材料也不能承受过高的热，但机器运转生热又是不可避免，这种不可避免的、多余的热构成机械熵。封闭系统（机器是典型的封闭系统）存在熵增的趋势，一旦达到极大值，即机器外部温度与内部温度相同，系统处于热平衡状态（热死），就不能做功，甚至会烧毁。而大多数机器实际上不用到那个温度，只要接近那个温度就会死机，当前使用的计算机就是这样。要想让机器运行良好和延长使用寿命，就要想法保持其内外的温差，使之始终处于非平衡状态，办法是对机器的关键部位采用降温措施，如装置风扇、冲淋冷水等。

3. 人体是部管子热机

人体完全可以看成是部热机。恩格斯就持这一观点，他说：“从生理学观点看来，人体包含着各个器官，从一个方面来看，这些器官的整体可以当做一架获得热并把热转化为运动的热动机。”（《自然辩证法》）英国作家艾迪生则称人体是部由管子和腺体组成的机器，从结构上概括了人体的最显著的特点。

若我们将分泌液体的组织都看作腺体，那么肝、胆、胃、胰、睾丸、卵巢、乳房、甲状腺、松果体、脑下垂体等就是些明显的腺体，古希腊人甚至认为人脑也是个腺体，其中脑下垂体被认为是全部腺体的总管。这些腺体改变和控制着人体管子内物质的内容和运动，它们具体的功能大部分还未为人知，人们目前比较清楚的是管子的结构和功能。

人体内最显眼的管子是血管，它组成遍布全身的血管网络，有粗有细，若将一个人所有血管连接起来，长度会达到 10 万千米，可绕地球两圈半。成人约有 5 公斤的血液，其在肺部进行气体交换，由心脏促使其作体内循环运动，每 3 分钟完成一次循环。

人的神经由精细的鞘膜包裹着，也可以看成是管子。人体内有各种直径的神经约1 000万条，若将它们一根根连接起来长度达到30万千米（保守的估计则不到10万千米），比血管还长两倍，是人体内最长的管道，它们组成了人体另一大网络——神经网络。它们不像血管那样中空以让血液在内流动，而是类似电线那样内容充实，里面也确实流通电流，它用放电和释放递质的方式传播体表和体内因受刺激而产生的信息。

人体还有一个由众多短管子组成的网络——遍布皮肤上的毛孔，它们以多种方式让身体降温，若将它们一个个连接起来，会形成一根长度为60米的管子。

肺、肾等里面是管子，由食道、胃、肠等器官组成的消化系统是最粗的管子，人体就像一部由各种管子系统组成的复杂的热机。

人体的温度保持在37℃上下，进食、身体内部器官的运动、肌肉运动及全身运动都会让体温上升。希腊人曾经将人体比作火炉，中医则将人体分为上中下三“焦”，都是有道理的。它的“燃料”是氧，中医称为元气。空气和进入人体的食物、液体（它们全都含氧）等有机物化合，“燃烧”现象产生，从而产生“焦”热，各种运动都会加速这个过程，使身体的温度增高。体温增高会让人体感到不适，各种机能下降，甚至会烧死细胞——首先是脑细胞。而人在觉醒状态下经常在运动，从而让体温增高，人体就需要有一种稳固的降温装置，主要是上述毛孔网络。这一网络的工作方式有三种，也就是通常说的热的三种运动形式：一是辐射，让热气直接从毛孔散发到空气中；二是传导，让体表与体外温度较低的介质接触，将热传送给它们；三是排汗，毛孔排出体内水分，让它们在体表蒸发，以带走体温。

根据热力学第二原理，热总是从高温处流向低温处，以达到热平衡，人体要实现有效降温就需要适宜的环境温度。理想的环境温度是25℃，在这个温度中，体热能够通畅地排出，体温就能稳定于37℃上下；若环境温度下降，体热外流速度加快，人需要用增加衣物的方式减缓这种运动，保持正常体温。若环境温度持续下降，正常体温的防线就会从体表后撤，最后人被冻僵。相反，若环境温度上升，体热外流速度减缓，转而变为体表温度升高，出汗增多。一旦环境温度高达34.4℃，毛孔同时扩大形成相互堵塞现象，人体处于封闭状态，各种降温措施失效，体温将会持续升高，人会感觉越来越难受。环境温度若继续升高，热就会倒流进人体内，正常体温的防线也会从体表后撤，不过这时不是因冷而是因热，人体被严密紧裹在一层不断升温的热介质中，若不及时采用降温措施，人就会因为体热过高而被热昏，即医学上说的中暑。

心脏排出血量约有五分之一提供给脑，表明头部是人体最大的能耗和散热部分，因此，头部的耐寒能力比人体其他部分强。这部分的热气足以抵御低温，因而在很冷的气候中，人们仍然将头部暴露在衣物之外。同样，在高温环境中，头部降温是防暑的关键。

人体与机器明显区别是，人体是有机体，它能适应环境而作相应的变化，机器却不能。人体适应环境的一个现象是：根据热交换量的大小而改变自身的体积，热交换量大，体积增大，热交换量小，体积相应较小。我们见到的一个明显现象是北方人比南方人高大，动物大多数也是这种情况。造成这一现象的主要原因是：低温加速新陈代谢。生活在北方寒冷气候中的人，比生活在南方温暖气候中的人，人体的余热能够更通畅和及时地排出体外，需要及时补充的热量也就更多，从而促进食量和身体的增长。

对这个现象，一些人类学家从散热的角度作出另一种解释：个子高大的人表面积相对于整体质量来说较小，有利于保持体温，适合于寒冷环境。个子矮小的人表面积相对于整体质量来说较大，散热效率较高，适合于温热环境（《人类的大迁徙》）。这种解释偏重环境温度，我看是一种倒果为因的说法；前一种解释则偏重主体调节，这才是根本性的。

支持“水猿理论”

本书写这个内容，目的是支持一种新的人类进化理论：水猿理论。新理论往往就是在探索或发现真理，声称追求真理的人，不能对新理论无动于衷。

1. 历史回顾

这一理论最早由阿利斯特·哈代爵士在1930年提出，论文于1960年在《新科学杂志》上发表。又经过30多年，到1992年，才被伊莱恩·摩根在她的畅销书《水生猿理论》中重新提出并受到了广泛的关注，前后历时半个多世纪。

这一理论根据人类体表光滑无毛、皮下脂肪厚、四肢与脊柱异于所有哺乳动物的形状、嗜盐喜水、会流泪、隐性发情等特点，加之一些推测为数百万年前被水淹死的类人生物遗骸化石的发现，猜测人类祖先在进入人猿阶段前有过很长一段水生期。起初认为发生在海边，称海猿，后来改变观点，将栖境改为“洪水泛滥的森林、红树林，或者树木植被逐渐减少的岛屿”。

恩格斯指出，直立让手获得自由，通过劳动猿进化成人。当代科学已经确定，黑猩猩最接近人类，其次是大猩猩，它们的前肢活动已经相当自由，而且被测定具有相当于4岁孩童的智力和学习能力，不过他们却在几百万年间原地踏步，丝毫未变，与人的差异是如此之大。这种情况让许多人想到，必定有什么不可抗拒的重大事变让作为人类先祖的那部分猿在自然状态中接受了“成人礼”。这也可以说是机遇，碰不到这个机遇，它们到今天也就不会与其他猿猴有任何区别。这个机遇最有可能的就是迫使它们下水的事件。

为什么要设想所有的猿猴必定一直生活在陆地上，在森林中？水占地球表面的大部分，所有生物最初全都来自海洋，猿猴为什么不能有一部分喜爱水并生活在水中？万物生长靠太阳，同时也不能没有水。对生物来说，不仅不能没有水，而且其身体主要由水构成，人体65%是水，人能够长得这么漂亮，水是第一位的因素；依靠水的帮助，丑陋的猿最终才变成了漂亮的人。

2. 新探索的起点

科学探索的一般方法是，首先整理和确定那些比较明确的理论和观点，让它们作为进一步讨论的出发点，然后探讨那些有分歧的观点，最后提出自己的观点和新的结论。在这一题目上，以下理论和观点是可以确定的。

第一，人猿同祖论。英国科学家达尔文和华莱士最先提出生物从低级向高级进化，人类起源于古猿的理论，而另一位英国科学家赫胥黎则是第一个明确提出“人猿同祖论”的人。经过一场大辩论，进化论取得决定性的胜利。他们的理论被当代的科学家以最先进的基因测定等手段再次得到确证，人和猿还有猩猩和猴子同祖，猿是人类的直接祖先，猿类中最接近人的是黑猩猩。人猿同祖论的一个重要含义是人类祖先有一段漫长的树上生活期，这段时期使它们的感官和肢体发生重大变化，获得灵活性和多种功能，为它们后来的前后肢分工、直立行走、会说话和脑的发达奠定基础。

第二，物种多样性论。猿、猩猩和猴子都有众多种类，莫利斯在他的书指出，现存的猴类和猿类就有192种，加上光裸无毛的人，就是193种。猿在800多万年前分出新的一支，向人类的方向发展并最终进化成人，其余的继续在它们各自的道路上缓慢前行，进化为样式繁多的当代物种。

第三，古代陆地平坦论。处于造山运动和大陆板块漂移的前期，古代陆地普遍较现代陆地平坦，平均海拔较低，这是可以想象的。科学家基本确定的一个地质史实是，古欧洲大陆比现在的欧洲海拔要低平，水域要宽广，气温要高。亚洲也是这种情况，高原尚未达到今天的高度，日本和东南亚岛屿有陆桥与大陆相连。这种情况加上完全没有人的干预，产生如下结果：平地大部分为森林和水面所覆盖，陆地到处是茂密的原始林，沼泽和浅水地区也生长着各种林木和植物。河流由于没有堤坝拦挡，河水到处漫溢成湖泊，地面上布满大大小小的湖泊，湖泊和河流中生物极其丰富，森林中各种动物繁多。

第四，动物天性喜水论。地球由炽热的熔岩冷却而成，古陆地没有植物，缺乏由植物生成的氧气，不适于动物生存，生命发生在海洋中，动物最初的祖先全部生活在海洋中，所有动物都喜爱水，离不开水。后来的猿猴怕水，是因为它们获得了被水淹死的经验。若果它们能够安全地生活在水中，爱水的天性将会恢复。

因气候和地质变化，地球曾出现过不止一次陆生动物回归海洋的运动。植物在陆地繁盛之后，在海潮推动之下，水生动物陆续登陆成为陆生动物，冰河期、大洪水、高温期等灾害又迫使部分陆生动物回归海洋，这类情况在漫长的生物进化史中发生过恐怕不止一次。

科学家已经肯定地球多次冰河期的存在，而冰河期之后的高温期则少有人提到，它会把全球的冰融化成水，在陆地平坦的古代就有可能是全球性的大洪水。居维叶考察巴黎盆地时就发现存在多次被大西洋海水淹没的痕迹，由此形成不同的地层和不同的物种。当代还有一种“天水论”，它假设来自彗星的尾巴的冰，让大洪水更上一个档次。若这时间像维柯所说的只有几百年，让一部分猿猴适应水并就此喜爱水中生活也是足够的。

有了以上的共识，以下的描述就是很自然的。

3. 人与猿在水边揖别

人类的真正的祖先是生活在水边树上的一种灵长类动物，就是人称的水猿。可以想象，在数百万年以前欧亚大陆，气候温和，雨水充沛，有广阔的湖泊、河流和森林，林中生物繁盛，人类的祖先就生活在这些大湖泊和河流周边的森林中。森林虽多，过分枝叶繁茂的树林却长不出很多果子，而依靠果实为生的动物数量逐渐增多，令这部分灵长类动物获取食物越来越困难，它们中的一部分逐渐养成一种捕捉水中生物作补充食物的习惯。而动物的食性是可以改变的，贝尔纳就曾做过这样的实验：让兔子改吃牛肉，它就成了肉食动物。他还通过实验得出一个普遍性命题：“在空腹情况下，一切动物都是食肉的”。冰河期、大洪水、高温期等灾害到来，这部分猿就很容易转而“靠水吃水”，在水中觅食，变成水猿。

经常从树上下到水边觅食的结果让水猿脚上的毛首先被泡掉，脚变长，脚掌变平，脚趾间长蹼（与陆生的猿猴比一下就知道，现代人的脚趾和手指间也有蹼的痕迹），像我们观察到的一些水鸟的情况一样，以便在水中站立和行走。开始时，它们不喜欢上身总是湿漉漉的，促使它们减少树上生活时攀行和蹲坐的习惯，改为直立行走和站立，水的浮力使它们这一转变变得轻松，手与脚开始进一步分工。由于不再攀枝和经常捕捉水生物，它们的手臂变短，手指却变长、变灵活。

水猿生活在水边，又经常淋雨，水对它们来说是熟悉的、亲切的，从树上到水中的转变，对它们来说是很自然的。那时地球这一地带充满生命活力，一派万物竞发、热闹非凡的景象，水边世界尤其兴旺。水草繁茂，各种各样的水生物涌到温暖的浅水处觅食和繁殖，两栖的蜥蜴、蛇、虫来往于水陆之间，这一切都成为水猿丰富的食物来源。

水中生物营养充足，有助于水猿身体强健、智能增进和寿命延长。捕捉水生物又十分安全，嗜血的鲨鱼生活在海洋深水中，生活在湖沼中的鳄鱼虽然是种威胁，但它们数量不多，分布地区有限，可以躲避。

随后出现几种情况迫使水猿走向深水。一是食性的改变，从植食性为主变成肉食性为主。在树栖生活期间，猿猴并非完全不食肉，只因它们能够到手的如鸟、虫、蚁、蜘蛛之类的肉并不可口，不能吃的部分太多，吃后也不舒适，因而很少食用。而水生物大多鲜嫩可口，富有营养而且易于消化吸收（现代人中就有不少人喜爱生吃鱼虾肉），转入水中生活后，它们很自然地就转变为肉食性动物。二是猛兽的威胁。水是所有动物都需要的，因此，常在水边活动的除了水猿外，还有各式各样的动物，包括一些凶猛的食肉兽。水猿由于经常下水，身上的毛变少，皮肤变光滑，成了一些食肉兽垂涎之物。为了安全又不远离丰富的食物源，水猿就得经常到较深的水中或水中孤岛上停留，让那些食肉兽望水兴叹，生养后代期间避居孤岛尤其必要。它们后来就演变成吃食水生物居住岛屿洞穴的两栖动物。三是体重增加。猿进入水中生活并转变食性后，体重即开始增加，逐渐失掉爬树攀枝的能力，爬树攀枝也成了危险行为，对水的依赖程度增高。四是上面所说的种群数量增长，仅靠水边食物不足以维持生存。

走向深水的行动实际早就开始，当水猿在水边捕捉一些较大的水生物时，就经常被拖到深水中，加上以上因素，它们很容易就适应深水生活，就此告别树栖生活，也就这样走上了人猿相揖别的路上——走向深水者最后变成人，停留在树上、地上和岸边者，成为现在的猿、猩猩和猴子。

深水生活让水猿身上发生进一步的变化。头抬得更高，以免呛水，要最大限度伸展肢体，像鸟在空气飞行的情况那样。它们的尾巴因为在水中活动毫无用处成为障碍而退化，身上的毛也出于相同的原因几乎掉光，成为世上独一无二的“裸猿”。

猿类从攀爬到直立行走还有很多障碍，如血压改变、脊椎反转、内脏下垂、手转向灵巧性和紫外线对裸露皮肤的侵害，等等。水猿借助水的各种特性，将其一一克服了，而且是在无意识状态中将其克服的，实现直立和前后肢高度分工。例如脊椎反转，如果不借助水，是无法实现的。通过观察水生的脊椎动物，我们会发现它们的脊椎都像鱼一样比较平直，人类的脊椎比自己的近亲猿猴优异就是这样来的。陆地脊椎动物的脊椎都呈前弓状，因为它们的食物如草、虫等，多在地上，弯腰低头寻找和进食是最经常的活动，四肢不能离开地面，腰身也直不起来；猿猴类的食物有在低处的，也有在高处的，情况就好些，开始有前后肢分工，能够坐立或短暂的直立行走，脊椎前弓的状况有所改善，却没有根本性的改善。水猿进入深水后，头经常要使劲后仰伸出水面呼吸，游泳时也要抬头后仰，即使在水下游泳也要伸展头颈和四肢，这是每个在水中游泳过的人都能够体会到的自然动作，身体任一部分的弯曲和收缩都是不利于水中运动的，水猿要在水下抓鱼就更要这样做。人的脊椎曲线就是这样校正过来的，枕骨大孔也是这样从颅后移到中央来的。

手的进化尤其可以作为这一时期的佐证。没有经历水中生活的猿类，它们的手指运动极其缺乏灵活性，主要表现在拇指利用率低，相向性差。拇指在人手中是主导指头，它与其余四指的巧妙合作让人做到许多精巧的事，如书写、绘画、雕塑、缝纫、刺绣、弹奏乐器等等，猿类虽经训练也是做不到的。人手获得这种功能只可能来自长久的水中生活，鱼是人类的第一个进化“教头”，它们以自我牺牲的方式让猿完成“成人礼”，这个过程下面另有详述。

人类面对面交媾方式（和接吻）也是水中生活养成的，是很自然的方式，在水生哺乳类中最常见。这种交媾方式在树栖时进行是危险的，有可能双双坠地；在地面上进行也缺乏安全性——期间容易受其他动物攻击而难以迅速作出反应。面对面交媾方式需要双方紧紧抱住，生殖器官以致整个下腹部前伸，让身体呈反弓状，无疑会成为改造四肢和脊椎的一种持续而强劲的力量。往往还需要平躺或斜躺在实物上进行，这只有在水中才会自然发生。原先树栖时那种背交方式容易让在下方的雌猿呛水，浅水岸边是最理想的“交欢床”。水中生活最为重大的收获是三项：直立、人手的进化和恒欲的产生。直立在前已有论述，后两项内容将在后面的文章详述。

水中生活还给水猿带来其他变化，躯体增大是明显的一种。科学家告诉我们，高温阻碍生物体代谢，低温促进代谢，甚至会出现代谢亢进的现象，这一情况适用于动物和人，也是北方的动物和人个体普遍比较南方的动物和人个体高大的原因，也是水猿躯体比陆地猿躯体大的原因。科学家测定当代人在这方面的临界温度即代谢开始加速的温度是22℃～27℃，正是温带和热带野地水体通常的温度，环境温度下降，代谢速度相应加快。

躯体长期浸泡水中，会令体温下降，而这又收到延长寿命的效果，原理是：低温延长细胞分裂周期。当代一些科学家以老鼠做实验，通过基因技术，让它们稍微降低体温，其寿命即比正常老鼠延长约1/3。据此有人推测，当代人若能够设法将体温降低2℃，寿命即可延长到200岁，降低4℃，可望活到700岁。方法是，较低的环境温度和节食。深水生活让水猿延长寿命的道理就在这里，水温比陆地温度低是个原因，经常抓不到鱼而处于半饥饿的状态是另一个原因。

现代医学告诉我们，人的皮肤也能呼吸。此论最早见于古希腊哲学家恩培多克勒和罗马名医盖伦的著作中。皮肤能够直接吸收氧，而且效率比肺还高，在水中皮肤这一功能又较在空气中时还要好，这又是水猿得以迅速进化和成长的重要因素。

黑格尔提到：“自然界中没有飞跃。飞跃在这里是指没有经过中介性而出现的质的差别及质的变化而言，与此相反，量的逐渐变化显然是有中介性的。”（《小逻辑》）

人与猿在生理上没有本质的差别，与黑猩猩基因相似度达96%以上，在形体上却有明显的差别，这当中存在中介，这个中介最合理的解释就是水。没有经过水中生活，猿和猩猩几百万年中无变化，经过水中生活，猿才最终成为人。若无水这个中介，猿就可说连毛都难少一根，更别说进化成会制造工具、会劳动的人类。

人们期盼在这方面能够获得更多实物证据，但很难办到，因为水不会像泥土和岩石那样给生活在其中的生物保留证据。这时我们应当相信逻辑的力量，理性的力量，这种信仰也会助人发现新的证据。日心说战胜地心说最初靠的就是逻辑的力量，理性的力量，相对论和黑洞理论的创立也是这样。

4. 反攻大陆

水中生活是人类祖先最美好的一段时光，那时食物非常充裕，陆地其他动物都难以分享。长期食用水生物，让人类祖先智力超群、技艺卓绝，对世界也有了新的认识。然而，天下没有不散的筵席，不管它是多么丰盛，人类祖先终于到了美好的生活终结的一天，它们不得不返回陆地。

迫使水猿重返陆地生活的因素可能是冰河期到来，“千里冰封，万里雪飘”，水猿面临险境，死的死，不死的就上岸寻找山洞避寒。长期的水中生活令它们不能再回到树上栖居，只好过群体采集和狩猎的穴居生活。水猿并非完全的水生物，实际是两栖动物，水中捕食，其他时间生活在孤岛上。洞穴，尤其是靠近水边的洞穴，只要找得到，就有可能是它们的住处，尤其是在养育幼儿期间，穴居是早就开始了的。它们不能回避猛兽，但它们已经不是从前那种不堪一击的猴儿，而是身体健壮、智力超群的猿人，并进一步进化成人类。大多数野兽在它们眼里不再是恐怖的敌人，而是美味佳肴，本书把它们这次回归称为“反攻大陆”。

随着他们数量的增长，野兽逐渐减少，面临冲突的是不同部族的人群，人与人的搏斗开始，其他部族的人逐渐成为自己部族食物的来源，人类在一开始就是这样相互厮杀过来的，其中恒欲是恒久的动力。因此希腊神话中有两个战神：男战神阿瑞斯和女战神兼智慧之神雅典娜，好战的罗马人尤其重视阿瑞斯，尊称他为马尔斯，世界的历史也就这样演变成了斗争史。

5. 世界三大“浴池”

所谓“浴池”是“育池”的谐音，即人类化育的水域。依我的想象，全世界共有三大“浴池”：地中海—黑海“浴池”，东南亚“浴池”和非洲“浴池”。

亚洲大陆南北板块相互挤压，而欧洲与非洲大陆板块却在相互分离，显现为一种缓慢张开的扇形运动，扇轴在帕米尔高原，扇面边缘在西非和西欧。古地中海比现代地中海狭窄、水浅，是水猿一个大聚集区，它们登陆后向周边陆地散布开来，今天的小亚细亚、法国、西班牙和高加索地区是重点，分别形成后来阿拉伯人、意大利人和希腊人，他们就是从同一个“浴池”孕育出来的种族。海岛是水猿的主要栖居地，地中海北方和东方海岛众多，爱琴海岛屿星罗棋布，都是水猿最主要的聚集区域。南方水域岛屿稀少，当时可能没有从地中海来到非洲大陆的水猿，北非人是后来从东方和北方来的民族。非洲本地黑人是另一个“浴池”的产儿，即今天东非由北而南的大断裂中的水域，是养育黑人的摇篮。

东南亚“浴池”可能是在今天印尼和菲律宾周边的海岛区，那时这个地区的水比较浅，有陆桥与亚洲大陆相连接。那时东亚、东南亚气候炎热、潮湿，植物茂盛，水猿一直没有放弃食用植物，它们在反攻大陆后大部分发展为农耕民族，亚洲和大洋洲各地的人民的先祖是从这里流散开去的。这个水域的水猿陆栖性较强，登陆不一定是因为冰河期到来，而是因为它们的强大和繁殖迅速，较早征服了陆地猛兽，海平面上升也迫使它们反攻大陆。

欧洲和亚洲北部在远古肯定不像今天这么寒冷，必定是冷热交替出现的，否则就不能够解释在这些地区的冻土层掩埋着的大量动物遗骸——猛犸、象、犀牛、鸟类等，南方如非洲等地的动物大多数也是来自北方的。以此推之，波罗的海和渤海可能是另外两个较小的“浴池”，从那儿孕育出后来的北欧人和匈奴人、突厥人、蒙古人。

6. 时间估计

人类祖先真正开始水中生活约在距今 250 多万年前。人类头骨化石测定表明，人的大脑在那个时期开始进入快速扩容期，可以作为一种依据。那个时期被称为地质史的第四纪冰河期，属于最晚发生的大冰河期。这期间，植物凋零，果实稀少，这种情况迫使猿类转向食肉和部分猿类食用水生物。合理的猜测是，进入水中生活成为水猿的是生活在冰河边缘地区的猿猴，也就是上述三大“浴池”所在地，生活在内陆地区的猿猴几乎全部被冻死。

古猿变人在化石挖掘中存在两大缺口，即前800万年至前400万年古猿到南猿的一段和前120万年至前90万年的另一段。水猿生活期合理的猜测应该是其中一段。哈代爵士将时间定在前段，地点在非洲的东部和北部，那时这一带还是浅海区。显然他指的是非洲南猿，但南猿先后发现有多种，按他的时间，应该是指最早的那一种，即1952年南非解剖学家达特在非洲南部发现的那一种，脑容量约500毫升，身上同时具备人和猿的特征，能够直立行走。我赞同他说的开始时间，但不赞同他提议的登陆时间，水猿持续水中生活的时间比他估计的要长得多，这点本书将在下文论述。要知道，水生阶段是人类进化过程中决定性的阶段，猿在这个阶段接受了“成人礼”，而回归陆地时应当是接近智人了，也很可能就是智人的祖先。

猿的化石在非洲、亚洲和欧洲都有发现，说明灵长类动物遍布三大洲，都有可能演化出人类。非洲猿人能够留下更多的化石主要是因为它们进入的“浴池”属于内陆水域，比较零散且频繁活动于水陆之间；而亚洲和欧洲猿进入的“浴池”属于海洋，陆地活动相对较少。这也可能是人类肤色差异的一个重要原因，盐或海水中的某种元素阻止了亚洲人和欧洲人皮肤黑色素的形成，地中海的海水在这方面尤其功效卓著。

达尔文的学说最早且最坚定的支持者，英国生物学家赫胥黎在《人类在自然界的位置》一书中，引用了非洲多种生活在水边和森林中的类人动物的报道和瑞典植物学家林奈的学生的论文中几种人形动物的插图，其中一部分就可以看做是水猿进化了的后代，它提示了水猿持续生活在水中直到近代的踪迹。当代美国生物学教授威尔斯在他的一部著作中，曾描述印尼婆罗洲长鼻猩猩快速游泳的情景，则提示了早期水猿自然生成的证据。

斗争进化论

1. 人是什么

这是个古老的话题，被称为斯芬克斯之谜。这个谜虽被俄狄浦斯破解，但后人并不满意，因为斯芬克斯之谜并没有触及核心。

人在生物学上是动物，从动物进化而来，但人的核心谜题是：人与动物的根本区别是什么？至今仍是众说纷纭。比较有影响的答案是，人是社会动物或政治动物

（亚里士多德语），人是会制造工具的动物（富兰克林语）、人是符号动物（卡西尔语），人是机器（拉·梅特里语）等，但这些答案不都是没有问题的。动物也有喜爱群居的；蛛网、蜂巢和鸟窝是动物会造工具的表现；动物的叫声和动作如蜜蜂的舞蹈表明它们会运用信号，最后，不仅人是机器，动物也是机器（笛卡尔语）。动物在这些方面有时表现得比人还强。

黑格尔提供了一个比较深刻的答案，那就是人会思维，动物不会，人是会思维的动物，理性动物。不过现在本书把这个答案也推翻了。动物以及植物都是有记忆会思维的，只不过，它们运用的是感性，而不是理性，更不是文字。按照神经弧论，记忆和思维是从病毒到人类所有生物的本能，完全没有记忆和思维的生物无法生存。我们现在还知道，连人造的机器也有这两种能力，而且往往比人的还强，计算机棋手打败了它的设计师就是一个典型事例；自动生产线记住程序，按设计要求毫厘不差地将产品生产出来，是更为普遍的事例。机器是“物化的智力”（马克思语），也就是物化了的记忆和思维。

这一观点也可以说是来自达尔文。他认为：“无论人也罢，兽也罢，都会把感觉到的东西联系成一个心理概念，这不分人兽，两者都会。”（《人类的由来》）接着他提到，不仅人有自我意识，动物同样有，“高等动物尽管进化程度不同，但是都有记忆、注意、联想以至少量的想象和推理的能力。”

有没有比较完善且无可辩驳的答案呢？当然有。我现在就提供一个，那就是精神，即精神自我意识。这是所有动物都欠缺的，植物更是不沾边，动植物只有物质自我意识，就是上面达尔文提到的那种自我意识，人是唯一拥有精神自我意识的动物，即人是唯一拥有精神的动物。这个精神相当于亚里士多德所说的理性灵魂，这是动植物所缺乏的，它们只有营养灵魂和感觉灵魂。

你也可以认为本书答案来自笛卡尔。他将意识看做是心灵的本质，也就是精神的本质，动物没有精神，是机器。顺着他的思路，本书在这里换一种说法：人之外的动物是一种会吸收、消化和排泄的到处行走的胃。

按照笛卡尔的理论，动物不仅没有意识，也没有心灵、精神和灵魂，而本书现在说动物仍然有灵魂，是有灵魂的行胃走肉，这就是亚里士多德的看法了。他的灵魂论是有等级的，与人的灵魂不能混为一谈。人的灵魂是理性的，动植物的灵魂没有理性。理性（reason）在这里被理解为精神（spirit），动植物没有精神，仅人有精神。在心理学上就是精神自我意识，仅属于人，动植物也有自我意识，不过是物质性的自我意识。这种微妙的差异，需要将笛卡尔与亚里士多德两人的灵魂论联系起来，才好理解。

动植物即使有记忆会思维且有意识，也有为“我”的行为，它也不懂得“自我”，不会“我思”，不知道自己是“思”的主体，“心”中无“我”。它的一切吼叫和运动，包括那些显现“智谋”和“处心积虑”的行为，均由肉体驱动，全是本能。植物的生长、发展、记忆和思维，则全部可以归结为化学、物理作用，动物和植物全部都对“我”无知。

人超出动植物之处就是人有精神，“认识你自己”，明白化学、物理规律在自己身上的作用，并有意地利用这些规律，让它们为“我”服务；懂得“我说”、“我吃”、“我睡”、“我行”、“我爱”、“我想”、“我思”……即使做的是为他、为社会的事，也知道是“我”之所为，我是一切行为的主体。

猿进化成人的根本标志就是从无“我”到有“我”，从对“我”无知到有知，获得精神，开始“认识自己”。这事怎么发生，即猿如何进化成人？我们先来听听权威意见。

2. 拉马克和达尔文的竞争进化论

拉马克首次提出系统的生物进化学说。他坚信，包括人类，一切物种都是从其他的物种繁衍来的，而生物的变异和进化是一个连续而缓慢的过程，环境在生物变异中起决定性作用。环境变化引起生物变异，环境的多样性是生物多样性之因。对于拥有神经系统和习性复杂的动物，它们的变异则遵循两条原则：一是用进废退原则；二是获得性遗传原则。他对生物起源和进化持多元观。

达尔文的理论核心被归结为自然选择（俗称物竞天择）、优胜劣汰、适者生存12个字。人就是这样从爬虫，到猴子，到猿，到下地并走出森林，并一步步地走过来的。中国学者李难的书中将他的理论概括为四点：第一，进化观。物种变异，新种产生，旧种消灭。第二，渐进观。生物进化是逐渐的和连续的，不存在不连续的变异或突变。第三，共祖论。生物之间都有一定的亲缘关系，它们有着共同的祖先。这是与拉马克多元论相对立的一元论，或一源论。第四，物竞天择论。自然选择是变异的最重要的途径。所谓自然选择是相对于人工选择而言，两者间的区别在于，前者起主导作用的是自然，后者是人。

生物进化的动力在于生存竞争或斗争，包括种内斗争、种间斗争和生物跟无机环境的斗争三个方面。基本原理是，生物都有繁殖过剩的倾向，即每个物种产生比能生存的多得多的后代，但生物的生存空间和食物都是有限的，所以它们必须为生存而斗争。斗争的结果就是适者生存，不适者被淘汰。达尔文采用了拉马克获得性遗传原理，提出定向选择论，认为环境变化大都是有方向的，生物在环境的作用下，微小的变异得到累积成为显著的变异，最终可能导致新种的形成。

生物进化的另一个动力是性选择。这个课题达尔文在《物种起源》中已有论述，但不够充分，他另外写了部书专门论述，书的全名就叫《人类的由来及性选择》，人类种族的差异主要是性选择造成的，它也是生物变异的重要因素。在这部书第二版序言中，达尔文对学界进行了批评：他把身体结构与心理能力的一切变化全都归因于自然选择，即时常被称为自发变异的那一类变异所起的作用，加以纠正，指出：“早在《物种起源》一书的第一版里，我已经清清楚楚地说道，无论是身体方面的变化，或心理方面的变化，我们都必须把很大的分量归之于用进废退的遗传影响。我也曾把一部分数量的变化的原因归之于生活条件的改变所产生的直接而长期持续的作用。我也曾说道，我们还必须留一些余地给间或发生的结构上的返祖遗传。”

拉马克和达尔文的理论虽有多源论和一源论之别，但共同之处是主要的。两者都强调环境、遗传和变异的作用，都将生物遗传和变异描述成一种自然的、渐进的过程，所有斗争也是自然发生的，因而达尔文的进化论又称为渐进论，或自然进化论。这种观点集中反映在达尔文下面这段话里：

> 自然选择只能通过累积轻微的、连续的、有益的变异而发生作用，所以不能产生巨大的或突然的变化，它只能通过短且慢的步骤发生作用。因此，“自然界没有飞跃”这个趋向于为每次新增加的知识所证实的原则，根据这个学说是可以理解的。

从此语，可以得出人是大自然唯一的幸运儿的结论。因为“自然界没有飞跃”而且是“人人生而平等”的，即各种动物有平等的自然选择的机会，而只有人的远祖在长达千万年的漫长岁月中碰巧获得了“累积轻微的、连续的、有益的变异”的机会，由此进化成人。其他动物没有或不完全拥有这一机会，就如现在的鳄鱼、兔子、狐狸、鱼、鸟、牛、马、猴子、猩猩……它们没有任何意识的作用。

从动物到人关键的一步就是获得意识，意识是怎么样从无到有产生的，也是通过遗传和变异的吗？需要明白，拉马克的获得性遗传原理和达尔文的定向选择论并非普适的，尤其是在智能方面。在进化过程中，有可能产生个别或成群智力超群的猿，但它们的后代未必就具备同样的能力，超出者更少，不如父辈者多，就像人类中的天才不能依靠遗传将他的才能传给后代一样。所以，别指望通过智能积累方式产生越来越聪明的猿，进而成人。若智力能够这样获得累进遗传，现代人中就会有许多爱因斯坦了。本书认为，渐进的遗传和变异并非动物进化成人必然之路。

达尔文对此似乎是清楚的，这也是他迟迟不发表他的学说的原因。他在1838年就开始创建自然选择学说，但一直没有发表，直到1858年夏天，在收到华莱士的信后，发现华莱士独立地提出了自然选择学说，在朋友们的建议下，才在当年与华莱士一起发表有关自然选择的论文，并在第二年出版《物种起源》。

《人类的由来》编译者认为：“达尔文最初也并不认为《物种起源》所揭示出来的普适性的生物进化规律，可以完全用来说明人类的起源问题……《物种起源》发表12年后，发表了《人类的由来》一书。”《人类的由来》这部书才“解开了人类起源之秘”。秘在哪里？就是性选择。在这部书中，性选择是最重要的内容，他意图以此填补自然选择的不足。但并没有抓住核心，在字里行间，他仍然流露出来信心不足。书中有一幅“亚当和夏娃”的插图，文字说明为：“人类的心灵和精神发展始终没有被作为纳入研究的对象，也许这正是研究者们所遗忘的最重要之处。人们精神高处的宗教情感和心灵深处的隐秘冲动或许正是人类进化转折的关键因素。”这才是“秘”的所在。

《人类的由来》没有达到“解开了人类起源之秘”的目的，原因就在于它缺乏“人类的心灵和精神”这一“关键因素”，这段话似乎不是达尔文的原话。也许他认识到这个“关键因素”，却无法处理，因为它与自然选择论是对立的，与性选择论不适合。现在我们可以明确地说，人类进化的根本动力在内部就是精神而不是在外部，人类进化史就是人的精神自我意识的产生和演进的历史。达尔文的理论受到质疑，有迹象表明，生物及人是以飞跃的方式演进的。

3. 道金斯的基因进化论

道金斯，他是当代英国皇家科学院院士，牛津大学教授，著名科普作家，生物学家，同时也是当代最著名、最直言不讳的无神论者和进化论拥护者，有“达尔文的斗犬”之称。

道金斯主要观点在他1976年出版的《自私的基因》中表达：基因是细胞内决定某一生物体性状的遗传物质，是最自私的，所有生命的繁衍、演化，都是基因为求自身的生存和传衍而发生的结果，即使那些看起来利他的行为都符合这个自私的模式。人只是自己基因的传播媒介，是一套“生存机器”，而这些“机器”的价值体现于是否能够提高基因存活与繁衍的成功率。他还创造出“迷妹”（meme）说，类似作为遗传因子的基因，为文化的繁衍因子，也经由复制（模仿）、变异与选择的过程而演化。举例而言，某个人类大脑中的观念（迷妹），经由模仿或是学习复制到不同人的大脑中。而经过复制的观念并不会与原来观念完全相同，因此产生变异。这些相似但是有所不同的观念，在散布时互相竞争，因此出现类似天择的现象。

4. 恒欲（Eternal-Passion）的威力势不可挡

道金斯的基因论帮不了达尔文的忙，反而造成了危机，我们暂时将它撇开，回到拉马克和达尔文那里去。

他们的理论都没有说明人类精神和意识的产生，按他们的理论，也不可能产生。精神自我意识不可能靠渐进和基因变异产生，精神只能从飞跃中产生，它在地球上的产生就是一次划时代的飞跃事件。

不错，自然界无飞跃，但人类社会有飞跃，猿是通过多次连续的飞跃而成人的，从猿到人的进化史就是精神产生和演变的历史。其他动物没有精神，没有“飞跃”。环境大变动是自然界本身的飞跃——它没有方向，实为灾变，而它决定生物的存亡，但不决定生物的本质。在漫长的生存期中，动物体质可能随环境变化而改变，但本质不变。现在可以说，恒欲产生精神，是生物界的第二次大飞跃，恒欲的产生则是第一次大飞跃，两者都发生在内部，全属质的飞跃。精神的产生，意味着一种主观的能动的力量开始进入自然界，自然选择开始受干预，飞跃逐渐成为人类进化的主模式。

弗洛伊德将性欲作为个人及社会发展的一种潜在而强大的动力有其正确的一面，只是他的目光停留在当代人身上，将范围限制在家庭，这是很不够的，回溯到人类的源头，那才最能显现其威力。达尔文的性选择论虽然回溯到人类的源头，但他没有抓住要点，即性欲。性欲本身才是根本，性选择只是性欲的一种表现形式。正是性欲，即下面说到的恒欲，促使猿获得精神，脱离动物界，成为人类。说明这个问题就需要回到原始人类水中生活的年代。

食物充足、营养丰富，加之生殖器官经常浸泡在水中，这些追加的因素令水猿的性欲急剧膨胀，如莫利斯说的，它们的性器官生成为灵长类动物中最发达者（躯体比人庞大的公猩猩的阴茎只有几厘米，正常男人的却超过10厘米），这也促使雌猿的发情期延长，加上直立等因素，终至转变为恒欲，间歇发情的猿转变成了性欲持续亢进的“好色”猿。其结果，导致“猿口”数量大增，成为江河湖滨数量最多、最活跃的生物群体。

恒欲产生的意义远不止此，它还令水猿产生异性间的深度依恋的情欲，或称爱情。以前它们只在雌猿发情期才相互寻找，相互交合后就各顾各，或散漫地在一起活动。获得恒欲后，它们的交合就不仅为生育，而更多时候是为享受快感，交配活动也变得频繁。性本能和爱本能产生“亲密行为”，形单影只的活动变成出双入对形影不离的活动。相互间的分工、相互照料以及为性而打斗的活动也变得越来越频繁，出现了人类社会的家庭与夫妻关系的雏形。

20世纪，美国心理学家赫斯、奥尔兹和米尔纳等人对白鼠进行学习训练，发现了它的下丘脑中存在一个“快感中枢”，或称“报酬中心”、“奖励中心”，俗称“手淫脑”，后应用于人脑研究。在人脑中，这种“快感中枢”有多处，日本人发现，最强一处是从中脑经边缘系统延伸至前额叶处的神经通道。按神经弧论，从性器官经丘脑至前额叶这条神经通道，就是人的性欲基本神经通道，它在猿获得恒欲后建成并逐渐得到强化。本书认为，人的前额叶就是从性欲中产生和膨胀起来的，受性欲驱动，前额叶是丘脑在大脑开发的据点。按照颅相学，前额叶发达的人，必是性欲旺盛的人，也是创造力强劲的人。

白鼠学会自我刺激“手淫脑”后，开始发狂地按压控制杆，达每分钟100多次，每小时7 000多次，能持续几个小时，直至精疲力竭而进入恍惚状态，可以想象，猿在获得恒欲后的疯狂情景。可以确定地说，猿的大脑就是在这种频繁而强烈的刺激下迅速增大的，整个神经系统也是在那个时候开始膨胀和提升的，猿进化成人的秘密就在这里。

恒欲是什么时候产生的呢？美国学者查尔斯·潘纳蒂在《天地万物之始》一书中给出了个模糊而粗略的时间：800万年前至400万年前。本书认为应当把时间定在400万年前，即从南方古猿开始，它是开始直立行走最早的灵长类动物，而直立姿势对促进恒欲的生成的作用十分巨大。恒欲指雌性猿的发情时间不断延长，周期间隔缩短直至消失；成年雄性猿不存在这种周期，它实际上早就拥有恒欲。雌猿获得恒欲头一个因素是直立活动，恒欲又反过来促进雌雄双方的直立活动，我们完全可以说直立是恒欲促成的，雌雄猿痴迷于拥抱促成直立。但一般可以理解为恒欲与直立两者相互促进，它们都从水中生活开始，显效期约在距今250万年前左右。

从化学、物理学和生理学上说，性欲实是异性肉体尤其是性器官相互持续挤压和摩擦，促生荷尔蒙、睾丸素、多巴胺和肾上腺素等化学物质生成的结果，压力和摩擦力越强，性欲越烈，最终就是性高潮。猿在直立时的一个显著后果是拉大了后肢与腹部的张角，致使腹部皮肤绷紧，内部性器官即雌性的卵巢和雄性的精囊、前列腺等受到的压力增强；直立还使内脏和体液下压，对内部性器官的压力进一步增强，这种物理力就起了催情的作用。性冲动又可以解释为性器官充血状态，直立让血压升高，血流量加大，就有这个效果。直立还让猿有更多面对面相互观赏对方身体的机会，性器官暴露在异性眼前，激起性欲冲动，很自然就会紧抱和性交。

面对面交媾方式对雌猿的刺激尤其强烈。如前面所说，雌性的性神经在胸部和腹部体表上分布宽泛而表浅，面对面相拥令她们的性神经弧急剧升温、兴奋，性欲膨胀，获得以前背交时从来没有过的极度快感体验。就像实验室笼中那个样本小鼠那样，一旦尝到甜头就变得不能自已、欲罢不能。莫利斯说："进入这个阶段之后，躺下的行为模式显著增加。身体接触更加用力，拥抱的时间更长。感情烈度较低的并排仰卧常常让位于富于激情的面对面拥抱和亲热。这样搂抱的姿势可能维持几分钟，也可能长达数小时。"其结果，必定是发情期延长终至消失，变成恒欲。雄猿本有恒欲，因雌猿发情周期的限制，一直像忍受性压抑的"花花公子"那样表现无奈，现在雌猿一反常态，变得多情和主动，令雄猿意外惊喜，仿若获得性解放，在雌猿的挑逗下很快就会变成"色情狂"。

莫利斯说猿相爱时经常的行为是躺下，这显然不对，猿决不像他说的那么爱躺卧，说它们面对面拥抱和亲热更合乎情理，这只有在直立的情况下才方便，也正为此而促使习惯于蹲坐爬行的猿变得喜爱直立。这种长久而有力的搂抱加之下体自然的动作而帮助双方脊椎伸直，站立平稳。各种动物交配都是草草了事，几秒钟之内完成，猿这种经常性的搂抱行为是生物界中的新鲜事，表现出一种超越动物的情感和意识的发生。对今天的人类来说，这是很平常的事，但在丛林世界中，却是一种巨大飞跃的肇始。

性欲是肉体诸多欲望中最强烈的一种，满足性欲的唯一方式是两性肉体的直接接触。相互身体的摩擦与挤压，这种欲望就会如干柴碰到烈火，猛烈地"燃烧"起来，经常性的接触，间歇的发情期就无法不让位于恒欲，这当中的道理从植物的表现中都能够得到启发。植物的花朵相当于动物的性器官，植物不会走动，需要使出"浑身解数"招引"情人"——通常是昆虫和风。开花期就是植物的"发情期"，一年生的植物就是一年发情一次的植物，常年开花的植物，就是拥有恒欲的植物，它们是植物王国中最可爱的种类。它们拥有恒欲一是因为本身"多情"，花朵鲜艳美丽，让昆虫"一见钟情"；二是因为围着它们转的昆虫众多，它们能够经常得到"情人"的眷顾，想不"动情"也不成，这就是那个阶段猿的情况。

莫利斯说："其他灵长目的雌性动物看起来没有性的高潮，但是裸猿的女性独有这种异乎寻常的快感。"可以想象，获得恒欲后，两性在相互的心目中以新的形象出现，原先丑陋邋遢满身虱子的异性，这时在欲望的激发下变得风情万种，魅力无限，猿的交配活动就会比文明人更加频繁且疯狂得多，因为它们没有文明人那些心理和习俗造成的障碍，处于完全的自由放任状态。

恒欲在陆地生活中也会发生，但不如水中生活那么自然和卓有成效，因为在后一种情况下还有其他促进因素，如水迫使猿直立活动、游泳改变脊椎前弓状态、低温促进性器官膨大、面交避免呛水等。

读者如果读到这里还不明白恒欲产生的必然性和它在人类进化中的巨大意义，那就请重温前面关于感官记忆的论述。感官记忆以神经通道形式存在，它的回忆需要刺激，如无刺激，它表现为“无记性”。和其他动物一样，猿的性欲神经通道一直存在，但大多数时候处于休眠无记性状态，只在雌性发情期才被激活一阵子。发情期一过，性记忆淡忘，性神经通道长久处于沉睡状态，两性在大部分时间缺乏感情维系，实为孤立的个体。水泡、食物、直立等因素促使猿性欲增强，两性身体接触频繁，性神经通道和快感中心时时处于激活状态，恒欲自然产生，所谓恒欲就可以理解为性记忆和性冲动处于持续活跃的状态。获得恒欲后，两性时刻意识到异性的存在。

不要笑话我们的动物祖先，试想象一下，如果当代人像自己的动物祖先那样身上没有任何衣物，现实中和心目中又全无宗教、法律、道德、习俗、礼仪之类的意识和约束，可以为所欲为，情况会怎么样？是不是应当赞同尼采让查拉图斯特拉大声说出的一句话：“人比猴子还像猴子”？因为猿猴不会为情欲而疯狂到以下将要描述到的相互杀戮和相互嚼食的程度，只有人类的动物祖先会。不要把现代人与自己动物祖先的心理距离想象得这么遥远和格格不入，当现代人脱掉“文明”的外衣之后，几百万年前在原始丛林中发生的事就会一一重演。

实际上，猿的每一个微小进步，时间都以万年计，一次大的飞跃以百万年计。当进化方程式加进这个时间变量时，所有浪漫色彩就会黯然失色。你会发现，那些激情澎湃的情节、惊天动地的飞跃，都是在漫长而平淡的岁月中自然而然地、悄无声息地发生的，下文的描述也要用这种目光看待。

恒欲让猿过上有比较固定的性伴侣的生活，它们间的交流就多起来，先是言语，如达尔文所说，“声音因求偶而起”（《人类的由来》）。过去独自咕哝的心头言语现在变成了没完没了的相互倾诉，吱喳难听的吼叫声变成绵软动听的“情话”，单独进行的活动由相互配合的活动取代，活动和言语由之变得多式多样，并为取悦对方而带上越来越浓重的美的色彩（现在许多动物就有这种表现），逐渐让猿的内心体验到一种生存之上的意义，从而超脱于其他动物和猿类。伴侣加上与后代生活在一起，形成由血缘和爱维系的小群体，让猿从内心到言语逐渐形成你、我、他、我们、他们之类的意识，由之获得自我意识，也就是人的精神，有意识地“为他”的活动和言语也就多起来。

精神自我意识和言语不是“我”的产物，而是“社会”的产物，从“我”与“他”（异性伴侣、后代、群体和社会）的结合中产生。正如马克思说的，“人的本质是一切社会关系的总和”，“意识一开始就是社会的产物”，语言也是如此（《马克思恩格斯选集》）。动物不对什么东西发生“关系”，猿在没有获得恒欲前，两性间的“关系”虽有，却是松散的，是物与物的关系，“它对他物的关系不是作为关系存在的。”

今天的社会由个人组成，而人是社会动物，孤立的个人根本不存在，每个人总是生活在各式各样的群体中，最普遍的是家庭，此外是宗教、教育、军队和各种社会组织。这是高级的“关系”，在动物世界中最普遍的则是觅食关系，这是动物中最低级的关系。如一个蝗虫群，就可以看成是由成千上万孤立的个体组成，个体间没有亲密联系，没有爱，只为觅食方便而简单地聚集在一起，见到食物一哄而上，相互抢食，甚至互食。我们动物祖先间最初存在的就是这种关系，在雌性发情期时加上短暂的亲密关系。获得恒欲后，恒常的亲密关系取代了偶尔的觅食关系，生育后代，又让这种关系增加了血缘成分。无血缘和性爱的联系，成千上万地聚集在一起的动物个体都是孤立的，恒欲让猿从身和心两方面摆脱个体孤立状态，开始过上社会生活，尽管是很原始很简陋的社会。这之后，才能够产生语言、自我意识和社会意识，走上人类进化之路。

学界对人类社会最初的起源有多种推测。在《劳动在从猿到人转变过程中的作用》一文中，恩格斯曾把过着群居生活的古猿称为“社会化的动物”，把它们的群体关系称为“社会本能”。他指出：“我们的猿类祖先是一种社会化的动物，人，一切动物中最社会化的动物，显然不可能从一种非社会化的祖先发展而来”，并认为这是劳动分工产生的结果。他所指的时间显然已经到了晚期智人阶段，他的文章开始的时间就是几十万年前的地质第三纪晚期。若我们进一步追问这之前的“社会本能”的更原始的起源时，回答就是一个词：恒欲，它的开始时间在几百万年之前。

文学性的描述是：人类社会从两性懂得相爱开始，之前只是动物性的苟合，性爱是造就语言、人、人类社会和人类文明最原始的动力。食、色，性也。色是人类进化更强大也更神圣的动力，食不能推进动物成人，色才有这个能力。劳动进化论把食排在色的前面，无意间降低了人类先祖的品位，而且这只能是发生在晚期的事——懂得劳动和制造劳动工具是晚期智人有意识的活动，是单纯为身体的活动；而性爱，则是环境变化和食性改变后动物自然发生的活动，是为身体同时为灵魂的活动。

大自然并不按人的愿望运行，在人类出现前更是这样，恒欲给进化中的人带来的不仅是善，还有恶；不仅是爱，还有恨。它催生自我意识和社会关系，萌生精神，同时又让贪婪与自私心膨胀起来。社会关系是建立精神自我意识的外部条件，贪欲则是其内部条件。猿在获得恒欲后，社会关系、贪欲和自我意识同时膨胀，持续不辍的动力来自持续不辍且逐渐增强的情欲。

在这里让我们重温一条辩证法的原则：任何事物的运动、变化和发展都有外因和内因两种动力。相比之下，外因是条件，是次要的；内因是依据，是主要的。外因是不断变化的因而是间断的、变动的；内因是本质的因而是持续不变的。人类的进化是自然界最重大的事件，也必定是内因驱动的。自然进化论和绝灭论等理论不足之处恰恰在于忽略了内因，把进化的进程寄托于变动不易的环境，连内在的动力也曲折地归因于环境，仅从辩证逻辑上就可以确定这些理论是不可靠的，达尔文原先就没有打算将进化论应用于人类。道氏的基因神虽则是典型的内因驱动论，却是没有道理的。它的前提是基因在一开始就具有精神和意志，而且比神更富有创造力。

自我意识并非无中生有之物。来自肉体的需求，称为肉体自我意识，以与后来发展起来的精神自我意识相区别。前一种意识属于生物肉体本能，人和动物是共同的；后一种自我意识属于社会精神意识，由恒欲催生，仅属于人。

贪欲与肉体自我意识相联系，是所有动物的本能，表现在对食物的独占和过量占有上。它们只要攫取到食物，就要独享独吞，宁愿撑破肚皮，不容他者分享，即使这个他者是同类。吃饱以后或遇到强大对手不能保护自己的战利品时，才会从食物前走开，加上性的独占性（也是贪欲的表现），就是肉体自我意识的根源。获得恒欲后，虽则肉体自我意识仍然存在而且始终存在，但精神自我意识逐渐形成和加强，情况就大不相同，伴侣不仅可以分享战利品，而且还可能有优先权。贪婪性在内部减弱或消除，自私心则从个体扩大到小集体。这后一种情况又与性相关，性是始终自私的、独占的，即使在同类中和血缘群体中，都是不容第三者插足的，到今天都是如此，它是自私边界扩大的动力。有了后代后，自私的边界进一步扩大，为性的打斗由之变得频繁并趋剧烈。过去，群体受到侵害，非直接受害个体会四散逃命；现在，出于肉体自我意识，会留下与入侵者对抗，因为受害者已经不再是过去那种与己无关的个体，而是建立了亲密关系仿如一体的个体。

随着恒欲的增强，猿还会发展起一种以性为核心的审美观。异性在各自的眼中不仅具有原始的肉体上的性魅力，而且显现个体在外形和感情上的种种差异，从而产生性选择行为。原先是“公的可以接纳任何母的”（《人类的由来》），现在则有了美丑好歹之分，只接纳自己之所爱。开始懂得向自己钟情的对象献殷勤，为满足对象的需要效命，甚至为之相思、憔悴，为争夺同一对象而打斗的情况也多起来，比现代人在这些方面的表现有过之无不及，因为他们的感情更为直接。

相随而来的另一种情况也不容忽视。过去，由于雌性发情期间隔漫长，早就拥有恒欲的雄性对雌性不可能专一，它们会“寻花问柳”、“拈花惹草”；雌性获得恒欲后，雌雄建立了亲密关系，情况有所改善。但雄性的风流积习难改，加上审美观的提升，“爱情出轨”的事也就不可避免。雄性的不轨行为必然波及雌性，你不忠来我不贞，即使“守身如玉”者也不能抵挡欲火中烧动物的强暴，人间的爱情一开始就是充满矛盾和斗争的，并不像诗人所称颂的那么和谐美满，这是今天众多婚姻与家庭不幸的原始根源。

出于种种原因，如伴侣走失、“红杏出墙”、伴侣生育、衰老变丑或死亡，等等，加上贪婪习性和自私心，争夺性伴侣的打斗逐渐增多，主要发生在雄性猿之间。加上原先就有的争夺食物的打斗，出现了以下后果，也可以理解为是从猿到人的几个阶段或飞跃。

第一，好斗、嗜杀。人类学家对猿和猩猩类观察表明，它们的性情是比较温和的，一般不吃肉，肉类在它们的食物中所占的比重不到10%。它们为争夺食物和为自卫而打斗，多发生在与异类动物之间；同类也有打斗，但很少往死里打，只要输家认输走开，就会罢手，一般不会把同类看作食物，相互嚼食。早期的人类却会相互残杀，嚼食同类，这种凶残的习性是怎么来的？现在的答案是：来自爱！

恒欲促使雄猿拼命地追逐雌猿，追求的主要目标从食转向色，斗争对象也就从异类为主转变为同类为主，同类相互仇视和相食的习性从此开始。陆生的猿和猩猩之所以没有这种习性，是因为它们没有获得恒欲这种强大而持久的动力之故；它们一以贯之将食物的需求放在第一位，性欲需求放在第二位。

为食与为性的争斗性质截然不同，参与的种类也不同。前者参与各方多是异类，因为动物本身在异类眼中，往往就是食物；后者参与各方则限于同类，争斗更为剧烈。达尔文指出，动物的武器（尖牙利爪）有两个作用：攻击和自卫。其主要运用于猎食和求偶，猎食斗争对象是异类，不分雌雄；求偶斗争对象是同类，限于雄性之间，它们为获得与尽可能多的雌性交配权而斗争。后一种斗争虽则围绕雌性发情期进行，却也是极度凶恶和残酷的。“进入恋爱季节，即使没有装备任何武器的动物，或平时最为胆怯的动物，都会变得凶猛无比，争得你死我活。”（《人类的由来》）连野兔这类平时温和胆小的动物这时都会面露凶相、“六亲不认”，与对手进行生死决斗，“武装到牙齿”的大动物和食肉猛兽就更不用说了。但一般不会嚼食受伤或死去的对手，若对手退出斗争或作为旁观者静待一旁，一般不会受伤害，除非旁观者是异类。

第二，性别比例失调。达尔文指出，性是人的本能之一，与动物的无异，“人类男女两性的差别和四手类动物之间的差别相比，竟然出奇地相似”。（《人类的由来》）雄性总是为争夺雌性而进行你死我活的斗争，雌性是争夺的对象，这是动物世界中的普遍现象，达尔文的书中有大量事例。雄性由于是争斗主体，死亡率高，在很长的期间出现总体上雌多雄少的现象，在争斗中没有死掉的雄性猿便必然地过起“多妻”的生活。这后一种现象今天在北极冰原上的动物群体中都很普遍。但这些动物间没有出现经常性的同类残杀和相食的现象，同类雄性打斗只限于雌性发情期，道理同上。这也是人类母系社会产生的缘由，在原始家庭中，男性容易战死或被外来强者取代，女性不论碰到什么意外都能留在家（洞穴）中，加上养育子女，成为家庭中的稳定核心，子女往往只知有母不知有父，或自小就见不到生父。

第三，产生性别体质差异。雄性在弱肉强食的争斗中，病弱者不断被淘汰，强者留下，逐渐变得少而精，整体雄壮有力；雌性是雄性抢夺和保护的对象，优劣强弱并存，加上生育的关系，逐渐沦为弱势群体，现在许多动物仍是这种状况。

第四，非血缘杂交产生。抢夺雌性成为经常性的活动后，雄性就更乐意与自己的战利品交合，否则抢夺就没有意义了，抢夺的目的往往也是为了得到自己的意中人。原先与自己的异性后代和亲属（同一对父母所生的异性）交合的习惯逐渐被冷落，终至反感族内交合，这无疑有利于猿类体质的增进。

第五，群体生活形成。同类争斗让单独活动变得凶险，幼猿和雌猿更不敢离群独自活动，养育幼猿也不宜单独活动，加上一直存在的其他猛兽的威胁，促使群体活动形成并逐渐加强，以血缘为纽带的群体得以形成。在有利条件下，这种群体会迅速发展壮大，出现人类社会的雏形。

第六，礼仪交往产生。乱伦禁忌让雄猿忽略“自家女”，觊觎“邻家女”，审美观不时将这种感情推到极致，群体的壮大又使它们不再能用杀死雄性的方式获得，就逐渐发展起交换雌性的方式，打斗失利的一方假如没有被杀死往往也以献出雌性的方式平息冲突。不打不相识，逐渐产生礼仪和友谊，这是后来人类社会和亲行为的源头。

到后两三个阶段，就已经不再是猿类，而是人类社会了。

这一切，都是恒欲惹的祸；从进化的观点，应当看成是福。

5. 苏拉德的斗争进化论

本书现在设想的模式也是一条物竞天择的道路，但不是一个物种连绵不断的竞争，而是优势物种成批地消灭并取代劣势物种，残酷的弱肉强食，种族灭绝式的斗争，突出了外部斗争因素，本书称之为斗争进化论，简称斗争论。相较之下，达尔文的自然进化论和性选择论就是一种较弱较简单的斗争理论，无飞跃，主要是内部斗争。人类进化的图景就大不一样。

斗争进化论超出居维叶更超出达尔文理论之处是，给飞跃赋予意识和方向，尤其是在恒欲和精神这两大飞跃发生之后，也就是猿走上向人演进的道路之后——因此也就超出了目的论。获得恒欲和精神自我意识的猿和其后的人类的出现彻底改变了自然选择的格局，总趋势就是消灭和征服所有其他动物，将动物世界转变为纯粹的人和人造物（包括被人驯服和控制住的动物）的世界。当代人进行的控制自然，改造自然的运动，从那时就开始了，只是形式不同，现代人是通过自觉地直接干预自然的方式进行，而那时的猿是通过不自觉的种间和种内斗争间接干预自然的方式进行。

无须假设冰河期或高温期之类的自然事件，仅因为食物和其他习性，就令生活在水泽地区的一部分猿喜爱食用水生物，并逐渐走向深水，成为水猿。也不必作三大“浴池”假说，这类事件在欧亚非三大洲普遍发生，水猿数量众多，且越来越多。开始时间可按哈代爵士所说的 1 200 万年前，但并不是像他说的在 400 万年后即距今 800 万年时陆续离开水，实际是不断有进有出，直到晚近的旧石器时代后期。

在这里，我们还根据逻辑推理修正水猿的概念。它们不像鱼那样时刻生活在水中，而是两栖动物，在陆地或岛上水边穴居，寻找食物时下水，睡眠、生育和余闲时间都在陆地或海岛上度过，大多数时候在水边活动。它的好处是，便于收获水陆两处的食物，也便于躲避从水下和从陆地偶然出现的猛兽。当陆地植物丰盛、动物易猎，安全且美景诱人之时，就会有一部分水猿放弃水中生活，成为陆地动物。它们可能是在美味果实的引诱下让采摘活动越来越远离水边，终至改变水中取食的习惯。这类脱离水生的猿先后分阶段形成能人、直立人、智人等，现在发现的这类化石就是他们的或他们后代的遗骸。大部分水猿则一直停留在水中生活，直到离现在 5 万年左右，才陆续脱离水域，有少数一直延续到人类文明期才消失，即赫胥黎书中提到的人形动物。

这就是说，直立人不是从能人进化而来的，智人也不是从直立人进化而来，水域是他们共同的家园，他们是先后登陆不同地域不同层次的水猿，总而言之，人从猿进化而来，不是同一种系的连续传承，这种设想，能够合理地解释人类进化中的“缺环”现象。这里让我们想到黑格尔评论“自然界无飞跃”那句话的全部涵义，话中的“飞跃”指无中介的质变，适用于能人、直立人到智人之间的剿灭事件，他们两两之间没有中介，而有中介（水）的量变则发生在一直保持水生状态的水猿群体中。

此论也适用于文明世界，美洲的最大的“飞跃”事件就是外来“文明的”殖民者取代原始的土人，前者征服后者，成为后者的“毁灭者”或统治者。他们之间也没有中介，发生的也不是量变而是质变，留存下来的土人是一步就从石器时代飞跃进科学时代的。

水和鱼不断把猿往人的方向推进，“浴水池”成了“育池”，像是一所从猿到人的大学校，鱼是导师。现实中学校里的学生按入学和毕业离校时间分成低年级生和高年级生，“育池”中的水猿也按离水先后分成能人、直立人、智人，一种比一种高强。在欧洲，最后脱离地中海“育池”的就是克鲁马农人。与现代学校毕业生不同的是，水猿不论“毕业”早晚，全部都是野蛮人，比野兽还要野蛮——野兽一般不杀不吃同类，他们却是同类相杀相食。由于恒欲越来越强烈，后期的登陆者往往比前期的登陆者还要野蛮，最后的登陆者最野蛮，体能和智能也最强。我们不妨给最后那批“毕业生”起个名字为“毁灭者”——终极的任务就是要毁灭地球上的一切，最后是他们自己。

人类学家一般认为，尼安德特人约12万年前在欧洲出现，也就是这之前从地中海登陆欧洲的水猿，他们已经在水中完成从猿到人的全过程。他们陆续在欧亚大陆散布开来，直到远东。他们会制造石器工具、用兽皮缝制衣物、建造简易房屋居住和埋葬死者。由于野兽众多，他们能够轻松得到猎物，又会用火烤肉吃，身体长得粗壮结实，脑袋比现代人还要大（肉食者的特征），但由于离开了“育池”和鱼导师，他们的智能发展停顿下来。7万~8万年后，地中海最后的一批水猿登陆欧洲，即克鲁马农人，就是上面说的“毁灭者”。他们是“育池”最后培育出来的体智兼优的“毕业生”。他们人数众多，工具和武器先进，脾气火爆，嗜血成性，见野兽就射，见怪异人就杀——尼安德特人在他们眼中就是怪异族类或直接被看成是类人动物。由于这时野兽的数量大不如前，在饥饿的驱使下，“毁灭者”变得更加凶狠和血腥，剿杀尼安德特人的活动也就没完没了。尼安德特人的脾气同样粗暴，所以，不排除他们在先向克鲁马农人挑衅的可能性，只因武器落后，智谋和人数又远远比不上后来者，才被克鲁马农人所灭。尼安德特人前面的能人、直立人也是这样被后来者灭绝的，这样的史前事件在三大洲各地反复上演，在种间和种内同时进行，一直延续到16世纪的美洲。

史前的史前，那时猿还不是人，只是类人，只讲强力，优胜劣汰，适者也不一定生存。我们绝对不能用当代人的目光看待远古时代的丛林斗争，但也不要只看到斗争野蛮和消极的一面，还要看到它积极的一面，它起码有三大积极作用。

斗争的一个积极作用是促进智慧。人也好，动物也好，智慧的最大启动力是斗争，如无斗争，就会变得很蠢。戴蒙教授书中就提到，太平洋上一些孤立的海岛上的动物就很蠢，人来到它们的面前都不懂得逃避，人轻易就把它们杀死，岛上许多哺乳动物和鸟类就是这样被灭绝的。加拉帕戈斯群岛和南极的鸟类和哺乳动物同样也是在没有人类的情况下演化的，并且直到现代才看见了人，所以今天仍然温顺得不可救药。如果不是环境保护主义者采取了保护性措施，它们可能已经很快灭绝了。人若不经历斗争就不会比动物高明到哪里去，命运也不会更好。人与自然的斗争，对增进智慧的作用不明显，因为自然物是无意识无意志的，只有人是唯一主动的一方；人与其它动物的斗争，对促进智慧的作用较大，制作和运用工具就是在这种斗争中发展起来的；人与人的斗争对促进智慧的作用最大，因为斗争双方都是有意识、有意志的群体。这种斗争迫使双方运用工具和智谋，并且根据对手的情况而不断改进，客观上起了共同促进的作用。因此，希腊神话中的智慧女神同时是个战神。人的智慧并非神赐，第一个来源就是斗争和战争，历史上的伟人大多数出自战火纷飞的年代。

斗争的另一个积极作用是缩短进化进程。就按劳动进化论吧，尼安德特人要进化到克鲁马农人，恐怕时间不短于 30 万年，而现在通过种族更替的方式，则只经历了几万年，另有一说是几千年。北京猿人要进化到黄帝时代的人，恐怕 50 万年也不够，中间还难保不会发生自然灾变。一个群体，如无外来因素干扰，就会处于超稳定状态，长期不变，这种事例至今都能够找到。物竞天择，汰弱留强，是生物进化的法则，遵循这一法则，世界才有今天。这是比自然选择更重要的法则，是它导致一系列飞跃，应当作为进化论的主线。

斗争的第三个积极作用是保证历史持续向前的进化性质而不是听天由命的自然选择性质。按照拉马克、达尔文的理论，细碎的自然选择和变异，猿不可能获得精神。如今天的实验表明，人怎么教它们，它们都学不会获得精神，也不能够通过遗传积累获得，而是始终处于无精神自我状态，缺乏一种内在的主动的向前的力量，不可能进化成人。达尔文的定向选择也没有保证，它需要假定自然在亿年间按理性的向前的方式运动，地质史表明这种理想化的方式不存在，而是大起大落、优劣交替出现的。同理，居维叶的毁灭论也缺乏说服力，它在很大程度上寄望于环境和偶然性，缺乏一种长期而持续起作用的力量，缺乏内驱力。只有斗争进化论是建立在坚实的基础上的，它同时存在恒定的进化机制（水生）和间断的飞跃，降低了环境因素的影响，突出了一种内在强大而持久的力量即恒欲，和由此产生的斗争，推动猿一步步进化成为人。

尼安德特人的消失还不一定是克鲁马农人的残暴行为，也可能只是因为在生存竞争中落败而灭绝。即克鲁马农人不杀尼安德特人，也不把尼安德特人当成食物，只是不把他们看作同类，打猎和采集处处抢先在尼安德特人前面，实现资源垄断，实际上就断了尼安德特人的生路，同样会让他们走向灭绝。达尔文说："有一半人的行为能力都很强，能够更多地获取食物和更好地防卫，因而他们有较多的人能够生存下来，能更多地繁殖子孙。而另一半人的情况则正好相反，天赋不如别人，他们生存的机会和繁育子孙的机会就会少得多。"（《人类的由来》）也可能是尼安德特人因惧怕克鲁马农人而远走北方，却因缺乏御寒和获取食物手段而灭亡。总之，依靠有限自然资源维生并相互将对方看成食物的情况下，不同族类的人是不能在同一地域和平共处的，这就是丛林法则之一。

达尔文并非没有看到斗争在人类进化中的作用，他的生存斗争论还受到许多人的指摘，不足之处不是忽略斗争，而是对斗争没有给予更多的重视，把它排在文明程度和人口数量之后。他说：

> 种族灭绝的原因应该是不同部落与种族之间的竞争，另外，与人口增加的各种机制也有关。野蛮人的部落存在时的各种情形，如周期性饥荒、习惯于转移迁徙而导致大量婴儿的死亡，延长哺乳期、战争、事故造成的伤亡、疾病、纵淫、掠夺雌性、溺婴等，这些情形都严重影响了人口的增长，其中任何一个情形增加一点威力，即使是很小的威力，都会造成某个部落数量的减少。如相邻的两个部落有一个人数减少后，力量就受到削弱，它的邻居就会发动战争，进行屠杀、食人肉、把俘虏变为奴隶等，以各种手段解决它们之间长久以来的矛盾。一个变得弱小的部落，即使不被敌方消灭，只要开始减少人口，一般就只有走向灭亡。

从前面的描述可以看到，斗争进化的道路并非是一条后退和衰落之路，恰恰相反，是一条前进和强盛之路。人类通过斗争，越斗越勇，越勇越狠，人数也越来越多，终至今天势不可止的人口爆炸。这一趋势若延续下去，就会走到它的反面。

斗争导致世界人丁兴旺，不过与达尔文的人口决定论和文明程度决定论正相反，文明程度低的民族在这方面一直领先，导致人口大爆炸，这也大大超出了斗争进化论的预期。不过，要看到，前面的描述就已经大大地超出斗争进化论的范围，它的适用范围是丛林生活，或这里所称的水生生活和穿插其间的丛林生活，这一范围从人类获得恒欲开始，到晚期智人阶段就算终结；之后，丛林斗争转变为阶级斗争，属于政治经济学处理的范围了。

人与动物

人从动物进化而来，动物是人类的祖先，没有动物就没有人类，它们也应当是人类的朋友，认识动物，有助于人“认识自己”。

1. 兽孩现象揭示人体潜力巨大

兽孩现象给智慧形成和灵魂提升论提供了有力的支持。涉及人自身的实验是困难的，往往就用动物实验代之。当人意外地落入兽群中，变成动物之时，对人类学家和生物学家来说就是极其难得的观察与研究的对象。

至今，在世界上发现的兽孩事例有30多起。这些事例表明，人可以被野兽训练成兽，而且是不可逆的。一旦成兽，不再能够还原成人。曾经有人耐心地给一些兽孩以各种教育和训练，试图将它们拉回到人类社会，结果无一成功。因为这时充当兽孩灵魂助手的不再是人的智慧，而是兽的智慧，人的智慧已经永久性被兽的智慧所置换。前面说过，智慧是灵魂的助手，语言又是智慧的助手，兽孩获得的是兽的言语，它的智慧也就成了兽的智慧。兽的智慧不包含文化和意识的因素，实际是一种本能。

不仅如此，兽孩在生理上也已经完成了从人到兽的转变，神经、肌肉、骨骼的结构和成分都发生相应的变化。

兽孩显现异于常人的能力。它们能赤身裸体适应各种气候（在这方面显示强于野兽的能力，因为野兽都有皮毛，而兽孩长不出这么些毛，被人发现的兽孩大多是满身伤痕），像野兽那么能跑善跳和凶猛，和兽群一起攻击其他野兽，并生吃兽肉和其他食物。在感情上也完全兽化：对生活在一起的野兽有依恋之情而对其他兽和人无情，与兽有共同言语，能够在心灵上与兽相互沟通和理解。兽孩的前身多是三岁前的婴儿，再大点的婴儿就不太能被野兽改造成它们的成员，结果必定是被野兽吃掉。这一现象除了说明人的智慧在3岁前形成外，还说明人类动物祖先的许多能力仍然潜在地存在每个人身上，只是文明的环境不让它们有机会发展与显露罢了。

野兽的心智能力完全是本能、直觉和肉体性的，原始人拥有的也是这种能力。比野兽高明的是，人有精神，能够将这种能力转化为想象力，维柯称之为“肉体方面的想象力”、“诗性的智慧”，用于创造。今人早已丧失这种能力，因而认识不到它的伟大——古人就是靠这种能力创造文字和全部文明基础的。

文明人若能够不仅拥有“理性智慧”，而且同时拥有“诗性智慧”，不仅拥有“精神方面的想象力”，而且拥有“肉体方面的想象力”，就会成为超人。达·芬奇就属于这类型的人，他自认为是个“没有受过书本教育”的人，15岁就拜师学艺，却在画艺之外拥有大量其他高超技艺，身后留下大量艺术与科学精品，一般人难以做到。

2. 动物为何不能被教化成人

动物能够轻而易举地将人彻底转变成兽，而掌握科学知识和教育技巧的人，能否将野兽教化成人，让它们获得人性？这是没有疑问的，很多人有意无意间就这样做了，成绩斐然。猫和狗不就可以认为是全部接受了人的教育，通人性的动物吗？各种宠物、家畜、家禽，不也是在不同程度上通人性的吗？然而，科学家不满足于此，他们的野心是，让动物获得人的智慧，在智能上接近人。

按照“庞大论”，这是完全可以做到的，第一位候选动物是黑猩猩。黑猩猩的基因与人的基因相似率达到96%以上，脑重达到人脑重量的1/3以上，与小脑症患者的脑重量相当。人脑既然被认为只利用了10%以下，就已经能够有声有色地创立起当代高度文明，我们若运用先进的教育手段，让黑猩猩的大脑利用率达到10%，就能够达到小脑人的智能；若提高到30%，则达到一般正常人的智能，这种前景应当是有把握实现的。而且有利的条件是：对动物的教育可以运用最先进的手段，并且完全不受宗教信仰、传统观念和社会制度的约束，而人却不能摆脱这些约束。语言是智慧的助手，训练动物成人的关键就是对动物进行人的言语训练，即概念言语（言语在这里需要划分为感性与理性两类）训练，从而获得人的智慧，这一思路无疑是抓住了问题的关键，莫利斯在这方面就进行过探索。

训练从新生儿开始。他观察到，人的婴儿刚降生时十分虚弱无助，只能躺着四肢作轻微运动，1 周岁后才能从爬行、攀物站立到独立行走。而猩猩和猴儿刚降生就拥有有力的抓握能力，行动自如，远远优于人。在言语方面，人与其他灵长目动物共同之处是咕哝、呻吟、惊叫、咆哮，连相应的脸部表情及四肢动作都一样。从解剖学上看，许多动物的发音器官复杂精细，是可能发出许多不同的声音来的。然而，无论采用什么方法对动物进行训练，在言语学习上，动物都显现一种僵硬的局限性。

他提到，在美国有人对一只黑猩猩进行多年言语训练，学会 7 个英语单词后就不能够再向前走一步。鸟类有显著的口头模仿能力，然而，“它们只能重复人教给它们的话，依样画葫芦地模仿其中的声音，只能按固定的顺序机械地重复，不能把模仿的声音与外界的事件联系起来”。莫利斯认为这种局限性来自兽与鸟的大脑。语言学家利伯曼则认为是发音器官的限制。另有人用手语方式训练，效果就比较好，能够成功地让一只小黑猩猩记住 135 个信号。这一事实表明，发音器官的限制是可以打破的，肢体语言是动物最容易理解的语言。然而，这类实验表明，即使是肢体语言，也未能让黑猩猩逾越人与动物的边界，只是将这个边界往人这边移动了一小段而已。

莫利斯有一句没有清楚说出的话是，动物模仿的是人声而不是人言。人声是机械性的音响，与动物的发声没有区别，如前面提到的咕哝、呻吟、惊叫、咆哮声，与自然界发出的音响在性质上相同，基本上属于物理反应。人言则是概念性的，具有浓重的理性和感情色彩。那只黑猩猩学会了说“cup”（杯子），而且是在想喝水时说这个词，具有粗浅的理性，但与人言仍有很大的距离。它只是将这个词的发声和自身的渴相联系，并不明白这个词本身真正的含义，而且它的所有发声都不能够离开实物和环境。人在说这个词的时候却是涵义丰富的，包含各种个体的和社会的属性，尽管他往往不必说出来。人说话时经常是随口说出，不必定要联系实物和环境。黑猩猩可能称呼在它旁边它的亲妈妈为“妈妈”，并不表示它明白它们之间的血缘关系，它可能在人的教导下称呼其他猩猩甚至一棵树或一张椅子为“妈妈”，这种情况与一二周岁的婴儿的情况相似。鹦鹉能够轻松地学会人教它的几句话，实际上它记忆中也只是人声而不是人言。因此，它会在不该说“欢迎”的时候说“欢迎”，它更不会根据主人的意愿和表情有选择地说“欢迎”、“滚出去”之类的话或保持沉默。

这种现象，按神经弧论，说明动物完全缺乏概念记忆和概念言语，只有感官记忆和感官言语，或称直观言语，而且非常简陋，只能分辨少量简单的信号。与人脑对比，它们的神经弧第一交叉十分完善，第二交叉就十分简陋，“联合办公”效率低下。人是社会动物，一言一行都不能只从个人愿望出发，而要考虑社会影响。黑猩猩完全没有社会生活，它们的感官完全彻底为本能服务，主要就是食和色两项。在它们那里，世界上一切事物就被简单地以这种标准划分开来：可吃或不可吃，可交配或不可交配，由它的感官迅速作出判断，付诸行动。它的神经弧也会进行“联合办公”，因为内容简单，参与活动的神经弧数量少，目标明确（食和色），所以时间很短，往往瞬间完成。这种结构的神经系统，要建立人类的语言通道是很困难的，即要让动物通过感官认识大量与本能目标无关的符号是很困难的，也可以说永远办不到。

感官记忆和直观言语同属于人和动物，而概念记忆和概念言语仅属于人，人是以概念进行交流的。概念是社会意识，经过强化训练，聪明的动物能够掌握少量概念言语（人言），它的界限不能超出动物所能掌握的肢体语言的界限，往往与本能目标联系。当人缺乏掌握概念的能力，如婴儿和白痴，他们说话往往就显现“语无伦次”或“辞不达意”，与会说话的动物类似。这也就是神经弧“联合办公”能力低下或缺乏的表现，概念无疑是存在于动物与人之间的鸿沟。婴儿很容易跨过去，也很容易向后跌落，退回到动物状态，因为人是在进化阶梯的顶层；动物处于进化阶梯的下层，往上攀爬就很艰难。对受过训练的黑猩猩来说，问题的症结就在于不能够将听到的人声转换为人言，将感官言语转变为概念言语，所以，鸿沟无法逾越。

本书在前面谈到动物和植物的记忆和思维，只是就它们与人的记忆和思维在物理过程上的相似性而言，在性质上则完全不同，之间的差异，一是精神，二是“联合办公”能力。动物和植物的行为无论表现得多么理性，都不被认为是精神的作用，而应认为是本能，即由长期习惯养成的能力；或符合化学与物理规律，在这些规律的作用下自然形成的能力。它们怎样获得这些能力的呢？这就是一种生存智慧，服从自然规律者能够生存下来并走向完美，违反自然规律者走向灭绝，这就是答案。它们也有“联合办公”的活动，但都是很简陋的，而且缺乏“联合办公室主任”，是在自然规律的作用下，有时这股神经起主导作用，有时是另一股起主导作用，产生众多奇形怪状的物种。在环境稳定的情况下，“联合办公”就演变成一些固定的模式，如前面所描述捕蝇草、母鸡等事例。

总而言之，动物拥有的是肉体自我意识，精神自我意识只有人才有，它来自恒欲和相随的斗争，经历漫长的过程，不是动物个体短暂的训练能够获得的。

3. “联合办公”能力的获得

在降生后一段时间，人的言语能力与黑猩猩的没有很大差别，但很快显出差异，婴儿很快就掌握了人的言语，黑猩猩却在一道无形的鸿沟前止步。如果说肢体运动，尤其是手指运动促成言语，那么接受同样训练的黑猩猩在言语上的进步应当比人的快得多，因为它在降生那一刻，肢体就比人的肢体健壮而灵巧。然而，这种情况却没有发生，原因在于遗传机制。对新生儿和新生动物的训练均属印随教育，它影响教育对象终生，但它不能超越遗传限制。

遗传是个专门学科，今天已经深入到细胞的染色体和基因层面，科学家已经发现不少遗传疾病与基因缺陷的联系。但不能说遗传学已经很成熟，它有众多待探索的课题，离绝对真理还很遥远，要取得突破，需要新思路，我们现在就试试探索一条新路。

遗传就是父母把自己的本质全部留在新生儿之中。婴儿是个整体，我们能够从他身上观察到遗传因素，但往往是一些表浅的认识，如容貌和体形上与父母的相似性，实质上的相似性不容易看到。要深入认识，就得运用分析方法，将婴儿“解体”。哲学的主要方法是综合，将零散的事物联系起来看；科学的主要方法是分析，将统一的事物拆分开来看，各有所长，不能说那种好那种不好。当然，理想的做法是将两者结合，但按照社会分工，不一定要这样做，也不是谁都有能力这样做。

从遗传的角度，婴儿可以被“解体”为三部分，骨头与肌肉为第一部分，遗传因素主要表现在外貌及体形的相似性上。第二部分是体液，包括腺体液体和血液，遗传因素主要表现在气质上。第三部分就是神经系统，遗传因素主要表现在性格上。人与黑猩猩的鸿沟主要就在神经系统上，最大的差异在手神经弧和听—说神经弧上。黑猩猩没有独立的手神经弧，它仍然合并在四肢神经弧中，听—说神经弧也处于原始状态，显现为神经弧的“联合办公”能力低下，主要是缺乏一位得力的“办公室主任”。这位“主任”，就是听觉神经弧（说话神经弧从略），黑猩猩的听力远远低于人类。不是说灵敏度和分辨力，即听感觉，在这方面黑猩猩的比人的还要优异，而是听知觉，即对声响含义的理解。它只能听声，不能听言语——言语也被听成声。换句话说，黑猩猩听觉神经弧有很强的感官记忆能力，脑子却不能产生相应的概念记忆，它的其他神经弧的情况类似，在总体上缺乏概念记忆，缺乏“统觉”，人在这方面却显现优异。这种能力不能依靠印随教育，而是在漫长的进化过程中获得的并形成遗传机制。人的这种能力是怎样获得的呢？如前所说，概念属于社会意识，这种意识是怎么产生的呢？

传统理论将它归因于人的发达的大脑。但这与其说是原因，不如说是结果，人因为拥有概念记忆而大脑发达。我的解释恐怕是别出心裁的：鱼是引导猿获得“联合办公”能力，脱离动物界、形成人类社会的第一导师。恩格斯指出，猿通过劳动进化成人；我这里说也是劳动，只是环境不同：它是在水中开始的，延续时间以百万年计，后来才转移到陆地上。而恩格斯没有指明劳动的场所，一般理解为是一直在陆地上进行的劳动，主要是采集和狩猎。

人与动物都有感官言语或称直观言语（和感官记忆，为说话简洁，暂将其略去），动物缺乏的是概念言语，获得概念言语是动物到人的关键一步，这需要依赖某种特殊的活动，这种活动应是大量的、经常性的，又是能够引导概念产生的。所谓概念，可以理解为对事物本质的、系统的描述，一般指文字描述，但也可以是口头描述，在文字发明之前，就只能用口头描述，更多时候是心头描述，就是用实物影像描述，即这里提到的概念言语。

这种言语从动物开始，动物的叫声都有某种涵义，就是直观言语，概念言语是从这上面产生的。黑猩猩经过训练，能够学会几个概念言语，在动物中就是杰出者，比牛马等动物强多了，对后者，人怎么训练它们都不会说一个词，它们只会对食物和鞭打等造成的感受作出反应。

获取食物是动物最经常的活动，言语是从性爱活动中产生的，但在获取食物的过程中打基础。大致情况是：食物（植物、动物、昆虫等）引导动物前肢脱离地面，推动动物直立，进而推动言语产生。一般动物在这个过程中进步缓慢，甚至毫无进步，主要是因为它们的食物大多在地面上。获取地面上的食物都比较简单，食用植物尤其简单，只要低头吃就可以了，连直观言语都不需要。肉食动物获取食物的活动较复杂，咆哮、吼叫是辅助手段。人是杂食动物，人的言语也是从获取食物的过程中发展而来的。

这个过程需要回到水中生活期来理解，即水猿时期。地球上生命最初发生在海洋中，水生物先于陆地生物，这是已经确定的生物史实。据此我们可以推断，在很长的地质时期，地球上水中生物远远比陆地生物丰富，我们的动物祖先有一部分转向靠水吃水的生活是很自然的。这种转变对人类全面的促进作用另有专文论述，这里只重点讨论鱼和其他水生物对促进人类进化的作用。

现在都有许多人喜爱生吃鱼虾之类的水生物，而猿一旦吃到，就会舍弃其他食物而专吃水生物，因为水生物作为天然食物比起其他作为食物的动物都是更为鲜嫩可口的，捉拿这些活物可能要冒的风险也比较小。然而，我们现在都不难有这种体验，在水中抓住一条活鱼不是件轻而易举的事，如果鱼的数量很多则另当别论。在后一种情况下，鱼相互妨碍，捕鱼就容易得多，但仍然需要肢体灵巧。吞食水生物的鸟类和爬行动物靠特殊的嘴巴捕鱼；一些兽类靠利爪捕鱼，它们很快发展成捕鱼技巧高超、头脑简单、不善言语的生物（嘴巴经常被水生物塞满）。水猿似乎也有爪子，但并不那么锐利，因它原是树栖吃果的动物，它捕鱼时主要还是靠手指，比上述那些生物费劲，却有利于神经系统的长进。长期的捕鱼活动让它的10根手指逐渐变得灵巧，拇指和其他手指的相向性增强，这里尤其需要注意的是鱼儿在手中的扭动作用。人类学家注意到，猿和猩猩的手接近人手，但拇指的相向性很差，而且很少使用，连摘和握这类动作都不用拇指，而水猿要想用手在水中逮到鱼并将鱼抓紧，就不能缺少拇指的参与。莫利斯提到，“一只相当粗糙的手可以握住棍子和石头，这毕竟是事实；可是在水中摸食物却需要一只感觉细腻而敏锐的手。”

猿在水中逮到鱼后，要么立即将鱼剖杀吃掉，要么拿到或抛到陆地上剖杀，因为它们不会制造笼和网这类装鱼的工具。不论哪种情况，鱼在它手里都有或长或短一段停留时间。这期间，鱼会不停地拼命扭动，以期摆脱猿的掌握；猿则要尽力将鱼抓牢，不让到手里的猎物溜掉，这一来，鱼的身体运动就成为对猿神经弧联合的训练，这种训练以万年为计算单位。先是拇指与其他手指的联合，然后是手与其他神经弧的联合，猿的全部神经弧就这样因捕鱼而联合起来，促成“联合办公”活动的产生和扩展，言语也就自然发生。开始时是“心头语言”，自己对自己咕哝，或在心里嘀咕，逐渐发展成群体相互交流的言语，一个理性的语言区就这样建立起来，它使神经弧的“联合办公”效率不断提高。鱼的扭动是极其复杂多变的，也有较强的力度，它对人类神经弧的锻炼也是全面而多样的，对手功能的完善和言语的发生是决定性的，是从任何其他劳动和活动中得不到的，在我们能够想象得出来的所有陆地劳动中，没有哪一种劳动能够让猿获得这种效果。鱼类和其他水生物就这样为了自身生存而引导猿类逐渐向人类的方向发展，成为猿变人的第一个“教头”。这就像会飞的昆虫引导地面上一些动物飞向空中并发出动听的鸣叫声成为鸟类一样。

4. 提高“办公”效率的道路

“联合办公”活动既然是神经弧的联合活动，神经弧状态就决定了“办公”效率。动物这种效率低下，就是因为它们缺乏“办公室主任”，或者说它们的这个“主任”能力低下——听觉神经弧和手神经弧功能欠缺。人在这方面也有效率低下或失效的情况，主因是神经弧老化，严重者就是阿尔海默症患者。对这种病症的病因，有血液流动不畅论，有病菌入侵论，久保田競则持用进废退论。“不使用神经细胞容易引起老年迟钝的症状，而经常使用则可以避免出现这种现象。尤其是经常使用容易引起老年性变化的大脑联合区及海马，就能完全避免这种病症。”他这样说有点绝对，阿尔海默症患者中也有部分是经常用脑的人，但一般而言是对的。

“联合办公”活动起码可以划分为轻松与繁重两种。它并不是脑力劳动者的专利，而是所有脑子正常的人每天发生的精神活动。一般人的这种活动没有特定的目的，往往是随工作和生活中先后出现的事件随机激发出来，可笼统归入轻松类，尽管在许多情况下并不轻松。另一类是目标明确的创造性的精神活动，属于繁重类，是一般人畏惧的。20 世纪英国哲学家罗素有句刻薄话称：“大多数人宁可死掉也不愿意思考——事实上，他们正是这样做的。”指的就是这类繁重的“联合办公”活动。

在现实中，我们看到大多数人在这方面能力低下，原因就是由于畏惧而不经常进行；由于不经常进行而偶尔进行就显得艰难，由于艰难而对这种活动变得更加畏惧，这样恶性循环，使人年纪不大，就变得脑力迟钝、衰退，不善思考、畏惧思考，到老时就容易得病。

后一种“办公”活动的困难在哪里呢？关键在“主任”的活动。在前一种状态中，“主任”很轻松，不时溜走或打瞌睡都不碍事；在后一种状态下，“主任”则一直紧张引导活动，不敢丝毫懈怠。“主任”就是听—说神经弧，它是所有神经弧中“城府”最深的：它的记忆库存最复杂和繁多。人在幼年时、成年时、现时积累的声响痕迹全部储存其中，其他神经弧的记忆，也被翻译成音响痕迹或符号储存进去，就算是自己祖先的原型意象和潜意识，也以神经组织形式隐藏其中。动物之所以怎么训练也成不了人，要点就在于它们的神经弧贫乏且简陋之极，无法改进。

人的这一神经弧虽然比诸动物大为优异，但它的优异能力与人类漫长的进化史相比，也是新近获得的，尤其是文字和符号痕迹，还没有形成遗传机制，很不稳定，在很大程度上依赖后天的训练，稍一松懈，就会荒疏，大多数人就处于这种状态。和动物相似，人们自幼就贪玩，不爱动脑筋，对文字和符号尤其反感。其结果是，“主任”不得力，容易疲劳，“联合办公”能力低下，神经弧不能和谐合作。本来就行为迟钝，到老年时就更明显，因为这时身体全面衰退，神经弧随之衰退。

不爱动脑筋的人不见得就会变痴呆，他们中不乏健康快乐的智叟和老妪。但我们只要看看众多业绩卓著，到高龄仍然创造力旺盛、不断出精品学者和艺术家，就会相信“脑子越用越灵”的说法。老子主张无欲无为，“绝圣弃智”，然而，他西出函谷关归隐时，已经不年轻，却正是在这时，写下流传千古的《道德经》，庄子和孔子也是老当益壮的人物，不像是他们所推崇的无欲无求的那类人，相反，是勇于探索、不断追求的人，只是追求的目标与常人的不同罢了。他们的事迹告诉我们，善待我们的“主任”，注意让他充分发挥作用，可以远离阿尔海默综合症。

我能认识“我”

时隔多日浏览自己的博客，发现好长一段网友留言，先就感到不安，因为没有及时回复。该留言论及的是脑科学，我看了张志峰网友写的概要，也登录浏览了全文。这种图文并茂资料翔实的文章在网上还真不多见，但却下不了决心仔细研究，10多万字的文章要认真推敲可不是件轻松的工作，而不做这个工作，就来评论，免不了肤浅或文不对题，若有这种情况，只好请先生包涵了。

不用电子邮件而用网上留言的方式交谈，意在问题公开，让更多网友参与。这不是个轻松的课题，要先登陆附录提供的网址并阅读《脑意识研究新突破——脑理》（以下简称《脑理》）一文。这是“庞大论”的一个典型创造。

1. 精神或语言是否可以变物质?

以前有些年人们爱说“精神变物质”，是个政治口号，即让某种理想或信念作动力，转变成物质成果，而网友主张，让概念进入大脑，刺激脑内神经柱让它直接转变成概念柱——它具有种属结构：种种概念柱、种属概念柱、属属概念柱。概念是精神，进入大脑后就成为物质或改变大脑的物质结构，让原始的神经脑变成概念脑。精神当然会影响脑结构，但会这么精细吗？精细之物往往是脆弱易碎之物。

这里的困难是你无法得到实验支持，比如苹果或计算机是哪根概念柱。还有，成人的神经元或称脑细胞，时刻有少量死亡（每天死亡神经元数万个），会不会破坏相应的概念柱——它由神经元组成，让人突然丧失比如说苹果的概念，以致于怎么也恢复不过来，此后再也认不得苹果?

一些大脑部分甚至半脑被切除的医学事例表明，以上现象不存在——当事人并不因为被切除部分脑而丧失原先脑子里拥有的概念，而因为每天的神经元死亡而丧失概念的事也没有听说过。

2. 概念的来源是什么?

美国实用主义者皮尔士说：“概念的意义就是概念的实际效果，而效果是根据人们的经验来判定的。”其他实用主义者、经验论者和科学家大多数也支持这个观点，相信眼见为实，实践出真知，也出概念。这一说法与《脑理》的精神基本相符，它认为概念来自“基觉”，即人的最基本的感觉。

但反对者也很有理。柏拉图认为理念（与概念的区别在于是否可以文字描述）来自回忆，理念是本质，现实事物是表象；黑格尔认为概念没有来源，不是事物产生概念，而是概念产生事物，概念是事物的本质、原则，是在先的。例如，首先是伽利略脑子里有落体定律的概念，落体定律才产生出来，头脑没有这回事的人，就没有这个概念，尽管他看到无数落体现象，甚至被某种落体落到头上砸昏，他都不知道这当中有个定律；又如地球，原始人就生活其上，但没有地球的概念，只有在某种动物背上驮着一个大地的概念，或诸如此类的歪念。中国人直到20世纪初还有“天圆地方”的歪念——只有少数人如亚里士多德等才有地球的概念，推广开后，人们才知道自己脚下踩着的是地球。天、星星、石油、镭、麻将、社会主义、原子弹、恐怖袭击，等等，都是先有概念，后有其事。爱因斯坦则将概念的形成认作是“思维的自由创造”，即思维产生概念，而不是我们见到的事物产生概念。康德也属于这一派。

马克思和恩格斯称黑格尔这一派为头足倒立看世界的人，就是唯心论，但他们赞赏的是这一派，而不是当时欧洲的唯物主义者，尽管他们是“正立”看世界的人。唯物主义者费尔巴哈着力批判黑格尔，马克思和恩格斯却着力批判费尔巴哈（只是他们后来又离开了黑格尔）。

3.《脑理》的主题

模型都有某种用途和目的，医学上的人体模型可用于教学和指导开刀治病，经济学模型用于预测和管理，等等，概念柱模型的用途和目的是什么？让人认识脑的意识机制，批判陈旧的理论，帮助思维，提高想象力和创造力……这在《脑理》中是不明确的。给人的印象是，数以万计的概念依附于相应的概念柱上，人脑如一个词库，若要写一篇文章，不知道怎样才能有效地利用这个词库。这影响了我对文章的兴趣。另外一点是观点不够新颖，未能真正做到突破。我的观点是：（1）上下脑分工，或三位一体脑；（2）下脑主导上脑；（3）神经回路（神经弧）扩及肢体，主导记忆和意识，大脑只是它们交汇的中心——由此产生思维。半脑人和无脑人现象表明，这个中心还可能转移。我认为，将人的智力局限于大脑的研究尽属老套，不会有什么结果，是首先要突破之处。对大脑潜力巨大的观点，我在将近20年前就提出不同看法，文章附后。

4. 我能认识“我”吗？

回答是肯定的，只是还不够彻底罢了。话又说回来，在人类的认识之中，有什么东西是彻底的？别说脑子这么个“黑箱”，人身上五花八门的腺体就有许多谜，至今无解，细胞的行为也很诡秘。身外之物如水，似乎是比较彻底弄清楚了的东西，可是前些年有人提出水能变油，很多人竟又信了，包括一些科学家，有些人还慷慨解囊，资助研究和开发。这种事在社会科学领域更多，数不胜数。古希腊人厉害之处是，2 000多年前就让人思考“认识你自己”，连自己都不认识自己，怎么去认识世界？因为在认识自己上很糊涂，但职务又迫着人认识世界，甚至改造世界——教学，设计，写文章，谋划，发议论，发指示，交谈，管理，办企业，决策，打仗，等等，难怪世上有这么多糊涂，这么多差错，归根到底就是脑子出错，对自己没有个正确认识。更为可叹的是，当人不能“认识你自己”，我不能认识“我”时，我就不完全是为自己而活着，而是为其他——他人，他物，或为虚幻的、荒唐的、无聊的想法，等等——

活着。大多数人就这样过来，却意满志得，自我感觉良好，自以为幸福地度过了一生。

“认识你自己”，只有智慧的民族和个人才提出并直面这个问题，普通人是不会拿它来折磨自己的。

附录：张志峰网友留言

《脑意识研究新突破——脑理》，请你鉴赏！

概述：大脑的意识和思维是使人类疑惑上千年的课题，没有任何研究对象能像脑这样引起人们的兴趣，因为无论是谁，没有什么东西能比脑离我们更近。有的学者在问：人的脑子可否可能破译人类自己的脑子？我能认识“我”吗？这的确是个难题，因为在本论文未发表以前，科学界对脑虽然已经进军到了分子级水平，但对脑意识的机理研究还只不过是狗咬刺猬，无处下嘴。比如，有人给介绍对象，不用见人先把照片拿来，便会对其一目了然；想了解一个作家，不用与其相处，读其作品，便字里行间透露出作者的方方面面，正如所谓文如其人；想了解一个建筑师的风格与水平，最好多亲临现场见识见识他那建筑代表作。我们对脑的认识是不是也应该仿效这种办法？那么什么才是脑可一睹芳容的照片呢？哪里寻得脑建设性的作品呢？脑能建构出什么建筑呢？这一问算是问到了地方，岂止照片、作品、建筑，在地球上，只要是生命行为的结果都是脑的成果，美轮美奂的世界、宏大广博的历史文明画卷，都是在思维、意识下的大脑通过学习、习得、总结、归纳、概括、计划等指导行为的漫长过程中一点一滴积累起来的，所以我们想对脑间接性认知的所谓照片、作品、楼宇素材无比的丰富，丰富的反倒让我们眼花缭乱无所适从，所以我们应该把它加以浓缩，我们把对它的千言万语汇成我们非常熟悉的一个词，即“概念”，“概念”是构成意识、思维、认知的基本单元，“概念”实际上也是我们对大脑皮层功能可表述的基本单位，“概念”是联系那所谓无比丰富外在素材和脑内活动两个世界的“介子”。人类想弄明白一个未知的事物曾学会了很多方法，好方法自然使人对难题豁然开朗：(1) 脑思维和意识基本单元是概念，而由众多内涵和外延形成的概念分明就是一种很有次序关联着的关系；(2) 当今主流脑科学已经把脑记忆锁定到是一种神经关联着的结构，是一种神经纤维勾连起来的网络。而记忆的内容是什么？同样是除了“概念”没有其他，当今对脑皮层可以通过电针刺发现不计其数的意识单元，如：特异性方位下的线段、特异性方位下的角、手臂、特异性声音等等，这些意识单元若不是完形概念，就是组成完形概念的属性概念，并且反映这些概念的区域完全对应在大脑皮层的一个特定神经功能柱内，大脑皮层除了有构成外侧神经功能柱的灰质，还有由数以亿计内侧神经纤维组成的白质，大脑皮层的整个灰质由其白质分区关联起来，宏观地来看脑皮层，这也是最显著的结构特征，所以在这种特异性关联结构的基础上，它反映出的脑功能，它反映到我们的意识或概念中也必然是一种普遍关系的存在。我们把 1 和 2 加以对比，把原来认为是风马牛不相及的两件事情联系到一起，发现原本它们是一回事情，原来构成意识单元的概念的定义关系描述完全是由脑科学早已被发现的神经、神经功能柱及其神经纤维装配的一种模式给予了结构确定，原来只要激发这个模式结构就可以活脱脱的在脑内反映出意识的一个特异性概念。这使我们不禁要大喊："为什么是这样，捉弄人类也太久了吧"。是的，相应的功能来源于相应的结构，无结构的功能是不存在的；相应的关系必依附于相应关联着的实体，没有以存在为基础的关联是产生不出关系的。所以一般化概念关联着的内涵和外延必须依其关系有其实实在在的结构加以反映。所以本论文把脑内反映一个意识单元或说概念的结构叫做神经柱属性联系结构，这种结构完全是本论文对人类早已非常熟悉的"概念"语意定义关系映射在脑皮层神经元水平上的一种体现。掌握了反映一个概念的结构，就等于我们为破解大脑从根本上打开了一道口子，我们就可以信步进入这个号称宇宙间最神秘最富有的宫殿。咒语念对了，自然要山崩地裂，自然要芝麻开门，自然离我们最近的这个脑要展现给我们一个脉络清晰的全新的世界。论点的提出是本论文刚刚的开始，本论文通过在论点的支持下使用了更大篇幅对由脑负责的人的普遍心理和行为过程作了一一诠释，比如：爱屋及乌、夫妻相、情绪的用途及其机理、言语中频繁的隐喻、十年怕井绳、意义的产生、爱情动因、脑算法过程、顿悟、游戏对脑的作用、格式塔完形机理、民主的普适性、前语言、脑的时空建构、脑因果判断建构、脑的计划建构、脑对存在的建构、脑对形而上的建构、辩证法主要是脑结构的产物、信息为何物、美、观点建构于立足点、决定论将何去何从、我是谁、虚幻的明晰感觉、量子现象根本解释……在其论点支持下揭示其大量心理现象的少矛盾性反过来是不是又印证了论点的可靠性？

大脑潜力庞大论异议

人脑的潜力巨大，通过开发大脑，个人和人类社会可望获得光辉的发展前景，这是一些科学家告诉我们的。然而，我们只要稍作冷静的思考，就不会对此前景过分乐观。

1. 庞大的潜力，无尽的宝藏

据史料记载，至少在距今 4 000 多年前，就有人对大脑作过认真的研究。公元前 300 多年，古希腊医生希波克拉底就已在这一领域的研究中取得了不少重大成果，其后，人类对自己的身体和大脑的研究一直没有停顿，研究队伍不断壮大。但以前的研究主要限于对大脑功能及其外部联系，而对其内部结构和机制则知之甚少。直至20世纪中，随着现代神经生理学、神经心理学、系统论、控制论、信息论及计算机科学等学科的创立和研究工作的深入，大脑，这个人人都有，又人人都感到神秘莫测的“黑箱”，才算被微微掀开，透进了一线亮光，大自然最伟大的艺术杰作的实质在人们眼前朦胧呈现，令人惊叹，令人激动，关于大脑潜力庞大以致无限的说法（以下简称“庞大论”）也就纷纷扬扬地流传开来，其中起主导作用的是一些备受公众崇敬的学者的权威声音。

“大脑功能实际上是无限的。”美国加州大学智力研究所一些研究人员以公布研究成果的形式肯定地说。

“一个正常健康的人只运用了其脑能力的10%”，本世纪初美国心理学家威廉·詹姆斯提出假设。

“不对，只用了6%”，稍后，美国人类学家玛格丽特·米德撰文更正。

“我估计只有4%”，另一位美国心理学家奥托在70年代发表意见道。

“连爱因斯坦也只用了30%”，日本著名经营学家土光敏夫补充道。

此外，也有些稍为保守的人认为，一般人只用了脑能力20%，但更乐观的人则认为此数值不到1%。

前苏联科学院院士杜比宁和他的一些中国支持者更是语出惊人。他们认为，人在自己一生中，使用大脑提供给他的能力不超过十亿分之一，人类的思维还处于“半眠状态”呢，只要将它“唤醒”，每个人一生都可以留下4万部有价值的书或录像。

如此看来，人类似乎是一直守着宝山不识宝了。及早发现，稍加开发，一般人要达到甚至超过爱因斯坦都不是难事！难怪前苏联一个刊物上曾登载过这么一段略带忧伤的豪言：“如果我们能迫使我们的大脑达到其一半的工作能力，我们就可以轻而易举地学会40种语言，将一本苏联大百科全书背得滚瓜烂熟，还能学完数十所大学的课程。”

在这种乐观情绪支配下，一些关于如何开发大脑，开发智力的书籍、文章，也纷纷应时而出，给人类带来不久即将列队步入智慧王国的巨大希望。

毫无疑问，每个人的大脑都有很大的潜力，注意开发，可以使一个人的智力倍增，开发的途径不仅多，而且不难做到。接受教育、自学、适当的体育锻炼和营养等，都有助于我们脑力的开发。而且，一个人无论采用什么方式，作了多么大的努力，他的大脑不论发达到什么程度，都不可以说已经完全开发了，或潜力用尽了，每个人一直到死之前，其大脑都有待开发的余地，大脑的潜力永远不会完全发挥，都可以继续发扬光大。这实在不能算什么新发现，只不过是一种普通常识。因此，人们引用前苏联教授纳阿京的“没有一个活着或曾经活着的人能全部或接近全部地使用了他的脑子”一语佐证“庞大论”，但这并不能说明什么问题。因为所指的这种现象实在太普通，我们同样可以说我们的双手，或一件衣服，也有许多甚至无限的功能或潜力，谁又能说全部使用了自己的手或衣服呢？如果从这个意义上说大脑潜力庞大以至无限，这是谁也不会有什么异议的，但这显然不是“庞大论”的原意。

“庞大论”的主要意思是，从古至今，人类对自己的大脑的利用率异常地低，一般人大约有90%的脑细胞都像中国古代孟尝君门下大多数身手不凡的食客一样，终生未派上用场。

这种观点表现出一种乐观的、令人激动的、令人振奋的情绪，具有强大的感召力，得到广泛的响应，包括众多有名的科学家。

2. 学者的反思

然而，由于这种观点缺乏有力的论据，它理所当然地引起一些冷静头脑的怀疑。

美国卡尔·萨根教授针对“庞大论”发问道：“既然脑的一多半没有功能作用，脑为什么还需要不断进化增大呢？”我们还可以补上一句：这不有违生物在自然进化过程中普遍表现出来的机体不断优化与用进废退的原则吗？

另一更难解释的现象是，为什么这种庞大的潜力在较高程度上的发挥，如开发利用程度达50%左右的人，从古至今没有一例？假如有的话，按照“庞大论”的观点，这种大智大能的人无疑是叱咤风云、扭转乾坤、编写人类文明史光辉篇章的重要人物，不可能漏出人类文明史册。可以断言，如果这种潜力真是人人都有，而且庞大异常，必定有所表现。不可思议的人体特异功能，如心灵感应，尽管不像大脑潜力那样人人都有，但从古至今却不乏其人。大脑潜力既是人体上自然存在的能力，它就应像跑跳吃喝等能力一样，无需特别努力，就能自然地表现出来，不应很难看到，更不应是出现概率为零的事件。

假定这种庞大的潜力果真普遍存在，我们还应看到人类总体智力进步的趋势。在脑潜力开发和智力提高方面，今人比古人和前人具备众多的优越条件。今人只要在学校学习十多年，就能轻易地继承无数古人和前人几千年来一点一滴辛苦摸索出来的主要的智慧成果，获得比前人为高的起点。今人有前人无法想象的先进的研究设备和优越的研究环境，科学研究、文艺创作也普遍受到社会的鼓励和支持，宗教的、封建的和其他反科学的势力即使没有全部从社会中消除，也已大为减弱，不再成为人类智力发展的障碍。研究开发大脑、提高智力的机构林立、专家成群，他们的研究成果如胎教、益智健身操、聪明营养液、益智食品和无数教导人如何增强记忆、提高解决问题能力的书籍文章，已为社会大多数人所接受并努力实践。据此，我们有理由认为人类将一代胜过一代，今人比前人聪明。可是，实际情况似乎相反。

判断这一问题，我们虽不能邀请前人来与我们一起进行智力大赛，比个高低，但却可以通过评价和对比主要的精神产品——主要是文艺作品来进行。

在这方面，我们拿不出多少可以令荷马、莎士比亚、达·芬奇、贝多芬、曹雪芹等古人叹服的成果来。不错，在科技上，今人造出核弹、宇宙飞船、人造卫星、电子计算机、试管婴儿、克隆牛羊等令前人瞠目的产品，但这并不能真正体现人的智力，也就不能作为今人比前人聪明的依据。因为科技的进步主要靠经验的传授和知识的积累，后人总是站在前人修筑好的台阶之上，如牛顿所说的“站在巨人肩膀之上”，起步高，达到新的高度也就不奇怪。我们能因为今天一个普通的大学生能够利用计算机解出有几十个未知数的规划问题就认为他比孔子或亚里士多德聪明吗？

对大脑潜力估计过高无助于揭露人脑奥秘，反而有可能将研究工作引导到歧路上。较早意识到这一点的是美国卡内基·梅隆大学司马贺教授。他明显的是“庞大论”的持有者和宣扬者，在20世纪60年代即开始认知心理学研究，后来又转到人工智能领域，即机器模拟专家行为的“专家系统”，他曾宣称人工智能前途无量。然而，到1988年底，他在日本发表谈话，为人工智能及认知科学界存在过分乐观的气氛及十多年来工作无大进展表示内疚，实际上宣告了“庞大论”的失败。其后，日本于1992年宣布耗时10年耗资4亿美元的第五代电子计算机研究项目流产。但这种情况并没有受到普遍重视，至今“庞大论”的支持者仍然人数众多。

3. 结　语

一般人大脑的利用率当在70%左右，即使未受过正规教育的文盲，也应认为在60%左右，因为他们一般能控制自己的行为，正常地进行生产劳动。而那些受过高等教育从事复杂脑力劳动的知识分子，其大脑开发程度一般在80%左右，有杰出能力和重大贡献的知识分子，其大脑开发程度当在90%以上。只有那些患有严重脑部疾病，不能进行正常学习、劳动的人，和自幼脱离了人类社会的“兽孩”大脑利用率才在10%左右——他们的行为主要受小脑控制。

根据这种估计，从个人整体与人类总体上看，人脑的潜力和人体的潜力一样，是有限的，而且已经比较充分地开发利用了。正如在人体能力上，一般人无法超过世界体育冠军确立的高度一样，一般人虽经刻苦努力，在脑力上达到或超过爱因斯坦、牛顿、莎士比亚等思想巨人在创造人类精神文明领域中所达到的高度也不大可能。即使将来有个别人能够超过他们，也不可能高出很多。

（原载《教育与思维科学论集》，黑龙江教育出版社1990年，有部分修改）

再批“庞大论”

我在1990年前就对“大脑潜力庞大论”（简称“庞大论”）提出异议，实是批判，一直听不到支持或反对的声音，这是中国学术界的悲哀，从一个侧面说明中国科学止步不前，缺乏创新的原因——对反潮流的声音缺乏敏感性和热情。不过我也有责任：缺乏进一步宣传和论述。真理不是个人财产，而是社会财富，是极其珍贵的珍宝，但它不会自然产生，也不会自己流行开来。所有真理都要靠人来发现和宣扬，才会变成社会财富，这是人民敬重真理探索者和宣扬者的原因。认为自己掌握了真理，就要推广，就要坚持，甚至大声疾呼，才有可能见成效。现在就以此文来弥补之前的不足。

1. “庞大论”仍在盛行

“庞大论”影响深远，深入人心，至今仍是主流思想，是科学家、励志家、成功学家、教育家、药业和营养液商家共同拥有的信念，我 20 年前的“异议”毫无效果。尚若的《神经元的人》，列道克斯的《突触自我》，以及丘奇兰德和谢伊诺夫斯基合著的《计算机大脑》就是三个代表性标志，这类读物还有很多。我没有读过这三部书，只看过简介，但几位作者的观点是我所熟悉的，无非是说神经元和突触连接决定人的智能，它们数量庞大，连接方式无限，因而人的智能潜力无限云云。上述作者之一加利福尼亚大学教授谢伊诺夫斯基的理论和研究就很有代表性，在名为“记忆与神经网络”讲座文章开头，他写道：

> 大脑的运作依赖于被称为神经元的神经细胞网络，这些神经元彼此由突触联结起来。科学家现在能够用以电脑为基础的神经网络模型模拟大脑的某些行为。这项研究被运用在其中的一个主要行为领域，即大脑如何获得和维持新信息的问题，也就是说，什么是我们说的学习和记忆。神经网络如何使用各种学习规则系统，它们就是如何改变这个网络以储存新信息的方法。

在文中，他介绍了“知觉机”、“发声网络”、“鸟叫学习”、“蜜蜂觅食行为”等神经网络模型，有些就是他或他与别人合作的研究项目，它们的基本原理是：“绝大多数神经网络中使用的加工单元是神经元的简单模仿”。他的目标“不是一个单一的、普遍的记忆模式而是多种多样的记忆模式，而且这一点就反映在的学习规则系统中。”这显然是勉为其难的工作，具体的收获是，“在大脑的不同部位已经发现了许多不同类型的记忆系统，甚至视网膜也能够在一个广泛的时间和空间的跨度上适应光的强度，这是一种短时记忆的形式。”他对自己研究的评价也不高，最后以“我们才刚刚开始用最简单的神经网络系统来理解学习和记忆，并且鉴别大脑中出现的许多记忆系统的复杂性”一语结束。

“庞大论”在国内也不乏宣扬者。《半脑人如何思维》一文称：“人脑中有 2 千亿个脑细胞、可储存 1 千亿条信息，思想每小时游走三百多里、拥有超过 1 百兆的交错线路、平均每 24 小时产生 4 千种思想，是世界上最精密、最灵敏的器官。研究发现，大脑中蕴藏着无数待开发的资源，而一般人对脑力的运用不到 5%，剩余待开发的部分是脑力与潜能表现优劣与否的关键。”

还有人在这个基础上发展起“概念柱论”——大脑细胞确实是柱状体结构，他把神经元组合转化成一个个特殊的、固定的、分层次的“概念柱”，人们通过感官（他称为“基觉”）从经验中获得的概念就物质地固定其中，整个大脑从原始的神经脑变成百科全书式的“概念脑”，其潜力也是庞大的。虽然这不是权威理论，只是个别人的构想，但它生自“庞大论”，较好地描述“庞大论”。

他们之前，董志新也是“庞大论”的坚定支持者和宣扬者，他的书中有大量这类论述。例如下面这段话：

> 50 年代，人们把人脑比作一台有一百亿个电子管的电子计算机。近几

年来，人们认识到每个神经细胞就像是一台活的微型电子计算机。因为一个神经细胞里含有多种不同的蛋白质，这些蛋白质又可以制成各种不同的传递信息、发布指令的分子，从而形成一个由分子构成的控制系统。这样，脑这台电子计算机便不能比作是由一百亿个电子管构成的，而应该比作是由一百亿台相互联系的微型电子计算机构成的信息加工控制系统了。

2. 新的挑战

无论是硬盘还是“概念脑”，信息是不能随意堆放的，就像图书馆的图书不能杂乱地堆放一样，往往要利用一种树状结构的模式分层次有条理地存放，才有作用。“概念柱论”就将概念柱划分为多层次的种属结构，对每一储存进大脑的信息进行编码、归类并分配以确定的地址，以便提取和应用。然而，大脑与硬盘（或图书馆）不同之处是，它是生物组织而硬盘是机械组织，大脑会生长变化而硬盘不会生长变化，按与硬盘相同模式储存在大脑里的信息就免不了会受损害，这种设想是注定要失败的。

一种经常性的损害来自脑细胞的变动。既然脑细胞是存储信息的单位，它的变动也就必定会对大脑这个“信息库”造成影响。我们知道，人的脑细胞在人出生时，即在数量上基本达到成人的水平，到 20 岁左右，脑细胞数量不会再增加，只会不断减少，每天死亡数万个。这种缩减的运动对“信息库”（大脑）的影响是确定的、持续的、实质性的而且是无法修补的——在目前还没有人研究出修补的途径。例如，若“计算机”这个概念柱部分或全部脑细胞死亡，人对计算机的认识就会受损，不能像原来那样熟练地操作计算机，或根本不认识计算机，其他概念情况类似。时间一长，大脑势必会变成像一部不断受虫蛀蚀的硬皮大书，尽管外表仍然完好无损，里面却变得支零破碎，不能正常应用或者根本不可用。仅这一条，即可彻底推翻概念柱论和“庞大论”。

近年，数以百计的半脑人现象向“庞大论”提出有力的挑战。大脑不仅时刻在部分衰退和死亡，而且到了可以“任人宰割”的程度。半脑切除手术相当于半个“信息库”被突然清空，无疑会导致整体的崩溃，患者术后却不仅能够生存，原来的疾病（多属严重癫痫病）消失，而且智商增高，这就很难用“庞大论”解释了，“概念柱论”更难站得住。

然而，“庞大论”的支持者并不就此放弃，他们将这一现象解释为脑的代偿能力，即在功能上，剩下的半脑接管了被切除半脑的功能，发挥全脑的作用，还以此表明，大脑起码有一半潜力没有被利用。

要说半脑人现象印证了“庞大论”还能勉强说得过去，近年出现的无脑人现象，“庞大论”就完全不管用了。2007 年有两则无脑人和小脑人的报道，一则说，一名 44 岁有妻室的法国公务员，CT 和核磁共振扫描表明，他的脑室里充满了脑脊液，脑组织受挤压薄得像一张纸，智商却有 75，言语和行为与常人无异。另一则说，英国设菲尔德大学神经学教授约翰·罗波在检查该校数学系一名患有脑积水的学生时惊讶地发现，该生的脑脊液不是在大脑中流动而是进入了血流中，只有不到1毫米厚的脑组织覆盖在脊柱的顶端，大脑根本不存在，智商测试却高达126而且很快就要毕业。罗波教授已经确定了几百个大脑半球都很小的人，这些人表面上都是智力很正常的人。他形容这其中一些人有着“看不见的大脑”，但他们却能在智商测试中获得120的成绩。

“庞大论”的基础是脑细胞的庞大数量和利用率，无脑人几乎没有脑细胞，相当于卸除大硬盘的计算机，他们却不仅具有常人的智力，而且似乎也不缺乏待开发的潜力，比如英国那位攻读学位的学生，这怎么解释?

3. “庞大论”的实质：神经元数量和利用率

“庞大论”是当代心理学的特征，它的出发点和着重点是大脑，大脑是一切心理现象的根源。大脑的基础是记忆，记忆的元件是神经元，人就是“神经元的人”或“突触人”，神经元利用率决定人的命运，利用率越高人越聪明，成就越大。现实情况却是，神经元数量庞大，利用率极低，人的智力潜力庞大以致无限，因而“庞大论”又可称作“神经元人论”。

对这种不明确的理论，众多知名科学家和名人竟深信不疑，大力宣扬，颇为令人感到惊讶。说明名人靠不住，权威不可全信，众人的话也要三思。世人公认，爱因斯坦最聪明，成就最大，他的大脑利用率也最高，达到30%，这是真的吗?他死后就被人割头剖脑作研究，结果大失所望，因为未能发现有什么新奇之处，只是胶质较多。期间称量他的脑重，也很令人失望，仅1 230克，低于人类平均值。

他们不明白，人的智慧根本不在于神经元的数量和利用率，与它们连接的状态倒有点关系，而这在临床解剖上却无法看得出来。对于成就，我们就来看看爱因斯坦本人怎么说。

> 我从引力论中还学到了另外一些东西：经验事实不论收集得多么丰富，仍然不能引导到提出如此复杂的方程。一个理论可以用经验来检验，但是并没有从经验建立理论的道路。像引力方程这样复杂的方程，只有通过发现逻辑上简单的数学条件才能找到，这种数学条件完全地或者几乎完全地决定着这些方程。但是人们一旦有了那些足够强的形式条件，那么，为了创立理论，就只需要少量关于事实的知识；在引力方程的情况下，这就是四维性和表示空间结构的对称张量，这些连同对于连续变换群的不变性，实际上就完全决定了这些方程。

科学事业的特性主要是发现——发现规律、原理、自然的真相等，所需的不是大量的经验事实，而只是少量然而又是最必要的知识，像爱因斯坦上面提到的数学条件，若能够找到它，就能轻松地作出重大科学发现。这里我们看不到与大脑利用率有什么关系，想象力显然更重要。爱因斯坦最重要的科学发现就是想象的结果：想象自己以光速在空间旅行导致相对论的产生。似乎就不需要多少神经元参与——这只是个普通儿童都可能有的“遐想”罢了。若像日本人所说的那样，需要动员40多亿神经元（大脑利用率达30%）才拥有那个想象和成就，只能说明爱因斯坦愚笨或低效率。在科学发现上，与爱因斯坦类似的现象还多，笛卡尔在哲学和数学上的伟大发现是他在一次白日梦中获得的，伦琴发现X射线，弗莱明发现青霉素，都是偶然的，看不出与神经元利用率有什么关系。

要论神经元利用率，恐怕平均指数最高的是中国的读书人。他们学习的课程最多，经历的测验、考试、考核的项目和次数世界最多；由于人口数量世界第一，日常就业、养家、晋升、养老等方面的压力巨大，这一切，都迫使人们高度利用自己的大脑。成就呢？除了养活日益增长的人口外，就没有多少值得夸耀的事了。作为对照，给人类文明作出重大贡献的古希腊读书人，却很可能是神经元利用率低下的群体，因为他们压根儿就没有什么书好读。那时的书靠抄写在莎草纸或羊皮上装订而成，既稀罕又昂贵，一般学生都买不起。教师上课主要靠口头传授，亚里士多德就整天带着学生在校园里边转悠边讨论，称为逍遥学派，实际上是因为无书可读才这么逍遥，他也大力推崇悠闲生活方式。这种教学的好处却是明显的，学生可以直接与导师交流和学习，而不是学习书本上的间接的知识。苏格拉底教学更逍遥，他没有办学园，也没有办私塾，他和他的学生活动的天地就是雅典的公共场所；其他哲学家和智者也是这样，身后随时跟着一帮追随者，老师到哪他们跟到哪，可以设想，学生以这种方式进行学习，他们的神经元的利用率都不会高。雅典人一般的生活方式是："他们大部分时间无所事事，在市场上闲逛，或者到公共运动场里去游荡，有时在这里做做体操，此外主要的是聊天。这种社交方式只有在雅典的生活方式之下才有可能。大部分工作，在现在是由自由公民（无论是共和国或君主国的公民）做的，在那时则是由奴隶作的，工作被认为对于自由人是不光荣的。"（黑格尔：《哲学史讲演录》）哲学家第奥根尼更是个典型，无所事事地生活在一个大木桶中，成天晒太阳，亚历山大大帝来到身边都懒得动一下，嫌皇帝挡住了他的阳光，估计99.9%的神经元也像他本人那样无所事事，还居然史上留名。由此可知，神经元利用率与智力是多么不沾边的事。

4. 人类存在的目的是创造

人类存在的目的是什么？这是每个人应当时刻需要放在心上的问题，忽视了它，我们的工作就失去了大目标，偏离大方向，走到歧路上，科学家尤其不能忽视它。科学家声称要利用知识征服自然，造福人类，今天看来，效果并不理想。自然不仅被征服，反而被破坏了，而人类的幸福却离不开优美的大自然，科学的方向显然错了。它既给人带来福利，又给人带来灾难，而且后者早就超越前者，根源于人性总体中的恶往往超过善，正所谓"学坏容易学好难"。100多年前英国物理学家焦耳就指出："令人深感后悔的是，在作为相互毁灭的工具和改进战争艺术方面，科学的作用常常十分突出。"难怪一直有一股反科学潮流。显而易见，科学不能作为人类的目的。

经济也不能作为人类存在的目的。经济的发展往往以精神衰退、道德下滑和生态恶化为代价，实际上是得不偿失的事。"仓廪实而知礼节，衣食足而知荣辱"的事也存在，却只是一种虚夸浮饰的说法和做法，今天众多繁文缛节还成了令人不堪重负的事。实践告诉我们，富裕、舒适并不能给人真正的幸福，人类能够从中获得幸福唯一的途径是创造，创造才是人类真正的目的，古希腊人、犹太人和欧洲人在这方面都给我们作出了榜样。

创造主要指艺术创造，艺术就是爱美，艺术创造扩大开来就是对一切美好事物的创造，将创造作为人类的目的就会让美的事物大量涌现，世界变得越来越美好。

用创造来衡量，“庞大论”的目的是什么？前苏联人说的“轻而易举地学会40种语言，将一本苏联大百科全书背得滚瓜烂熟，还能学完数十所大学的课程”的想法就算能够实现，那也只是知识积累的效率和成就，把脑子转变为图书馆或资料库罢了，今天的互联网就能够达到这个目的，根本看不到创造的影子。从创造上说，一个人只要懂一二种语言就可以了，其他知识多点少点无所谓，知识过多反而妨碍创造。发明大王爱迪生正式接受学校教育只有几个月，神经元利用率极低，发明专利却有1 300多项。如果他接受更多正规教育，知识更丰富，可能就不会有这么多发明创造了。因为知识和储存知识的记忆不是创造，它有时帮助创造，更多时候会压制创造。前苏联院士杜比宁所称“唤醒”大脑后“一生可以留下4万部有价值的书或录像”之说毫无根据，完全是信口开河，我就见不到他自己留下多少“有价值的书或录像”。当时是美苏竞赛，苏联在首创上总是比西方慢半拍，只有以夸大其词的方式弥补不足。

“庞大论”的宣扬者似乎不明白一个浅显的道理：创造活动重质不重量。老子留下的《道德经》仅5 000言，却胜过许多作家的宏篇巨制和等身著作。前者显然是神经元利用率极低的人而后者在这方面显然极高。创造能力并不由神经元数量和利用率决定，或者说，根本不由大脑决定，而由神经弧能力及其连接方式决定。

5. 大脑神话被打破

是否应当从新的角度观察大脑？在20年前我就开始这样做了。大脑并不像人们习惯所想的那么重要，只有半个大脑甚至无脑，人都能够正常生活，大脑成了可多可少，可有可无之物，这些现象足以让它在当代人心中一直享有的神圣、高贵的地位受到动摇。

从历史上看，不论在中国还是外国，古人对大脑的评价都不高，人们并不将它看做是精神之所在。中国人相信“心之官则思”，思想由心生而不是大脑；比中国人还要早得多，6 000年前的古埃及人就是这种观念，他们认为心灵在人的心脏中，心脏与生命不能分开，有生命就有心灵，心脏推动生命，但受心灵所控制。他们根本不将脑当作一回事，在制作木乃伊时，总是将大脑从尸体左鼻孔中一块块挖出来丢掉，而将其他器官放置在一个器皿里，作为木乃伊的一部分保存。这一心脏说在巴比伦人（4 000年前）中变为肝脏說，只是到了古希腊人那里（2 000多年前）才产生了分歧，或者说得到了发展。亚里士多德的观点最有代表性，他认为心灵在心脏，概念由心脏对各种感觉加以组合形成，即统觉，脑部只是分泌黏液的腺体及调节体温的一个“冷却器”而已。他之前的恩培多克勒也是个“心官论”者，宣称：“心生活在对流的血液洪流里面，心正是人们所谓思想力的所在地。”名医希波克拉底认为人的精神在脑，癫痫病让人精神失常，属于脑部病变，但他也支持亚里士多德的大脑腺体说。柏拉图持有灵魂三分说，其中最高贵部分在头部，其余两部分分别在胸部和腹部，从而肯定了大脑的作用。但柏拉图的论述属于哲学范畴而不是科学范畴，不能看做是科学定论。

不要小看古人尤其是古希腊人的观点，很多天才的思想，包括科学上的理论，如原子论、日心说、逻辑学、几何学、辩证法等都是他们最先提出来的，都成了当代科学的基础，后人的创新大多数可以从古希腊人那里找到根源，因此，恩格斯一再叫人“回到古希腊人那里去”。

给大脑以至高无上地位的是近代人与当代人，“庞大论”是这一运动顶峰的标志，其荒谬性越来越明显，该是对它进行清理的时候了。

6. 本质在先论

法国存在主义哲学家萨特的著名命题是：“存在先于本质”，主要指人的成长。他认为，人的本性不能被预先界定，人首先存在着，遭遇他们自身，出现于世界之中，然后界定他们自己，每个人都由自己创造而成。此论符合上帝创世说，上帝是先造天地万物后造人，而且是没有智慧懵懵懂懂的人，获得智慧时就犯了罪，亚当是先存在，后获得本质，同时失掉天堂的生活。与佛教的信念也适应，佛认为世人活着是不真实的，需要不断修炼功业，达到顿悟，才算进入本质生活。

萨特所说的人的本质，主要是精神方面，而在物质方面，生命、有机系统，在先的必是本质的，后来的、新生的必不是本质的。它有可能获得与在先组织同样的功能，但不会完全取代在先组织而成为系统的本质。本质即使不先于存在，也是与存在同时发生的，非本质的存在不是真正的存在。

一棵树的本质在哪里？无疑是在树头和树根那里，它们也是在先发育生长的部分。树的枝叶和花朵，虽则纷繁多样，却不是本质，只算是本质的表现，它们是后生的。更彻底地说，植物和动物都无所谓精神，就算它们有灵魂，按照亚里士多德的三灵魂论，只会有营养灵魂和感觉灵魂，不会有理性灵魂，它们存在就必是本质的存在。猫从一出生就是猫，狗也是这样，不会因为被人豢养，丧失了各种能力而变得猫不是猫，狗不是狗，成了别的动物；蝴蝶的前身也不会因为是条丑陋的毛毛虫而缺乏蝴蝶的本质，相反，它比后来羽翼丰满花枝招展绕花飞舞的蝴蝶更是本质上的蝴蝶，就像婴儿更是本质上的人一样。

大脑不是本质，但不能说它是多余的，就像我们不能说枝叶花朵对植物是多余的，或硬盘对计算机是多余的一样。在生命和系统中，后生的一切都可以看做是本质的产物，本质的组成部分，只不过，它们不如先生的重要，不是根源罢了，它不起主导作用。种子蕴涵着新生命，当然是本质，是植物的目的，但它与植物其他部分相比是后来的、新生的，是对母体的否定，在母体生存期间，种子不起主导作用，只能算是一种潜在的本质。砍掉树枝和花朵，树木照样生存，不结种子或打掉种子，不影响树木的生存，切除树根，挖掉树根，树木才会死去，脑的情况类似。

人的精神似乎是本质，实际也只是本质的反映而已，它由神经弧的性质和形态决定，即由基本神经通道的结构和功能决定。这些通道虽则不能说是天生的，但也不能说是后天的，它们是在人生的特殊阶段：0—3 岁期间基本造就的，一个人成为什么样的人，在那时就从根本上被决定。古希腊人将灵魂看做是人的本质，灵魂是什么，人就是什么样的人，灵魂就是在先的。我将人的神经系统看作人的灵魂，这个系统在人出生前就已经成型，在 3 岁左右基本造就，人的本质也就在这时被决定。这就是说，萨特的命题即便用在精神方面也是错的，凡存在必是本质的存在，非本质就是非存在，本质与存在必同时存在。

“存在先于本质”的反题是“本质先于存在”，虽然会给人怪异的感觉。但你若想到种子，包括植物的种子、动物的种子（受精卵）和一切孕育形态的存在——这一切无疑都是潜在的本质，就会发现后一种说法的合理性。人的情况比较复杂，但人是社会动物（亚里士多德语）；人是社会关系的总和（马克思），社会在总体上在先决定了每个人的本质，个人的差异则是第二位的，这是“本质先于存在论”又一解。柏拉图认为造物主创造宇宙由创造灵魂开始，灵魂当然是万物的本质，就是最大的“本质先于存在论”，与萨特和后来的基督教、佛教的信念相反。

7. 系统要素决定科学与真理的距离

科学以系统的形式存在，系统的基本范畴是整体和部分，或称系统和要素；科学在总体上是个系统，它又是分科的学术（知识），每个学科分别形成次级系统，各自的要素由各自的研究对象决定，从大的方面，首先可以将科学划分为两类：以符号为研究对象的科学和以实物为研究对象的科学。前者如数学、语言、逻辑等，从科学研究的角度看，音乐也可以归入这一类。后者如植物学、动物学、人类学、医学、民族学、机械学、地质学、气象学、建筑学、水利学、环境学，以及众多研究工农业生产的学科。化学、物理、天文学等学科则介于两者之间，或说两者兼而有之。

世间万物浑然一体，是相互联系的，各种科学也是相互联系的，分科是相对的，因而它们的研究对象往往是重叠的。例如，专门以人为研究对象的科学就有心理学、医学、人类学、语言学等，然后又以人的身体不同部分和不同的精神状态而进一步划分。如医学就分内科、外科、心脏科、五官科、神经科等。还又可以进一步分为心脏内科、心脏外产、眼科、口腔科等。

科学作为分科的学术的另一个含义是它以运用分析方法为主，将事物分了又分，直到不可再分的层面，相对地在上的层面为系统，紧邻其下的层面为要素，我们就可以通过衡量要素的地位对学科的稳固性或科学性作出评价。数学是第一门稳固的学科，原因就在于它的要素，即算学中的自然数和运算符号；几何学中的点、线、面、体等，是确定的、精确的。它们可以向旁划分，产生虚数、向下再划分，产生分数；向上组合，产生各种数字，但一切变化都以上述要素为基础。另一门稳固的学科是化学，它的要素就是那 100 多种基本元素，它们也是确定的和精确的。基本元素横向发展出同位素，纵向则向上结合为各种化合物，向下深入到原子和粒子层面，但基本元素是化学的基本面，其他层面是次要的，它的基本面是稳固的，化学因此而变得坚不可摧。物理学部分地采用了数学和化学的要素，也比较牢靠，尤其是它的原子论和机械论。数学和化学系统的要素对其他无机类科学都比较合适，无机类科学在总体上显得稳固，比较接近绝对真理。

在有机领域或笼统称作生命科学领域，包括植物学、动物学、生理学、心理学、医学等等，就没有这么幸运，在总体上显现不稳固，至今只能说是还处于探索阶段的学科，离绝对真理还很遥远，其中夹杂着一些方向性的错误，“庞大论”就是其一。

有机科学为什么会比无机科学困难？贝尔纳指出：前者的元素就比后者的元素复杂，复杂的事物就难以精确。他称显现生命迹象的元素为积极元素。“对生理学家来说真正积极的元素是我们称为解剖学或组织学的元素。这些元素和有机的直接提纯物在化学构造上还不是最简单的，但是，从生理学考虑，这已经是最小的了……可以肯定这些组织学上的元素比细胞或纤维的状态还要复杂。所以许多生物学家不愿意给它们取名‘元素’，而建议称它们为‘元素机体’。”今天的中学生都知道，在微观世界中，细胞或纤维距离原子，又高出了一两个层级，“元素机体”与原子的距离就更远了。贝尔纳没有明确指明“元素机体”是什么，也没有明确是否赞同这一说法，但他反对将细胞和纤维作为生理学的元素的态度是明确的，而“庞大论”恰恰这样做了，即可以断定是错误的——不是一般性的错误，而是方向性的错误。

我理解贝尔纳所说生理学的积极元素应当是感官，相应地，心理学的基本元素就是神经弧，把它们作为生理学和心理学的基础是抓住了核心，虽则离细胞——显现有机生命特征的最小单位更远，但更接近真理。科学分科的意思还包括分级或分层次，处于系统高层次的科学，如天文学、建筑学、人类学等，它们要素的层次也要求高，不能以处于系统低层次学科的要素如原子、分子、细胞为基础，否则就成了哲学，也就是具体与普遍问题。科学重点关注事物——具体的、特殊的事物；哲学重点关注关系——事物普遍的联系。

系统往下越级选择要素的方式，即将高级系统还原为低级系统，这被认为是还原主义的做法，在科学研究中经常用到，因为科学注重运用的是分析方法，尤其是数学分析。科学从哲学中独立出来后，在历史上就先后产生过多次还原论热潮。较早出现的是将万物还原为数，这与毕达哥拉斯“万物是数”的命题有关，连斯宾诺莎撰写《伦理学》都运用几何证明方法。然后是将万物还原为机械，宇宙是架大钟，动物是机器，人是机器；再后来是将万物还原为原子，不少人将它引进意识领域，罗素就自称是个“逻辑原子论者”，“庞大论”也属于这类还原论；索绪尔、卡西尔等人将万物还原为符号，人就是符号动物，人类文化乃至整个世界都被符号化；维特根斯坦为首的一伙人将万物还原为语言，哲学成了语言科学，却是语言无法描述的“不可言说”的科学，只有科学才是“可言说”的，黑格尔就致力于将哲学还原为科学。近年又向符号和数学回归，并简化为0和1两个数字，称为数字化时代。

面对形形色色的还原论，没有谁有能力作出全面的评价，惯常的态度是让它们自生自灭。它们都是人类思维的成果，万全的办法是全都兼收并蓄进世界科学文库中，存贮备用。只是我们面对现在的论题，需要明白，“庞大论”就是一种还原论，它明显违反系统论原则。

8. 替代理论：神经弧论

有大量事实表明，过分推崇大脑是不恰当的，当代大量成功的心脏移植手术事例表明，把心灵归附于心脏也不合适，“换心人”术后虽则性格有变化，但多是微小的变化，像杨孟勇那样大变的情况目前在中国还没有发现第二例，他的变化倒可以作为心脏部分拥有心灵的依据。我的观点是神经弧主导论。神经弧与感官相联系，感官活动让各神经弧产生记忆，大脑是神经弧汇聚的中心，各神经弧的运动在这里得到协调和控制，产生思维和各种精神活动。这无疑是一个大胆的设想，它有可能导致一场心理学革命。

这一理论突出之处在于把人体神经网络看作一个整体，脑只是这个整体中的一环，虽则是最重要的一环，但它的基础已经不是大脑，更不是神经元，而是神经弧，大脑只是它们交流、协调的二级中心而已，下脑或者说脑干才是最古老的、最基本的神经弧汇聚中心，一级中心，大脑是下脑的延伸物，犹如计算机的大硬盘是基本内存的延伸物。神经弧的作用方式也完全不同于传统理论。传统理论以记忆为中心，认记忆为贮存在大脑中符号化了的信息，思维就是对信息的提取和加工，因而脑容量是决定性的。神经弧论却把这一切看成是感官活动，印痕的产生和再现的运动。它不需要“大硬盘”，一切由刺激形成的神经通道错综复杂的联系产生和再现出来。要是说记忆了什么，那就是些程序——以神经通道形式，只要程序启动，就能够自动运行，结果由此产生。

按照神经弧论，半脑人和无脑人的现象很容易得到解释：不过是神经弧汇聚中心的转移罢了。如果半脑被切除，这个中心可以很快地转移到保留的半脑上。如果整个大脑不存在，它可以很方便地建立在下脑，因为下脑是历史悠久的神经弧汇聚区，第一交叉地，大脑归根到底是为帮助下脑而产生和扩张起来的，因此而被称为新皮质。这个中心转移到腹部的神经网络中也不是不可想象的事，人的精神归根到底是神经网络整体的活动，它把它的中心建立在脚底板上都不奇怪，这就是半脑人和无脑人仍然能够正常思维的原因。由于缩简了电脉冲在大脑中迂回曲折的传递环节和路线，思维的效率甚至能够提高，一些半脑人和无脑人智商不降反增就是这个道理。神经元终端所在大脑形成的交叉层（大脑灰质）只有薄薄的2.5~3毫米，实际占用的空间并不大，它因原地损坏而转移的事是完全可能发生的。

这一理论明确指出，思维不是神经元起主导作用，而是神经弧的联合作用，神经元甚至不能被看成作用单元，神经通道才是作用单元，神经元只是组合神经通道的材料而已。神经弧具有学习和记忆的能力，思维即建立在这个基础之上，这一点连“庞大论”的支持者也不敢完全否认。本文开头谢伊诺夫斯基就承认视网膜具有短期记忆的能力。他没有想到的是它来自视觉神经弧，是人在婴儿期即已铸造好的基本视觉神经通道的功能，而不是通常理解的附属于大脑的功能。你可以根据细胞的记忆功能说而强调神经元的记忆功能，将它夸大为微型电脑，但这不能作为心理学和生理学的元素，这一观点在前已有论述。

我构建这一理论断断续续费时长达20年。起初仅是对“庞大论”提出批判，后来构建替代方案，先拟采用神经回路论，发现自己的理论与现有的神经回路概念不相符，更接近神经链和反射弧概念，综合两者，最终确定为神经弧。

9. “庞大论”可以休矣

人体共有12对脑神经，31对脊神经，本书将它们组合成9条神经弧，考虑到每一条神经弧的神经通道数以万计，它们的组合也是庞大的，我的理论在这方面看也是“庞大论”。不过，读者看到这里都不会混淆这两种“庞大论”，它们性质完全不同。为了区别这两种理论，我把自己的理论称作“神经弧论”，我是以“神经弧庞大论”反对“神经元庞大论”。

“庞大论”目光专注于神经元的数量及其利用率，这种做法犹如意图通过研究计算机硬盘包含的记忆元件和它们的组合去认识计算机，还把制造记忆元件的材料误认作元件，其无效性是确定无疑的。

与之相对的“神经弧论”，把不同性质的神经弧作为神经系统的要素，并确定听觉神经弧为系统的核心要素，这才是系统的真面目。“神经弧人”才是真正的人，“神经元人”、“突触自我”是虚假之人，“大脑潜力庞大以致无限”之论可以休矣！

心理学革命发凡

作者既然意在以此书推动心理学革命，对心理学的历史作个简单的回顾，对自己的理论作个简明扼要的论述，也就是必要的了，因而产生本文。

1. 反映论心理学

讨论这个课题，我们就从曹日昌和彭聃龄各自的《普通心理学》开始。

两书的开篇都谈论心理学的对象，言简意赅就一句话：“心理学是研究心理现象的科学。”两大命题是：心理现象是脑的机能；心理现象是客观现实的反映。

一个学科的对象和它的定义是密切联系的。他们的书中所指的对象就是定义的核心内容。目前流行的定义是：心理学是研究人的心理现象的发生、发展和活动规律的一门科学。关键词仍是心理现象。美国心理学家詹姆斯给心理学作过一个比较接近的定义：“心理学是关于心理生活现象及其条件的科学。”现象指情感、欲望、认知、推理、决定等，它们最终归属于灵魂。

另外还有从行为主义、人本主义、认知科学角度作出的定义：心理学是一门阐释人的行为及其心理规律的科学；心理学是“人”学；心理学是“我”学；心理学是“大脑”学；等等。

什么是心理现象？曹书中指出，心理现象就是心理活动即心理过程，包括认识、情绪、意志等，它们就是心理学的对象，与詹姆斯的提法稍有差异。又说，心理现象是神经组织的活动所产生的，是客观事物和人相互作用的结果，更具体地说，就是客观事物反映到人脑中产生的现象。据此，我称之为反映论心理学。

从现象到本质，这是亚里士多德探索真理之路，也是科学界的主干道。柏拉图的道路是从本质到本质，即从理念到理念，已被大多数人遗忘。

2. 心理学是灵魂的科学

心理学作为一个专门术语在1502年第一次出现。一位名叫马如利克的塞尔维亚人在这一年首次用“psychologia”一词发表了一篇讲述大众心理的文章。之后，“psychology”成为心理学的英语专有名词。很明显，它来自希腊文“psyche”和“logos”，“psyche”中译为“灵魂、心灵、精神”之意，心理学就是“灵魂的科学”，亚里士多德的《论灵魂》就是第一部心理学经典著作。

人和动物都需要认识世界，认识世界的能力已经变成人和动物的本能或天赋。为生存，动物和人一降生到这个世界上，起码要具备认识食物这个本能，即要认识哪些植物和动物是自己的食物，哪些动物将自己看做是食物，之后一切认识以此为中心展开。

在认识上，人比动物高明之处是，不仅要求认识世界，而且要求“认识你自己”。这个任务是希腊人提出来的，动物对后一种认识完全无知。

人有身体和灵魂，两者既有区别又有联系，共处一体，密不可分。希腊人却把两者区别对待，并将灵魂放在第一位，这种做法本身是一种智慧，“认识你自己”就需要这种智慧（只有灵魂有认识能力），灵魂本身也是最重要的认识对象。

从古到今，世界上大多数人关心的是吃、喝、住、穿和生育，属于身体福利；古希腊却有一大批人吃饱无事专门琢磨宇宙的本原，还分成两大派。一派把本原定格于物质，如水、火、气等；另一派定格于非物质，如数、无限者、不确定者等。非物质在现实中不存在，只可能存在于人的心灵之中，阿那克萨哥拉第一个提出心灵论，指出心灵是一切运动的动力和源泉。然而，在希腊，更古老也更强大的信仰是灵魂论，它不仅是一切运动的动力和源泉，而且是万物的本原，心灵也来自灵魂。

灵魂论的集大成者是柏拉图。他认为灵魂是造物主用最优秀的元素创造出来的最美好的创造物，从它之中产生物质宇宙。灵魂在进入人体之后受肉体欲望的影响而变坏，灵魂是人首先要关注的，一切学习与研究的最高目标就是灵魂。虽则没有明确划分，实际上柏拉图和亚里士多德就给后人定了个界限：哲学负责灵魂，科学负责身体。

随着亚历山大远征，希腊文明扩及埃及、印度和阿拉伯世界，但影响不大，因为埃及等各有自己的文明而且他们的文明更古老，古老的文明不容易接受外来文明，这是普遍的现象。希腊文明对欧洲人的影响应当是巨大的，因为他们自己的文明模糊，但希腊文明对欧洲人的影响却姗姗来迟。日耳曼人走出黑森林后，最初接触到的不是希腊文明，而是基督教文明，懂得人有灵魂，却是罪恶的，人生要想幸福，除了赎罪，别无出路。通过曲折的道路最终接触到亚里士多德和柏拉图后，才发现个人的能动性，懂得追求幸福是每个人的权利，这时已经是15世纪前后的事，基督教正处于鼎盛期。

在希腊文明的启发下，在科学革命直接的推动下，欧洲人开始“认识你自己”的活动，但不敢忤逆基督教，也不敢触动灵魂课题，而从认识自己的身体开始，但维萨留斯、塞尔维特和哈维等人，仍然没有能够逃脱厄运，塞尔维特被烧死，维萨留斯被迫出逃并死于途中，哈维的工作也不顺利。

接着，轮到笛卡尔出场，他显然认识到灵魂的重要性，知道“认识自己”最重要的任务是认识自己的灵魂而不是身体，基于上述同样的原因，他尽量推崇心灵而回避灵魂。他将灵魂定位于人脑中的松果体，又用意识取代灵魂，称意识为心灵的本质，这样绕来绕去，说话含糊其辞，似乎是与基督教捉迷藏，他实际上是欧洲第一位灵魂革命家，笛卡尔伟大之处就在这里。一切革命之中，惟有灵魂的革命才是真正的彻底的革命。

此后目光敏锐的欧洲人纷纷接过笛卡尔的旗帜，开展探索灵魂之旅，也接过他的手法，回避灵魂论，以心灵、精神代之，走科学研究、知识探索的道路，心理学研究就是在这个背景下开展起来的。悄悄接过马如利克给心理学的命名，却又以科学、以知识的名义研究心灵和精神，最终将灵魂科学转变为大脑科学。当然，这里也与欧洲人偏爱知识的传统相关，而不完全是宗教压力所致。

3. 心理学变成了大脑科学

前面提到希腊人在学术上的一个分类划界是：哲学负责灵魂，科学负责身体。灵魂首先是哲学的研究对象，也是心理学的研究对象，心理学本来就属于哲学，亚里士多德的《论灵魂》就是他的心理学代表作，psyche就是他在那部书中使用的关键词，他使用的另一个词“隐得来希”（entelecheia）的含义与之相近。2 000多年后正式建立的心理学（自1879年冯特建立第一个心理实验室开始）是一门科学，心理学就得从哲学中退出，从侧重于灵魂转而侧重于身体，自然就将焦点聚集于大脑之上，因为笛卡尔认定的松果体紧邻其下。

长期以来，灵魂论是宗教垄断了的课题，心理学研究成了禁区，一直处于沉寂状态，在马如利克论文发表后两三个世纪内仍然是了无生气，只有笛卡尔、洛克、休谟、贝克莱等几位哲学家在那里轮流独唱，直到19世纪末才开始热闹起来，一大批天才突然涌现。冯特、海克尔、弗洛伊德、荣格、阿德勒、皮亚杰、布鲁纳、斯佩里、艾克尔斯等是其中知名度较高者，争先恐后发表己见，争论和疑问随之而起。例如，精神、意识与脑的关系，心理与神经的关系，心理学与生理学的关系，定位主义和整体主义的真伪，等等。斯佩里的裂脑人实验出来后，又产生人有一个精神还是两个精神、一种意识还是两种意识之类的争论。

这些争论和分歧归结为心理学的对象之争，至今结果未明，但仍然有比较确定的共识。把大脑作为精神、意识、智能中心，算是在先达成的共识。把研究内容确定为大脑的生物、化学和物理功能，也算是一种共识。分歧最大的是意识、意志等课题，大多数人将其排除在心理学研究之外，认为其主观色彩太浓，不属于心理科学的研究对象，一些科学家如巴甫洛夫根本不容许研究人员在他的实验室中提到这类词语。海克尔、詹姆斯、艾克尔斯、斯佩里等人则是倡导者。把心理活动定位于大脑是比较古老的观念，起码可以从笛卡尔算起，进一步定位于神经元则是存在争议的，直至系统论、信息论、控制论、认知科学和计算机科学兴盛，才算比较统一，出现了“庞大论”。

“庞大论”是随认知科学而来的，前面提到的司马贺教授就是个领军人物，迅速形成热潮，很多人一下子就转到这个理论上来。波普尔与艾克尔斯合著的《自我与脑》一书中提到巴罗的观点：“神经细胞的活动就是思想过程”，就可以认为是“庞大论”的原理。艾克尔斯并不赞同此论，他致力于创立的是自我意识论。

那时，大脑的神经结构已经逐渐清晰，大脑皮质被按功能分区定位，一些神经回路也能够比较清晰地描述出来。随之而来的一个疑问是：这些功能是如何起作用的？是自由主义地各行其是还是服从一个“独裁者”管理？这就牵涉到意识或意志的课题。艾克尔斯的自我意识就是个“独裁者”，它负责辨认、选择、整合大脑的各种信息，一切从意识而来，又返回到意识中去，意识是第一性的实在。自我与脑两者的关系是：自我是主动的，大脑是自我的工具。他认为这个自我意识是独立于大脑的另一个实体，源自超自然力量，那就是神——不过他没有明确说出来，这一观念可以说是来自黑格尔。尽管如此，艾克尔斯承认大脑有个控制中心，而“庞大论”在这上面却是不明确的，倾向于一种“无政府主义”。

4. 心理学的第一关键词：自我

美国华盛顿大学心理学教授乔纳森·布朗于20世纪末编写了一部颇为新颖的心理学教材，书名就叫《自我》。布朗在导言中指出，近100多年来是心理学百家争鸣的年代，最初唱主角的是19世纪末的詹姆斯，他强调的就是自我意识，被学界称之为自我心理学。到20世纪，他的理论先后被新兴的行为主义浪潮和认知科学浪潮所淹没。布朗引用奥尔波特的感叹说：“现代心理史中一件最让人感到不可思议的事情就是对自我的研究变得次要甚至不重要。”这种“不可思议的事情”到20世纪后期，才算有了转机，产生了波普尔与艾克尔斯的自我意识论（1970年），布朗教授的“自我”讲座和相应的教材（1990年），以及其他人相关的论著。

令人感到欣慰的是，这种变化没有成为过眼烟云，而是逐渐增强，进入21世纪后得到扩大，形成一股潮流，并波及中国。中国传统文化的核心是人伦，强调的是人际关系，而且是等级式人际关系，与自我论并不契合，目前正在经受这股潮流的冲击，一个标志是北京师范大学出版社2007年出版的一部以自我为主题的论著：《文化与自我》。它分析了西方的独立型自我观与东方亚洲互依型自我观的差异，提出“自我在哲学、心理学与神经科学上的一致性”的看法，认为“通过对自我与文化的关系的研究能更透彻地理解文化对人们心理过程与行为的影响”，确立文化与自我的研究在文化心理学研究中的突出位置。书中提到北京大学哲学教授张世英的文章《超越自我》，认为它是“中国哲学史上关于自我的文章的第一篇”。其他高等院校的心理学教材也陆续添加了意识和自我的内容，使心理学向它已经偏离很远的哲学源头回归。如2005年复旦大学朱宝荣著的《心理哲学》，就将心理学与哲学从交叉学科的角度进行研究，将两者的距离拉近，意识的内容也被置于显眼位置。虽则只走了一小步，却是一个新的开端。

自我——精神自我——无疑是心理科学的第一关键词，缺乏这个词，就不是心理学，而可能是生理学、生物学或其他科学。将动物与人的心理放在同一尺度上衡量，即比较心理学，就是一种混乱的表现；排除自我意识的行为主义也不是心理学，而是实验生理学之类。人与动物的根本区别是人有精神，动物没有，它们的一切行为出于本能，要说它们也有自我意识，则只能是肉体自我意识。现在心理学教科书上所论的心理活动，如记忆、思维、注意、意志等，实际上均以精神自我意识为基础，大多数心理疾病就是精神病。可以说，心理学是专属于人的，因为精神自我意识仅属于人。心理学不排除动物本能研究并通过这种研究间接认识人的心理活动，但只是作为手段，而不是心理学的目的。这是詹姆斯与行为主义者、实证主义者、机能主义者之间根本的分歧。

詹姆斯认为，自我主导人的各种心理活动，“自我是个人心理宇宙的中心”。他将自我进一步划分为主我和宾我，英文分别为“I”和“me”，心理学就是主我审视宾我的学术。人既是研究主体，又是研究对象：“I examine me”，如笛卡尔说的，“以心灵的眼睛去注意自身”。这种说法适合个体心理学，同样适合群体心理学，后一种情况不过是宾我的扩大罢了，个体心理学是基础，群体心理学是其运用。可以说，形形色色的心理学都必须有主我和（改头换面的）宾我在场，否则就是其他门类的科学。

心理学属于科学，又不同于其他科学，就在于它有自我的特点，由它的研究对象的特殊性所规定。

按照笛卡尔的二元论，我将詹姆斯的两个自我分别确定为精神自我和肉体自我，心理学就是精神审视肉体的科学，也就是灵魂审视肉体的科学。肉体自我没有自觉性，它就是本能，精神自我才具有自觉性、主动性，因而能够对肉体自我起监督作用。动物有肉体自我而无精神自我，精神自我仅属于人，人同时拥有两种自我。

5. 心理学的第二关键词：内省

自我是心理学研究的主体和对象，内省则是心理学研究的方法。

内省也称自我观察，它的英文是：introspection，是心理学这门科学独特的研究方法。心理现象不同于物理现象和化学现象，后两种现象多发生在身外，心理现象则发生在每个人的内心。人不能看到别人的内心，却能体验到自己的内心，如美国人本主义心理学家罗杰斯说的，只有当事人知道伤痛在哪里，该往何处去，关键问题是什么，哪些经验被深深埋藏着。对罗杰斯来说，体验就是最高的权威，是确定性的试金石。个人的经验是权威的基础，它总是能够以一种新的、基本的方式得到检验。通过这种方式，常见的错误或谬误总是可以得到自我修正的机会。但这种方法是有争议的。科学强调客观性，内省属于主观观察，科学与内省是不同的。

古典内省专指冯特和他的学生铁钦纳的实验室内省。冯特力图让心理学从自然科学中区分出来，所做的就是让内省与实验结合，成为心理学的一种主要方法。构造主义心理学的代表铁钦纳认为，自然科学以客观间接的方式研究经验，而心理学是完整直接主观地处理经验，最初的题材是相同的，都是经验。他认为心理学应像化学那样寻找它的元素，以作定性、定量分析，这无疑是贝克莱与马赫的元素主义的延伸。为便于观察、重复和验证，他们将实验限于简单的心理过程和训练有素的内省观察者。

尽管如此，他们的实验仍然是困难重重。心理研究需要与行为研究结合，通过观察研究可见的人的行为去研究不可见的人的心理，才是富有成效的途径。于是，出现了两者结合的机能主义和紧随其后的行为主义，研究范围也扩大到无内省能力的儿童和动物身上，内省法走向终结。心理学从主我审视宾我，我研究“我”，转变为我研究“他们”。

然而，心理学的对象是灵魂或心灵，研究人的灵魂或心灵，最合适的方法必是内省，是我研究“我”，即使不排除我研究“他们”，但最终还是回归到我研究“我”。笛卡尔进一步将心灵的本质确定为意识，我们就可以以意识而不是心灵作为心理学的对象，因为意识更具体，也更感性，更适合作为科学研究的对象。海克尔又将意识区分为客观的世界意识和主观的自我意识两大类，他虽则引用叔本华的观点，指出前者是灵魂活动的主要部分，但起主导作用的还是自我意识。“它是我们自己全部灵魂活动的内在反映，是所有表象、感觉和意向或意志活动的内在反映。”我据此把他的心理学说成是反映论心理学。

反映包含了内在灵魂的活动，也包含了外在世界的表象，统一由自我意识主导，自我意识是全部认识的主体，理所当然地成为心理学的主体和对象。

虽然泰勒斯说过，“人生最难是自知”，但比较起来，知人更难，知己相对容易，“认识你自己”只有依赖自我意识去完成。从这段话看，虽然我们把海克尔的心理学称作反映论心理学——他没有明确自己的心理学的叫法，他这部书也不是心理学专著，却与目前仍在流行的反映论心理学显出根本差异，后者没有自我意识甚至没有意识的内容，更别说将它作为认识的主体。

6. 心理学的第三关键词：神经系统

哲学关注灵魂，科学关注肉体，心理学是灵魂的科学，作为科学，它不能够只关注灵魂，而不关注肉体，正确的做法是两者结合，并以灵魂的改进为目的。灵魂依附肉体而存在，它不是依附在肌肉和骨头之上，也不是依附在循环系统、消化系统等系统中，而是依附在神经系统中，神经系统就是心理学的第三个关键词，我们直接把它看做是人的灵魂。神经系统既是心理组织又是生理组织，是形而上学和生理学的结合体，作为心理学的对象是最合适的。神经系统是个整体，作为科学研究的对象，还需要对它进行分解，这就是神经弧论。

神经弧论在这里描述了一幅十分清晰的全新的图画。它把心理学的对象从大脑扩展至整个神经系统，各感官及其神经弧是其骨架，其中起核心作用的是听觉神经弧，它主导全部人的精神和意识活动，它所在的下脑是神经系统的司令部。神经系统和神经弧是心理和生理结合的产物，只因研究的侧重点——心理为精神，专属于人；生理为肉体，范围扩大至动物——不同而分列开来。

各种版本的心理学教科书，都有“心理的生理基础”这个内容，提法有差异，基本依据无一例外都是大脑中心论，连詹姆斯都将他的自我依附于大脑，下脑和神经系统整体受忽略，神经系统的核心被错置，也就将心理学导入了一条死胡同。

7. 想象一场心理学革命

讨论至此，我们就可以从心理学纷繁多样的理论堆中超脱出来，形成一个清晰明白的定义：心理学是以神经系统为生理实体而研究精神自我意识的科学，新的名称就叫精神心理学。用詹姆斯的话来说，心理学就是主我研究宾我的科学——只是借用他的词语，意思并不一样，他说得也没有这么明确。顺着他的思路，心理学就是灵魂审视身体的科学。精神心理学与斗争进化论的研究对象是相同的，都是精神自我意识的产生及其表现形态，只是前者以神经系统为物质实体而后者以人类动物祖先为物质实体，具有更多的历史性和动态性。

从生理学出发，詹姆斯和其他科学家都没有脱离大脑主导论。自我意识论、人本主义、行为主义以至认知科学均围绕大脑做文章；神经弧论是独特的，称得上是一种革命理论。前者让人的自我隐匿在错综复杂的神经元网络之中，精神自我与肉体自我合二为一，变得神秘而且难以理解；后者让人的精神自我与感官结合，自我意识从人的一言一行中显现出来，提供了一条清晰明白的认识自我、提升自我的途径。

精神心理学的研究主体和研究对象都是精神自我，即都是神经系统，具体指向则有别。神经系统由神经弧组成，心理学的主体和对象指向不同的神经弧。作为主体，是听觉神经弧，就是那位“联合办公室主任”；而作为对象，则是整个神经系统，即“联合办公室”全体成员。它有三个含义：第一，研究主体是我。第二，研究对象是“我的”。第三，研究手段是“我思”。

神经弧论、恒欲论、斗争进化论、精神心理学几种理论是紧密关联的、构成独树一帜的学说，是一套新颖独特、逻辑严密、有理有据、自成体系的理论，有望承担心理学革命的重任。

下　篇

真理、知识和理念

科学是什么?《新华字典》的解释是：反映自然、社会、思维的客观规律的分科的知识体系。简而言之，科学就是知识，发明哲学和科学的古希腊人确实是将科学看成是知识：哲学是综合性的知识，科学是分科的知识。知识有个来源，就是真理；真理也有来源，就是智慧。智慧是真理和知识之源。柏拉图将智慧称为善的理念。我们有必要认识真理、知识、理念三者之间的关系。哲学和科学上众多的争论，就出在对这三个概念及其相互关系认识上的混乱。

1. 真和真理

对中国人来说，“真理”是个外来词，它的英语词（来自希腊文）是“truth”。“truth”来自“true”，为“真实、真相、实在”的意思，强调的是“真”——求真；中文“真理”一词来自日文，这个词的含义为“正确的理或正确的思想”，强调的是“理”。“理”字，在《庄子》中大量出现，主要意思是“道，理”和“天理”。“天理”后来成为朱熹理学的核心，与“人欲”相对立，用来诠释真理显然不合适。之后，西方的科学观渗人，“理”逐渐泛指宇宙万物的机理，其中最重要的是规律。“规律”的英语词是“law”，它也解作“法律”。法律讲究事实、尊重事实，它也就和自然规律一样必须遵守，因而法律可以作为人的行为的准则。这一观点是18世纪法国思想家孟德斯鸠《论法的精神》一书的基本思想。

西方人有一种求真精神，真理不仅“真”，而且是追求的对象，是从求真发展而来，即“truth”来自“true”。真理不像太阳那样自身发光，照亮万物；它像深埋地下的煤炭和石油，需要人挖掘出来，引火点燃，才会迸发出耀目的光彩。求真精神首先表现在法律上，然后是辩论、研究社会生活的方方面面，让万物真相大白于天下。法制、哲学和科学就是在这种精神指引下一步步发展起来的。

中文中也有“真”字。这个字在老子的《道德经》中就出现三次（“其精甚真”、“质真若渝”、“其德乃真”），主要是“真正”、“正宗”的意思。庄子还提出“真人”的概念，指他观念中的理想人物——修炼有成、品德独特的高人，也可理解为是庄子自我的理想和他对老子的写照，但没有求真的意思。中国自古实行的是人治，一切由统治者说了算，求真或揭示事物真相的想法和做法都是不允许的，能对某些事物认“真”就不错了。缺乏求真精神，使中国人的“理”失真，成为形形色色的独断论。

从上述词义的诠释，我们看到了中西差异。理，无论是“天理”、“地理”、“人理”，均指现存的“理”，他人规定好的“理”，在中国往往就是统治者及其御用文人制订的“理”，是一般人要认识并遵从的，而不是探索的对象。它不会得到改进，是泥古不化的、僵死的，歪理不会得到纠正。西方的求真精神却不满足于现存之“理”，不受现存之“理”的约束，不管真理“真”到什么程度，从不停止求“真”活动，让相对真理越来越接近绝对真理。

美的和善的要求同时是真的，然而，此话不能反过来说，因为真的不一定就是美的和善的。历史事件大多数是真的，历史学家的一个任务就是确定全部历史事件的真伪性；每天发生在我们身边的也都是真人真事，千真万确的事。能说历史事件或现实事件都是美的和善的吗？真只是研究的手段和过程，美和善才是最终追求的目的。那种“真善美”一体的提法并不恰当。柏拉图强调美和善，很少提到真，但频频提到真理，因为真理当然是美的和善的。

2. 真理来源于信念，知识来源于真理

“知识”一词在《理想国》中出现的频率很高，柏拉图实际使用了两个词：“επιστημη”和“επιστημοσυνη”，分别相当于英语的“science”和“knowledge”。据中译者介绍，英语这两个词前一个出自拉丁语，后一个出自古英语，原义均为“知识”。但在实际应用中，不像中译者说的那么简单，它们在使用范围和性质上有明显的区别，另外我们发现，两词均来自希腊文。

“science”现在一般解作“科学”，但在古希腊仅作“知识”解，指分科研究获得的知识，尤其指通过观察获得的知识，有单数和复数两种形态。柏拉图提到的“建造房屋的知识”（“the science of house-building”）用的就是这个词。在《理想国》中，中译者有时把这个词译成“知识”，有时译成“科学”。

“knowledge”一词比较古老，从“know”（知道、认识）变化而来。按辞典解释，这个词还有“了解”、“理解”（即认识）之意，而且是第一解释；“知识”是第二解释，泛指知识整体，包括全部“science”和其他知识，属于抽象名词，没有复数形式。若两者都称作“知识”，前者就是“狭义知识”，后者是“广义知识”。

中文“知识”一词可以分开看。“知”，就是“知道”，表示一个人从他人或外物获得的认识，即通过教育和实践得到的认识，主要是通过感官获得的认识，相当于信息；“识”，就是“分辨”，表示一个人对事物的辨别和确认，是通过理性（分析、推理、计算等）获得的认识，需要鉴赏力和判断力。“知”是外部的，是手段；“识”是内部的，是目的。两者合起来的意思为“经过辨别而被确定的认识”。

知识早已是一个社会化了的概念，它是人们付出劳动获得的结晶，是一种综合性的社会劳动成果，是有价值而且能够创造出新价值的文化产品，知识成为社会的精神财富。在市场经济体制中，知识是一种商品，有专利，可以买卖。国家和个人掌握的知识的数量和质量，成了国家和个人精神富裕程度的重要指标，就像拥有金钱和物资

的数量成了国家和个人物质力量强弱的一个重要指标一样。知识往往比金钱更强而有力——你能只用金钱造出原子弹吗？因此，培根说“知识就是力量”。

一般认为，知识来自认识，认识是学习的过程，知识是学习的结果。人的认识一般存在两个阶段：感性认识和理性认识。依靠感官对事物表面的数量、大小、外形、颜色等的认识属于感性认识，通过对事物表象进行分析和推理达到对事物本质的认识，属于理性认识。柏拉图认为，感性认识不包含知识，理性认识才包含知识。数学，在我们看来是真正的知识，但柏拉图认为，数学需要假设，故列在知识之下，称为推理。至于物品分类、计算技巧、操作技术、生产技术等，就更算不上知识，只能算是些“意见和技艺”了。当代大学不少课程就只属于“意见和技艺”（信息），而不是柏拉图所指的知识。

知识与真理的意思很接近，都是指对事物实在的即本质的认识（黑格尔说：真理是被认识到或被思想到的本质）。它们之间的差别在于来源（即产生过程）不同：真理来源于信念（belief），知识来源于真理（主要的但不是唯一的来源）。真理来源于信念有据可查。某辞典相关的条目分别为：

belief：sth accepted as true or real

（信念：被作为真实接受了的事物）

truth：fact，belief，etc，accepted as true

（真理：被作为真实接受了的事实、信念等）

上述条目清楚地说明了两者关系。至于真理和知识的关系，柏拉图直接将它们看做是一体的。他说善是知识（science）和真理的原因，而后者（真理）“目前已经隶属于知识”（of truth in so far as the latter becomes the subject of knowledge，此语被翻译为“认识中的真理”，见《理想国》单行本，又译为“迄今为止所知的一切真理”，见《柏拉图全集》508E），科学（science）和真理都是知识（knowledge），都来源于善的理念，因此，柏拉图没有将真理单独列入认识的几个阶段中。这些告诉我们，真理、知识、信念不是什么客观事物，而是观念性的事物，是个人认识或社会共识。虽有国家信念、宗教信念一类的说法，信念仍然具有较多的个人属性，而真理和知识（概念、理论、思想等）具有明确的社会属性，它们是社会的公共资源。

按照柏拉图的理论，人们在日常活动中所接触的是实在的影像，开始时获得的只是意见中最低的一种认识，称想象（perception of shadows），即叔本华所说的表象（representation）。不同的人坚持各自的想象就形成信念。信念是主观的，因人而异。对同一事物，如果所有人意见一致，信念完全相同，就直接成为公理或知识。如果不是这样，而是持两种以上的信念，尤其是存在相反的信念，因为正确的只能有一种，就需要一个辩论和确认的过程。经确认后，正确的信念就是真理，而与它对立的那一种，就是谬误了，其他的信念虽不是谬误，但不那么合适，就被淘汰了。因此，有“真理是在与谬误斗争中产生”的说法。但大多时候与真理同时存在的只是不同意见，并非对立的，比较稳妥的做法是，把真理说成是已经被普遍确认并接受的信念，即以上辞典所提供的关于真理的定义。

正像信念一旦被公众广泛确认后就不再是个别人或少数人的信念而成为真理或公理一样，真理一经公众确认后立即会变成知识或常识，真理就是知识的来源。讨论至此，我们对真理和知识的认识就进入一个新阶段，不仅超出上述辞典的规定，而且超出柏拉图认识四阶段的规定。

现在可以确定，真理和知识的关系就是源泉与贮存的关系。真理是源与原，即源泉和本原（本质），是存在和实在（being and essence）。知识是由真理转变而来的，是对真理的文字描述。真理用知识来描述，但知识比真理的范围更广。人的认识活动是探索真理的活动，而知识既是对真理的描述又是对这种探索过程的描述。真理是本质，知识只是它的描摹、它的文字说明。这种情况又产生两者之间的一个显著差别：真理是个过程，而知识是它的结果。真理在确认前是信念，在确认后是知识，它独立存在只是一瞬间，而知识却可以长久存在，是对真理的描述和“存档”。

这里所说的知识就与柏拉图关于知识的概念不同，他所说的知识全部是正确的，没有任何错误，等同于真理；我们现在讨论的知识则不可能是完全正确的，它包含过程的描述和反面的（即失败例证的）描述，描述本身也可能出现错误。今天我们经常挂在口头上的知识范畴早就是有对有错的，只有真理不包含任何错误。例如，我们普遍认同日心论是真理，地心论是谬误，但它们两者都是知识，甚至都是常识。又如唯物论和唯心论是哲学上对立的两大派，各自声称自己是真理而对方是谬误，但它们无疑都是知识。有神论—无神论、独裁政体—民主政体，保守派—革命派，有产阶级—无产阶级，等等，情况类似，不认识一方，就不认识另一方。

真理与知识是源泉与贮存的关系，因而是相互联系、相互依存的。知识对真理的依赖是明确的。没有真理这个源泉，它就没有什么好贮存（存档），就像水源与水库或江河的关系。而真理固然是知识的源泉，但它也不能脱离知识。人们探索真理首先需要建立信念，建立信念就需要知识，没有知识的人就不可能产生什么信念，只可能有些影像（柏拉图用语）或表象（叔本华用语），探索真理和描述真理就更需要知识。此外，寻找真理的活动不一定像找矿藏那样要在实际中进行，它可以在知识堆中寻找，即通过运用知识和研究知识寻找真理。数学与天文学上的重大发现（在成为知识之前就可视同真理）大多数是靠这种方式产生的。哲学也是这种情况，因此哲学家大多博学。他们不是为了增长知识而学知识，而是出于探索真理的需要而学知识。这就是说，知识反过来成为真理的源泉。真理和知识互为对方的原因——但真理作为知识的源泉是主要的。这种关系类似水源与水库、江河的关系，它们互为源泉（但水源作为江河的源泉是主要的），谁也离不开谁。

真理与知识这种关系表明，不仅知识，而且真理也是有对有错的，长久以来，我们将真理的地位无限抬高的态度是不恰当的。真理分为绝对真理和相对真理，绝对真理是绝对正确的，相对真理只是相对正确，即在此时此地为真，而在彼时彼地就不一定是真的。前者无条件，后者有条件，后者像知识一样，是有对有错的。我们相信，没有人能够达到绝对真理，人们挂在嘴边实际认识并得到的只能是相对真理，把真理敬若神明的做法是不恰当的。

从“哈佛校训”和一般人的表现看，对智慧、真理和知识三者的关系，大多数西方人也是含混不清的，普遍将真理摆在第一位，知识其次，智慧在后或与真理相混淆。

这些词语对中国人来说都是外来的，在传统上都是空缺的或不完全的。传统中华文化就是有“知”无“识”、有“真”无“真理”的文化，没有知识和真理的概念，不懂也不敢追求知识和真理。智慧（一些版本为“慧智”）一词虽出现在老子的《道德经》中，书中多处出现的“智”字也有智慧的意思，却是要抛弃之物：“绝圣弃智”。庄子则连知识也抛弃：“绝圣弃知”，中国古代人确实知道并努力追求的是财富、权力和家庭兴旺，以及相应的人伦道德知识。

3. 知识与理念

理念，按照柏拉图的说法，就是事物的本原、原型和理想状态。事物只是理念的副本、摹本、影像。理念是绝对的、永恒的，事物是相对的，生灭变动的；事物是看见的对象，不是思想的对象；理念则是思想的对象，不是看见的对象，事物只有分有理念，才是所属理念的事物。在理念世界中，处于顶端的是善的理念和美的理念，它们是所有理念的属性。理念是学人首先要掌握的，如果不能首先认识理念，其他知识无论认识多少，都是没有益处，也是学不好的。

然而，所有理念都是看不见而且不能够描述的，属于维特根斯坦所说的“不可言说”之物。柏拉图认为，人通过学知识认识事物，各类知识与各类事物相联系，绝对知识（absolute knowledge）能够认识绝对真理（absolute truth）和绝对存在（absolute being），但人不能分有绝对知识，人实际能够拥有的只是具体事物的知识，因此，人不能认识美、善和其他所有能够以绝对形式存在的事物（即理念）。

因此，“一个人能够认识许多美的东西，但不能认识美本身，别人引导他去认识美本身，他还总是跟不上……”就是很普通的现象。

维特根斯坦认为，对“不可言说”之物保持沉默，但柏拉图却运用从理念到理念的方式论述，黑格尔运用从概念到概念方式论述。理念和概念不同之处在于：理念属于智性范畴，不能用语言描述；概念属于知性范畴，可以用语言描述。对“不可言说”之物进行描述，是困难的、勉强的，不能抱太高的期望。老子虽则主张“知者不言”，他自己仍然给后人留下了五千言，且不少还是“不可言说”之言。他探讨天地的始源就属于“寂兮寥兮”、“恍兮惚兮”、“惚兮恍兮”不可言说之物，他的办法是“强字之曰道。强为之名曰大”（《道德经》），这个“强”字就是勉强或强行的意思（有些版本缺乏第一个“强”字）。智性范畴的事物大多数属于“不可言说”之物，如果要论述又不想或没有能力进行老子和庄子所推崇的“不言之教”，就要用语言“强”说“强”写出来——恐怕就是黑格尔所说的“理念概念”了。但不要因此而认为上述思想来自黑格尔。黑格尔认为“凡不可言说的，如情绪、感觉之类，并不是最优良、最真实之物，而是最无意义、最不真实之物”（《小逻辑》），不值得关注。

不仅“理念概念”，我们现在所用的概念全都是这样用语言强说强写出来的，与理念存在或大或小的距离，因此总是不理想，似乎没有充分表达事物的真实内涵。科学家全部的工作可以归结为修正和充实概念内涵的工作，对思想家、政治家和其他人的工作也可以这样看待，人类文明就是用各种方式推动概念不断接近理念的过程，这个过程永无止境。概念是知识的核心，知识就是科学，这也就是科学不断接近哲学的过程，这是永无止境的——走在曲折的道路上。目前是反其道而行之：让哲学向科学靠拢。

概念是知识的核心内容，知识的来源是真理，概念就是真理的知识形态，可以称为相对真理，概念就是相对真理；相应地，理念就是绝对真理，人类文明的过程也就可以从这个角度说是相对真理不断接近绝对真理的过程，这个过程永无止境。

4. 追求真理

虽则这是人人喜爱的目标，但付诸实践的只是少数人，这原因在于对真理的理解有差异。一般认为，真理就是事物的真相，是客观存在，不带任何主观性，与人无关或“比人更高大”（别林斯基语），真理至高无上。不晓得真理需要人去追求才能获得，因而尊重真理的追求者和发现者要甚于真理本身的道理。最典型的是“哈佛校训”：“与柏拉图为友，与亚里士多德为友，更要与真理为友”，这将真理摆放在真理之源的发现者柏拉图与亚里士多德之上。

人们尽管对真理趋之若鹜，但对真理的来源并不是那么清楚的，大多数人是糊涂的。

一般人的回答是实践，因而有“实践出真知”和“实践是检验真理的唯一标准”的说法。真理有一部分确实可以说是来自实践，主要指那些不言自明、一看就懂或约定俗成的公理和常识，如：万物生长靠太阳，水向低处流，种瓜得瓜，时不待人，人都会死……但很多真理却不是来自实践。最明显的是日心论，它是反实践的，而众多所谓社会真理、普世价值，却站不住脚。

基督徒信仰上帝，相信真理来自上帝，上帝至高无上，“一切来自你，一切通过你，一切在你之中”，真理也在上帝之中。在《小逻辑》中，黑格尔就多次提到“上帝是真理”、“上帝是精神”，追求真理就是崇敬上帝。一个人若能把世间万物看做是上帝完美的作品，像崇敬神明一样对待自己的研究对象，以虔诚的态度对待自己的工作，他就会比没有任何信仰的人更有希望发现真理，这就是基督徒中产生众多科学家的原因。即便不是基督徒，以这种态度从事科学研究，也是大有助益的。

但牵涉到对宗教和神的态度，则要问，想从神那儿得到什么？回答大体上就两种：为身体或者灵魂。抱着前一种目的的人得不到真理，即便他对神也十分虔诚，但他对神祈求的只是保平安和家庭幸福一类，并不是真理，他根本不关心真理，神也就只可能将真理赐给后一种人。

真理最基本的内容是科学真理。科学研究的对象是自然，人和社会都纳入自然的体系中，追求科学真理就是探索自然奥秘的工作，它与人的主观精神不可分。黑格尔指出："……但须知，自然并不是一个固定的自身完成之物，可以离开精神而独立存在，反之，惟有在精神里自然才达到它的目的和真理。同样，精神这一方面也并不仅是一超出自然的抽象之物，反之，精神惟有扬弃并包括自然于其内，方可成为真正的精神，方可证实其为精神。"（《小逻辑》）更简单、更肯定地说，就是："自然不能离开精神而存在，精神不能离开自然而存在。"（同上）海克尔在书中曾引用歌德类似的话作为自己的信念，他声称："物质离开了精神、精神离开了物质都不能存在，也不能发挥作用。"按照斯宾诺莎的纯粹和毫不含糊的一元论，精神和物质，"它们是无所不包的神圣世界主体，即万能实体的两种基本属性或基本特性"。

黑格尔这里说的精神，既是人的，也是神的——"上帝是精神"。在真正的基督徒心目中，上帝与已同在，即心灵相通，也就达到与真理同在。

在这些话中，说话人也许无心，他们都把精神置于自然和物质的前面，这是需要明确的。我们可以将自然和物质看成一体，就称为物质吧，当它和精神摆放在一起时，两者绝不是同等重要的，因为只有精神具有主动性和创造性，物质没有这些特性，它要由精神来确定它自身的存在。精神就是灵魂，它的助手是智慧，智慧是辨善恶、辨美丑、辨真伪的能力，只有智慧才能够把握本质。康德的"物自体"就不是真正的存在，是不可认识的。借用黑格尔的说法，自然是自在，精神是自为，后者才是真正的存在，没有后者，前者就失去了本质的意义。对此，萨特在他的著作中作过详尽的论述，由此演绎出"存在先于本质"的结论。

对于没有宗教信仰的人来说，可以将这种现象说成是主观与客观相结合而出真理。不过，这个主观不是任意的、原始的主观，而是经过提炼的主观，或提升了的灵魂。这一观念的根源来自柏拉图。在《理想国》第六章，他说：

> 追求真实存在是真正爱知者的天性；他不会停留在意见所能达到的多样的个别事物上的，他会继续追求，爱的锋芒不会变钝，爱的热情不会降低，直至他心灵中的那个能把握真实的，即与真实相亲近的部分接触到了每一事物真正的实体，并且通过心灵的这个部分与事物真实地接近、交合，生出了理性和真理，他才有了真知，才真实地活着、成长着。

人人能够看到客观事物，而能够看到事物的实质（essence）却不是件容易的事，只有那些坚持不懈、锲而不舍的真理追求者才能实现。最重要的是不断提升自己的智慧，善于透过事物的表面而看到其实质，喜爱生活在真实之中，柏拉图称这种人为"真正爱知者"（the true lover of knowledge），他们不是一般知识分子。

我给科学作了一个新定义：

科学就是爱知识，科学家就是爱知识的人。

虽则现代人都知道要爱知识、爱科学，但真正做到的人并不多，真正的科学家很少。关键的一点是，所谓爱知识指爱知识本身而不是其他。在《理想国》第二卷中，柏拉图探讨人们对善的三种态度：一是为善本身；二是为善本身及它的后果；三是仅为善的后果而不考虑善本身。这对知识同样适用。一般人对知识采取的是第三种态度：他们喜欢知识，要好好学习、天天向上，并不是为知识本身，而是看中了随知识而来的好处：学位、文凭、理想的工作、丰厚的报酬等，概而言之就是为名利。这也像爱情，真爱是爱对象本身，而不是他或她的地位、财产等。

对真理的追求者来说，爱知识甚至爱真理还不是最高目的，爱智慧才是，因为只有智慧才能助人发现真理，真理才能变为知识，知识是爱智慧的成果，智慧是真理和知识的源泉（柏拉图语）。一个真正的科学家，不仅要爱知识，而且要爱智慧，仅爱知识是不够的；若连知识都不爱，或表面爱知识，实际爱名利，那可以说与科学格格不入了。《圣经》的一条简单真理是：寻找，你就找到。你寻找的根本不是科学，不是知识，而是其成果和随之而来的名和利，怎么能够期望找到科学——世上还有比这更清楚明白的道理吗？

进一步说，仅有爱还不够，还需要艰苦劳动，“理性是只有通过奴隶般的艰苦磨炼才能得到的”。但爱可以让苦变乐，为爱而作的一切包括流汗流血甚至舍弃生命，很少人会觉得苦，这是爱的特殊功效，这也是许多大科学家苦并快乐着的原因。

有了爱，又能够做到以苦为乐，这就存在一种极大的可能：为一个无益的、无价值的甚而有害的对象付出自己的一切。这个对象如果是人，在历史上就是很普遍的现象：忠臣为昏君而竭尽全力，鞠躬尽瘁；这个对象如果是知识，也不能令人放心，因为知识有对又有错，为错误的知识而耗尽全部心血的现象也不鲜见，如目前众多研究神经元人模型的科学家，很多“真理”的斗士最终落荒而逃就是这个原因。要预防这个危险的发生，就需要智慧。根据《圣经》，智慧就是辨善恶、辨美丑、辨真伪的能力。其实智慧就是柏拉图所称的最高知识，它将帮助你明确方向，并始终向上看，不会背离正确的方向。

5. 探索真理的真理

柏拉图在《卡尔米德篇》中提到：学问的学问，知识的知识；亚里士多德在《形而上学》中提到：思想的思想。我在这里接过他们的话头也就顺口说出“真理的真理”一语，可认为是真理的法则，具体有五条，真理的追求者不可不知。不要将它们都看成是我的独创，大多数属于前人的发现，我只是将它们归总在一起，并加以阐发而已。当然，这也不是一件寻常的工作。

第一条，真理与真理的发现者不可分。世界上没有什么与思想无关的“纯客观”的真理，“存在与思想同一”（巴门尼德语），“思维与思维的对象同一”（亚里士多德语），思想与思维都属于人，人通过思维认识世间万物的真相，事物的真相就是真理。因此，我们说，人类认识的每一条真理都是由人（往往还是由个别人）发现的，任何真理和它的发现人是密切联系的，不可分的。前文所说真理的来源是信念，信念就属于个人。真理首先是人思辨的成果，而不是自己独立存在的实体，后一种看法，实际上是将真理看作神，或将神看作真理，而在科学家眼中，连神也是人造的。

第二条，“真理就是全体”。这是黑格尔书中的话。真理是一不是多，没有时空限制，是普遍的、永恒的，较早发现的真理与较后发现的真理是同一的，前者是后者的依据，形形色色的真理是真理全体的不同描述，否定任一真理也就否定真理全体，不认识真理的全体就不能够真正认识具体的真理。

第三条，智慧是真理的源泉。这是柏拉图的观点，在《理想国》中，他把智慧比作照耀万物的阳光，又称智慧是真理和知识的父亲。真理来自信念，知识来自真理，概念就是真理的知识形态，由此得出一个推论：成品无真理。

第四条，追求绝对真理，发现相对真理。真理分为相对真理与绝对真理，绝对真理可以理解为理念，我们可以把它作为追求目标，无限地接近它，我们在追求绝对真理的过程中发现相对真理。真理追求者的目标和功绩就是推动相对真理不断接近绝对真理。

第五条，真理是社会公共资源。真理由个人发现，但它不属于个人而属于社会，它不是个人财产，而是社会或全人类的公共财富。就像煤矿或金矿，它的发现依靠少数人甚至可能是个别人，但它不属于发现人，只是又和发现人不可分。发现人享有荣誉，社会享有实权。像哥伦布发现新大陆一样，他是发现者，但没有支配权。

对上述五条的不了解，是许多错误的根源，下面再作进一步分析。

亚里士多德的名言“与柏拉图为友，更要与真理为友”，就犯了这样的错误——对第一条和第三条的忽略。我们敬重真理，更应当敬重真理的发现者，将柏拉图与真理分离，把他放在真理之下，是极不恰当的，相当于把哥白尼与“日心论”分离，并放在其下——能说“友爱哥白尼，更友爱日心论”的话吗？考虑到柏拉图还是“智慧是真理和知识的源泉”论的确立者，就更不宜这样做，亚里士多德说这样的话给后人留下了笑柄。哈佛大学袭用了亚里士多德这句话作校训，也就犯了同样的错误。中国人对这句话的意译“吾爱吾师，吾更爱真理”就比较好，因为它没有具体指向真理的发现者，可作为一般励志语。但除非确信自己超越了老师，而且老师又与自己处于对立状态，这句话还是不宜说的。一般情况下既爱真理又以同样的程度爱自己的老师是合理的，因为是在老师的帮助之下你才达到现在的认识，即便他用相反的方式帮助你或一直和你的看法不一致。如果自己的老师是某一真理的发现者，上面这句话就根本不能说，除非老师的“真理”是错的。用拉丁文记录的这句话必定不是亚里士多德的原话，但与原话没有实质性的差别。此话可能来自《尼各马科伦理学》中的话：虽然我爱他们俩（柏拉图和真理），但把真理摆在柏拉图的前面，才是神圣的责任。

别林斯基说过：“真理比人更高大，因此它不应害怕人。”此语对大众而言，无疑是正确的，人应当服从真理；但对真理的发现者就不能这样说——他们比真理更为高大。这里尤其应当考虑到，他们发现的全部都是相对真理，都脱离不了主观性。如克尔凯郭尔说的，“一切真理都是主观性”，“真理总是对我而言的真理，是我能够为之生、为之死的观念”，属于个人。笛卡尔也说过真理是主观直觉的话，意思相近。在现实中，我们看到，没有一个基督徒将真理置于上帝和耶稣之前，也没有一个穆斯林将真理置于真主和穆罕默德之先，社会主义者也将真理置于革命导师之下，皆因他们都将自己的崇拜对象看做是智慧的化身，是真理的源泉。

真理不像太阳，自动将自身的光芒挥洒人世间；也不像伊甸园中的善恶树，人只要伸手就能够采摘并享用其上的果子。它像深埋地下的煤炭，需要费力寻找才能找到；而且在它露出地面时还是黑漆漆的，不像是会发光之物，需要慧眼才能发现其价值，之后发现人（支持者或后继人）还要点燃它，它才会迸发光芒，这就是真理发现人比他所发现的真理更为高大的原因。不言自明、无需费力就能得到的“理”，就不叫真理，而叫经验、知识、常识，它的发现人就不会有多高大。

根据第二条，我们对古代真理的探索者和发现者应当倍加敬重，因为他们是真理的最初发现者，而真理只能发现一次！后人可能比他们做得更好，说得更漂亮，但他们所做的不再是发现的工作，只是补充或改进的工作而已。在天文学上，我们就应当说：与哥白尼为友，更要与阿里斯塔克斯和赫拉克利特为友。

第三条，要求认识智慧、真理和知识的关系：知识来源于真理，两者都依赖智慧，智慧比两者要高。真理就在每个人的身边，需要智慧才能看到。缺乏智慧，就会与真理擦肩而过，或把真理看成谬误。今人过分强调真理和知识，尤其强调真理，忽略智慧，是智力衰退、出不了大师、产生不了伟大作品的主要原因。世界上创造力最高的几个民族，无不因为重视智慧之故；而创造力欠佳的民族，无不因为忽略智慧或对智慧无知之故。

第四条提出的似乎是个虚幻的追求目标：绝对真理。但你只要认识它与相对真理的关系，就会改变看法。它们其实是一回事。真理的追求者必须以追求绝对真理为目标，不能满足于获得相对真理。荣格有句话说得好：“真理只能有一个，而且必须是绝对的，否则它就不能抵抗被推翻的威胁。”

最后一条是对真理的发现者的要求。他发现真理，只将事情做了一半，另一半的工作是要将真理转变为公共资源。一般做法是：以演说、论著等形式公布自己的发现、宣传自己的发现和捍卫自己的发现。

一个人若发现了真理，却秘而不宣，事实上将真理变成个人财产，可能个人受益，但不是公共资源，也就不能够称为真理。就像发现金矿却秘而不宣的人，他会将零星捡到的金块拿去卖钱，但他不能真正拥有金矿；即使产权归他，他也不能独立开发利用他的发现。

真理的发现者要做的第一件事是，公布自己的发现，而且声音要响亮，让尽可能多的人知道，与“知者不言”相反，要求“知者当言”。这样做，从各方面看都是重要的，是将真理转变为公共资源的第一步。真理的发现者只有以演说、辩论、发表论著等形式公布自己的发现，才算将自己的发现交给社会，真理才成为公共资源，公众才有可能通过你的发现提高认识并从中获益，真理才最终得到确认，也只有在这种情况下才是真理——它事实上已经转变为知识，发现者的功绩也只有在这种情况下才得到确认。

真理往往比金子可贵。金子让人增加物质财富，提供一种享受的手段；真理却让人增加精神财富，提供一个正确的方向。发现金矿秘而不宣的行为只是让公众少了些享受罢了，享受多了后果还不见得都好；发现真理秘而不宣的行为却很可能是缺德的表现——相当于看到公众走错路或路上有陷坑却默不作声。法国诗人佩其将这种做法直接看作行骗，声称：“知道真理而不大声说出来的人，就使自己成为说谎者和骗子的同谋。”人们会寻找各种借口为自己的沉默辩护，拉丁谚语中就有这样的借口（英译与中译）：

The world wishes to be deceived.

世人愿意受骗。

The populace wishes to be deceived, therefore let it be deceived.

民众既愿意受骗就任由其受骗好了。

这样的说法也只适用于一般人而不适用于真理的发现者。一般人不拥有真理，缺乏判断标准，就不好帮助别人和劝导别人改变信仰，即便自己认为他们在受骗；真理的发现者具备这种能力，有可能这种做，就应该这样做。

常有这样的情况，真理说出来没有人听得进去，甚至认为真理的宣扬者在骗人而对其进行打击迫害，这就需要讲究方式和技巧。听众不接受就不必强人所难，切忌好为人师——可以从这个角度理解上述拉丁谚语——但将真理公布出来，则是真理发现者的责任。真理的真正追求者是不会将自身利益与安危放在第一位的，只要所宣示的是真理，它也必是前途无量的。对自己的发现抱有信心，你就不会急着要取得社会承认。

最后我们可以归纳出这么几个要点：智慧第一，真理第二，知识第三。拥有真理和知识不是最重要的，因为它们不过是相对真理；拥有智慧才是顶顶重要的事，因为“智慧是真理和知识的源泉”，智慧是唯一可以帮助我们源源不断地发现相对真理和接近绝对真理的力量。真理是全体，我们能够得到相对真理，但它不是我们追求的最终目标，绝对真理（即真理全体）才是。

6. 结 语

这部书的主题就在“神经弧人对神经元人”中。两论都是知识而不是理念，但神经弧与灵魂和神经系统相联系，因而更接近理念；神经元与大脑和计算机相联系，是确实的知识。

两种理论都属于新理论，神经弧论更新，它是随着这部书的出版而诞生的。因为两者都是从知识的运用中产生的，对它们的认识和评判就不能依赖知识，而只能依赖智慧。像球赛需要裁判一样，知识上的论争也需要裁判。这个裁判不能是知识，依赖知识不能对知识作判断（波普尔的证伪主义正是这样做的），除了最高知识。最高知识就是善的理念，即智慧。智慧是真理和知识的源泉，智慧也就成了真理和谬误唯一的裁判官，认清真理、知识、理念三者各自的内涵和它们之间的关系就变得非常必要。

这部书的下篇当中，只有涉及虚空和地震内容的两篇文章与主题无关，其他文章都存在类似联系。此外，下篇的另一个任务是对科学道路的探索，是从哲学的高度探讨科学振兴之道。一直流行的做法是从知识的角度去探讨科学的道路，已被证明没有出路，必须将立脚点提高，从哲学的高度审视科学，才有望走出困境，获得光辉的前景。形形色色的科学研究不外乎就是探索真理和创造知识的活动，都离不开智慧。

智慧的定义及其与科学的关系

智慧，是人的一种普遍天赋。所有人包括原始人、孩童，都拥有智慧。亚里士多德还提到动物的智慧。司空见惯之事、人人拥有之物，不一定人人都对它们有所认识，认识任何事物都需要将它提升到意识上，才算真正有所认识。正如黑格尔所说："只有当意识认识了存在时，存在才成为存在；只有当意识知道本质时，本质才成为本质。"人身上有许多腺体，至今很少有人对它们的功能有清晰的认识，对智慧也是这样。对自身拥有之物，若缺乏认识，就不能很好地让它发挥作用。希腊人能够创造出辉煌的希腊文明，首要的原因是他们很早就对智慧有清晰的认识，能够很好地发挥自己的智慧和利用他人的智慧；其他文明不如希腊文明，首要的原因是其他民族对智慧认识不如希腊人那么清晰或根本没有认识。

认识任何事物的第一步是给它命名，借用黑格尔的话就是，对它形成概念，将它从自在状态转变为自为状态或自在自为状态，进入意识。智慧也是这样，首先要创造这么个词，即给它命名，维柯就提到：给事物命名同时就是给事物下定义，是从意识上认识事物的第一步。

世界上是谁最早创造出"智慧"一词，实难查考，不一定是希腊人，但希腊人即便不是最早，也是相当早就提到智慧，在距今2 700多年前定型的《荷马史诗》中就出现"智慧"一词了，他们还创造了一个集智慧与战争于一身的女神雅典娜。希腊人可说是最重视智慧的民族，论述最丰富，实践最彻底（把智慧认作是最重要的美德），成就最大。其他民族（如中国人）虽也很早就提出了"智慧"的概念，2 500多年前老子的《道德经》中就出现"智慧"（一些版本为"慧智"）一词，他所说的"智"字也有"智慧"的意思，却是要抛弃之物——"绝圣弃智"，此后再也没有人把它收回来。古印度人和古埃及人也许在古希腊人之前就创造出了"智慧"的概念，但都缺乏系统而明确的论述，在实践中也很少用到，我们学习智慧最好的导师还是希腊人。

在古希腊，通过柏拉图的著作，我们知道苏格拉底是极其崇尚智慧的，将它视作神物，以至不敢多谈论，认为自己的智慧微不足道。柏拉图谈论智慧虽则比较多，但语焉不详，不深入，关键之处隐而不说。比较详尽而深入探讨智慧内涵的是亚里士多德，"智慧"就是他的代表作《形而上学》的主题，我们关于智慧的讨论，很自然就从亚里士多德开始。

在《形而上学》卷一，亚里士多德指出，智慧就是有关某些原理与原因的知识。然而，将智慧说成是某种知识，将智慧等同于知识，在柏拉图看来就明显是错误的，智慧既不是知识，又不是真理，它比知识和真理都要高、都要美。在古希腊哲人中，他是第一个对知识进行分科分级研究的人，他不仅将知识与智慧相联系，而且根据个人所掌握的知识的等级去评定人的智慧，知识越多越高深，智慧也就越多越高。他认为，拥有最高级学术的人，即懂得第一原理与原因的哲学家与智慧的距离最近，懂得次级学术的人就不如前者接近智慧，懂得理论的人比仅有经验而无理论的人更接近智慧，这些人又比既无理论又无经验的人强。这种说法，在他那个时代，还可以勉强说得过去，因为那时知识还比较粗糙，教育也没有普及，获得知识不容易。但这之后，特别到了近代和现代，亚里士多德这一说法就完全不适用了。

现在，若论知识，则无论是从数量上或质量上，现代人所具有的知识普遍都比亚里士多德时代的人所具有的知识多得多、高得多。按说现代人在智慧上该普遍超过古人了，实际上并没有出现这一可喜的现象。纵观世界文明史，公元前 6 世纪至公元前 3 世纪在古希腊出现过的群星闪耀的景象，在欧洲文艺复兴时期曾再现了一回，之后在世界上包括希腊本土就不再出现。

在《形而上学》卷十一，亚里士多德对智慧提出了新定义：智慧是第一原理的学术。这个定义比第一个定义明确。它排除了其他知识，确定只有“第一原理的学术”（即关于世界本原的知识）才是智慧。定义中的“学术”一词英文为“science”，那时也是“知识”之意，指分科的知识。把所有学习和研究的内容称为“知识”的做法，是亚里士多德所倡导的，自他开始。

虽则智慧不等同于知识，但亚里士多德将智慧与知识连接在一起的做法是不可忽视的。智慧离不开知识——书本知识和来自实践的知识，没有知识就没有智慧。但人仅拥有知识还不是智慧（赫拉克利特说：博学并不能使人智慧），创造知识和运用知识才是智慧。根据前面的分析，知识的重要来源是真理，因此，智慧也与真理相关。智慧不是知识，也不是真理，但智慧可以帮助人创造知识和运用知识。它不能帮助人创造真理，但可以帮助人发现真理，真理再转变为知识。智慧是源，真理和知识是流。以“辈分”排列，智慧就是爷爷，真理是父亲，知识是儿子（至于那种来自感性认识的经验则是孙子辈了）。三者之间就是这种关系，这也就是善的理念与真理、知识的关系。若用寻宝活动来描述，则智慧就是照亮旅途的火光，真理是在智慧之光照耀下在探索之旅中发现的珍宝，这些珍宝入库后就是知识，它们是供人鉴赏、应用和进一步探索的收藏品。

据此，我在《柏拉图密码》中给智慧另作个定义：智慧是人发现真理，创造知识与运用知识的能力。

这个定义似乎还没有人正式提出过，但也不全是我的独创，它实际是柏拉图“智慧是真理和知识的源泉”一说的运用。柏拉图此论也有来源，比他早出生一个多世纪的古希腊哲学家赫拉克利特就曾将智慧与真理联系在一起谈论，据说，他也是第一个提出这两个概念的人。他说过：“思想是最大的优点，智慧就在于说出真理，并且按照自然行事，听自然的话。”他不仅口头上爱智慧，而且为求智慧而舍弃权力和财产。毕达哥拉斯对智慧有比较深刻的见解，第一个指出“哲学就是爱智慧”的就是他。雅斯贝尔斯在他的《哲学导论》中明确说：“哲学的真谛是寻求真理，而不是占有真理。”他们的说法都支持上面这个定义。我们无须到天涯海角去“寻找真理”，真理常常就在每个人的身边：拥有智慧，你就能发现它；缺乏智慧，你就会与它擦肩而过，或把它看成谬误。

根据这一定义，具有发现真理能力的人才算有智慧，智慧因为能够帮助人发现真理而成为真理和知识之源。知识是确定了的信念，它是明确的、有实用价值的精神产品，因而有专利，可以买卖。真理与知识相比，真理是进行性的、是“在途中”的，因而是更有活力的，知识是凝固的、“在库中”“存档”了的东西，因而不如真理有活力，而真理能够被发现，成为知识，有价值，皆因智慧。

英文“science”现今一般理解为“科学”，也离不开智慧。智慧是真理和知识的源泉，也就是科学的源泉。科学离不开智慧，也就离不开哲学。“伟先生”（智慧）是“赛先生”（科学）的前辈，这是确定无疑的。

从智慧的定义，我曾针对“哈佛校训”提出两条改进的“校训”：

与真理为友，与知识为友，更要与智慧为友。

与真理为友，与科学为友，更要与智慧为友，智慧是真理和科学的源泉。

Be friend with truth，with science，most of all，with wisdom. Wisdom is the author of truth and science.

纯粹智慧和实践智慧

原始人面对的只有一个真实的、物质的世界，后来才在心灵中逐渐发展起一个神灵的世界——宗教。人拥有智慧（据《圣经》描述是因为人偷吃了善恶树上的果子），获得理性，学会思维，推动世界进入文明期，发明文字，创立哲学和科学，一个与现实世界相对应的理性世界就这样逐渐发展起来，世间万物由此获得两种形态：理论形态和实践形态。后来，更进一步，理论也发展起这两种形态。

实物的两种形态很明显，如苹果就有见得着的可吃的现实的苹果和见不着的概念上的苹果两种，在此就不多说，重点讨论理论的两种形态。理论的理论就是纯理论，理论的实践就是实践理论。康德就将理性分作纯粹理性和实践理性两种，运用于批判，参照他的做法，我们也可以将智慧分为纯粹智慧和实践智慧两种，运用于探索真理。纯理论在黑格尔的书中见得到，他也是最为重视纯理论和纯思维的哲学家。实践智慧也不是新概念，亚里士多德的著作中就有，是亚里士多德所倡导的，拉丁文为“phronesis”。

按照理念论，纯智慧就是智慧的理念，即柏拉图所称的善的理念、最高知识，它是真理和知识的源泉。我由此得出智慧的定义：智慧就是发现真理，创造知识和运用知识的能力。这个定义的前段，就可以理解为纯粹智慧，后段为实践智慧。

智慧既然是人的一种能力，甚至可以说是一种天赋，就需要发挥，始终隐而不发的能力相当于没有这种能力。若限制孙悟空的特殊能力，他将与一般猴子无异。

发现真理是智慧最重要的目的，纯粹智慧可以就此止步；然而，真理是一种公共资源，发现真理却往往是少数人甚至是个别人的所为，要将它转变为公共资源就得做一件不可或缺的工作：将真理转变成知识。这个工作同样需要运用智慧，因而就可看成是实践智慧。从前面的讨论，我们知道，知识来源于真理，真理来源于智慧，它们之间存在的是祖辈（智慧）、父辈（真理）和儿子（知识）的关系。

在三者中，知识似乎是终点，但在智慧的帮助下，它又成为起点：通过知识发现真理，创造新知识，这就是实践智慧的工作，世界上许多真理就是这样发现的。哥白尼的日心说就是通过钻研托勒密的地心说和更早的阿里斯塔克斯的日心说而创立的，缺乏前人的理论和其他天文知识和数学知识，他未必能够独立创造出自己的理论。达尔文的理论也是在亚里士多德、拉马克和其他生物学家的理论的基础上创立的。欧几里得的几何学也不是欧几里得个人的独创，大部分是他人的研究成果，他做的主要工作是整理、综合和分析而已。此外，还有许多许多，他们的理论先后变成知识。在今天，我们不知道有什么新知识是可以脱离过去的知识而独立创造出来的，纯粹的独创不复存在。知识宝库建成后，所有人都可以看成是其受益者，所有的研究工作都可以看成是给这个宝库添砖加瓦或添财进宝的工作。

由现有知识去创造新知识也需要智慧，要不我们就不能解释为什么托勒密的理论竟然流行 1 000 多年而无异议，直至哥白尼才发生变革的事实。不提这些重大科学发现，就一般阅读，也需要智慧参与才会有收获。《理想国》和《形而上学》被公认是包含大量真理和知识的书，成千上万人读过这两部书，有重大收获的人却不多，尤其是《理想国》，大多数读者把它的主题都理解错了。阿拉伯人也够聪明的了，阿拉伯哲学家伊本·西拿却对人说，他反复阅读亚里士多德的《形而上学》达 40 遍，能够背得滚瓜烂熟，却还是一窍不通，后来找到另一位阿拉伯哲学家法拉比诠释该书要旨的书仔细阅读后，才算明白过来，从而创造出自己的理论。

智慧是一种天赋能力，看不见摸不着，难以操作和掌握，它的发挥需要中介，知识就是最好的中介，发挥智慧最好的方式就是通过掌握知识去创造新知识，这就是实践智慧，也是科学的目的。

人们会说，我们一直就是这样做的呀，学知识，用知识，创造新知识，你的说法不新奇。这里的差别就在于智慧的参与，其标志是能否创造新知识、新事物。也可以说是境界不同：是智慧的境界还是知识的境界。智慧的境界也就是理念世界，置身其中，你就站到了真理的源头，眼前的一切对你来说是最清晰不过的，创造新知识、新事物是举手之劳。一般人处于知识境界之中并乐在其中，为自己的博学多识而满心喜悦，因而难以跳出现有知识的圈子。

我们提倡创造，基督徒将创造看做是上帝的工作，我把创造称为人类的目的，而真正的创造，必须智慧参与，自己置身于智慧境界之中。

创造不同于制造和研究，它是一种智慧的劳动，惟有智慧参与的劳动才可能是真正的创造；缺乏智慧参与的劳动，就只是普通脑力劳动和体力劳动。在普通劳动中，若仍然有所创造，必定是智慧无意中参与其中。

智慧在日常生活中也有广阔运用的空间，这也是实践智慧的内容。柏拉图提到，任何人凡能在私人生活或公共生活中行事合乎理性，就是智慧。其实也是知识的运用，缺乏知识的人，行事就很难合乎理性。

怎样才算行事合乎理性？大多数人都会觉得自己行事是合乎理性的，似乎没有一个标准。其实标准是有的，而且是唯一的，那就是存在。行事符合存在的即人们通常说的合乎实际，就是合乎理性的，否则就是违反理性的。然而，存在本身也是有争议的，人们的意见分歧归根结底就出在对存在理解的分歧，而真正的存在就是真理。这就是说，我们要在公私生活中行事合乎理性，就需要具有发现真正的存在的能力，即发现真理的能力，这需要智慧的参与。这样绕来绕去最终又回到了前面智慧的定义。

真正的创造都出自智慧。谁重视智慧，谁在创造上的成绩就大。在人类文明史中，最重视智慧的是古希腊人，他们创造的文明也最为辉煌。他们创立智慧的理念，在生活中贯彻实践智慧。公私生活中要求行事合乎理性，是他们能够创造伟大文明的首要条件。在古希腊文明的影响下，希伯来人和欧洲人也比较重视智慧，成绩显著。

古希腊人虽然是最重视智慧的民族，但智慧的来源却语焉不详。亚里士多德将智慧等同知识的说法是不恰当的，因为知识可以通过读书学习而获得，智慧却不能以这种方式得到，现实中也见不到他所说的知识越多智慧越高的现象。

智慧是这本书一个关键词，本书初步取得的成果是确定智慧的来源：初生时的印随教育和其后的社会实践。印随教育不是课堂教育，实质上也是一种实践，实践对人的智慧的生成和增进是第一位的。后天的实践，效果最显著的是战争，因而古希腊智慧女神同时是个战神。第二位重要的实践是科学研究，尤其是对永恒事物的研究如天空和元素——这也是哲学研究的重点课题，是科学和哲学共同的兴趣点。第三位重要的实践是人际交往，即日常的社会活动。苏格拉底尤其热爱这类实践，每天都要与人辩论或讨论。最后是生产实践。它也是智慧的重要来源，许多人将它排在第一位。智慧的来源也是智慧的运用范围，对它的认识柏拉图称为是最高级的学习。

现代人虽然不乏赞颂智慧者，但对智慧有深刻认识的人并不多。更普遍的做法是强调真理，忽略智慧，将真理放在至高无上的位置上，在理论上和实践上对智慧都保持着较大的距离，不少人甚至至今对智慧无知。其实，人才可以从现代学校知识教育中大量产生，创造性天才却需要通过智慧教育和艺术教育的途径产生。

科学发现、科技发明与科技体系

确定了真理和知识的关系，也就确定了发现和发明的关系，这个关系可以简单地描述为：发现真理，创造知识（让真理转变为知识），再运用知识于发明创造活动中。

真理就是存在，存在不是人创造出来的，而是本来如此，等待人们去发现。它可能一直以各种形式出现在所有人的面前，它的真实存在却不被人发现，直到有一天，终于有人——爱智慧的人或“真正爱知识”的人见到它，将它公布于众，所有人才恍然大悟，这就是发现，譬如空气，譬如日月运行，就是事例。

不过，发现了的存在不都是像空气和日月这样的可见可感的存在，更多时候是指发现了见不到的东西。比如原子论，有人发现原子（通过灵魂的视觉），更多的人将这一发现提升为理论，但原子的真面目却一直没有人能够见到，借助工具如电子显微镜、回旋加速器、雾室等也只能看到它的影子，它的真实结构至今都只是猜测和想象，我们发现了的是“见不到的事物”，否认这个存在的还大有人在。但原子论并不因此而是虚妄不实的理论，人们利用它制造出原子弹或建立原子能发电厂，证实了它的实在性。

发现真理需要智慧，发现真理的能力就是智慧。之所以一般人发现不了真理，是因为一般人缺乏智慧；而一般人之所以缺乏智慧，是因为他们不懂得爱智慧。哲学家是爱智慧的人，因而很多真理是由哲学家和具有哲学修养的科学家发现出来的。

科学最重要的工作是发现，而不是发明。科学发明是技术性比较强的工作，因而常称为技术发明，它往往要以发现为基础，一般也就将发现视为科学，将发明视为技术，综合地称为科学技术。爱迪生的众多电器发明，就是建立在法拉第、麦克斯韦等的电磁理论之上的。法拉第、麦克斯韦的理论是一种发现，而不是发明，因为电与磁是自然（客观）存在，不是什么人的发明创造物。电和磁一直存在于宇宙中，与人类的观察和活动没有关系。它们无影无形，无处不在，又是无人能够看到的，在认识它们以前，被电击伤了也不知道打伤自己的就是电。

然而，人厉害之处是会思维，有思想，电和磁被人发现了，原先看不见的东西“看见”了，它们之间的关系清楚了，就能够避开它们的伤害，而利用它们的力量来为自己服务，于是发明和制造出电动机和电灯等电力工具。进一步追查，电磁理论又与道尔顿的原子论和更早的德谟克利特等人的原子论相联系，科学上的成就就是这样一步步来的。

不过，不要以为只要老老实实地跟着大师走，认真学习他们的理论，运用他们的方法，就前途光明，成效卓著——自己的智慧在什么时候都是不能缺少的。贝尔纳告诉我们：

> 发现是一种新观念，它由一件偶然获得的事实或其他原因发生。所以世间绝没有一种教人发现的方法，因为哲学理论不能将发现的直觉和正确的思想给那些不具备这些修养的人。正好像对声学或光学的认识不能教出一副精确的耳朵或一对好的眼睛一样，如果你根本就没有耳朵或眼睛。

所有科学发现和发明都是相互关联的，因而很容易构造成为一个理论体系，即科技体系。它包括数学、理论和方法，我把机器和设备也归并进去，它们是这个体系的硬件，也是这个体系最高成果和最新水平的标志。爱因斯坦将科技体系设想成一座大楼，实际上就是科研机构、学校、图书馆、天文馆、企业等知识实体和相关人员所构成的知识体系的总称。有了科技体系，新的理论就能从中产生，理论的真伪性也能通过这个体系加以鉴别，也便于以系统的知识教育人民，科技就能够成为所有人都可以参与的事业。

发明有大小之分。发明电灯是重大的发明，发明油灯却是小发明，虽则两者同样解决照明难题，但前者需要系统的理论，电磁学、物理学、材料学、设计学和制造学等，一样不能少，后者只须经验或简单的知识，认识油的可燃性就可以了，甚至只要具有油脂可燃的经验就可以了。因此前者有发明人而后者却没有——它是许多人在实践中偶然产生的。有的动物懂得适于自己食用和治病的植物，懂得自然界各种声响的含义，懂得利用地磁导向，等等，都可以看做是它们通过经验积累作出的“科学发明”，有时候比人做得还要出色。

发现也有大小之别。发现一个新星就是小发现，发现一个黑洞，才是大发现。前者眼目健全、具有基本天文知识的人可以看到或借助望远镜可以看到，后者却不能，后者需要运用理智或柏拉图所称的灵魂的视觉才能看到，要求有较高深的数学、宇宙学知识和辩证法。贝尔纳说：

> 通常都将新的事实的认识称为“发现”，但我却以为是与发现的事实有关的新观念才是实在的发现。事实本身无所谓大或小。所谓一件大的发现，指的是某一种事实，它一经出现于科学界，就产生了光明的新观念，足以消除掉许多愚昧无知，而且指出了许多新的方向。另外一些事实，尽管也是新的，却只指点了很少新的东西，这些只算是小的发现。最后，还有一些新事实，尽管观察分明，却丝毫也没有向人们说明什么意义，这些暂时只能算是科学上孤立而贫乏的事实，我们又可以称之为原始材料的事实或未加工的事实。

从这段话可知，贝尔纳是以能否产生革命性的新观念来评价科学发现的价值，这一观念至今仍有参考价值，不足之处是局限于“事实”——主要指看得见的物，他也没有将发现与发明区分开来。

从现实上看，发现可以分为两大类：发现事物，发现事物之间的关系（联系）。后一种发现往往比前一种发现重要。贝尔纳在上面那段话的前面提到，科学家可能对一件自己长期熟视无睹的事实忽然“得到了新的理解，发现了全新的关系”。前面所说的新星就是新事物，或如贝尔纳所说的事实；像“日心论”这样的发现，就是对事物关系的发现。后一类发现之所以比前一类发现重要，是因为关系是看不见的、抽象的，往往还是反经验的、非感性的，需要较多的知识和理性，而前一类发现是看得见的、具体的、感性的、孤立的，相对地容易得多。关系体现规律，或者就是规律，凭关系，往往能够作出新的发现，即贝尔纳所说的“指出了许多新的方向”，海王星和冥王星就是从关系推算出来的新事物。物理学和天文学由于这种看不见的“关系”太多且错综复杂，因而显得不如化学和数学那么确定，后两者没有那么多关系，现有的关系也十分明确。

关系发现也有大小的差异。它与普遍性相联系，普遍性越高的对象的关系越重要，普遍性越低的对象的关系越不重要，这是从科学本身来说的。从个人和社会来说，情况可能相反。当一个人探索到最高和最普遍层次时，他就进入了理念世界，他的研究活动就从科学王国进入哲学王国，需要的就不是科学知识，而是智慧——最高知识。

智慧是科学的基础和源泉，我称之为伟先生（Mr Wisdom），他是赛先生（Mr Science）的父亲。柏拉图认为善的理念即最高知识是真理和知识的源泉，不懂得它，重大的科学发现和发明都是不可能的。中国拥有四大发明，但缺乏科学发现这个基础，如发明罗盘却没有发现地球磁场，更缺乏哲学基础——中国传统哲学是反科学的，与科学的概念就有距离了，实际拥有的只是些零星的、孤立的经验和技术发明。没有科学发现，就没有科学，发明是建立不起来科学的。

哲学与科学：伟大的交叉

哲学与科学被我们划分成两个距离较远的领域，其结果是哲学家大多数不懂科学（与数学），科学家大多数不懂哲学。实际上，两者具有内在的、密切的联系，在早期即已紧密交叉而且连接成一体。

有些古希腊哲人，他们既是哲学家也是科学家，他们的研究成果既是哲学的也是科学的。例如，德谟克利特创立的原子论，就既是哲学成果也是科学成果，是两者的结合。

古希腊哲人给学术发展建立了一个良好的开端，使哲学与科学在一开始就形成了相辅相依、相互促进的关系：哲学指导科学，科学充实和丰富哲学。因为有了这个开端，哲学与科学才达到今天的高度。当然，在那时，两者的重要性并非等同的。哲学由于主要依赖思辨，而恰好又在合适的时间和适宜的地方（古希腊伯里克利民主时代）出现一大批爱智慧、爱思辨的哲人，因而显得更成熟，处于主导地位。科学的发展由于需要依赖哲学研究与社会生产力的进步，因而尚欠成熟，处于从属地位。哲学家进行科学研究的目的主要是为了证实和发展自己的哲学观而不是为了解决生产及日常问题。那时科学更多地受惠于哲学，而不是相反。

这种情况在欧洲文艺复兴运动前后发生了根本性的变化：从哲学主导逐渐转变为科学主导，转变的速度因培根大力提倡科学实验后得到加速。发生转变的原因在于，虽则两者都以自然界和人类社会为研究对象，但各自的着重点和手段有很大的差异。科学的研究对象主要是自然界和人类社会客观的、物质的一面，是比较确定的一面，能方便地采用科学实验、数学计量等手段和各种机械工具对客观世界进行精密的观测分析，寻找出事物的结构、运动与发展的规律。这些规律是客观的、精确的，因而科学界容易达成共识，科学容易建立一个持续发展并自我完善的体系而且实际上早已建立了这样的体系，这个体系也就给科学提供一个不断更新的基础，使科学进步得以在不断提高的水平上继续发展。哲学的研究对象主要是自然界和人类社会抽象的、精神的一面，受人的主观观念影响较强，采用的手段主要是思辨，带有较大的主观随意性。哲学研究强调独创与首创，因此缺乏继承性。哲学研究强调批判，不迷信，因而不能像科学那样容易在基本问题上达成共识，容易形成一个统一体。哲学虽则和科学一样，有许多巨人，但哲学的巨人不像科学的巨人那样有坚实的肩膀可以让后人站在上面攀登，哲学巨人的肩膀是虚幻的，不容人站立，任何人要想在哲学上有大的作为，都得自己动手自立门户，另辟蹊径，从头做起。另外，由于研究的着重点不同，科学常能适应社会需要，通过技术变成生产力，产生巨大的经济效益和社会效益，因而容易获得社会的赞赏和支持。哲学则缺乏这种优势。哲学家研究世界主要是为了满足自己的好奇心和出于探索自然的兴趣，而不是为了社会需要，研究问题往往没有明确的答案，缺乏实用性，难免受冷落。

但从历史上看，在科学或哲学上创建丰功伟绩的英雄人物，大多是兼具哲学睿智和广博科学知识（当然还有其他许多优秀品质）的人。如科学界的哥白尼、牛顿、爱因斯坦等，在哲学观上也是极不寻常的，我们满可以将他们看成是哲学家。在哲学界，亚里士多德、莱布尼兹、笛卡尔、康德、罗素等公认的大哲学家，在科学上都有重大贡献，满可以称为科学家。人类文明的重大成果大多是哲学与科学结合而产生的成果，尽管创立人未必意识到这一点。

从更广泛的角度说，人类社会所有重大的发明创造都是建立在全部人类文明基础上的，而且只有建立在全部人类文明基础上的发明创造才是伟大的、完美的精神文明成果。仅靠一业之专、一技之长、一得之见而产生的成果，可能是具有巨大经济效益或科学价值的成果，甚至可能是诺贝尔奖获奖项目，但不一定是伟大的、完美的精神文明成果。我把这个观点概括成一副对联：

汇天下精睿文章探思想的思想，

集人间超凡智慧求真理的真理。

（原载《交叉科学信息》2003 年第 1 期，对联出自《柏拉图密码（修订版）》）

哲学如何帮助科学

今天的世界，科学享有崇高的地位和声誉，代替了昔日的神，受人膜拜。尽管我们引经据典，表明了哲学与科学之间存在的不是平等的关系，而是主从的关系，很多人尤其是一些志得意满和颇有成就的科学家是听不进去的，因而我们还得谈谈科学如何受惠于哲学，“父亲”如何帮助“儿子”。哲学无疑也从科学得到好处，但是次要的。哲学是爱智慧，科学是爱知识，智慧指导知识是主要的，就像“父亲”对“儿子”的帮助是主要的一样。

1. 希腊哲学家的追求：理想事物——理念

早期古希腊哲学家探索世界本原的活动，似乎各执己见，谁也没有说服谁，最后不了了之，实际情况并非如此。起码产生了两大成果：发现了理想事物和创立了理念论。

古希腊人相信世界是神创造的（这又来自对天空的观察和崇拜），是美好的、和谐的。从这一信念出发，他们获得了不少天才的预见和发现。例如，由圆是神创造的最理想的形式，因而推测星球和地球都是圆形的，它们在天空遵循圆形（实际为椭圆形和螺旋形）的轨道运行；美是合比例的，1∶0.618 的比例是最优美的比例（毕达哥拉斯发现的黄金律），因之发现美好的事物如美人、美观的塑像和建筑物等的秘密；10 是理想数字（毕达哥拉斯观点），因而和地球在一起运行的共有 10 大行星，即九大行星加“对地”星；水是最好的（泰勒斯语），万物由水构成，加深了人们对水的认识；火是最好的（赫拉克利特的观点），宇宙的中心就是一团火，世界由火演化而来，加深了人们对斗争和转化的认识，也可能对日心论的产生起促进作用；等等。总之，世界不是杂乱无章的偶然组合，而是由一种无形然而是强大的意志（神）所推动的美妙有序的作品。虽则这只是些设想，不完全符合实际，其中部分被其后的科学证实是错误的，但这种想象力和信仰很重要，它们促使人们从各方面、运用各种手段去探索自然的奥秘，建立起美本身、善本身的信仰，并在一开始就确立了正确的追求方向，让宇宙的基本轮廓和真实面目在这种追求中逐渐显现，从而促进了哲学与科学共同发展。

柏拉图是这种探索活动的引导人之一，不同于前人的是，他将表象世界纳入人的意识中，将万物升华为理念，从精神层面进行这种探索活动，将哲学研究和科学研究推进到高级阶段。善的理念是真理和知识的源泉，寻找善的理念就是寻求真理和知识。理念就是绝对、原型或本质，也就是理想事物，寻找理想事物和建立理念世界在方向上是一致的。

从此，思想界明显分成两派：理念派和经验派。理念派以柏拉图为代表，信奉巴门尼德的存在论，认为世界只有“有”无“无”，没有虚空，存在永恒的、绝对的、静止不变的事物，强调心灵，把世界建立在观念中。经验派以赫拉克利特和亚里士多德为代表，宣称万物皆流变，关注物质和经验。这两派与后来哲学上习惯称呼的唯心主义和唯物主义不完全相同。柏拉图虽说是前一派的代表，但他也有后一派的一些观点，如：“真实的事物或事物的总和同时处在静和动两种状态下，一切事物既是不变的，又是变化的。”“我们还大胆地说，与存在构成对立的相异的每个部分确实真的就是非存在。”他发展了巴门尼德的学说，因此后人称他为辩证法创立人或大师。亚里士多德因为重视感觉、质料、经验，属于经验派的带头人，但他又强调思维是本原，声称概念即实质，以他为代表的一派实际就是最初的科学家，他们一般不承认客观存在，可称之为主观唯物论者。近代和现代承认客观存在，信奉一元论的彻底唯物主义者（包括哲学家和科学家），是从他们当中派生出来的。

因为他们都是哲学家，我将他们分别称为爱智型哲学家和爱知型哲学家。前者以柏拉图为代表，偏爱智慧，过着爱智慧的生活，致力于自身灵魂的提升；后者偏爱知识，关注外部世界，致力于探索自然真理。前者将哲学、信仰、生活结合为一，后者将哲学作为知识看待，不必付诸实践。

柏拉图的创举让原先的探索活动相形见绌，然而曲高和寡，大多数人仍然走在老路上，属于经验派。他们早期的活动范围原本很广，如阿里斯塔克斯就曾第一个提出"日心说"，但因为触犯宗教信仰和社会习俗而受限制，人们后来就转而专注于炼金术上——寻找"哲人之石"，这倒是个皆大欢喜、圣俗咸宜的活动。

2. 从炼金术到化学的产生过程

据说炼金术最初是古埃及人的发明，目的是寻找普通金属转变为黄金的途径，实际是用普通金属去降低贵金属的成色以牟利。到了崇尚美德、鄙视财富的古希腊人手里，它就派上了新的高尚的用场——成为探索世界本原的手段，与被引进的数学的情况类似（当然在古希腊人中也不排除有部分研究者抱着实用或牟利的目的运用炼金术和数学）。虽然没有哪个古希腊哲学家声称万物是金，但他们似乎普遍认同金是最好的事物之一，许多美好的事物都含金，这也是他们寻找理想事物的一个成果。古希腊最尊贵的神像如菲迪亚斯在奥林匹亚设计的高达 13 米而被后人称为世界七大奇迹之一的宙斯坐像就是用黄金和象牙造成的，雅典娜雕像也用黄金和象牙装饰而成；神谕中最优秀的人（柏拉图所称的哲学王）就是神用金子造的。古希腊人从事炼金活动的指导思想是，他们相信的四元素（土、水、火、气）之间可以相互转换，不完善的金属（铜、铁）也会转为完善的金属（金），炼金术就是要找出这个转变的途径，这无疑也是通向理念世界的途径。古希腊人这一思想随着外族的入侵而被中断、埋没，直至文艺复兴才被欧洲人重新发掘出来，由此掀起一阵新的炼金热，并推动了化学的产生。

炼金术给哲学家开辟了一条进入理念世界的新路：通过提炼纯物质（元素，亚里士多德称作本体）认识理念。物质成为纯一的存在后，它的本质特性就会充分显现，例如纯金就有极高的可锻性和延展性，但只要掺进少量杂质，它这一特性就会丧失。当代技术制造的纯金，只需 1 克就可拉成 4 000 米长的金丝，人们需要使用放大镜才能看到它，若在其中掺进 0.01% 的铅，它的良好可锻性和延展性就丧失殆尽，上述分量的黄金连 1 厘米这样细的金丝也拉不出来，黄金的其他特性也会因此丧失。在柏拉图时代，黄金提纯技术已达到相当高的程度，一般人对此已有比较确切的认识。所以金作为美好事物的象征，常出现在柏拉图的对话中。

理念是不可见的，金是可见的、美的，从质料上说，纯金就是金的理念（柏拉图没有这样说，是我从他的理论中推论出来的）。我们还可以金为例来诠释理念。理念是一，事物是多；理念是绝对的，事物是相对的。相应的说法就是：纯金是一，金制品是多；纯金是绝对的，金制品是相对的；纯金是金的本质，金制品是它的影像。纯金作为金的理念，表现在它只有整体，没有部分，性质不变。它与金块的大小和形状无关，也和时尚、时间无关，一小块金和一大块金、镶嵌在马桶上的金和镶嵌在皇冠上的金性质是完全一样的，是一种永恒的存在，与这一切有关的只是金制品，甚至金制品中的金也是本质不变的，金给我们提供一种可见的理念。这大概是黑格尔以在概念前面加“纯”字的方式表达理念的一个依据。通过纯金，我们对黑格尔所说的“理念是自在自为的真理，是概念和客观性的绝对统一”也会有进一步的认识。在概念中，我们认识的金是完全主观的，它让人联想到实物，但也只是个模糊的影像；而在理念（黑格尔称为概念的最高阶段）中，金却必须是（接近）100%的纯金，显现其客观性，再与概念相结合，才产生金的理念——一个“自在自为的真理”。

推广到其他金属，例如银，纯银是理念，银制品是事物，还有铜、铁、铝等，也是一样。由金属又推广到非金属元素如钠、钾等，由非金属进而推广到看不见的气体元素如氢、氧、氮等，从而产生元素周期表，即纯物质及其相互联系的总表，寻找世界本原的工作就以这种新的形式开展起来，深入下去。顺着这一途径，探索活动的下一个对象必定是化合物，如水、盐、糖等，它们本来就是理念，现在则多了一个内涵，它们是由两种以上的元素组成的，由此人们对理念世界获得新的认识。一切纯物质都是理念，化合物是两种以上的元素组成的纯物质，化学这门学科就这样建立起来。化学可以说就是研究纯物质及其相互联系和相互作用的学术，即各种物质理念的学术。元素就是理念，理念就是实在和本质，化学每走一步就是从元素到元素的实践，也就是柏拉图所说的从理念到理念的实践，即从本质到本质，这就使化学这门科学从一开始就立于不败之地。从炼金术到化学经历了 2 000 多年，古希腊人（不仅是柏拉图）的理念论一直或显或隐地起着推动作用。古埃及人和阿拉伯人因为缺乏理论的指导，缺乏寻找纯物质的想法和热情，虽有大量实践，却未能让这种技术产生高于实用和牟利的结果。

一般欧洲炼金术士并不能将炼金术推进到这个高度，只因被希腊智慧之光照耀的少数天才——这种天才在任何重大创新上的作用都不可低估——参与其中，才让这一古老而充满神秘色彩的技术大放光芒。这些天才中头一个需要提到的是在瑞士出生的帕拉塞尔苏斯，是他首次明确地将炼金术定义为“将不纯净物质变为纯净物质的技艺”，并将炼金术的目的从投机和牟利提升到制取满足人们需要的美好物品，特别是医疗药品上，炼金术才开始与化学结缘。17 世纪英国物理学家和化学家波义耳继承了前人的研究成果，指出纯净物质就是元素，“元素应当是某些不由任何其他物质所构成的原始的和简单的物质或者是完全纯净的物质……它们应该是用一般化学方法不能再分解成更简单的某些实物”，为化学学科的正式诞生奠定基础。炼金术让人们认识高温（后来转为电解）提取纯物质的途径，在这个过程中还产生硫酸、盐酸、硝酸等化合物，这也是促成化学学科诞生的因素。

炼金术从古希腊人开始就被一些人理解为把握世界最深层次的内部结构与联系、解开自然奥秘（寻求世界本原）的一个途径，从而吸引了大批爱智者的参与——化学最初是作为哲学的一个分支成立的，——在欧洲连牛顿和莱布尼兹这样的大科学家和哲学家都沉迷其中，炼金术这一古老、神秘、牟利的技艺才能够生发出奇光异彩。

虽则从这个活动中最终没有人获得黄金，但智力得到训练，思想得到提升，而且附带获得许多新发现，最终促成了化学的产生，收获不可谓不大。

3. 追求理想事物导致物理学的产生及数学、天文学等学科的发展

欧洲另有一些人将寻找理想事物的活动扩展到物理世界，发现了或制造了理想运动、理想机器、理想气体、理想液体、理想固体、理想晶体、绝对黑体等理想事物，并借助数学，建立了各种理想模型。这些理想模型在现实中不存在，但在理念世界中存在，是柏拉图从理念到理念推理的产物，它们本身也是理念。例如，无摩擦的永恒的运动是运动的理念，无损耗能量转换率达到百分之百的热机是机器的理念，绝对时空模型是时间与空间的理念，等等。相应的物理定律从中产生，物理科学就是这样建立起来的。这一工作归功于另外一些先驱者，如伽利略、牛顿以及后来的卡诺、麦克斯韦等，哲学家笛卡尔、莱布尼茨、帕斯卡等在这方面也发挥了重要作用。

天体的运动就是最显著的理想运动，因此，它们虽然远离地球，但人类仍然能够比较早也比较精确地认识它们的运动，并以此推断它们过去和未来的运动，天文学因此成熟较早，并在理想化上成为其他学科的典范。希腊人为什么相信神创造的世界是有序而完美的，相信自然是有序与和谐的，相信贱金属能够演变为贵金属，相信正义会战胜邪恶？很重要的原因是他们看到了头上井然有序、庄严而永恒的星空，星空就是最辉煌的理想世界，通过注视星空，信仰天神，人就能够看到宇宙间至美至善的事物，从而作出惊天动地的发现和精美的作品。康德令人起敬的不仅是他独具一格的哲学理论，而且还有他在科学上的贡献，因他的“星云假说”，恩格斯称他是给中世纪“僵化的自然观上打开第一个缺口”的哲学家。康德告诉世人这当中的秘密：崇敬你头上的星空和自己的心灵。追究起哥白尼，他起初思考自己的理论时也没有多少科学依据，那时的条件并不能给人提供这类依据（连个简陋的望远镜也没有造出来），他主要觉得托勒密的理论虽有实用价值，但比较笨拙、繁琐、不美，不应当是创世主的设计，一种理想化的冲动促使他对这一体系着手改进，在这一过程中，自己的理论趋向成熟。

恩格斯是个唯物主义者，但他不像当时欧洲那些唯物主义者那样专注于物质和经验，他推崇的更多是理论和精神，他经常称赞的不是科学家，而是哲学家，尤其是唯心主义哲学家，尤其是黑格尔。他认为即使是自然科学，也是哲学家比科学家高明，在科学上作出最重要发现的不是科学家，而是哲学家，或那些精研哲学的科学家，“哲学具有某种即使在他们自己的领域中也比他们高明的东西”，两个“他们”均指科学家。他举例说：

> 莱布尼茨——研究无限的数学的创始人，和他比较起来，归纳法的驴子牛顿便显得是一个剽窃者和破坏者；康德——拉普拉斯以前的天体演化学；奥肯——在德国采用进化论的第一个人；黑格尔——他对自然科学的［逻辑的］概括和合理的分类是比一切唯物主义的胡说八道合在一起还更伟大的成就。

原生质和细胞的发现并非运用自然科学的方法（那时还没有人懂得这样做）的结果，而是德国博物学家奥肯“沿着思维的道路发现了”的。拉普拉斯虽说是个科学家，但和奥肯一样，在哲学上也有相当的造诣，他们的发现主要应当归因于哲学而不是科学。莱布尼茨就更是个哲学与科学结合的典型人物，他的成就也是首先应当归因于哲学而不是科学。恩格斯另外提供了一个哲学帮助物理学的实例：哲学家首先发现运动不灭定律。“因为在这种认识在自然科学中实际起作用以前很久，哲学就获得了这种认识，所以很容易说明，哲学为什么比自然科学整整早两百年做出了运动既不能创造也不能消灭的结论。甚至哲学借以作出这个结论来的形式，也比今天的自然科学的表述要高明些。”

后面那句话，恩格斯所指的是17世纪产生的笛卡尔原理：宇宙中存在的运动的总量是永远不变的。恩格斯进一步指出，由运动不灭定律产生力的守恒定律和能量守恒定律这两个相反的定律。若我们再追问，怀疑一切的笛卡尔为何能够作出这一发现，不是很容易让人联想到希腊人的神、永恒事物、灵魂不死等信仰方面吗？在《蒂迈欧篇》，柏拉图描述的由创造主创造的宇宙，虽则包括各种生灭事物，但它总体的运动，从形式到量，则是永恒不变的。这就不仅是运动不灭、能量不灭，而且还是物质（粒子总量）不灭、灵魂不朽了。柏拉图看似玄乎其玄的论述，却包含如此丰富的科学内涵，是一般人想象不到的。我们在日常活动中接触的都是看得见的、有寿命的、变化生灭的事物，对看不见的、永恒不朽的事物不熟悉，因而对这类事物不理解以致否认它们的存在是普遍现象，这类事物只有哲学家才能看到，因此，宇宙的真正面目，只有哲学家才能看清，重大的发现只有哲学家才能作出。有些科学家也能作出惊世的发现，往往因为他们接受和运用了哲学家的思想或他们本身同时是哲学家。

笛卡尔对科学的另一个贡献是建立了解析几何学，使一个代数方程可以用一条曲线描述出来。这类的发明，一般数学家和科学家是作不出来的，因为他们太过沉迷于自己的专业之中，对善和美缺乏敏感性。在生理上，他们更擅长运用左半脑，而缺少运用右半脑及下脑的技巧。笛卡尔的这一发明也是追求理想事物的结果。萨根教授对此曾作出评论：“目前解析几何已是十年级学生的普通课程，但在17世纪，这却是一个辉煌的发现。然而，代数方程是大脑左半球的结构原型，而一条普通几何曲线，即相关点连接起来的图形，则是大脑右半球特有的产物。在一定意义上，解析几何是数学上的胼胝体。”追求理想事物主要是右半脑的爱好，理想事物当然是美的事物，追求美也是右半脑的爱好和特长，因此，“不需要两半球协同工作的科学，是不会有重大进展的”。科学上的重大成果实际上都既离不开哲学，也离不开艺术。

毕达哥拉斯发现黄金分割律的故事也是哲学帮助科学的另一个范例。人们在追求有用性的过程中，逐渐确定了一种优美的比率：0.618，按照这一比率建造的廊柱既美观又稳固，按照这一比率建造的人体塑像显得自然而美观，符合这一比例的人体最美……而隐藏在不同事物中这一“神赐的比例”（19世纪威尼斯数学家帕乔里语）长久不被人发现，直到有一天毕达哥拉斯经过一家铁匠铺，才从那奇妙的叮叮当当打铁节奏声中听出来，这就是哲学家的睿智。这一宝贵的遗产传到开窍了的欧洲人手里之后，旧貌换新颜，除了原来的功能继续得到发挥外，他们还将它作为探索新事物的工具。“斐波那契数列”就是在黄金分割律的基础上产生的。由这个数列规律，人们从“线段”黄金比求出“面积”黄金比，近代建筑学家勒·柯布西埃还根据此数列发明了“黄金尺”——建筑标准尺，以1.6倍略强的比例递增。

前面没有提到的还有留基伯、德谟克利特、伊壁鸠鲁等的原子论。世界由原子与虚空两大元素组成的理论，是希腊哲学家寻找理想事物活动的一个重要成果，这一理论对科学发展的促进作用，众人皆知，在此就不多说了。

哲学家创造的方法论，对科学研究来说，也是不可缺少的。系统方法、演绎法、归纳法、分析法、综合法、逻辑推理法、证明法、穷竭法、分割法，等等，都是希腊人为追求思维的美、追求理想事物而作出的发明。柏拉图是辩证法大师，亚里士多德是方法论大师，欧几里得的几何学是演绎法的精彩范例，阿基米德以小力的积聚去移动大物体的理论（杠杆原理）以及他的浮力定律则是以上多种方法的运用，他们的理论直接或间接促成了后来众多科学理论和科学方法的诞生。

像这类追求美和理想事物而作出的发现，还有许多，在此难以完全列出，但就已列出的事例看，我们是否有足够的理由可以说，科学的历史，就是经验派在理念派的指引下寻找理想事物和建立理念世界的历史，即寻找理想事物是科学发展的主要动力而不是通常所认为生产实践的需要而产生科学？答案可以基本肯定，不能否认后者的作用，但前者的作用无疑是主要的，而且是在先的。古希腊人研究科学并非为了实用，并非为了提高生产效率，而是为了认识世界的本原。

理想事物是永恒不朽的，寻找理想事物也就是寻找永恒事物，这一活动帮助人们进入理念世界——让人看到了隐藏在物质里面那些看不见的、永恒不朽的东西，虽则它们仅属于理念世界最低层次，也很了不起。

4. 柏拉图在促进科学的产生和发展上占第一位的功绩

讨论至此，让我们再返回柏拉图。他虽则在科学上只重视数学和天文学，对其他学科不感兴趣，甚至持批判态度（如对唯物主义的世界起源论）。但他反复强调关注永恒事物、理想事物、看不见的事物，这种观察世界的方式不仅对哲学发展十分重要，对科学发展同样重要。原子、虚空、元素、物质、质量、力、能、规律等，都是永恒的、看不见的事物，欧洲人由于记住了柏拉图这一教导，又听从恩格斯的教导而经常“回到古希腊人那里去”，因而在哲学上和科学上都有辉煌的成就；那些看不到永恒事物，只关注日常看得见的、具体的事物的务实的民族，在哲学和科学上就难以获得高度和深度。

柏拉图的最大功绩是建立理念论，建立起一个理念世界，科学就被安置在这个理念世界中，在善的理念和美的理念发出的光芒映照下，科学能够建立起自己的宏伟的大厦和高远的目标，并时时校正自己运行的轨道，朝着这个目标前进。化学学科的建立就完全可以看做是对理念论的运用和发挥的结果。目标决定手段，柏拉图不仅提出正确的目标，还提出正确的手段。他著名的思辨方法是“从理念到理念”，化学正是以这种方式产生和发展的。它首先确定万物最基本的元素，提出一个元素总表。然后研究多个元素构成的物质，再通过对这些物质之间的关系的认识对它们进行分离、重组，将元素和无机物复制出来，将一些有机物制造出来，甚至制造出自然界没有的东西，如种类繁多的药品和塑料。这里所提到的元素、物质都是理念——纯物质。化学不仅全部应用的都是理念，而且通过使用符号系统、结构式和实验手段产生新的理念，即新的元素和物质。若仔细研究，我们会发现数学、物理等学科也是遵循这种方式产生和发展的，数学中0—9这10个自然数，物理学中的力、能、运动、质量、重量、吸引、排斥等，都是理念。前面提到，哲学孕育出科学，科学从哲学中产生，离开哲学，科学将寸步难行，其依据即在于此。

很多科学家不懂得理念论，或反对理念论，在研究中却不自觉地应用理念论，还自以为是创新。任何人要对世界有个清晰明确的认识，要有所发现、有所发明，就要从世界的原与源——理念世界开始，而且始终要把它看成是自己的立脚点。

柏拉图从联系的角度和以类比的方式（国家个人共性论）看世界，对科学研究也有重要意义。例如，化学能够发现和制造出大量的"同分异构体"（现代科学用这种方式制造出的物质种类数以百万计），就可以联系到柏拉图这一观念。在《理想国》中，人的灵魂分为三个部分，三个部分的主次排列方式不同，产生不同性质的灵魂，这对个人和国家都适用，现在我要补充说，这种情况对自然界同样适用。乙醇与二甲醚就是一对"同分异构体"，它们拥有的各种元素的原子数目相同，都由2个碳原子、6个氢原子和1个氧原子组成，原子的排列方式不同，结构式分别为C_2H_5OH和CH_3OCH_3，在性质上和表现形态上就大不相同。在室温条件下，前者是无色、透明、芳香的液体，是制酒的主要原料；后者是无色、无毒的气体，用作冷冻剂、溶剂、萃取剂和燃料。石墨和金刚石的情况与之类似。在天文学的发展史中，人类也曾将太阳系在先构造成"地球系"，与"太阳系"构成一对天文学的"同分异构体"，相应地产生了不同的宇宙观。奥地利物理学家薛定谔在《生命是什么》一书中提出，"基因大分子是一种由同分异构元素连续组成的非周期晶体"，从这个角度讲，许多生物体也是复杂的"同分异构体"。表面看是事物形式的改变，实际是结构的改变，进而引发性质的改变。用这种方式看世界似乎过于简单，像儿童搭积木一样，不够"科学"，但能更好地抓住事物的本质。真理是简单明白的。

不要忘记，提出知识分科的概念、导致科学产生的第一人正是柏拉图。

总的说来，柏拉图对科学的指导作用是第一位的，亚里士多德虽则在科学上做了大量具体的、奠基性的工作，但与柏拉图的功绩相比，仍然只得屈居第二位。没有柏拉图，就没有亚里士多德，就没有一个坚实的基础，科学的诞生就要推迟许多世纪。

科学与经济发展也有关系（与宗教、政治、习俗等也有关，实际这一切也在理念世界中）。经济获益于科学，反过来也对科学的发展起了推动作用，当代经济甚至表现为科学发展的引导力量，但这只是后来的事，而且可以说是一种错觉（似乎只要在某些方面加大资金投入，就能让某种科学发展起来）。实际情况是，哲学推动科学，科学推动经济，而不是相反。

哲学孕育和扶持科学，伟先生是赛先生的父亲，记住这点，是科学取得成效的起点。

5. 哲学永远是科学的老师

以上所论均是历史。现代人会说，不错，赛先生是在伟先生的培育下成长起来的，但科学发展到今天已经十分成熟，科学体系渐趋完善，赛先生已经从童年进入盛年，独立发展，不再需要伟先生扶持，而且伟先生已进入暮年，无力扶持盛年者，就像当年亚里士多德不能再扶持成长起来的亚历山大一样，该功成身退了吧……出于这类想法，许多理工科的学生不用心学哲学，连介于哲学与科学之间的自然辩证法也没有兴趣学，认为对科学研究没有帮助——这是不对的。

哲学研究永恒事物，它本身也是永恒的，决不会衰老无能，它对科学（古代科学和当代科学全在内）的指导作用也是决定性的，什么时候都不能欠缺。详说如下。

第一，爱智慧。哲学要爱智慧，科学同样要这样做。智慧是发现真理的能力，科学以追求真理为目标，就不能离开哲学，因为智慧是真理和知识的源泉。不懂得它们之间的关系，偏离智慧，将真理和知识奉为至高无上的神明，努力追求——目前大多数人就是这样做的，是不会有重大突破的。

第二，爱美。艺术就是爱美。一些人因为爱美而发现智慧之美，成了哲学家；另一些人发现知识之美，成为科学家；还有些人发现权力之美，成为政治家；更多的人发现财富之美，成了大富豪……人要成功，就要追求，而只有看到追求对象之美，才会产生爱，才会到达目的地。美是众业之源。在这里，哲学是百业的榜样，也是科学的榜样，因为它追求的目标（智慧）最高又最美。爱艺术让人辨美丑，爱哲学让人辨善恶，爱科学让人辨真伪，三者相辅相成、相互促进。信不信由你，科学上的许多重大发现和发明是由爱美与爱善产生的，而不是人们经常称道的科学求实精神。被人称作计算机之父的约翰·冯·诺依曼就曾说过：“我认为，说数学家选择课题的准则以及判别他是否成功的准则，主要的是美学准则，这是正确的。”（《阅读大师·自然科学卷》）虽则爱美之心人皆有之，但爱美的最高境界是爱美本身，而不是一般的爱美，这只有信仰理念论的哲学家和艺术家才能做到。

第三，探索原与源。哲学研究的特点是探寻一切研究对象的本原和源泉，即本质（本质在先论），这是富有成效的研究方式，对科学研究也要这样做。希腊人所说的智慧就是万物本原的知识，或称第一原理。他们坚信万物始源于某种终极的、至善至美的本原，人们要努力探寻这个本原，大自然的奥秘就会大白于天下。这类观念虽则偏于神秘，但适用于一切研究工作，任何研究工作若从原与源开始，最终又回归原与源，绝对是富有成效的道路。柏拉图的方法就是一个典型，他认为学习与研究都要从理念开始，理念就是事物的本原和本质，运用从理念到理念的方式到达真理就是最高明的做法，化学和其他许多知识就是这样产生的，以这种方式产生的知识也就是最为真实可靠的。

第四，精神第一，身体第二。我们所说的精神可以看成是古希腊人所说的灵魂。

古希腊哲人的一个基本观念是：灵魂重于身体，人的努力首先要为灵魂，然后才是身体，因为灵魂不朽，身体却会死亡，要将不朽的事物摆放在第一位。这也是基督教的精神：当世人的灵魂堕落之时，上帝就毫不留情地用大洪水和烈火毁灭人的身体。当代科学的目标正好相反，将身体摆放在第一位，表面上是为人类造福，实际却带来损害，导致众多的方向性错误和低效率。

第五，建立虔诚的信仰。这是为灵魂而做的最重要的事。要建立自己的信仰而且要对自己的信仰虔诚，哲学家和科学家都要求这样做。中国古人提出天人这对概念，相当于西方的自然和人概念，由此导致哲学和科学的一个区分：哲学以人为本而科学以自然为本。人的根本是灵魂，哲学的任务是引导人的灵魂，提升人的灵魂；科学的任务是认识自然的本性，维护自然不受破坏——虔诚的信仰在这里是不可缺少的。崇敬神，人才能真正认识神；同理，将自然看成是神，像崇敬神那样对待自然，人才能真正认识自然。敬神的人绝对不会做出损害神的事；同理，将自然看成是神的人，绝对不会做出损害自然的事。科学家对自然采取这种态度，就能最真切地认识自然，最有效地保护自然，达到人与自然和谐发展，自己的能力也能够得到极大发挥。

在实际上，科学却把目标锁定在人的利益上，声称要造福人类，创造种种利用自然、开发自然的手段，去满足人的欲望，把自然当成是任人榨取和掠夺的对象，造成两败俱伤的后果。

信仰不同于迷信，信仰是理性的，科学家要生活在理性之中，不仅要信仰自然，以真诚和认真的态度对待自然，而且要信仰自己，即要让自己生活在真实之中，也只有这样才能达到对自然的信仰和对真理的认识。缺乏信仰或有信仰而不虔诚的人，是靠不住也做不好事情的，真理与他无缘。

第六，素质比知识重要。素质指智慧、想象力、创造力和身心健康等与生俱来的品质和能力，知识则是后天教育获得的东西，相比之下，前者远比后者重要。大多数人在思想上和实践中把位置颠倒，将知识放在第一位，将素质放在第二位，知识悄悄驱逐智慧和想象力而无所觉察，为积累知识而不惜损害身心健康。科学在这方面起推波助澜的作用，宣扬知识就是力量，催促人向科学进军，效果适得其反。

第七，直觉与推理。这是笛卡尔推崇的思辨方法，也是想象的基础。哲学家又被人称为思辨家或玄学家，思辨是他的强项，依靠的不是知识，而是直觉与推理。直觉与推理也可以说是一种天赋，具有这种天赋，人就能从平常的事物察觉其中的永恒事物，推动新思想、新理论的产生。正所谓机遇只给有准备的头脑，思辨家的头脑中随时堆积着普遍性最高的研究课题，他们的头脑就是准备最充分的，机遇也就能随时碰到。科学家思辨专门课题，大量机遇和他们擦肩而过，这就是贝尔纳提出的先验先于实验的原因。“实验方法不能将新的启发性的观念给那些并没有这种观念的人，它只肯给那些指引他们得到新的观念的人，并从而对它们加以发展，以求从中获得可能的最佳结果。”他认为实验方法只是方法，观念才是种子，才会开花结果。自然规律并不存放在天地间什么角落里，而存放在人的心灵中，凭“预感或直觉”就能感知它们的存在，实验不过是让它们的形态显现出来罢了。若事前自己的心灵中没有这种先验观念，即使获得大量实验数据，他也不会有大的作为，对此，第谷与开普勒就是两个很好的例子。

第八，辩证法与机械论相结合。恩格斯说："古希腊的哲学家都是天生的自发的辩证论者。"他们懂得从运动的、变化的、发展的、联系的而不是从静止的、不变的、僵化的、孤立的角度看问题和解决问题，在这方面最突出的是赫拉克利特，他推崇世界时刻流变的观点。柏拉图推崇理念论，理念是永恒不朽的，但柏拉图并不因此而思想停滞、僵化，他同时主张事物普遍联系的观点，被称为辩证法大师。

机械论则是欧洲文艺复兴后期伴随现代科学而来的一股思潮，它让人从一个清晰的角度观察世界。在那里，一切都是预设的、因果相关的、精确的、可解析甚至能够计量的，像形形色色的钟表那样。人们曾经从政治斗争的角度将机械论看成是辩证法的对立面而加以批判，现在看来是一种偏见，机械论起码是一种有用的思维方法，可以和辩证法结合运用，实际上大多数人也是这样做的，纯粹的辩证法家和纯粹的机械论者是很少见的。当然，在两者中，我们需要强调辩证法，这是因为我们自小在学校里接受的教育多数偏向机械论。

辩证法虽则不能像机械论那样对面临的问题给人以提供精确的答案，但它从普遍联系的角度和运动变化的角度让人明确问题的症结所在和彻底解决问题的途径，而远胜于机械论。例如当前的环境治理，现有的提案，如减排、绿色工程、惩处污染等，都是机械论的做法，不能彻底解决问题。辩证法告诉人们，环境的症结在人口，而人口的症结在观念和习俗。如果人们的观念和习俗不改变，人口增长的趋势不能够下降，其他一切措施均是徒劳，最多是延缓危机，而不能消除危机，甚至会加剧危机——以种种形式让治理环境的资源转向人群福利，促进人口进一步增长。这就是辩证法的高明之处。

科学在这些方面永远落后于哲学，这是它们各自追求的目的决定的，哲学永远走在科学前面。认为科学独立于哲学，甚至高于哲学，绝不受哲学约束的人，请听听恩格斯在 100 多年前怎么说：

> 自然科学家相信：他们只有忽视哲学或侮辱哲学，才能从哲学的束缚中解放出来。但是，因为他们离开了思维便不能前进一步……他们完全作了哲学的奴隶，遗憾的是大多数都作了最坏的哲学的奴隶，而那些侮辱哲学最厉害的恰好是最坏哲学的最坏、最庸俗的残余的奴隶。

不仅科学家不能逃避哲学，在广义上说，所有人都躲不开哲学，哲学就是每个人的生活，连那些宣称无信仰、不相信任何哲学的人的生活本身都是一种哲学信仰。问题正如恩格斯所说的，你是"愿意受某种坏的时髦的哲学支配，还是愿意受一种建立在通晓思维的历史和成就的基础上的理论思维的支配"。你别无选择。

需要指出的是，哲学派系五花八门，这里推荐的是古希腊哲学，尤其是柏拉图哲学。其他地方或其他人的哲学，比如印度佛学、中国儒学和道学、法国人的理性主义和机械论、英国人的经验论和功利主义、美国人的实用主义、康德的先验论与批判论、黑格尔的精神论和逻辑学、叔本华的生命意志论、尼采的权力意志论、罗素的

“幸福之路”等，能否也有这等功效，能否充当赛先生的老师，就不敢说了。

追求绝对真理

追求真理，是个常用语，大多数人听了，都会鼓掌叫好；追求绝对真理就不同了，人们会感到疑惑：世界上真有绝对真理吗？大多数人会就此止步。绝对真理又称为终极真理，就是毫无错误、永远正确、不受时空限制、放之四海而皆准的理，有这样的理吗？

虽则不是很明确，信仰绝对真理的人肯定是有的，而且人数不算少。大多数宗教徒就是这个队伍的坚定成员，他们崇拜的神就是绝对真理，有意无意地将相对真理甚至谬误奉为绝对真理的情况也不少见。恩格斯批判的杜林就将自已的那一套理论奉为“终极真理”。讨论这个课题有助于认识和避免这类错误。

现在我们可以说，追求绝对真理本没有错，还应当鼓励，只是注意不要随意将它牵扯到政治上，不要强求所有人服从。正所谓事在人为，人间的事大多数是人为的，连神和神话都是人造的，绝对真理是人造的观念，把它作为追求目标没有什么不可以。

科学家大多数是不相信绝对真理的，然而，他们却在无意间找到了，就是前文所说的“金”，“纯金”就是绝对真理！

20 世纪初，科学界对“金”的认识已经十分确定。它的化学符号为 Au，属于稳定的稍稍偏软的固体金属，核电荷数和核外电子数都是 79，原子体积为 10.2 立方厘米/摩尔。金的绝对性还由元素周期表予以确定。它在表中有确定的位置：在铂与汞之间，这种排列是由它们的核电荷数和核外电子数决定的。其电子几乎没有重量，在原子中却是重量级的质子的抗衡力量，多一粒和少一粒并非无足轻重的事，它意味着核电荷数相应增减，这事发生时，金就不再是金，而是汞或铂，性质完全变了。所有的元素都可以看做是绝对真理、终极真理。

不错，这当中还有许多不确定的因素和不清楚的细节，此外，还可能有尚未发现的元素。但现在可以说，基本元素大家庭的成员和性质已经基本清楚，它们终极的原理和原因是确定无疑的，黑格尔所说的“真理全体”已经由化学家创造出来了。我们不妨将元素周期表看做是科学大厦中的一个专业房间（化学世界），在发现元素周期律之前，人类还没有进入这个房间；发现之后，就算进入到里面了，尽管对里面的事物还有不少尚未弄清楚之处，但一切工作都在这个层面上进行。这是完全不同的两种境界，进入了后一种境界也就可以说是获得了绝对真理，进入了柏拉图所称的理念世界。

绝对真理在柏拉图的对话中多有讨论，虽则他说过绝对真理不可认识的话，但从总体上，可以理解为不可完全认识，却可以逐渐深入认识，无限接近绝对真理。绝对的事物也是永恒的事物，科学家和大多数哲学家回避绝对和永恒之类的话题，柏拉图却偏偏叫人重视这类课题、研究这类课题。我们要想对绝对真理有比较深入的认识，最好的导师就是柏拉图，这就需要联系到他的理念论：一切理念都是绝对的、永恒的，绝对真理就是理念，理念就是绝对真理。

学习理念论，我们首先得建立这种认识：理念就是本身，本身就是绝对，即“idea = itself = absolute”，也就是说，理念具有绝对、极端之意。以美为例，美的理念、美本身、绝对美、至美等词意思是一样的；英语就可以简单地表达为“the idea of beauty = the beautiful in itself = absolute beauty”，这三种用法在《理想国》中都可以找得到，以美本身形式出现的次数最多。对此，你可以存疑，但要参与探索，就必须在这点上达成共识，即便是临时性的。

柏拉图理念论的要点是：理念是同类事物的共相、实质、理想模式，事物只是理念的影像、摹本，事物分有理念才成为同类的事物。在柏拉图的理念系列中，善的理念是层次最高的，因为所有理念都是善的，善是所有理念的属性，它们全都分有善，它是理念体系的核心，也是他全部哲学的核心，不认识善的理念，就不能说真正认识柏拉图。

他称善的理念是最高知识（the idea of good is the highest knowledge），是真理和知识的源泉，关于正义、美、科学等的知识只有从它演绎出来时才是有用的和有益的，因而善的理念是学者首先要掌握的；如果我们不知道它，那么别的知识再多，对我们也没有任何益处，也不容易学得好。他把那些只知道美的事物（美景、美食、美人等），对美本身无知或否认美本身和其他本身存在的人，称为生活在梦境之中的糊涂人。

柏拉图没有明确指出善的理念是什么，但从《理想国》可知，它就是真理和理性的决定性源泉，因而认识善的理念是一切学习中最大的学习、最高的目的。任何人凡能在私人生活和公共生活中行事合乎理性的，必定是看见了善的理念的。亚里士多德在《形而上学》不显眼之处点明：最高知识即智慧，善的理念就是智慧，但不表示他赞同这一观点。他是理念论的第一个批判者，他把智慧理解为关于原理和原因的知识。

通过理念论和前面化学的事例，我们对绝对真理就有了进一步的认识：它就是原与源，希腊人又称之为第一原理。古希腊哲人致力探索万物本原的活动就是探索绝对真理的活动。当人的探索活动达到对象的原型或源头之时，就可认为是达到了终点，对象的真相就会大白于天下，这就是绝对真理。在化学，就是基本元素，化学建立于其上，这门学科就成了绝对真理，数学的情况与之类似，在化学之先就被称作绝对真理——早已转变为知识，也就是绝对知识。柏拉图就将数学看做是关于永恒事物的学科，是哲学家的必修课，缺乏数学知识的人不能进入他的学园。

后人贝尔纳也明确地说：“数学的真理是绝对而不变的，它的进步表现在新的真理的简单而继续的增加。”有机科学却不能走到那一步——在那个层面，我们看不到有机生命。它的元素远比无机科学复杂，相应地还有“关系”和“排列”等方面的困难，因而贝尔纳对有机科学中的绝对真理感到失望。他说："说实在的，一切现象，无论它们是有生命的或无机的，它们的性质或本质我们是永远无法知道的。最简单的无机现象的本质在今天化学家或物理学家依然完全无知，正如智慧现象或任何其他的生命现象的本质对生理学家来讲完全无知一样。这是很容易明白的：任何一个最简单的现象的绝对的或根本的性质的认识要求对整个宇宙有所认识；因为很明显，一个宇宙现象就是这个宇宙的某种辐射，是整个宇宙和谐的一部分。生物界的绝对真理更难达到……"他认为，绝对真理是不可认识的，科学（实验）能够做的是帮助我们认识现象，不是现象的本质，而是现象发生和变化的条件，通过控制这些条件让我们希望的现象产生或阻止我们不希望的现象出现，从而扩大人类控制自然的能力，这就是人类能做到的全部工作。

贝尔纳没有认识到或没有明确说出的是，人是有能力通过现象达到本质，即便是在有机界，他的书字里行间都表达出这种强烈的愿望。他的观点不难理解，那时（1869 年）门捷列夫虽则已经提出元素周期律，估计贝尔纳还没有看到，书中，他只提到当时已知的 70 种单质元素，其中 16 种参与构成有机体，元素的性质及其相互的联系显然还很模糊，因而没有被他看成是绝对真理。之后，化学有了长足进步，其他各门科学都发生了飞跃，生物学进入了基因领域，人们对宇宙的认识也进入一个新境界，绝对真理也就不再是遥不可及的目标了。

我们也注意到，贝尔纳能够将日常现象与宇宙现象相联系，将视界从生命扩展至宇宙，这种做法对现代人来说是不寻常的。但贝尔纳不一定认识到——估计现代人也没有几个认识到——这种深远的宇宙观是属于柏拉图的。

人的思想决定人的行为，人的成就首先来自他的追求目标。一般而言，目标高远往往成就也相应重大，而目标又由人的思想境界决定。不少人目标很高，思想境界却很平常，他的目标就是缺乏相应基础的，我们只能认为他是在说大话、空话；即便实现，如当上了科学家或教授之类，也难以获得重大成就。相反，一个思想境界崇高的人，即便他目前地位低下，也无意成名，可能无意间就做出惊天动地的事。柏拉图就是典型，在他那个时代他的地位并不高，"最优秀的哲学家都不受重视"是普遍现象，哲学家还不时受迫害，但并不妨碍他拥有高出同侪的思想境界。绝对真理也可以理解为绝对高度或如我们这里说的最高境界，谁达到了这种境界，谁就达到绝对真理，再往前走或往后退，都会偏离了理想状态。

人们一直朦胧地觉得柏拉图不同凡响，但没有认识他真正伟大之所在，资料不全是个重要原因。柏拉图生活在公元前 5 世纪至公元前 4 世纪的雅典，描述他个人生活的历史文献很少，后人对他的认识主要通过他自己和亚里士多德的著作而来。亚里士多德的著作迟至 12 世纪才开始在欧洲流行，柏拉图的著作迟至 13 世纪才开始在欧洲流行，内容比较充实的拉丁文译本分别在 1472 年和 1484 年出版，在世界其他地方流行则迟至 20 世纪，全部著作的中译本迟至 21 世纪才算出齐，一个光辉的形象（柏拉图）才从模糊至清晰，所以之前对他存有偏见和误解是难以避免的。但现在不同了，我们已经有条件对他作出全面和深入的研究，资料不全不能再成为借口。其中一个研究成果是，认识了柏拉图之所以伟大首先是思想境界崇高：他的整体观至今无人能及：

> 一切事物行事的目的就是为了获得整体的幸福生活，这个整体不是为你而造的，而是你为这个整体而造。

柏拉图所说的整体就是创造主创造的一切，包括我们生活其中的世界以至全宇宙，其核心就是宇宙灵魂，就是普洛丁、奥古斯丁、布鲁诺和谢林等人所说的“世界灵魂”、“太一”。他还说，“神始终关注着整体”，每个人“要对这个普遍的善作出贡献”。

事实上，所有人都来自这个整体并生活其中，所做的一切均指向整体，无论他的贡献多么伟大或多么微末，但很少有人意识到这一点，意识到也不会认真对待。一般人只看到部分甚至自身，懂得人人生而平等，追求幸福是每个人神圣不可侵犯的权利（这点已经被写进许多国家的宪法中），只会为自己及家庭谋福利，能够为集体、为团体和为国家谋福利的人就算是很高尚的人了，但跟这里的要求比起来还差了一大截。西方人有句俗话称：“人人为自己，上帝为大家。”哲学家却告诉世人，人间的事还是要依靠人来做，“天助自助之人”。人若放弃努力，即使神助也没有用；人若看不到整体，个体、集体、国家以至人类的幸福最终也实现不了。

哲学家抱着这么崇高的目的进行工作就类似神，这可能是柏拉图和亚里士多德称哲学为神学的一个原因。不是所有的哲学家都能够这样做，只有爱智慧的哲学家才能够这样做。缺乏智慧，不懂得爱智慧，缺乏灵魂视觉的人，是看不到这个整体的，也不可能将自己的灵魂提升到这个高度。这里还讲究方式和技巧，不是一般“为人类服务”的方式，如赐予教育、捐赠财物、救死扶伤之类，或给予大众广泛的同情和怜悯，而是极为特殊的方式：致力于探讨美、善、真理、正义等理念以及通达的途径，自己身体力行，进入这一境界之中，并让尽可能多的人获得这种认识，助人摆脱各种身心的奴役，成为强者、主人、自由人。一个人若缺乏这等见识，对整体缺乏自觉性，也不懂得如何致力于给整体作贡献，那么他所做的工作就很难保证是对整体有益的，很可能相反，是损害，尽管他的工作在部分中可能受到肯定和称赞，获得公众和社会或大或小的奖励和荣誉。

这里说的整体观就是以世界甚至宇宙为对象的统一观。在柏拉图时代，人们对天空、地球、人类总体的面貌认识十分有限，却能够获得这么宏伟的视角，建立起这么崇高而伟大的观念，是十分难能可贵的，可称为前无古人，后无来者，迄今为止还没有第二人达到这个高度。

现在我们可以回顾全部人类历史，看有谁的思想境界能和柏拉图的相比。上帝、耶稣基督的思想境界固然高不可攀，但他们是神不是人，他们有能力创造整体，也有能力毁灭它，而且有过这种实践（大洪水灭世，大火灭两城）。人没有这种能力，只能在局部起作用。有史以来世界各国的统治者数不胜数，其中不乏贤明君主，但他们也只是为部分的幸福而努力，没有一个人具有整体观。中国人敬重老庄的超脱无为，而老庄的最高境界也就是真人、至人、圣人、贤人，一群与世无争退隐山林的半仙罢了，对人类文明的推动作用很有限，一般人也很难效仿。需要注意的是，老子也有他的整体论，就是《道德经》中的“一”。“昔之得一者：天得一以清，地得一以宁，神得一以灵，谷得一以盈，万物得一以生，侯王得一以为天下贞。”他这个“一”是天、地、神、人、万物的目的，可与柏拉图的整体论相媲美，时间还在柏拉图之先。但老子最终的理想还是圣人，他既要圣人治世，又要“绝圣”，他的理论是悖谬的，而且过分简约。孔子教人明理、克己、知礼、规矩做人，比老庄的思想境界又差了一大截。

长久以来，众多哲学家、思想家、政治家都在探索人生意义和人类幸福之道，并利用自己掌握的权力，用各种方式推行自己的主张，但收效甚微，多以失败告终，或事与愿违，起了反作用。现在我们应当悟到，其原因主要是缺乏这个整体观之故。整体观就是人类的最高真理、绝对真理（我不知道世界上有什么比它还高的真理），只是很难达到，绝对真理本就是很难达到的。然而，谁要看到它，把它列为自己唯一的追求目标，努力向它靠拢，谁就算是进入到绝对真理的境界，他的所作所为都会是完全正确无误的——如果错误仍然发生，只能说他对这个整体观没有充分认识，或没有完全将自己的立脚点移过来。

科学是哲学的助手

前面我们从哲学的角度探讨哲学与科学的关系，现在反过来，从科学的角度讨论两者的关系。虽则课题相同，但角度不同，说法也就不完全一样，从不同的角度探讨同一课题有助于加深认识。从原与源上说，哲学产生科学，科学来自哲学，然而，科学也不是完全被动的，它能够反过来促进哲学，它的手段就是知识。

1. 科学的产生

希腊人定义哲学为爱智慧，我模仿他们，将科学定义为爱知识。相应地，哲学的对象是理念，科学的对象是概念。哲学和科学都是古希腊人的发明，代表人物分别为柏拉图和亚里士多德，柏拉图的主要功绩是创立理念论，亚里士多德的主要功绩是创立众多科学理论（实为众多新概念），这点已经达成共识。

哲学的对象和目的是理念，柏拉图要求学人将理念学习放在第一位也就是顺理成章的事，尤其是善的理念，即智慧；他认为，若不这样做，其他知识学得再多也没有益处。然而，理念却是看不见、摸不着的，柏拉图虽则提到善的理念的重要性，自己却承认没有能力将它说清楚，连自己都说不清楚的东西当然无法让他人认识得清楚。说归说，他自己其实是清楚的，而且已经用文字描述出来，只是学人似乎还是觉得不够清楚罢了。说到底，问题就在于不仅善的理念，而且所有理念都是绝对的、永恒的，是无法用语言和文字清楚明白地描述出来的，甚至被认为是“不可言说”的。

学哲学的真正途径是践行老庄所说的“不言之教”，也就是佛家所说的悟性，这不是一般人能够掌握的，教师也难达到这种要求，但哲学教育又是不可缺少的。

为了普及教育，人们就想出了个聪明的办法，将理念用言语和文字描述出来，让看不见、摸不着的事物成为理性可以把握的事物。对看不见、摸不着的事物进行描述是很困难的，典型的是对神和鬼的描述，但为了教育，就硬着头皮这样做，产生的就是概念。概念就是对理念的言语和文字描述（还没有见到他人这样说，是苏拉德的独家说法）。用这种方法很难将理念说得清楚，但有胜于无，而且可以不断改进。这个方法在中国是老子示范出来的，而实际上发明文字的民族无不这样做，在古希腊，亚里士多德实际做的就是这个工作。

这就是说，科学是为哲学而生的，是为了以概念阐述理念，帮助人最终掌握理念，科学也就是哲学的助手或工具。例如，为了让人认识天的理念，亚里士多德撰写了《论天》、《气象学》等著作；为了让人认识动物的理念，他撰写了《动物志》、《论动物运动》等著作；为了让人认识运动的理念，他撰写了《物理学》；为了让人掌握灵魂的理念，他撰写了《论灵魂》、《论记忆》、《论感觉及其对象》、《论睡和醒》等著作；最后，为了让人掌握哲学即智慧的理念，亚里士多德撰写了《形而上学》。在撰写过程中，他运用的几乎全都是概念，因为能够形诸笔墨的只能是概念。黑格尔为了让人认识理念，还创造了理念概念。概念是可教可学的知识，哲学和智慧也就这样成了可教可学的知识——亚里士多德给智慧作的定义也是原理和原因的知识。科学是爱知识，科学就是这样产生出来的，后人就在他开创的道路上尽情发挥。

这也就是说，科学由哲学产生，因而柏拉图说智慧是真理和知识的源泉，更为通俗明白地说，哲学就是科学和知识（两者实为一回事）的父亲。哲学是在先的。

2. 科学的发展和危机

科学虽说是来自哲学，是哲学的助手，但很少人认识到这一点。科学从哲学中独立出来后，很快就独自甩开双脚急速往前走，发展成了一个琳琅满目、应有尽有的体系。这个原因很清楚，与哲学相比，它是公众事业，人人喜爱，人人参与，人人受益，人都是冲着利益而来的。

因为是公众事业，就需要倡导自由平等的原则，不设禁区，让有条件的人都参与科学研究，自由发表意见，科学领域也就成了思想界一块百花齐放、百家争鸣的园地。

根据自由平等的原则，科学的百花园中容许杂草生长，也就是不轻易用伪科学、假科学之类的帽子压制参与者的言论自由和探索热情，科学体系自身就有净化能力。它只要坚持鼓励创新，帮助先进理论产生，虚假落后理论也就相形见绌，不打自败，落荒而逃。创新就是科学的生命。

同样，由于科学是公众事业，人人可以参与，人人受益，也就容易过度发展，走向极端，这种情况就像经济发展一样，若不加约束，就容易自由泛滥，引起混乱。发展经济需要管理，发展科学同样需要管理，只是管理主体不同。管理经济的是行政机构，管理科学也可以运用行政手段，但管理上最重要的事是掌握方向，而在管理科学的方向上，行政机构往往力不从心，不能胜任，只能依赖哲学，因为科学是哲学的助手而不是权力的助手（许多国家实际上将它转变为权力的助手），故应当听从哲学的指导。这个工作应当由哲学家来做，哲学家要时时站出来指引科学，让它运行在正确的道路上。科学是哲学的助手，哲学需要这个助手，也离不开这个助手，教导这个助手也就应当是哲学无可推卸的责任。科学若缺乏哲学的指导，就容易迷失方向，走上歧路，最经常的现象是成效低下，就像一群学识粗浅而且没有教师指导的孩童，叽叽喳喳争吵不停却没有个结果。

现在的实情是，由于科学的过度发展，哲学也被科学化、知识化了，而且也在这条道上走到了极端，沦落成为一个“专门学科”（策勒尔语），它就不再有能力指导自己的助手、帮助自己的助手了。科学也就这样处于无人照看、自生自灭的状态中，因而出现“科学终结”论。

3. 心理学的定位

关于哲学与科学的命运，后面还有讨论，在此我们暂时将它打住，转到“心理学的命运”上，对它的讨论有助于深入一步认识哲学与科学的关系。

我们对心理学的状态可以用“激活”来描述。它在亚里士多德之后 2 000 多年内一直被冷落，自 19 世纪下半期开始，突然活跃起来——被冯特所激活，而且在随后的时光中高潮迭起。

中国当代“心理医生”胡纪泽称心理学学科是个“大杂院”。他做了个粗略的统计：130 年来，心理学的流派有几百种之多，主流学派也有十数种，内容庞杂、差异显著，状如仇雠，其始作俑者，就是冯特。胡纪泽认为心理学背离了本原，是个“投错了胎的婴儿”。心理学的“家”是哲学，现在应当回家。理由是，心理学的对象是人的心灵，不要企图严格遵循科学主义和实证主义的方法去探询它的奥秘，“实验室”的研究对心灵是永远不适合的，永远做不到真正的“实证主义”。但凡对心灵进行研究，就永远离不开“内省”，而一旦用“内省”的方法，就不再是实证方法了。用这种方法得到的知识，只能是“不确切的知识”，也就是“非科学的知识”。心理学不是不愿意成为科学，也不是不应该成为科学，而是根本不能成为科学。这一点所有的心理学家都应该有十分清晰的概念。接下来，他还提到，心理学应当彻底放弃“元素主义”的思想，人类的心灵是个整体，不宜零星切割观察。心理学还应当彻底放弃“还原主义”的思想，不能根据低层次的性质推断高层次的性质。最后，心理学不要企图去揭示心灵的所谓“规律”，更不要企图去穷尽心灵的全部奥秘。

20 世纪 80 年代巴斯等创立进化心理学。它以达尔文的进化论为指导，综合了生物学、心理学和社会科学的研究思想，采用认知科学信息加工观点来重新思考古老的心身问题。它的关键词是神经环路（neural circuit），像计算机电路一样，环路与遍布全身的神经联系在一起，决定大脑如何传递、贮存和加工信息，从而决定人的行为。这门心理学现在国外还很流行，但离哲学的源头就更远了。

在各门科学当中，心理学的地位是最特殊的。它的研究对象横跨科学与哲学，与哲学存在交叉关系。因此，许多心理学家也是哲学家，不少哲学家也是心理学家，哲学研究中从来不缺乏心理学课题，如人性论、认识论之类，心理学研究也很难回避哲学。但因此而要心理学“走出科学、回归哲学”，坚定不移地从“科学大家庭”中走出来，也就是将它从科学领域中驱赶回到哲学领域中，我认为是不合适的。詹姆斯曾郑重其事地说过：“没有所谓心理学的科学这回事”，但没有获得心理学界的认同。尽管如此，人们仍然尊詹姆斯为“美国心理学之父”，他自己的代表作《心理学原理》也没有因此而改名。

从上面的论述可见，不能够这样做的理由很清楚：因为没有人能行“不言之教”。心理学如果从“科学大家庭”中走出来，回归哲学，就失掉了知识手段，成为一门“不可言说”的神秘的学科。哲学本身也需要知识手段，柏拉图称为最高知识，亚里士多德称为形而上学或神学。在古希腊人那里，知识就是科学，我们现在在学校学习的所有课程都是科学，包括形而上学、神学和心理学。

也因此，学校培养不出神学家和哲学家。学校的主要任务是传授知识，可以以这种方式培养出各种专业人才，包括神职人员和哲学工作者，但培养不出神学家和哲学家，他们不能依靠传授知识而被培养出来。知识并非无用，只是不是最重要的，最重要的是信仰和虔诚。学校里偶尔也会出来个把神学家和哲学家，那可以认为他们原先就拥有信仰和虔诚之故。心理学的对象是灵魂（心灵、精神、意识），用概念很难描述清楚，学生靠知识教育也很难掌握灵魂的理念，需要信仰和虔诚去把握。学校能够培养出心理医生、心理咨询师和心理学教师，但很难培养出心理学家。

即便这样，也不能取消知识手段，这是一般人能够接受的手段，缺乏了这个手段，教育无法进行。

面对心理学百花齐放、百家争鸣的局面，我看无需忧虑，也不必作任何限制，一般人也没有能力、没有权利作限制，这样做不符合科学作为公众事业的宗旨，不利于科学进步。我们只需自己努力钻研，推出创新理论就可以了。创新就是批判，而且比单纯地批判更富有成效。只要自己所论是真理，它就具有强大的生命力，最终就会受到群众的拥戴，对立的理论就会不战而退。

哲学走向科学

哲学不仅帮助了科学，让科学成长壮大，成为自己的助手，而且哲学自身也走向科学，成为“哲学科学”（黑格尔语），并产生众多分支。从追求绝对真理的角度看，这是一种倒退。这个事件自亚里士多德开始，原因是对整体观缺乏认识，热捧知识，抛弃智慧。

1. 亚里士多德与柏拉图的分歧

我们知道，亚里士多德与柏拉图和苏格拉底都是古希腊大哲学家，通称希腊三哲人。我们也知道，他们两位虽是师生，两人观点并不一致，表现为亚里士多德对柏拉图的批判，其实质却是哲学与科学的分歧。

哲学和科学都是古希腊人的发明，其中功劳最大者就是柏拉图和亚里士多德，但他们的工作并不一样，各有侧重点，如法国思想家勒南说："苏格拉底把哲学授予人类，亚里士多德则把科学授予了人类。"苏格拉底一生不著一字，没有留下论著，话里说的就是柏拉图，他与亚里士多德在理论上和方法上有本质的差异。

毕达哥拉斯给哲学的定义是：哲学是爱智慧。按照这一思路，我给科学做了个定义：科学是爱知识。智慧与知识的区别，在前已有论述，这就是他们两人观点相异的根源。据此，我将哲学家分为爱智型和爱知型，柏拉图和亚里士多德分别为两者的代表。

我把创立科学的第一功归于柏拉图，有两个原因。一个原因在于他是科学的发起人。在《理想国》中讨论大和小的关系时，柏拉图就说过，大得多的东西关系着小得多的东西，科学的目的是知识，一门特定的科学是关于一种特定知识的，它有特定的性质和对象，是其他专门科学所没有的。譬如，建房造屋的科学，它不同于别的科学，它就可以被叫做建筑学。柏拉图就这么提了一下，并没有动手做这个工作，真正对知识进行分类研究的是亚里士多德，科学中许多学科是他创立的。另一个原因是理念论。柏拉图是这个理论的创始人，亚里士多德是这个理论的批判者，而科学的建立离不开理念论。柏拉图认为理念是事物的共相、模型、本质，事物只是它的影像或摹本，不懂得理念，就不能够真正认识事物和认识世界（不认识纯金就不能真正认识各种金制品），这样的人活着和做梦差不多。亚里士多德根本否认理念的存在，认为事物就是事物，没有必要从中抽出什么理念，事物的本质就在事物中，而不在事物之外。

由此产生他们研究范围上的差异。柏拉图坚守哲学阵地，研究目标集中于第一原理，即最高知识；亚里士多德的研究则无所不包：天文、地理、生物、物理、政治、伦理、灵魂、逻辑、诗词……

由此又产生他们研究方法上的差异。柏拉图认为可见事物不是实在，只是实在的影子或摹本，通过研究可见事物不能达到真理，只有通过对不可见事物即永恒事物的学习，认识事物的理念，才能认识具体事物的实质，达到真理和知识。亚里士多德不顾柏拉图这一教导，对大量可见事物进行具体而微细的观察、分析与研究，创建众多新的学科，开通了达到真理和知识的另一途径。柏拉图通向真理的道路是狭窄的：从理念到理念，通过对理念的认识达到对世界的认识。亚里士多德则告诉人们，事物的存在有四因：质料因、动力因、形式因和目的因，人们可以通过研究具体的可见的事物的原因达到对事物本质的认识。到达真理和知识的道路不仅可以是从上而下的，即从抽象到具体，从普遍到特殊；还有从下而上的，即从具体到抽象、从特殊到普遍。

亚里士多德对生物的研究工作表明，第二条道路比第一条道路还要快捷可靠，那些建立在观察、解剖基础上的研究结果一经产生，立即就成为普遍接受的真理，即知识。

拉斐尔的名画《雅典学园》描绘的就是他们两人这种对立：柏拉图目光微微向上、右手指天；亚里士多德目光朝下、右手掌心向地。

不过，亚里士多德并没有放弃哲学，哲学在他那里仍然是至高无上的，他称之为神学。他是个综合型哲学家，广泛而深入地研究知识，并将知识运用到哲学研究中。

2. 黑格尔与柏拉图的分歧

希腊哲学随着马其顿人和罗马人入侵希腊本土而走出国门，先后传播到希腊东方的阿拉伯世界和希腊北方的欧洲，亚里士多德和柏拉图之间的分歧也随之而至，形成新一代爱智型和爱知型哲学家或思想家。早期的普洛丁、奥古斯丁、奥勒留、布鲁诺等罗马宗教家和思想家崇敬柏拉图，他们属于爱智型。其后大多数哲学家和思想家属于爱知型。两者的差别主要表现在对待理念的态度上。爱智型哲学家关注自己的灵魂，注重思辨和个人修炼，走到极端就是欧洲中世纪的托钵僧和苦修士；爱知型哲学家关注普遍的精神和知识，他们多数是社会公共人物，以传授真理和知识为己任，适合当官员和教师而且大多数是官员和教师。

爱知型哲学家以英国人为典型，从培根开始。英国人是重实践、重知识的民族，他们创造不出爱智型哲学，转而贬低希腊哲学，雄心勃勃地要进行建设新体系的工作，并不成功，只是将科学人为地拔高成哲学，霍布斯就是代表。他的代表作《利维坦》开篇写道："科学是关于推理的知识，也称为哲学。"书中开列知识体系的图表中，把数学、天文学、地理学、工程学、建筑术、航海术、气象学、星象学、矿物学等自然科学与基本哲学并列，全部汇总在哲学名下。

德国的典型是黑格尔。他一方面打趣英国人将科学拔高为哲学的做法，说他们将科学仪器和用具也称作哲学的工具，他自己则有意无意地以另一种方式致力于哲学的知识化、科学化。希腊人将哲学定义为爱智慧，黑格尔却将其理解为爱知识，认为哲学还没有达到爱"真实的知识"的程度，"真实的知识"就是真正的哲学。在哲学知识化上，黑格尔实比亚里士多德走得更远，他的目标就是让哲学与科学结合，让哲学发展成一门科学。他称哲学是关于理念或绝对的科学，"是关于真理的科学知识"。

在黑格尔体系中，理念有很高的地位，他认为"凡生活中真实的伟大的神圣的事物，其所以真实、伟大、神圣，均由于理念"，预言"理念的知识在几百年后一般地是酝酿成世界历史和形成人类精神生活的新形态的基本因素"，哲学的任务也就成为"在于掌握理念的普遍性和真形相"。在阐述哲学的整体性时，黑格尔说："第一，每一值得享受哲学的名义的哲学，一般都以理念为内容；第二，每一哲学体系均可看做是表示理念发展的一个特殊阶段或特殊环节。"总的说来，理念是哲学的目的、对象和内容，"理念就是真理"。

说归说，理念在黑格尔体系中的实际地位却不高，在概念之下。他认为哲学就是概念性的认识，概念才是他哲学的核心，理念包含在概念之内。他的代表作《小逻辑》三大内容之一就是概念论——其余二者为存在论和本质论，——根本没有理念论独立的篇章，而且理念在他那里也走了样。

黑格尔称“概念是自由的原则，是独立存在着的实体性的力量”，“概念才是一切生命的原则，因而同时也是完全具体的东西”，“正是概念把此前一切思维范畴都加以扬弃并包含在自身之内了。概念无疑是形式，但必须认为是无限的有创造性的形式，它包含一切充实的内容在自身内，并同时又不为内容所限制或束缚。同样，如果人们所了解的具体是指感觉中的具体事物或一般直接的可感知的东西，那么，概念也可以说是抽象的。概念作为概念是不能用手去捉摸的，当我们在进行概念思维时，听觉和视觉必定已经成为过去了。可是如前面所说，概念同时仍然是真正的具体东西。这是因为概念是‘存在’与‘本质’的统一，而且包含这两个范围中全部丰富的内容在自身之内”。

在黑格尔体系中，理念被划进概念范畴，称为理念概念：“理念是自在自为的真理，是概念和客观性的绝对统一。”理念的最高形态是绝对理念。大意是：概念以理念作为对象，理念成为它的客体，理念概念是主观理念和客观理念的统一，是理论的和实践的理念的统一，是生命的理念与认识的理念的统一。生命只是自在存在着的理念，认识只是自为存在着的理念，两者的统一就是自在自为存在着的理念，即绝对理念。

柏拉图的理念论存在一个矛盾。它是理想事物，是永恒不朽的，但它存在于人的意识中，而意识无疑是个过程，人们所获得的理念是处于分离和差别的形态之下的，不可能在一开始就把握事物的理想形态、绝对形态，黑格尔意图解决这个矛盾，结果就产生绝对理念。它没有来源，从自身出发，经过一种循环，最后返回自身，达到主观与客观的统一。像床这么简单的理念，它也是有这么个过程的，这就是黑格尔所称的生命的原则、主观的原则。通过这个过程，我们对理念就获得了一种动态的、历史的、辩证的认识。他认为自己这一观点就是亚里士多德所称的“思想的思想”或“纯思想”。

黑格尔认为柏拉图的理念论客观有余而主观不足，欠缺生命的原则与主观的原则，因而是“空洞无内容的”，言下之意是他在着手改造或重建理念论——实际就是以概念取代理念，以科学取代哲学，继承亚里士多德开创的事业。他终生致力创立的就是哲学科学，他的代表作《逻辑学》就是关于逻辑的科学。

亚里士多德提供的通往真理和知识的道路显然是大多数人喜欢走和正在走的道路，这条道路，成为后来科学研究的主干道。因为选择亚里士多德道路的人数众多，柏拉图的道路就逐渐被忽略，终至遗忘，亚里士多德的道路逐渐拓展而成为一条康庄大道，科学压倒哲学，黑格尔努力做的就是这个工作。黑格尔并没有真正认识柏拉图的理念论，他的所论与柏拉图的理念论并不是一回事，善的理念在黑格尔的著作中根本没有出现。这也就是说，黑格尔的哲学没有智慧的位置，偏离了智慧也就偏离了爱智哲学，他发展起来的实是一套精致的爱知哲学，远远地背离了柏拉图，改进理念论的初衷也就无法实现，但黑格尔的理论自有其特殊作用。

柏拉图对理念和事物进行界定，叫人通过学数学、天文学，通过实现灵魂转向、向上看等方式到达理念世界，固然是一条彻底的道路，但毕竟不是大众化的道路，在崇尚美德和民主的希腊黄金时代就很少有人能够做到，后来到崇尚知识和财富的时代，这条路就更不是一般人乐意走和容易走得通的了，黑格尔提供的知识之路也就应运而生，从理念论就可以看出他的方式的特点。

我们首先注意到，理念在黑格尔那里变成了理念概念，就是一个知识化的提法。理念本是不可言说的，变成概念后，就成为可言说的了，为此他创造了一个宏大而又复杂的哲学科学体系。

理念论在黑格尔那里成了普通知识，善的理念成了政治科学，一般人就可以通过课堂教学获得，像其他科学知识一样，这就消除大众与理念论的距离，因而黑格尔说："一说到理念，我们用不着想象一些遥远的和超越人世的东西。理念毋宁是彻底地现在的，甚至即存在于每一个人的意识里，无论他的意识是如何混乱衰退。"

然而，黑格尔的理论缺乏智慧的参与，有许多事物，尤其是那些不是靠感官而是靠心灵参与的、看不见的、永恒的事物，如善、正义、道德等，黑格尔提供的道路就不如柏拉图提供的道路好了。黑格尔助人获得理念"知识"，即理念概念，柏拉图却带人进入理念世界，效果全然不同，这是学人需要认识清楚的。哲学是爱智慧，最高目标是追求灵魂的提升，柏拉图的道路无疑是更为根本的。黑格尔可以助人成为哲学教授、研究员，而不是哲学家；假如谁主修哲学，意在成为一个真正的哲学家，柏拉图的道路是唯一的选择，也是追求绝对真理者的唯一选择。

3. 世界向何处去

这之后，思想界就逐渐走上与柏拉图分道扬镳的道路（将柏拉图留给基督教），抛弃智慧，拥戴真理和知识，科学至高无上，哲学成了科学的附庸，或被改造成形形色色的科学：语言科学、符号科学、系统科学、信息科学、生命科学，以及亚里士多德创立的政治科学、伦理学，等等。

科学以征服自然、造福人类为目的，哲学走向科学似乎没有什么不好。但它却牵涉到人类的目的：追求灵魂的幸福还是身体的快乐？

这种提问方式是希腊式的，在其他地方会引起许多争议——反对灵魂与身体分离论、反对灵魂论等，当代大多数人根本不考虑灵魂——我们暂时就按照希腊人的方式讨论这个问题。在古希腊，哲学就是生活方式，没有纯粹的学术争论，哲学观的分歧关系到社会发展的方向。

古希腊德尔菲神庙的墙上曾刻着"认识你自己"的箴言。它成为人类的一个使命。人不同于动物之处是人有精神，动物没有。精神又称精神自我意识，这是动物完全欠缺的，动物和植物只有物质自我意识。人因此具有两重性：精神性和肉体性，也就是通常说的灵魂和身体两重性，它们实是一体，但又有区别。"认识你自己"就要从这两方面认识，哲学和科学也按此大致分工：哲学负责灵魂，科学负责身体。

灵魂的助手是智慧，身体的助手是知识，因此，哲学是爱智慧，科学是爱知识

——那时的科学就是知识，是分科知识。

知识是关于真理的描述，是写在纸上、看得见、可教可学的；智慧是发现真理的能力，是看不见的，只是为了教和学，才以知识为中介，由此而产生的知识被柏拉图称为最高知识。哲学是最高知识，科学就是次级知识。若承认这种划分，那么，我们就会看到，黑格尔之后，一种重视科学、知识和身体而忽略哲学、智慧和灵魂的趋势在形成和发展，成了人间大道。

哲学并非玄虚空洞的理论，相反，它是实在的具体的东西。古希腊哲人指出，哲学是一种生活方式，它不只限于哲学家，而关系到所有人，指导所有人，只是一般人意识不到罢了。哲学与社会生活是紧密相关的，有什么样的生活，就有什么样的哲学，有什么样的哲学，就有什么样的生活。今天我们面对的一切，就是19世纪以来这一哲学发展的结果。沿着这个方向（身体福利至上）走下去，前景并不乐观。

人们对此早就习以为常，并自觉不自觉地推波助澜——当中就有黑格尔的功劳。只有少数人感到难以忍受，尼采就是后一种人中最激烈的一位。尼采说：

> 我斗胆对科学与哲学相互地位的改变提出抗议，这两者之间的地位正在不知不觉地发生着变化……哲学是在作最后的挣扎，已经走到路的尽头，处于临死前的痛苦之中。

这种趋势似乎是不可改变也不可逆转的，决定性的因素是人口，人口增长的趋势不改变，哲学的命运也就不可改变。促进这一趋势的力量十分强大而且不断增强：宗教、和平主义者、反堕胎势力、人权卫士、民主斗士等，都属于这一方的推动力。此外，农民和富人需要劳动力和财产继承人，以经济发展为目标的国家需要源源不断的青壮年劳动力，也成为推动人口增长的力量，实施限制生育政策的国家如中国常因此而备受不公正待遇。

人口增长明显的害处，一是对环境的压力上升，人与人之间争夺资源的活动加剧，贫困与苦难增加。另一个不那么明显却更为巨大的害处是，它将导致人类总体素质下降。在《人类的由来》中，达尔文指出：

> 按照自然选择法则，一般来说，野蛮人、身体衰弱的人、智能低下的人很快就会被淘汰，健康和精力充沛的人才能活下来。而文明行为与此相反，总是竭尽全力来阻止这种淘汰行为。我们修建各种医疗和休养设施，用来收容各种痴愚、残疾和有病的人。国家制定的各种济贫法律，保证了医务人员要尽力挽救每一个生命垂危的人。以前数以千计的体质虚弱的人由于天花而死，现在通过种牛痘使这些人得以生存下来。有了这些措施，生活在文明社会里的弱势人群就能照样繁衍后代。只要做过家畜育种的人都知道，其实这种做法对人类的前途是有很大危害的，家畜育种时如果这种做，就会使一个品种很快退化，速度快得令人惊讶。

其结果是劣势群体在总人口中的比例上升，优势群体在总人口中的比例下降，人类总体素质下降，如尼采说的“类型的衰退”。人的灵魂（精神）要求独立，人只有生活在开阔的空间中，才有灵魂活动的余地，人才会关注自己的灵魂，才有哲学的繁荣；在拥挤的空间中，尤其是日益拥挤的空间中，灵魂独立活动的空间越来越狭窄，退缩于身体之内，屈服于肉体，为肉体服务，生存上升到第一位，只能奉科学为神。从现实中我们看到，产生哲学家最多的国家如古希腊和近代德国，都是人口稀少规模较小的国家，人口稠密的国家哲学家就很少。深入一步细看，真正的科学和科学家的产生也是这个情况，艺术更是这样。一句话，人口稠密的环境是不利于人才成长的，首先是不利于创造。

韩非子在《五蠹》中有段话从另一个角度论证人口过度增长的弊病："古者丈夫不耕，草木之实足食也；妇人不织，禽兽之皮足衣也。不事力而养足，人民少而财有余，故民不争。是以厚赏不行，重罚不用，而民自治。今人有五子不为多，子又有五子，大父未死而有二十五孙。是以人民众而财货寡，事力劳而供养薄，故民争。虽倍赏累罚，而不免于乱。"这就是说，若人口稀少，人的日常需要就可以直接从自然界中获取，或通过轻松的劳动获取，社会无争、稳定；若人口过多，就要付出大量劳动才能满足日常需要，纷争必随之而至。在后一种情况下，人们就得运用自己大部分甚至全部时间和力量去解决吃、喝、住、穿，而无暇考虑哲学、科学和艺术创造。

世界应当是向哲学、人口少、闲暇、艺术创造的方向发展，还是向科学、人口多、劳累、人人为生存而流血流汗的方向发展？这是最大的普世问题。世界一直在走而且继续在走的是后一条路，它的前景是韩非子在 2 000 多年前就已经刻画清楚了的，肯定是一条越来越艰难的道路，可能会艰难到连喝水和呼吸都得费大力气，当代的末世论者则明确指出它是人类自我毁灭之路。

会不会有另一种选择？当代美国波士顿大学哲学教授罗森说过："哲学是人类生存的最高形式。"此话无疑可以到《理想国》追根溯源。世界有没有可能朝这个方向演进，进入哲学时代？短期内看不到这种可能性，再往后倒不好说。人类文明毕竟才过去不到 10 000 年，往后 10 000 年会是什么样子，现在断言为时过早。不至于令人灰心失望的一个理由是：物极必反，平庸到了极点就有可能出现一个辉煌的时代。世界上总有不甘平庸、怀抱远大志向、敢作敢为的人，这种人不会等待未来，什么时候都可能在原地开步走，他们是新时代的先行者、建设者。

文明发展的顺序

文明发展的顺序就是：艺术、哲学与科学，这是维柯的一个观点，我完全赞同。哲学和科学的发展都需要文字作媒介，文字来自艺术，尤其是图画，它本身就是一种艺术，哲学和科学晚生是必然的。

按照艺术的劳动起源论，人类动手制作的第一件劳动工具就是他创作的第一件艺术品，艺术就有百万年以上的历史；即便高级艺术，也有约 3 000 年的历史。哲学的历史若从泰勒斯算起，则只有 2 500 多年；科学的历史若从亚里士多德算起，有2 300

多年，但真正的科学——一般认为应从伽利略算起，则只有300多年。后来的欧洲文艺复兴运动也遵循这个顺序。艺术是文明发展的先导和基础，是它引出哲学，“美是善的原因”，而哲学又催生科学，它们之间的关系犹如祖辈、父亲与儿子的关系，我们不妨说艺术是哲学和科学的源泉或创作者，亚忒女皇是伟先生的母亲、赛先生的祖母。在艺术中，英国文艺复兴时期诗人锡德尼尤其强调诗歌的作用，指出它是人类文化最古老、最原始的学术，是人类文化“最初的保姆”，诗人是“学术之父”。古罗马人称诗为预言，古希腊人称诗为创造，诗是成熟最早的学术，早期的哲学家和历史学家都以诗人的面貌出现；它也是想象力和创造力最强的学术，是它促使其他学术产生并成熟。锡德尼强调的是需要文字作媒介的艺术，它显然来自更古老的无需文字媒介的艺术。

一个国家，只有当艺术优美时，它引发的哲学和科学才可能是美的、优秀的。一个国家，如果缺乏优美的艺术，它产生的哲学和科学将是粗糙的、肤浅的，甚至根本不可能产生。这是哲学和科学都产生于古希腊并且哲学一产生即达到高峰而世界上大多数国家在这些方面少有成就的深层原因（在世界一体化的今天，借助人员流动和学术交流，这种情况有所改变，即使缺乏优美艺术的国家也开始能够零星产生较好的哲学和科学）。从实际生活方面观察，我们不难发现，拥有优美艺术而无多少科学的国家往往比拥有很多科学而没有多少艺术的国家和谐得多、幸福得多。

人类社会文化开始就是按这个顺序发生的。希腊的情况更是如此，先有神话、荷马诗歌、雕塑、绘画、戏剧、音乐、开明政治和优美建筑，然后才产生哲学和科学。按这一顺序发展是合乎自然的。艺术关注表象世界和事物的外表，哲学关注理念世界和事物的本质，科学关注物质世界和事物的方方面面。艺术运用生理视觉去观察和描述表象世界并显现理念世界，哲学运用心灵的视觉去观照和描述理念世界，科学运用全部感官和工具去观察和剖析物质世界。人的认识就是这样由表至里又由里至表，由实至虚又由虚至实一步步深入进行的。

与古希腊文明和古罗马文明相比，欧洲各国的文明属于后起的文明。欧洲各国文明的共同点是：第一，开始的时间大致相同，都发轫于文艺复兴期间。第二，目标和内容大致相同，都以希腊文明和罗马文明为榜样。第三，发展顺序大致相同，先艺术后哲学和科学。第四，发展速度快，在二至三个世纪内赶上并在某些方面超过古代文明。第五，起点大致相同，几乎都是白手起家或在原有基础上推倒重来。欧洲各国大多是由战争或移民而新建立的国家，原有文化或落后或被破坏，它们都属于抛开原有文明并建立新文明的国家。

在欧洲各国中，意大利由于直接承袭了古罗马文明，比其他国家又先走了一步。古罗马人原先只会打仗和修建土木工程，接触古希腊文明后才意识到自己的野蛮和落后，开始移植古希腊文明，首先是希腊艺术。把希腊神话的神改成拉丁文名字，变成罗马人的神，是移植的第一步；接着是模仿希腊的音乐、绘画、雕塑和教育，发展起自己的艺术，曾掀起一浪更比一浪高的艺术创作热潮，推动了古罗马文明急促向前发展。突出的例子是雕塑。法国史学家丹纳在《艺术哲学》中说，4世纪末罗马城里的雕像比人都要多，从一个方面反映了罗马艺术发展的盛况。他们从古希腊智者那里继承了修辞艺术，掀起过一阵阵修辞学浪潮，产生西塞罗、昆体良等雄辩家和教育家。此外在文学、歌剧、建筑等方面也有突出的业绩。正由于罗马的这份丰厚的遗产，10个世纪后意大利才成为欧洲文艺复兴运动的先锋。

日耳曼人国家直到公元12世纪前后，大多数人仍是文盲，文化上一片空白（但也有少数文化启蒙者和先驱者已经进入欧洲最高水平之列），被希腊人、罗马人和意大利人视为蛮族。他们的艺术活动几乎全部伴随基督教的传播活动而来，建造教堂是主导活动，为教堂需要的壁画、雕塑和为宗教仪式必需的诗歌与合唱，推动了艺术广泛发展。到15世纪古腾堡发明活字印刷技术，《圣经》得以大量印刷发行后，文艺创作开始出现你追我赶、突飞猛进的局面。这些国家起步比意大利晚得多，就不完全按顺序，艺术、哲学和科学几乎是齐头并进，但艺术仍然是中心和主导，如锡德尼所说的，早期的哲学和科学就都具有浓重的艺术色彩。

在西欧各国中，英国是先行者，先后产生乔叟、培根、莎士比亚、牛顿等文化和科学巨人。法国在这期间产生拉伯雷、龙萨、蒙田、笛卡尔、普桑、布瓦洛等一大批文化大师。德国是欧洲大国中起步稍晚者，15—16世纪出现了丢勒、路德和天文学家开普勒，之后3个世纪涌现大批世界一流的艺术家、哲学家和科学家。此外，众多小国家也有不俗的表现。

艺术是人类最原始的创造活动，依赖人的原始能力发生和发展，人类这种原始的、早期的能力只能看做是天赋、想象力或本能；而科学是人类新近的、通过学习知识获得的能力或增长了的聪明才智，是人工产品。比较而言，前一种能力显然比后一种能力重要得多，尤其是当我们要进行创造时。发掘和保持自己的天赋和某种本能是一切创作活动最重要的事。重视艺术、让艺术优先，就是顺其自然的做法。上述国家之所以表现出强大的创造力，原因即在于此。

在文明建设中，艺术先行很重要，它是其他知识和技艺的开端和基础。艺术教育让人的灵魂看到美，爱美，这是爱智慧、爱知识的前提条件。中国人说，爱美之心人皆有之，这话只说对了一半。一般人容易认识事物之美、肉体之美、形式之美、外在之美，却缺乏认识语言之美、精神之美、思想之美、逻辑之美和智慧之美的能力，这种能力只有当艺术发展到高级阶段并成为人的生命的组成部分时，才能获得。艺术教育作用于人的听觉、视觉和四肢神经弧，帮助人增强想象力和创造力，容易让人进入灵感状态，也就容易在各方面造就天才和天才的作品。

发展中国家大多走着相反的道路：优先发展科学，附带考虑哲学和艺术。想法是，尽快让自己富起来，强大起来，尽快消除与强国在国力上的差距，解除威胁。这个目的是达到了，但离智慧却远了，在哲学与艺术上要突破更困难，缺乏哲学与艺术支持的科学，也变得举步维艰，少有独创和创新。

自15世纪开始，在欧洲人的蛮力推动下，宗教、科学和工业扩散到世界各地，世界走向一体化，科学的地位上升，哲学的地位下降，哲学逐渐被知识化。事实表明，这并不是一个美好的方向。哲学处于艺术与科学之间，居中的事物很难做到不偏不倚，偏向不可避免。哲学更应当偏向艺术而不是科学，尼采即认为“卷入艺术”是哲学的任务，因为艺术就是爱美，它包括神话、音乐和宗教，与哲学的关系更密切。艺术在哲学的上端，科学在哲学的下端，哲学偏向艺术就符合柏拉图“向上看”的要求，相应地，偏向科学就是“向下走”的路。

柏拉图指出，灵魂随生命而来，它是开端，因而它是自动的，是生命的本质，有什么样的灵魂就有什么样的生命。艺术就是爱美，而美是灵魂的感性显现，顺理成章的事就是：有什么样的灵魂，就有什么样的艺术；有什么样的艺术，就有什么样的哲学和科学。欧洲人能够成为希腊文明的继承者和发扬光大者，比欧洲人更早也更密切地接触希腊文明的阿拉伯人却不为所动，就足以显示灵魂在文明发展上的决定性作用。

我们都用颠倒的方式看世界

所有人生活在感性的、经验的、物质的世界中，认识从感性、从经验、从物质开始，就是很正常的事，通常相对于思想和理论，叫实践，经验世界是全部实践活动的出发点。人本身就是物质的、感性的，人的思想和理论同样来自这个物质世界，是它的反映。当某人违反这个程序，将思想和理论放在前面，从思想和理论出发，认思想和理论为更实在、更具体的存在，就形成了一种颠倒看世界的方式。前者一般称作唯物主义，传统心理学持的就是这种观点，我称之为“反映论心理学”；后者称作唯心主义，黑格尔就是后者的典型，马克思和恩格斯称之为头足倒立着看世界的人——黑格尔也承认自己的方法是颠倒了的，但马克思和恩格斯赞赏的是黑格尔，而不是当时欧洲的唯物主义者，尽管后者是“正立”的。

要想认识马克思和恩格斯这种态度，就得理解《关于费尔巴哈的提纲》开头这段话：从前的一切唯物主义——包括费尔巴哈的唯物主义的主要缺点是：对事物、现实、感性，只是从客体或者直观的形式去理解，而不是把它们当作人的感性活动，当作实践去理解，不是从主观方面去理解。因此，结果竟是这样，和唯物主义相反，唯心主义却发展了能动的方面，但只是抽象地发展了，因为唯心主义当然是不知道真正现实的、感性的活动本身的。

在这段话中，他们虽则批评了唯心主义，但主要的批评对象是当时欧洲的唯物主义。需要注意的是，马克思和恩格斯在这里将事物、现实、感性与主观相联系，这正是黑格尔的主张，而不是他们所批评的唯物主义者的主张。

颠倒看世界的方式并非是黑格尔的发明，在他前面有康德。康德的先验综合判断论就是叫人颠倒着看世界；康德前面还有笛卡尔和众多希腊哲人。柏拉图认为理念是实在和存在，是本质，而现实世界只是理念的影像，认识世界首先要认识理念，从理念出发，而理念不在天上或地上，而在人的心灵中，他更可以说是颠倒着看世界的人。

盖房子是踏踏实实的工作，却同样是颠倒进行的工作——先有设计或设想，之后才动手建造。马克思曾用最为通俗易懂又生动的方式告诉我们这个道理。他说：蜘蛛的活动和织工的活动相似，蜜蜂建筑蜂房的本领使人间的许多建筑师感到惭愧。但是最蹩脚的建筑师比最灵巧的蜜蜂高明的地方，是他在用蜂蜡建筑蜂房前，已经在自己的头脑中把它建成了。

认真地想想，所有受教育的成年人都是颠倒着看世界的，即从思想、从知识、从概念出发去观察世界，认识世界，指导实践，但大多数人没有这种感觉，习惯成自然，正像人们不再感觉视觉的颠倒一样——实际所有进入视网膜的都是颠倒的影像。

这根本不能说是颠倒，自从人学会思维，尤其是发明文字，创造宗教、哲学和科学之后，这种情况就成为正常的了。人生就是这样开始的，人一降生，父母就教自己的宝宝叫自己为爸爸或妈妈。婴儿虽则看见了，听见了，也跟着这样叫，但并没有这个意识，更谈不上经验或实践，任何人教他这样称呼，他会照办，而且教他用母语说他就用母语说，教他用其他语言说他就用其他语言说，这时父母做的就是一种让孩子颠倒看世界的工作——婴儿在没有自我意识之前就被教会称呼父母，即便他面对的不是自己真正的父母。一些宗教国家，婴儿降生不久，就要接受某种宗教仪式，如基督教的洗礼，成为教徒，也是在人全然无知的情况下进行的，对其他事物的认识也是这样开始的。长大了，人获得自我意识，学会自己观察世界和认识世界，但学校和社会教育却仍然教人颠倒地看世界，人在离开家庭和学校之前就已经在社会帮助之下实现“颠倒—正常”的转换，在头脑中建成一个颠倒的世界。

胡纪泽对詹姆斯赞颂有加，称他为“迄今为止对人类的心灵做出最恰当估价和判断的世界级学者，一位真正称得上伟大的 Psychologist 的哲学家”，在他的书中翻译詹姆斯下面一段话就有这个意思：

> 大多数的书都是从感觉开始谈起，初看它作最简单的心理事实，复经由综合的过程，随之在它的上面建筑起更高的心理阶层来。然而，这种研究的实验方法正为人们所弃。没有人会有过单纯的感觉。打从我们出生的那一天起，我们的意识就满是各种事物和它们的各式各样的关系，而我们所称之为单纯感觉的不过是我们的注意辨识的结果，它们经常是被推到了很高的阶层去的。

笛卡尔认为，世界上一切事物都是不确实的，只有我们的思维是确实的，“我思故我在”，我们也因为思维而存在。思维的本质是自由，无拘无束，也就是想象。人就是在思维中，在想象中，获得自己的自由和存在的。然而，人的思维在一开始就是颠倒的，不完全是“我”的，笛卡尔显然已经感觉到，因此在说这话时显得疑虑重重，前后矛盾；也难怪有人说，人类一思维上帝就发笑——人在思维时是头足倒立的，样子就显得可笑。

以上可称为哲学话题，似乎不适合科学，科学的对象是大自然，物质、感性、经验是第一位的，思想、意识是第二位的，思想、意识是物质世界的反映而已。不少科学家在自己的研究工作中就努力将一切心灵、思想的因素排除干净，要求做到彻底尊重事实，让事实、实验结果和数字说话，全部客观，全无主观，巴甫洛夫就是这方面的典型。这种说法和做法无疑是忽略了社会教育的作用，往往达不到预期的效果。前面就说了，受过社会教育的人都是颠倒着看世界的，任何人无法改变这个事实，不管你现在是哲学家、科学家还是别的什么人。我们说天才是时代的产物，任何人不能超越时代，就是这个意思。说白了就是，每个人的基本神经通道在3岁时就已经以颠倒的方式建成，不再容许根本性的变化发生。

贝尔纳就不同意科学可以例外。他指出，尽管在先的神学、玄学在科学出现后陷入困境，但仍然不能改变一个事实：无论神学家、玄学家或实验科学家，他们全都用一种“先验的”观念来思考问题，两者只在方式上有所不同而已。天文学就是个典型，几乎所有人都是以颠倒的方式认识星空的。满天星斗，你若不依靠老师、书本、电视等媒介在意识中首先认识它们，你将永远看不懂星星，尽管它们在你眼前永不消失，甚至永无变化。经过教育，获得天文学知识，情况会有所改善，但仍然没有发生根本性的改变——星星对人来说仍然是可望而不可即的事物，还可能是早已不存在的事物（1亿年前或100亿年前就已经消失了的星球），对它们的认识仍然只能停留在观念上。因而贝尔纳称天文学“永远是一种观察的科学”，永远不可能是实验的科学，只有地球才既是观察的科学，又是实验的科学。

一般人认为科学实验是踏踏实实从实际出发的实践，贝尔纳却认为实验的观念也是一种先验的观念，只不过它以假设形式出现，假设成立，以实验为准，并用以判断其价值。他书中的一个小标题“实验研究的出发点是假设或理论”就清楚地表明，科学假设和科学理论是在先的，实验需要以它们为出发点，否则，实验就是盲目的，有无效果就只能靠碰运气了。

地球上的、眼前的事物是不是就不需要这种颠倒方式呢？例如，水就是水。可是，一般人就不敢喝生水，因为它里面必定有一些看不见的东西，如酸、碱、尘土、微生物等，纯粹的水（H_2O）在自然界中找不到，要想认识自然界中的水，就得有知识，又得从意识出发。在化学产生之前，一般人对水的认识是十分肤浅的，还包含许多错误成分，对纯水可说是完全无知。对水的认识尚且如此，对自然界罕见的事物以及对社会就更是这样，几乎没有人能够做到“客观”。众多科学技术成果是先有科学发现，后有技术发明，即先有理论后有实践，例如，先有麦克斯韦和法拉第的电磁理论，后有爱迪生的电器发明；先有图灵机理论，后有现实的计算机；先有爱因斯坦的质能转换公式，后有原子弹；等等。这也是一种颠倒。黑格尔说人都是戴着有色眼镜看世界的，恐怕没有人能够否认他这个论断。

有些确实是来自直接实践，没有经过颠倒的方式，如农业、林业和畜牧业，它们是在各自的学科出现前早就有的。但以这种方式获得的知识必定是肤浅的、粗糙的，并且包含错误，这是一切从感觉、经验中获得的知识的共同特点，要想获得深入一步的认识，就仍然需要求助于理性，从理性出发就又将世界颠倒了。河姆渡文化遗址表明，中国在7 000多年前就有农业，但是到20世纪中期，大多数农民还不懂得化肥和农药对农业生产的重要性，不懂得科学育种、杂交等今天看来很普通的增产技术，以致九成人种粮食还是时常不得温暖，就是很有力的说明。

所谓信仰就是一种颠倒。提到信仰，大多数人认为是宗教的事，与科学无关，事实却是，关系重大，没有信仰，科学将寸步难行。学数学用数学就需要信仰——你要坚信有这么个符号世界存在，即把它看作神，才能谈到学好它、用好它。你要相信存在没有宽度和长度的点、没有宽度只有长度的线和没有厚度的面等符号世界中的事物，这就是信仰；对一些抽象的数字深信不疑，如对钟表表面所显示的时间比对自己观察到和感觉到的时间还要信任，对体温计显示的体温度数比自己感觉到的体温还要信赖，也是一种信仰。信仰的对象大多数是现实世界中不存在的却是实在的事物，数学的功用就是将这类事物用数字和符号描述出来，便于我们认识和运用，这就是明显的颠倒。我们完全可以将这些事物看做是理念，数学的作用就是帮助人观看本来是看不见的理念，进入理念世界。0—9 这 10 个自然数就是 10 个理念，数学演算就是从理念到理念的实践。化学也是这样，你首先得相信世间万物由 100 多种基本元素组成，相信原子和分子都在不停地运动，所有运动都遵循有限的规律，并产生必然的结果……这还不够，你还得尊重元素总表、化学符号和化学反应式等抽象的符号，也不妨将它奉若神明，把它们看做是比现实更真实、更可靠的实在，这一切就可以看成是信仰。物理学和其他各种科学无不是这个情况，谁能够抛开它们，不需要信仰，从实践开始科学探索呢?！可以说，教育的目标就是建立信仰，它是先于实践的工作。我们常说，思想指导行动，革命理论指导革命实践，就是一种颠倒的说法；而我们的思想，大多数来自教育，思想就是信仰，无思想就无信仰，无信仰也就无思想。一个人若声称有思想却无信仰，那么他的思想必定是不坚定的，不可信的，连他自己都不会相信。

为什么事情会是这样呢？黑格尔以下的话可作参考："思想不但构成了外界事物的实体，而且构成精神性的东西的普遍实体。"它的道理在于："精神的内容，上帝本身，只有在思维中，或作为思维时，才有其真理性。在这种意义下，思想不仅仅是单纯的思想，而且是把握永恒和绝对存在的最高方式，严格说来，是唯一方式。"

唯物主义和唯心主义这类词语是外来的，在中国传统文化中没有，但不能因为没有这类词语就认为没有这回事。尤其不能认为在中国没有唯心论，似乎中国人就是个务实的、唯物的、脚踏实地的、"正立"着看世界的民族——挑明真相你可能大吃一惊：中国人比一般西方人"倒立"得还要厉害，还要长久！那套封建伦理观就是让人颠倒看世界的。人一降生，就被按照"君君臣臣父父子子"的伦常规则被定位，之后又被晓之以理、教之以礼，必须懂得"礼"和"非礼"的区别：前者要努力学习，而且要"学而时习之"；后者则不能学，甚至不能看，不能听，还有许许多多做人的规矩。总之，人的一言一行全有定则，人在实践前就要懂得，必须严格按要求规规矩矩地做人。

另有一些持颠倒论的思想家，他们虽则思想上没有脱离封建意识，但意不在巩固封建制度，而是一种比较独立的探索精神。其中最有名的是南宋思想家陆九渊，他有名的观念就是一句话："宇宙便是吾心，吾心便是宇宙"，心即理，一切从心出发。他后面还有个著名的继承人，即明代的王守仁，他的著名理论是："心外无物，心外无理"，将陆九渊的话反过来说。他们被称为心学大师，与儒家一样要求人颠倒看世界，只是方向和方式不同。他们之前的张载、程颢、程颐、朱熹等，虽则各人自立门户，似乎各有一套，但在强调心、理、气的颠倒论方面是相同的。若再追溯，回到老庄那里去，那么老子的无为主义也可以说是一种颠倒论。实践就是有为，无为首先是对实践的颠倒。人从事任何事业都需要亲力亲为，老子却认为一切都可以顺其自然，连治国这么重大的事都可以无为。"不出户知天下。不窥牖见天道。其出弥远，其知弥少。是以圣人不行而知。不见而明。不为而成。"不实践的人比实践的人高明得多，更富有成效。庄子更是颠倒论大师，他推崇心斋，连视听都不依赖感官，而靠心，感官成了观察世界的障碍。他不仅同意老子"五色令人目盲，五音令人耳聋，五味令人口爽，驰骋畋猎令人心发狂，难得之货令人行妨"之论，而且加以发挥，叫人"遗忘肝胆，遗弃耳目，茫然徘徊于世俗之外，逍遥自适于无人之境"，"堕肢体，黜聪明，离形去知，同于大通，此谓坐忘"，唯一没有被忘记而一直在发挥作用的是心，把心之力提升到无以复加的地步。

从这里可以看到，世界上众多一流的哲学家、思想家、学者，都是用颠倒的方式看世界的。无怪乎黑格尔说出这样的话："每一真正哲学都是理想主义。"理想主义的原文是"Idealismus"，又可译为唯心论。

以上是"颠倒"的第一个意思。它还有第二个意思：将惯常的、别人的观念颠倒过来，也就是反潮流或革命的意思。由于惯常的、别人的观念本来是颠倒了的，因此第二个意思就是颠倒的颠倒。经验论无疑是对理念论的颠倒，哥白尼日心说无疑是对托勒密地心说的颠倒，达尔文的进化论无疑是对上帝造人论的颠倒，相对论无疑是对决定论的颠倒，辩证法是对机械论的颠倒……一切重大创新理论都是对惯常的、现存的理论的颠倒，而惯常的、现存的理论本来也是对在先发生的理论的颠倒，许多理论就是以这样颠过来倒过去的方式产生的。

差不多每个人都有第一种颠倒，只有少数人（创造者）有第二种颠倒。第一种颠倒是自己头足倒立着看一幅画，第二种颠倒是自己正立着，将图画颠倒过来看，或更进一步自己从相反的角度另外画一幅画。这不是独创，因为有参照物，但属于创造，世界上重大的创造都是这样产生的，完全无中生有的创造少之又少。

更进一步，我们还可以发展出第三种颠倒：将自己的理论颠倒着看。神经弧论就可以这种方式看待。这时，神经系统的终端就不是大脑，而是四肢神经，人就像两株倒立着的盆栽异性植物。盆——脑壳；泥土——脑胶质和脑液（社会文化）；根系——大脑神经元及其突触；植株头部——下脑；植株主干——人的躯干神经（中枢神经）；枝叶——人的四肢神经；最后，就是植株的花朵以及它的果实——人的生殖系统。这也是检验自己理论的一种方式。但我这里的颠倒并非回到"庞大论"，它的根基在根系，而神经弧论的根基在植株头部。

恩格斯提到，一个民族想要站在科学的最高峰，就一刻也不能没有理论思维。

“颠倒”方式可以称做是理论思维的形式之一，要想在科学上实现突破和超越，这是一条捷径。循规蹈矩地跟别人学并努力赶超，半个多世纪的实践证明是没有出路的。前人有所谓心力论，也就是想象力，是没有限制的，在这个领域任何人都有可能在某些方面超越任何人。这里不是通常所说的实力的角逐、知识的较量、利益的竞争，而是智慧的比试。在《反杜林论》中，恩格斯说：

但理论思维仅仅是一种天赋的能力。这种能力必须加以发展和锻炼，而为了进行这种锻炼，除了学习以往的哲学，直至现在还没有别的手段。

网络上有文章说，中国人缺乏理性思维的基因，只会感性思维，因而出不了思想家。恩格斯这段话让我们明白，理性思维或理论思维是所有人的天赋，人人都有，中国人也不例外。但天赋往往是粗糙的、简陋的、隐蔽的，需要人工修饰打磨，像恩格斯所说的要对它施加锻炼，即认真学哲学，才会充分发挥出来。古希腊人称，哲学就是爱智慧，智慧也是一种天赋，同样需要锻炼，即学哲学——其中一个重要内容就是思维本身。用哲学武装起来，我们才有望在智慧的比试中胜出，超越世界，达到科学的顶峰。

这并不是什么秘密，圣贤早就跟人说了，只是没有人听得进去，也没有多少人认真按照他们的教导去做罢了。这部书是一次尝试，运用“最高知识”，即柏拉图哲学，对多种理论加以颠倒。最重要的是对大脑中心论的颠倒：神经弧论。此外，有对反映论心理学的颠倒：自我意识心理学；对达尔文竞争进化论的颠倒：斗争进化论；对人猿陆生论的颠倒：水猿理论；对机械系统论的颠倒：辩证系统论；对波普尔证伪理论的颠倒：生命力论……堪称是对科学世界的大颠覆。

逻辑的力量

逻辑，黑格尔认为是思维的科学。“逻辑学是研究思维、思维的规定和规律的科学”，是黑格尔全部理论的核心。逻辑也称逻辑推理，推理就是它的主要内容和方法。亚里士多德和黑格尔都将推理等同于科学，逻辑就是科学，但一般人通常把它看做是科学的组成部分，或科学方法的组成部分。不要忘记，它是由哲学家而不是由科学家创立的，最初应用于哲学研究，之后才推广到科学研究。这就是说，逻辑有多重身份，可从多方面理解和运用，黑格尔实际上将他的逻辑学视同哲学科学。我在这里并不准备全面探讨逻辑这种身份，只就它作为一种科学的思维方法加以探究。以下就从一个古老的事例开始这个探究。

亚里士多德认为物体的下落速度和它的重量成正比。伽利略据此设想，有一重一轻两个球，重球的下落速度将比轻球快。再设想把这两个球绑在一起，速度慢的轻球会拖慢速度快的重球，因此它们一起下落的速度应介于它们各自下落的速度之间。但是两球合在一起的重量大于重球，它们一起下落的速度应该比重球下落的速度还要快，从而可以否定亚里士多德的理论。

历史却告诉人们，伽利略亲自爬到比萨斜塔上当众做实验，同时扔下了一重一轻两个球。在众人注视下，两个球同时着地，从而推翻了亚里士多德迷惑公众将近2 000年的一个理论——落体速度与重量成正比。

逻辑可以理解为次序。开始迈出的必定是第一步，接着是第二步，这就符合逻辑；若倒过来说第二步先于第一步，第二步之后是第一步，则不符合逻辑。逻辑也是因果关系，有因必有果，有果必有因；因产生果，果来自因。上面第一步产生第二步，第二步来自第一步；第一步是第二步的因，第二步是第一步的果；没有第一步就没有第二步，没有第二步，也无所谓第一步。这些是符合逻辑的说法，反过来说则不符合逻辑。于是，逻辑体现了必然性、因果联系。有因必有果，有果必有因；特定的因必定产生特定的果，特定的果必来自特定的因。无无因的果，也无无果的因。这种知识无需学习就能掌握，属于直觉。康德就将因果关系列入先验知识类，是他的先验综合判断成为可能的一个条件；笛卡尔则将推理和直觉认作他的主要方法。

像上面伽利略的例子，就充分显示了逻辑的力量。伽利略无需走到外面，就在他的书房中，仅凭推理，即可达到消除谬误、宣示真理的目的，而且比真的爬到比萨斜塔上丢下两个球更有说服力。因为重球和轻球从这个高度下落，着地时间必有差别，按万有引力的公式计算就有差别，只是这种差别很微小，可以忽略不计。一旦有人声称看到这个差别，甚至可能声称看到轻球先着地，是很难驳倒他的。他的理由可能是：小球表面积小，受到空气的阻力相对小，因而先着地。若运用上述逻辑推理，则头脑正常的人都无法不信服。

从这个事例，我们看到逻辑推理比观察和科学实验更有效。这正是贝尔纳的观点。他说：

> 所以，只要我们对于确定的事实进行合理的推理，我们无须作“实验”，却能获得“经验”；同理，如果我们只限于对事实的观察，[缺乏推理，] 尽管我们能进行实验和观察，却不能获得“经验”。

不能因此就认为逻辑推理可以代替观察和科学实验，它的应用范围受到诸多条件限制。贝尔纳在书中同时指出，推理是不可靠的，所有理论都是假的，只有原理是真的，“原理是科学上的公理；这是形成永恒准则的绝对真理”。因此，他提倡怀疑精神。科学研究需要怀疑精神、批判精神，说理论是相对真理是对的，但不能因此而否定一切理论，这样就走到波普尔那里去了。贝尔纳自己的著作也只能是他所说的理论而不是原理，因为他认为原理是不可认识的。“一切现象的最初原因，不属于科学研究的范围，我们永远不会知道，无论对于生物或无机物都一样……我们对我们面前的一切事物的本质是永远无法知道的，我们只能认识这些事物的关系，现象只是这些关系的结果。”这又说得绝对了点——他对自己的理论总是充满信心。

依我看，起码那些符合逻辑的推理，如上面伽利略的例子，是可靠的、确实的，比事实和实验还要可靠和实在。观察和科学实验也有许多条件限制，研究对象必须是明确的和可操作的，这就是重要的一条，若缺乏这个条件，观察和实验就都难以进行，逻辑推理就显出优势。一些发生年代久远又难以找到证据的东西（如远古地球和古代人类），一些遥不可及的事物（如天体），以及人体和物质内部结构等，往往就得诉诸逻辑推理，想象因逻辑推理而成为科学想象。笛卡尔原理就是一个典型：宇宙中存在的运动的总量是永远不变的，明显来自逻辑推理，加上信仰，因为没有人能够测量和计算宇宙运动的总量，更无法做相关的实验。海王星和冥王星的发现被认为是数学的胜利，但最重要的还是推理：首先发现天王星运行轨道是不合逻辑的，然后推动天文学家去寻找原因，就先后将太阳系的两个新成员找出来了，数学不过是逻辑推理的工具而已。大多数天文学理论如黑洞理论、宇宙大爆炸理论等，都可以看做是逻辑推理的成果而不是实验的成果，天文学就不是实验科学。其他科学理论也有类似的情况，如化学，中国社会科学院哲学研究所金吾伦教授在20多年前就指出，化学与哲学的关系密切，化学来自哲学，今天的化学正由经验科学向理论科学过渡，在内容和方法上都发生了重大的变化。

> 在方法上，现代化学已不是单纯依凭感性直觉来反映化学运动，而是辩证思维、演绎推理的作用显得日益重要……分子设计是根据人们的意愿在化学理论的指导下，运用演绎的方法，设计出预定结构与性能的各种材料和新化合物。20世纪60年代在分子轨道对称守恒原理推动下维生素B_{12}的全合成，显示了化学理论和演绎方法在现代化学中的地位日益重要。

回顾历史，门捷列夫能够发现元素周期律，主要也是靠逻辑推理。之前，拉瓦锡就已经对当时确认可信的63种元素作过分类的工作，若他的逻辑推理能力强一点，就有可能先发现元素的排列规律。从根本上说，元素周期律不是依靠科学实验，而是依靠逻辑推理产生的。哥白尼、牛顿和爱因斯坦的理论也是这样产生的。

逻辑与数学紧密联系。从产生的先后上说，逻辑推理是数学的因，数学是逻辑的果，即数学建立在逻辑推理之上。这是因为亚里士多德的逻辑学出现在欧几里得几何学之先，而且前者重心在理，后者重心在技巧。在运用中，两者存在相辅相成、相得益彰、相互促进的关系。逻辑由于获得数学相助而变得能力倍增，数学由于获得逻辑支持而更上一层楼，成为逻辑的得力工具。

逻辑不仅在科学研究中作用巨大，在日常工作和生活中同样作用巨大，懂得运用逻辑方法的人，往往比周围的人胜出一筹。例如，在侦探工作中，虚拟的私家侦探福尔摩斯就处处胜过官方侦探，他最大的优势就是善于逻辑推理，而官方侦探对此毫无兴趣，他们看重的是现场调查、取证工作，主张实践第一。

福尔摩斯指出："一个逻辑学家不需亲眼见到或者听说过大西洋或尼加拉瀑布，他能从一滴水上推测出它有可能存在，所以整个生活就是一条巨大的链条，只要见到其中的一环，整个链条的情况就可推想出来了。"又说："从一个人瞬息之间的表情，肌肉的每一牵动以及眼睛的每一转动，都可以推测出他内心深处的想法来。对于一个在观察和分析上素有锻炼的人来说，'欺骗'是不可能的事。他所作出的结论真和欧几里得的定理一样的准确。"

最直接、最可靠的还是通过语言来进行。考古学家研究生物化石用的也是这种方法，却往往搞不清要点。借助当代科学技术，他们已经能够比较准地确定化石的年份和类型，并对生物进行整体复原，却仍然避免不了出现方向性错误。例如人类化石，目前就一致认定为陆生动物。为什么不能够是水生的呢？这一结论更加合乎逻辑，连“缺环”的疑问都迎刃而解。前一种结论来自自然进化论，后一种结论来自斗争进化论，理论依据不同，结论不同，这不是细致入微的观察和分析能够解决的，而牵涉到视野的广度和深度，也就是智慧。这里又一次让我们想到柏拉图的话：智慧是真理和知识的源泉。

逻辑推理重要，灵魂的视力更重要。智慧加逻辑推理，让人战无不胜。

知识就是力量?

知识是一面旗帜。英国弗兰西斯·培根曾高举“知识就是力量”这面大旗，带领全世界不计其数的青年人往前走，世界的知识宝库因之大为充实。时至今日，中国大多数人仍然将培根此语视为至理名言。

然而，知识不等于美德，美德是人首先要具备的。柏拉图说过：“一切知识如果离开了正义和其余美德，都可以看做是一种欺诈而不是一种智慧。”古希腊人不把知识看成美德，他们推崇的美德包括虔诚、智慧、正义、勇敢和节制五种，知识没有列入其中。据此，柏拉图这句话可以简化为：一切不来自美德的知识均可视为欺诈而不是智慧。柏拉图将人的认识分为知识和意见，认为知识全是对的，不会错，等同真理，意见却有对也有错，学者追求的应当是知识而不是意见。

关于真理和知识的关系，柏拉图直接将它们看做是一体。他说善是知识和真理的原因，而后者（真理）“目前已经隶属于知识”，科学就是知识，知识来自真理，科学、知识和真理全都来源于智慧。

柏拉图虽则把知识视同真理，却不像现代人那样抬高知识，把知识认作是最珍贵的财富，在他心目中，智慧是比知识更可贵的宝物。虽没有明说，但从他的对话中，我们知道柏拉图明确的信念是：最高的善就是智慧，智慧是真理和知识的源泉。若把智慧看成是知识，它就是最高知识，是学者首先要掌握的。缺乏最高知识，其他知识学得再多也是没有益处的，而且也学不好。他还指出学知识应有明确的目的：不为实用，而为增进智慧。农业、工业、商业、医疗等方面的知识是实用性的、技艺性的，对增进智慧没有什么帮助，不能把它们放在优先的地位上，只有数学、天文学和辩证法才对智慧有帮助，是需要首先掌握的。但即使学习这三门课程，也不能抱着实用的态度，学数学不能仅为经商、算账，学天文学不能仅为航海或算命，学辩证法不能仅为辩论，一切学习都必须为智慧——智慧是灵魂的助手，人所做的一切也就应当是为灵魂。

柏拉图关于学习的另一个观点是：要从永恒的事物中学习而不是从变动、生灭的事物中学习。数学和天文学全是关于永恒事物的知识，辩证法是关于普遍联系的知识，它可以帮助人直达真理，所以他提倡学这三门课程。永恒事物是看不见的，也缺乏实用性，因此柏拉图劝人干脆不要考虑其实用价值。一个人只要有智慧，灵魂获得提升，他就能处处优秀、事事成功，获得最大的幸福，再学习其他知识也就是轻而易举的事。

另有一门课程，其重要性是柏拉图再三强调的，那就是音乐。那时的音乐除跳舞、乐曲和唱歌外，还包括神话、诗歌、历史和戏剧，它是每个人自幼必修的课程。它让人认识美，也因此而认识最美的事物——智慧。

在古希腊哲人中，亚里士多德是第一个对知识进行分科分级研究的人。他不仅将知识与智慧相联系，而且根据人所掌握的知识的等级去评定人的智慧，知识越多越高深，智慧也就越高。他认为，拥有最高级学术的人，即懂得第一原理与原因的哲学家，与智慧的距离最近；懂得次级学术的人，就不如前者接近智慧；懂得理论的人，比仅有经验而无理论的人接近智慧。他把关于第一原理与原因的知识称作哲学，即神学，是最高知识；次级知识就是科学。在那时，科学也作知识解，指分科的、专门的知识。再往下一级就是工匠拥有的知识和人们日用的知识，称技艺，工农业生产活动固然是技艺，工程设计、雕刻、绘画、医疗以至治理国家等那时都被认为是技艺。亚里士多德以接近智慧的程度作标准对知识进行分级，表明他同样认为智慧比知识重要。

他的这一观点很重要。学习必须以增长智慧和其他美德为目标，而不以增长知识为目标，这是最有成效的学习。现代的学校比古希腊的学校教师数量多得多，知识丰富得多，设备先进到无法相比的程度，而论培育人才、论教学成果，却差得无法相比，根本的原因就在于学习目标：古人懂得为智慧而学，而现代人则为充实知识而学，为实用而学，实为舍本逐末的做法。对人来说，知识只是工具，是实用的工具；智慧才是美德，而人最需要维护和时时增进的就是美德。

此外，我们还要看到，柏拉图所称的知识是完全正确的，等同真理；而我们现在所说的知识是有对也有错的。当知识远离智慧，不懂得为正义和美德服务，它就会是有对又有错的，甚至接近愚昧，有时为邪恶服务。从这一角度，法国思想家蒙田说出这么一番话："我喜爱知识、尊重知识的程度并不低于拥有知识的人，从实用性来看，知识可以说是人类最高尚、最浩大的收益。然而，在那些以知识建立他们的基本技能和价值的人身上，在那些'扯外国大旗作虎皮'的人身上，在那些除了书本外其他事一窍不通的人身上，我就讨厌知识，甚至敢说，比讨厌愚笨还有过之无不及。在我们这个国家，在我们这个时代，知识在很大程度上充实了人的钱包，却很少充实人的心灵。知识如遇到愚钝的心灵，它会使之越发愚钝，并使心灵窒息，因为知识在那里是一大堆生硬的难于消化的东西；若遇到敏慧的心灵，知识会自然而然地使之净化、精炼，使之愈加灵慧。从性质上讲，知识几乎是无足轻重的东西，它对禀赋优秀的人来说，是极有用的附属品；对其他人来讲，则既无益处又招致损害。更明确些讲，知识是极宝贵、极有用处的东西，贱价是买不到的。知识在有的人手里可以是权杖，在有的人手里则变成了宫廷丑角的人头杖。”“我们已经走到了这样的地步——连医药都在传染疾病。”他甚至建议：“我依照我的亲身经历而强调人类没有必要有知识，我的愚见是，教人无知乃是社会教育最好的捷径。”

基本知识，如文字、语法、修辞、数学、物理、化学、历史、音乐和其他常识，是每个人不可缺少的，就算是工具，没有这个工具，任何人都很难在社会中正常地生活，蒙田所讨厌的当然不会是这些知识，而主要是那些专业知识（科学知识），尤其是那些教人如何赚钱、如何弄权之类的知识。知识像酵母，它会使愚者更愚，劣者更劣；而使聪慧者更聪慧，优秀者更优秀。如果不把教育的目标放在品德上（即美德上），不以增长智慧而以增长知识为目标，其结果往往是帮助人性中恶劣部分滋长，因而培养出素质低下、作恶手段高明的知识分子，对个人、对社会有害无益。这就是我所理解的蒙田那段话的实质。

许多人把教育视作改造或提升人的灵魂的事业，把教师称作人类灵魂的工程师，这是一种理想化的说法，实际上不是所有教育都具备这个性质。知识教育尤其如此，它具有两面性。英国人富勒说：“知识使好人更好，使歹人更歹。”英国博物学家雷说：“知识使慧者更聪明，使昧者更愚蠢。”按照灵魂论，知识只是工具，其作用和效果因人的灵魂而异，灵魂高尚的人获得知识后会越发高尚，灵魂卑劣的人获得知识后会越发卑劣，知识不能帮助人改变灵魂，这是教育不能以积累知识为最高目标的原因。人的灵魂是天生的，希腊人认为是轮回转生时神给的，只有美的、智慧的教育才会对它的改造和提升有所帮助。柏拉图说，智慧是灵魂的助手，助人增长智慧的教育是唯一正确而有效的教育，也就是艺术教育和智慧教育。遗憾的是，世人根本不将哲人这些教导放在心上，或不关心、不知晓这种教导，为一些低下的、微末的目标追求一切有用的知识，在欲望的泥潭中越陷越深。

典型的表现就是推崇培根“知识就是力量”的做法，缺乏正确的目标，不问知识的性质，也不问它的用途，只是盲目地追求一切知识，追求力量，似乎知识越多就越好，就越有力量。很多人甚至厚颜无耻地（运用作弊、剽窃、抄袭、作假等手段）靠知识发财、掌权和犯罪。例如，一些大贪官，若缺乏高级的金融和财务知识，以及法律、计算机和心理学知识，就很难将数以亿计的国家资产转到个人账户上。制造假冒伪劣商品和毒品的人，也不缺少数理化知识。

尊崇知识和实用，抛弃智慧和美德，早就成为一种历史潮流，是世界性的，任何个人无法改变。不过，当我们明白了知识的实质后，再听到培根这句话时，就会多问一声：什么知识？什么力量？善的还是恶的？从而作出自己的选择。历史潮流还不到迫使每个人都要抛弃智慧和美德的程度，只要自己不怕“吃亏”（实际是最聪明的做法，有望获得最大的“实惠”）。

西方科技发展探因

西方科技由古希腊人奠基，历经沉寂的中世纪、再现于辉煌的文艺复兴时代和近现代的三次工业革命期，把世界从人畜力加简陋工具时代推进到今天的核能—电子计算机时代，从蒙昧状态进入高度文明状态，使人们的思想、工作与生活方式不断发生变革，使地球面貌日新月异。西方科技为何具有如此旺盛的活力？它能持续飞速发展的原因是什么？这是对世人具有持久魅力的问题。

1. 古希腊哲学对西方科技发展奠基性的作用

早在一百多年前，恩格斯就对古希腊人在哲学上和其他领域中的成就做过这样的评价："在希腊哲学的多种多样的形式中，差不多可以找到以后各种观点的胚胎、萌芽。因此，如果理论自然科学要追溯自己今天的一般原理发生和发展的历史，它也不得不回到希腊人那里去。"恩格斯这段话指明了希腊哲学对自然科学发生与发展的作用。当代英国哲学家罗素直截了当地说："数学、哲学和科学都是希腊人的发明。"因此，讨论我们现在这个题目，"也不得不回到希腊人那里去"。

科技的发展离不开哲学的指导，缺乏哲学指导的科技缺乏高远的发展目标，成为"雕虫小技"或"奇技淫巧"，难以取得进展并获得重大成果，甚至会迷失方向，误入歧路，成为一些人宣扬封建迷信的工具。通过研究科技发展史，我们不难发现，世界上大部分重大的科技发现、发明都是在哲学指导下诞生的，或直接由哲学家（也可说是科学家）提出的。亚里士多德创立多种科学、德谟克利特提出原子论、泰勒斯第一个预言日蚀、笛卡尔创立解析几何、莱布尼兹与牛顿同时创立微积分理论、康德提出天体演化假说、罗素提出"罗素悖论"……都是典型例子。西方科技的发展首先是得益于古希腊哲学的指导。

古希腊哲学一个显著特点是哲学与自然科学紧密结合，哲学家也是科学家，科技知识统一于哲学中。这种情况一方面说明当时哲学与科学还都不够成熟，另一方面也是学术发展上一个良好的开端。它的好处在于两者在一开始就形成了相辅相成、相互促进的关系：哲学指导科学技术，科学技术充实和丰富哲学。当然，在那时，两者的重要性并非等同的。哲学由于主要依赖思辨，而恰好又出现一大批爱智慧、爱思辨的哲人和智者，因而更显得成熟，处于主导地位。科技发展由于需要依赖哲学的指导与社会生产力的进步，因而尚欠成熟，处于从属地位。哲学家进行科学研究的目的主要是为了证实自己的哲学观点而不是为了解决生产及日常问题。那时科学更多地受惠于哲学，而不是相反。古希腊哲学对西方科技发展的影响和作用主要表现在以下几方面：

第一，提供世界本原的概念。

出于探索自然奥秘和探索真理的冲动，古希腊哲人普遍对世界的基本组成要素感兴趣，并自立门户，组成学派，如泰勒斯认为万物由“水”成，赫拉克利特认为是“火”，毕达哥拉斯认为是“数”，留基伯和德谟克利特认为世界由原子与虚空组成，等等。虽则各派意见始终没有统一起来，但有共同之处：世界是由早已存在的物质生成（毕达哥拉斯、阿那克西曼德等少数人的观点除外），而非神创的；世界万物由单一的或少数基本元素组成，具有内在的统一性；世界可以认识，物质可分等。这些从一开始就作为共同的讨论基础而存在，并被作为一种不言而喻的公理确定下来，为后人认识世界和从事科学研究确立了基本的哲学观。

第二，相应地发展了辩证的和分析的思维方法。

恩格斯说：“古希腊的哲学家都是天生的自发的辩证论者。”他们懂得从运动的、变化的、发展的、联系的而不是静止的、不变的、僵化的、孤立的角度看问题和解决问题，这与他们对世界所持的物质观和运动观是一致的。在这方面最突出的是赫拉克利特，他明确提出对立产生和谐的思想，并以“世界上唯一不变的是变化”、“人不能两次走进同一条河”、“太阳，每天都是新的”等语言精辟地表达了辩证法关于世界一切都在运动变化的思想。他及后来者还分别对演绎法和归纳法进行研究，尤其推崇前者。这与他及后来者普遍进行探索世界本原的工作相适应。这一工作使他及后来者发展起对一切事物和现象追根溯源直至探索其基本组成要素的观察与思维的方法，并将这种方法普遍地运用于科学研究和创造发明上。亚里士多德的逻辑学、欧几里得的几何学都是运用演绎法的典范，他们在这方面达到的水平，至今很少有人能超越。

第三，提供探索自然奥秘，追求科学真理的人生观和榜样。

古希腊哲学与自然科学相结合的特点，将人们的兴趣和注意力引向大自然，建立以探索自然奥秘和追求科学真理为目标的人生观，推崇阿波罗精神，众多古希腊学者在这方面做出榜样。古希腊哲学还要求人们把“认识你自己”，尤其是以苏格拉底为榜样把“认识自己的智慧微不足道”作为个人行为的重要准则与个人成功的条件，使人们注意提高自己的素质，在取得成果时不骄傲自满，为科技发展建立思想与道德的基础。不少人还认识到高尚的思想品德对创造活动有重要作用。雅典修辞学家朗吉弩斯在《论崇高》一书中就谈到：“真正的才思只有精神慷慨高尚的人才有。因为把整个生活浪费在琐屑的、狭窄的思想和习惯中的人是决不能产生什么值得人类永久尊敬的作品的。思想充满了庄严的人，言语就会充满崇高，这是很自然的。因此，崇高的思想是当然属于崇高的心灵的。”人的一切行为受思想支配，平庸的思想产生平庸的行为和结果，伟大的思想产生伟大的行为和成果，以探索自然奥秘、追求真理为目标的科学研究活动充满艰难险阻，难以指望回报，更需要研究人员具有崇高的思想品德。从古希腊哲人的表现看，他们所指的崇高思想主要是智慧、自然、辩证法、数学、科学、音乐等，一个人如果能够经常思考这类问题，而不是日常琐事，努力提高自己在这些方面的认识和能力，他就有可能作出不平凡的业绩，走向崇高。这些，也正是古希腊哲人所推崇并付诸实践的，是他们之所以崇高的原因。

第四，确立实事求是的学风和批判精神。

由于古希腊哲学一开始就与自然科学相结合，而自然科学研究往往不受阶级利益的影响，功利性与主观随意性较弱，客观性较强，有助于培养人们实事求是的作风和批判精神，包括对他人和对自己观点的证明、检验与批判。这种批判不涉及政治，不进行人身攻击，局限于学术范围内，因而具有促进学术研究的作用，有利于自我提高，并可避免错误观点和伪科学的流行。以自然为研究对象，还有助于实验方法即在实验室中重复自然过程的方法的发展，使人们能方便、精确、可靠地认识自然规律。

第五，促使科学理论体系的建立。

在古希腊，一切知识包含于哲学中，在自身发展过程中，哲学帮助各门学科建立、发展与完善，哲学渗透一切学科，指导一切学科，成为一切学科的筋络，使其他学科都包含在哲学中，与哲学建立紧密的联系，从而获得较高的起点，并反过来丰富和推动哲学的发展，逐渐建成一个与哲学紧密结合的科学理论体系。科学理论体系属于自组织、自成长系统，它一旦建立起来，就能运用各种方式将人类一切有价值的科研成果吸收进来，并使之得到系统的整理、保存，使之相互发生作用，建立联系，不断得到改进、完善，并推动新成果的产生，体系自身也在这过程中不断发展完善。如果科学理论体系不能形成，社会的科技研究就只能是适应国家政治需要的行政事务，或个人的偶然行为，所产生的成果也只能是缺乏内在联系的零散的成果，难有大的作用和发展，还往往会因创立人的死亡而失传。

西方哲学尽管存在过中世纪沉寂时期，但始终是极为活跃的学术领域，充满残酷的斗争、激烈的批判，也充满活力，不断创新，唯物主义与唯心主义并存，正确思想与错误思想共生，可贵的是不断探索、不断进取的精神，不允许任何思想（即使一时公认为普遍真理）成为长久束缚人们头脑的桎梏，不长久停留在一种精神状态中，哲学始终走在科学的前面，给科学发展开辟道路。

古希腊哲学曾因古罗马人的入侵、中世纪宗教势力的增强而被冷落、被遗忘，然而对其进行保存、整理、研究和传播的工作一直在少数人中进行（在这方面特别值得一提的是阿拉伯学者的工作），始终没有停止，智慧的火光一直没有熄灭。这种哲学，由于充满了辩证法，充满活力，具有鲜明的批判性、斗争性和进取精神，它的存在迟早必定会引发思想革命，文艺复兴运动就是这么一场伟大的思想革命运动。文艺复兴运动首先使古希腊哲学得到复兴，使哲学与科学同时摆脱“神学婢女”的地位，由此而促进了科技的全面发展，促使科技逐渐从哲学中分离出来，成为相对独立的体系。两者相互联系、相互促进的关系只是形式改变了，实质并没有改变。哲学指导科学研究，科学以其成果不断充实与促进哲学发展的关系没有改变。相应地，哲学家关心自然，研究自然科学，科学家用先进的哲学武装自己的头脑，思考哲学问题，这种传统不变，一直流传至今。在指导思想上，则仍然坚持科学家要以追求真理为目标，继续发扬阿波罗精神。爱因斯坦对欧洲知识分子出色成就的基础曾做过这样的评论：“是思想自由和教学自由，是追求真理的愿望必须优于其他一切愿望的原则”，从一个方面说明了这一点。

2. 数学使科技得到量化并走向精密

虽然对数学的应用最初并非古希腊人，但将数学从实践升华到理论的却是古希腊人，其中功劳最大的是毕达哥拉斯和欧几里得。他们分别生活在公元前6世纪和前4世纪的古希腊，前者的毕氏定理及后者的几何学直到今天仍是全世界所有中小学生必须掌握的知识，可见其影响之深远，也说明古希腊数学发展程度之高。

在古希腊，许多人已经认识到数与物质世界的统一性，因而毕达哥拉斯将数学并非作为一种实用的技艺而是作为一种哲学发展起来，欧几里得则将物质世界的逻辑关系用公式与图形描述出来。这种开端使数学获得理性思维和想象力的参与，为数学发展成一个独立的体系奠定思想基础，使数学获得广阔的发展空间。这个开端也使数学渗入哲学中，使哲学获得数学手段，有利于提高哲学对科学的指导地位和提高哲学自身的发展。

数学学科体系的形成和发展对科学研究起了十分重要的促进作用。数学在科学研究上的广泛应用，使科学研究各领域得到量化和形式化，以量和形的形式将世界重新构造出来，以特殊的符号系统，将人类已有的和新创造的科技成果，纳入数学公理化的逻辑体系中，与原有的科技体系形成相辅相成的关系。一方面，科技进步不断给数学增加新的科技内涵，促使产生新的数学分支，使数学之树长青；另一方面，数学使科技获得日益完善的探索自然奥秘的工具，使科技研究的精度和逻辑性不断得以提高，使科技理论体系迅速走向成熟、完善。

数学给人们提供一个认识世界的有力工具。人们能通过对事物比较清晰而单一的量的方面去认识事物比较模糊而复杂的质的一面，透过事物的表面看到事物的本质，“使我们免受感觉的欺骗”，并对事物量与质的相互关系的认识得到深化，掌握了众多事物从量变到质变的临界值，找到以量变求质变的途径。数学将事物的性质、运动和事物内外的关系量化，使之变得可以计量，使人们可以通过计量的结果加深对事物的性质及特征、事物运动的规律与趋势等的认识，供决策和规划时参考。数学使研究过程和结果精确化。研究过程和结果如果只有定性的描述往往是含糊的，可作多种解释的，因而是不确定的、不精确的；研究过程和结果只有在数量化后，可以运用数学方法对事物内部各个部分空间位置及运动状态进行精确测量，运用数学符号进行计算后，才有肯定而精确的描述，对随后发生的过程和结果才能进行精确的比较和分析。

有了数学工具，人们进行科技研究与实践活动时，可以根据科学规律，建立各种数学模型去描述事物运动状态及规律，可以通过对模型的操作和计算，产生在精确度上远远超出人的观察力和想象力的结果，提供研究对象在量、质、外形、空间位置、运动速度等方面的精确数据，使人们能在理性上精确地把握靠观察不能把握的事物之间和各种运动之间的细微差别和趋向，提高科研与实践的效果。对许多事物，人们可以运用数学模型探索其所有可能的途径和结果，从中选择解决问题的最优方案。

数学具有严格的逻辑性，这种逻辑性不仅能帮助我们证明定理，证实已知，还能帮助我们进行科学探索与科学发现，发现未知。如一些新天体与新元素的发现，就首先是通过数学计算继而进行观察或实验才发现的。

数学能以其特有的符号量化多种思维方法，包括逻辑方法、演绎方法、归纳方法和证明方法，使这些思维方法变得可计算，可比较，有利于提高人们理性思维的能力，纠正错误，引导思维朝向正确的方向。

数学的发展使西方科技理论在形式上演变成一个数学逻辑体系，两者浑然一体，形成相辅相成的关系，同时获得广阔的发展前景。

3. 机器是科技主要的物质载体

科学的主要物质成果是发明并应用大量新机器。机器，包括机械设备和一些复杂的实验装置、仪器、工具等，不像我们通常理解的那样仅是生产工具，它们还是人的智力的实物载体。因此，马克思把机器等生产工具称为“物化的智力”、“在机器上实现了的科学”。新科技理论产生后，一方面需要数学作定量的描述，另一方面就需要制作成机器。

机器的研制和应用对科技的促进作用主要表现在：第一，使科学理论从思辩走向现实，使理论物化，从而使人们对新理论的认识得到深化，令理论在群众中得到推广并吸引群众关心科学，参与科技活动。第二，使理论得到应用，并在应用中检验和改进理论，帮助创立更新的理论和机器。应用还产生经济效益，使科学研究获得源源不断的后续资金。第三，机器的研制需要精确计算，需要新材料、新加工工艺，从而促进数学、物理、化学等学科的发展。第四，使理论获得一种新的保存手段——以物质形态保存。第五，扩大并完善了科技系统，使其增加物的因素。

理论首先是人的主观的产物，人的主观容易偏离实际，在接受实践检验前，按照波普尔的说法，“一切理论都不过是猜想和假说”，与实际可能有很大的差距。但我们如果按照理论提供的原理和方法动手制造一台机器——往往要通过多种试验和反复试制——理论中的偏差就能发现，理论与实际的差距就会缩小以至消失，“猜想和假说”就会变成现实。在科学史上，蒸汽机的研制成功使能量转化和守恒定律、热力学定律等物理定律得到反复的证实和运用，各种电动机械的研制成功使电学理论得到证实和充实，火箭与宇宙飞船的研制成功使牛顿、爱因斯坦等人的力学理论得到证实和充实。同时，不少人在研制永动机上的失败，宣告了这个异想天开的“猜想和假说”的破产，从相反的方面进一步证实能量转化和守恒定律的真理性。

机器对理论不仅具有验证的作用，而且还能促使新理论、新方法与新机器的产生。例如，在前人发明蒸汽推动的活塞装置的基础上，瓦特发明了离心式调节器，使这种装置成为真正的蒸汽机。瓦特蒸汽机的研制成功，则不但使前述的物理定律得到证实，而且促成了自动机理论、控制论等的创立，以及物质的自动机和控制论机器的产生。又如，粒子回旋加速器的研制成功和运用，使人们从理论到实践对原子内部认识都不断得到深化，不断有新的发现，并使这类机器本身也不断得到改进。计算机的研制成功和运用促成大量新学科和新机器的产生，它本身也在运用的过程中不断更新换代。这些都是靠纯理论研究解决不了的。

在大多数情况下，科技创新实际上是现有要素的重新组合。机器是由各自独立的零部件组成的，它给人提供大量直观的重新组合的机会，使人们能用拼积木般的方式大量研制出新机器和相应的新的科技理论。

理论研究与机器研制常常还产生虚拟的理想机器——一种在现实中不可能存在，仅存在于科学逻辑推理中的机器或模型，用以证明现有理论，创造新理论和新机器。例如：卡诺通过设想热效率为100%的理想热机去证实能量守恒定律并否定永动机；图灵设计的图灵机有效地说明了信息处理原理，为电子计算机的研制作出贡献；等等。

机器的研制不仅对自然科学的发展有上述作用，对哲学与社会科学的发展也有同样的作用。例如：回旋加速器的运用就使哲学上关于物质可分的观念得到深化，使人对物质的认识从原子层次深入到粒子层次；自动生产线加深了人们对科技是第一生产力的观念的认识，改变了企业管理的模式；交通与通讯设备的改进和新设备的研制运用，改变了传统的地理概念和人际交流方式；武器的改进和新武器的研制与运用，不断改变战争的概念和作战方法；等等。此外，像物质不灭、能量转化与守衡等物理定律实际上也是哲学命题，它们的证实和充实，对自然科学的发展和哲学的发展都具有重要的意义。

机器还具有保存和积累人类思维成果（主要是自然科学研究成果）的作用。在这方面，机器和图书馆有共同之处。它们的区别是：图书馆以文字符号形式大量地、重复地保存和积累人类的思维成果；机器则以实物形态保存和积累人类的思维成果——人类自从制造第一把石斧以来的思维成果都可以说以潜在的形式保存和积累在每一部机器中，而且不像图书资料那样静态地保存信息，而是在运用中、改进中动态地保存信息。计算机还打破了一般机器在记忆上的局限性，不仅能使用文字符号记录人类文明已有的信息，而且能及时记录当前发生的新信息。

机器大量研制和运用还改变了科技体系的构成，使它从“纯理论型”转变为“理论与物质结合型”，即科学理论（包括数学、基础理论、应用技术理论及专业理论）加机器。

机器是科技理论主要的物质载体，是科技成果，它推广应用的过程也就成了科技知识和科技成果推广应用的过程，成了动员人民大众学科技、用科技和改进科技的过程，使科技发展和研究活动获得广大群众的参与和支持。

机器在规范、拓展人的思维与行为，在提高思维效率上间接起作用。机器是个精密的、独立的功能系统，它由最必要的要素组成，组成机器的零件既不能多一个，也不能少一个。它有精确的尺寸，短了不成，长了无用；它有最合理的重量，轻了重了都会影响它的运行效果。它有最巧妙的结构，即内部各部分紧密的连接和联系，任何一部分接收到的能量都会通过特定的途径传递到其余部分，任何部分运动状态的改变都会影响到其余部分和整体的运动，某一部分的阻塞或停顿会导致整体运动的中断。改变其局部往往需要整体作出相应的改变。各部分都为制造产品或提供某种服务这一共同目的而协调运转。观察、制造与操纵机器，能使人从思想上到行为上贯彻节约、效能的原则和尊重客观规律。从节约与效能原则出发，机器许多行为与人们日常行为大异。如给物件打磨，我们通常是让物件运动，磨石不动，而磨床却往往是让“磨石”动，物件不动；又如我们走路一般进行直线向前运动，而自行车却让我们进行向前与向后交替的圆周运动。此外还有，电动刮胡刀以切割胡子代替刮胡子，绞肉机将上下剁肉运动变为旋转绞肉运动，等等，使我们的思路活跃、思维拓展，解决问题的办法增多。

应用科学理论大量研制机器，大量生产和运用机器于生产、生活与科研中，是西方科技能够迅速发展的一个重要因素。

4. 发达的工商业是科技交流与发展的社会条件

恩格斯说过：“科学的发生和发展一开始就是由生产决定的。”西方哲学与科技的发生和发展与其发达的工商业经济（即交换程度较高的畜牧业、农业、交通运输业与手工业经济）有密切的关系。

多山及临近地中海等自然地理条件和特殊的人文条件，促使希腊人在建立殖民地、发展航海和工商业方面走在世界大多数国家的前面。

工商业发展，较少依赖自然环境因素，较多依赖主观因素。工商业大部分生产时间是人工劳动时间，是一种能动地改造世界的活动，需要经营者预先进行学习或培训，掌握系统的科技知识，并要进行调查研究，了解环境，确立自己努力的方向和目标，设计出各种到达目标的计划和措施，避免各种可能的失误；在经营过程中要不断根据用户日益增长的需求，改进产品性能和质量，推出新产品；不断改进经营管理，加强经济核算，用尽可能小的投入获得尽可能大的产出，努力降低成本，增加盈利。在工商业活动中的学习、调查、研究、改进与发明创造活动都离不开科技，也促进了科技的发展。

工商业最频繁的活动是“交换”或“交流”，没有“交换”或“交流”就没有工商业，善于学习、注重交流是工商业文明的重要特征和优势。交流，包括人员的交流、物资与资金的交流，那时跨国经商、联姻早就是相当普遍的现象，古希腊那时就有大量海外殖民地，本土与殖民地之间的交流就有跨国以至跨洲的性质。这一特征有利于保存和推广社会科研成果。这一特征更重要的作用是使人们在经营工商业过程中能方便地交换到甚至以“信手拈来”的方式获得他人的许多有用的信息、知识、思想和科研成果，缩短了自己研究的时间，避免走弯路或犯别人犯过的错误。做这种工作的人大多数并非国家官员或科学家，而是一般商人。他们这样做也并非是接受政府指令或爱国，而仅仅是出于经商的需要或谋取商业利润的目的。古希腊发达的工商业在这方面给科技发展提供不少有利条件。例如，他们使用的字母就是从腓尼基人那里“拿来”的，他们数学与天文学的成就中不少是古巴比伦人、古埃及人、迦勒底人的成果。古希腊周边地区的文明已经存在了数千年，只是由于这些地区大多处于流动性很差的农业社会，其文明也就长期处于停滞状态。活跃的古希腊人激活了这些古老的文明，犹如飞进燃油中的火星，使这些古老的文明迸发异彩，能量得到充分的释放，古希腊人自己也获得了较高的起点，创造出前所未有的极其灿烂辉煌的社会文明。

工商业由于能以比农业高得多的效率开发与利用自然资源，能促使人们为追求各自的经济利益而集中起来，自觉或不自觉地为共同的目标而工作，以较少的人力物力耗费、较低的成本和较高的劳动生产率生产产品并给生产经营者带来巨大的经济效益，因而获得迅速发展，成为社会经济中的支配力量。工商业的发展促使市场经济形成，竞争也就成为社会的普遍现象和发展动力。

巨大的风险、竞争的压力加上追求经济效益的动力，迫使从事工商业活动的人重视科研和科研成果，科研也就获得了在教室和实验室中不可能有的强大的发展动力和物质基础。这也促使科技与工商业结合，产生相互促进的作用。工商企业由于获得科技成果而得到高速发展，并引发一次次的生产力革命；科技则由于工商业的发展获得研究经费和物质装备，刺激更多科技成果产生，出现了一次次的科技革命。可以说，如果没有科技的发展，就不会有社会生产力的革命；没有社会生产力的发展，也不会有科技革命。它们存在相辅相成的关系。

工商业中的造纸、印刷术、仪器仪表制造、信息传输手段和各种实验设备及材料的发展，给科技与教育发展直接提供便利，使科研成果得到有效的保存、推广与应用。

在商品交换活动中，通行的原则是等价交换。这一原则有利于打破等级观念和迷信权威的行为，有利于新观念、新理论和科技发明创造的产生。这一原则还使人乐意将自己的科技成果送到市场上交流或出售，使科研成果得以推广开来，使其价值得到实现，使科研人员获得与自己付出的劳动大致相适应的经济收益，使他们获得了生存和继续研究的物质条件，促使社会科技队伍的稳定与壮大。

工商业经济是一种开放性极强的经济，它有强烈扩张的趋向和社会化的趋向，它冲击传统地域观念，打破传统地域界限，要将市场扩大到世界各地，最终把世界变成一个统一的大市场。因此，随着工商业的发展，人们从思想到行为逐步被社会化，人群的流动性逐渐增加，人们的视野逐渐变得开阔，偏见与迷信观念逐渐消失，求新和冒险意识逐渐增强，这些情况的变化无疑有利于科技的发展。

工商业经济的开放性不仅促使经济领域开放，而且促使社会政治、文化、科技等领域开放。议会、国家机关、学校、图书馆、科研机构等都在一定程度上像商店一样对社会开放，甚至家庭及私有财产也存在开放性。因此，在西方，私人图书馆、博物馆转为公共图书馆、博物馆，私人献出私有财产以资助社会教育、科研的现象随处可见。这种情况也促使民主制度得以建立和发展。

工商业经济强大的开放性引起市场扩张，使社会矛盾与冲突大量增加，甚至引发战争。战争除有破坏性的一面外，也会以强制的方式推行文化交流。例如，亚历山大东征就伴随着古希腊文化的推行，使他所建立的跨洲王国进入所谓古希腊化时期，并使阿拉伯文化流传到欧洲。拿破仑远征埃及曾组织有近百名成员的随军科学艺术团，在占领区推行法国文化，并成了在不利情况下对英军作战获胜的重要因素。

工商业活动需要人们进行大量调查、研究、设计、规划等工作，需要进行复杂而精确的测量、计算，从而促进科学理论与科学方法的发展。

5. 教育是科技知识得以普及、继承和发展的重要手段

科技的发展需要社会基础，不能是局限于少数人的活动，需要群众广泛的参与。参与科技活动需要一定的条件，其中重要的一条是知识，解决科技知识不足最重要的途径是教育。

教育对人以及对科技发展的促进作用是多重的。它能给广大群众普及科技知识，培育人们爱科学和追求真理的精神，能开拓人们的视野、破除迷信、引起思考、激起争论，能拓展人的想象力和创造力，能使科技知识得以用文字和口头方式积累、整理、传授下来并在这个过程中不断得到推广应用和改进。一个社会，如果教育不发达，科技就不可能发达。

古希腊的教育相当发达，不少学者不仅是哲学家、科学家，而且也是教师，他们不仅办班讲学，而且创办学校与学园，成立学派。社会对儿童的教育一开始就带有强制性，那时学校的主要课程有文法、修辞学、辩证法、算术、几何学、天文学和音乐，称七种自由艺术，简称“七艺”。前三科是古希腊智者学派教授的主要内容，后四科是柏拉图提出并开始实行的课程。柏拉图尤其重视数学与音乐教育，他在学园前面树立一面刻有“不懂数学者止步”的牌子。他说过，“心中充满音乐的人才会对最美好的东西充满爱”，主张用音乐陶冶心灵。“七艺”是哲学、科学与艺术相结合的综合性的课程。哲学、科学、艺术教育加上体育（古希腊人尤其是斯巴达人对体育的重视尽人皆知)，是人走向全面发展、走向完善的基础教育。即使在中世纪宗教势力上升的时期，这些课程都被保留下来，只不过精简了一些明显与神学信条对立的内容，强化了神学课教学罢了。那时逐渐增多的大学除设立“自由艺术”学系外，还设立法学、医学、神学和稍后的物理学系，课程设置逐渐变得全面而系统。

先进的课程设置还需要有先进的教学方法才能收到理想的教育效果。西方科技发展不仅获益于自古希腊时即堪称先进的教育制度、课程设置，还获益于自那时就已流行并相当先进的教学方法，这种方法注重开发学生的能力，而不以传授书本知识为主要目标。正如罗素所说：“使古希腊哲学家更加光荣的是，他们竟然已经懂得真正的教育必须如何进行。教师的作用是辅导，是促使学生亲自去领会……教育是在教师指导下学习自己去思考。”

这些先进的教育制度、课程设置和先进的教学方法一直得到继承和发扬，是西方人才辈出、科研硕果累累的重要因素。

6. 法制与民主——科技发展的政治条件

一般认为，西方政治具有法制与民主的传统，尽管其中存在许多阻力与限制（如古希腊的公民不包括妇女与奴隶)。最早体现法制传统的是始自公元前5世纪陆续制订的古罗马法——这前后在古希腊也在施行类似的法律如梭伦法，这些法律保证了公民的一些基本权利，主要是追求个人自由幸福的权利，明确宣布保护私有财产。

对科技发展来说，这就使一个“无需工作”，能“把大部分闲暇都用于追求科学、数学和哲学”的阶层，即专门从事哲学与科学研究的阶层，得以存在，保证了科学研究与发展在人才上的需要。后来各国还制订、施行许多鼓励科研、保护科研人员利益和成果的法律。

说古希腊国家具有法制传统可能没有多少争议，但在是否同时具有民主传统这一点上，可能会引起争议，尤其是因为古希腊社会存在奴隶制。但我认为，古希腊尤其是伯利克里时代的雅典具有民主传统（有人称为奴隶民主制）应该是肯定的，判定的依据是古希腊社会哲学与科技的繁荣及拥有众多既是哲学家又是科学家的哲人。判定一个社会是否民主可以有许多标准，比如公民的政治地位是否平等，有无种族、性别歧视等，但我们可以不从当前而是从历史看，不从原因推论而从结果看，可以认为，能够产生众多高水平的哲学家与思想家的社会，必定是民主社会。因为能够被社会公认为是哲学家或思想家，其思想必定是在宽广的领域中显示独特和创新的特征。社会出现一批比一般人略高一筹的聪明人，算不了什么，因为这种情况太多。出现众多在某一领域有所建树或有一技之长之人，也算不了什么——他们可以称为专家、学者，但不能称为是哲学家或思想家。哲学家和思想家的思想水平不仅远远高出一般人的思想水平，而且比统治阶层的思想水平高得多。他们的思想如日中天，光辉灿烂，光芒四射，必定会在社会上产生广泛的影响，使群众头脑开阔、目光敏锐，从而动摇群众对统治阶级的政治信念，因此，一般不受统治阶级欢迎。一个社会能容纳个别独立不羁的哲学家与思想家已属不易，如能产生众多观念各异、独立不羁的哲学家与思想家，则说明它是真正容纳不同思想并有助于不同思想产生与发展的社会，是真正的民主社会，尽管这个社会可能还处于人类社会发展的低级阶段（奴隶制或封建制），或有许多不合理、不平等和违反民主原则的现象存在（我们当然不会忘记在古希腊苏格拉底被处死、亚里士多德被迫外逃的事实）。民主社会不等于人人平等、人人满意的社会，不等于许多人心目中的理想社会。

在这里，我没有将大量产生科学家作为社会民主的标志。理由如下：一是科学家尤其是自然科学家的活动一般是学术性的，对群众和统治者的政治思想一般没有重大影响，容易为统治阶层和社会大众广泛接受；二是科学家的活动虽带有创新性，但主要是在前人研究和社会文化的基础上，与社会文化没有大的冲突；三是科技是第一生产力，科学家的科研成果能产生巨大的经济效益和社会效益，容易获得社会支持。因此，一个社会能产生一批高水平的科学家，甚至产生几个诺贝尔奖获得者，虽然是值得自豪的事，也在一定程度上体现社会民主风气（在缺乏民主风气的社会中，连科学家也难产生），但不能以此作为社会民主主要的标志。

但这是倒果为因的说法，民主制具体的标志体现在法律对统治阶层的管理上，即统治者的产生是否依法通过民选，其行为是否接受社会监督。在这方面，古希腊即已实行，获得后人很高的评价，如罗素的评价：“雅典的民主政治虽然由于不包括奴隶和女人而有着严重的局限性，然而在有些方面，要比任何近代的体制都更为民主。法官和大部分行政官都是由抽签选出来的，并且任职的时期很短；因而他们都是普通的公民……”，当时雅典最高执政官伯利克里被法庭以侵吞公款的罪名而判处罚款的史实算是一个注明。其后西方社会经历多种形态，民主与专制在各地交替发生，但民主选举的传统始终以各种形式坚持下来。

在西方，从统治阶层看，科技发展对他们的统治一般不构成威胁，往往还有利于增强他们的统治地位，因而受到普遍的重视与支持。具体表现如下：第一，科学家的社会地位一般比较高。在西方，有成就的科学家和其他学者从古至今都享有较高的社会地位，普遍受政府重视和群众的爱戴，如亚里士多德、阿基米德、笛卡尔、戴维、欧拉等科学家被聘为皇室座上客或皇室成员的教师，一些有名学者在政府担任要职甚至成为国家的统治者。一些皇帝如拿破仑，在重用科学家、重视培养科技人才方面曾留下许多佳话。第二，不少统治者都比较重视创建学校、科学研究机构和图书馆，以推进社会教育与科研。例如，公元前3世纪托勒密王在亚历山大里亚以亚里士多德的吕克昂学园为榜样，建立了一个科研、教学和技术应用相结合的缪斯学院，在其影响与榜样的作用下，柏加曼、叙拉古、罗马也逐渐建设成为科研中心，在数学、力学、天文学、工程学领域培育出众多伟大学者，形成亚历山大里亚学派，对世界教育与科技发展起了重大历史作用。世界第一个公共图书馆是由古罗马恺撒大帝及其后继人波里奥创立的。公元75年，罗马皇帝韦斯巴芗把他从帝国金库得到的十万银币赠款拿出来创办学校，为国立学校开创先例。公元410年另一位罗马皇帝狄奥多西二世则首创政府筹资创办大学的体系。近代与当代不少美国总统在卸任后都喜欢出资或筹资修建公共图书馆，至2004年11月克林顿图书馆正式开放，总统图书馆共有12座之多。第三，统治阶层科技与文化素养普遍比较高，其中不少人亲自参加科学研究。如第一个著名的罗马科学家普林尼就是个军事将领，在皇帝的鼓励下，他写了西方最早的艺术史著作，还写了献给提丢斯皇帝的30卷本的《自然史》。后来，为观察维苏威火山爆发，他被火山灰埋没，为科学献出生命。又如1650年证明大气压力的“马德堡半球实验”是由德国马德堡市市长葛里克先生从个人收入中拿出4 000英镑进行的，他还发明了真空抽机和静电发生器。美国政治家富兰克林在雷雨天放风筝进行天电实验也是广为人知的事。拿破仑不仅仅是法国皇帝，也是世界著名的军事家，同时也是著名的《拿破仑法典》的创立者，一般人更想不到的是，他还是法兰西科学院的院士。

西方世界法制及民主政治传统得以形成和持续下来的一个原因是以个人为中心的伦理观。在国家问题上，这种伦理观认为，国家由自由平等的个人组成，个人发展是国家发展的基础，因此，国家（对内）的任务是给个人发展提供条件，帮助个人发展，而人与人之间的矛盾和冲突则靠法律约束。个人意味着个别性、不统一、多样性，发展意味着创新，个人的发展首先是个人思想的发展和创新，新思想、新观念、新理论和发明创造也就能普遍得到鼓励与支持，这是西方科技得以发展的社会和文化条件。另一个原因是工商经济。这种经济尽管那时还处于萌芽状态，对外还具有掠夺性，但它已经属于市场经济性质，客观上要求（起码在国内）遵循价值规律及等价交换的原则，使社会存在一种公平、平等的要求，并要求以法律形式固定下来。与农业经济相比，工商经济虽则具有较大的风险，但它在总体上给经营者带来的利润也相当可观，政府从中获得的税收不断增多，逐渐成为国家财政的主要来源，这是政府支持发展工商业并支持推动工商业发展的科技发展的重要原因。

法制与民主是科技和工商业发展不可缺少的条件，法制与民主传统是西方科技及工商业得以持续发展的政治条件。

7. 基督教对科技发展的积极作用

宗教是一种不容忽视的社会客观存在，世界过半数的人口信仰某种宗教。宗教是一种普遍的社会现象。17 世纪英国思想家詹·哈林顿认为："每个人都有一些宗教意识，或出于恐惧，或寻求安慰。"此语有一定的道理，像一般人都有的善恶观和"善有善报，恶有恶报"、"好人上天堂，坏人下地狱"一类的愿望就是一种宗教意识——不管我们是否信教或信什么教。宗教是人类文明的重要组成部分，研究社会发展问题，不能不考虑宗教的影响。宗教与科学存在相互联系、相互影响的关系，赫胥黎说过："真正的科学和真正的宗教是双生姐妹，把一个从另一个分开，一定会使双方死亡。"如果回避宗教问题，我们对西方哲学和科学中许多观点和现象，会感到难以理解。

尽管宗教被不少人认为是科学的敌人，但世界上的事物都有两重性，宗教对科技发展也有积极的作用。这是因为宗教、哲学与科学有相同的根源和内在的联系。在人类社会文明建设历程中，最先起作用的是宗教（更早的则是神话和迷信），然后是哲学，最后才是科学。因此，早期的哲学与科学都带有较浓厚的宗教色彩，古希腊许多哲学家不仅同时是科学家，而且还是教徒和宗教研究家，一些学术团体如毕达哥拉斯学派同时是宗教组织，这种情况在当代西方哲学与科学界中仍然存在，尤其在一些人类尚没有很多确切知识的领域。在人类社会早期，哲学与科学尚未发展，宗教的影响更大，对其后哲学与科学的发展往往起主导的和决定性的作用。罗素认为，发展较早的古埃及、古巴比伦文明未能发展出哲学与科学，人才及社会条件欠缺是重要因素，但"不是决定性的因素，紧要的是宗教的作用不可能导致智力的大胆发挥。"世界其他文明古国也有类似的情况。宗教大多是高高地凌驾于世人之上，成为主宰人的命运、束缚人的思维的超自然的力量，极不利于科技的发展。古希腊人的宗教却是世俗的，众神除了不会死并有超人的威力外，在道德品质和感情上则与凡人没有多大的差别，与凡人有很多相同的优点和缺点，神与人之间存在的不是统治与被统治的关系，而是竞争或服务的关系，人可能努力使自己成为神，甚至超过神，这是哲学与科学能在古希腊产生并繁荣的重要原因。

基督教是西方的主流宗教，其对科技发展的积极作用更多。与东方的宗教如佛教、伊斯兰教相比，基督教有如下特点：第一，基督教的产生具有较深厚的哲学背景，内涵深而广。柏拉图、亚里士多德等古希腊学者都在神学方面有所研究和论述，"上帝是个几何学家"之说来自毕达哥拉斯哲学观，古希腊哲学思想是基督教哲学思想的重要组成部分，阿奎那等人还将古希腊哲学与科学经改造后纳入基督教教义中。

基督教的经典——《圣经》，包含大量社会科学与自然科学知识，是一部在西方流行最广、影响最大的教科书。哲学与科学至今仍对基督教产生影响，这些是东方宗教所缺乏的。第二，重视教育。大概因为耶稣基督一生重视培育门徒、宣传教义之故，基督教十分重视办学、讲学，在中世纪甚至垄断了教育，基督教徒中有相当一部分人从事教育，从中产生夸美纽斯、福禄培尔、卢梭等杰出的教育家。第一所大学是11世纪末在意大利建立的博洛尼亚大学，接着，法国的巴黎大学、英国的牛津大学、意大利的萨勒诺大学和巴勒摩大学、西班牙的萨拉曼加大学、德国的海德堡大学、法国的奥尔良大学、英国的剑桥大学相继成立。这些大学大多是由教堂学校转变而来，其中以巴黎大学最著名，学生来自四面八方，数以千计。公元1200年左右，大学、教堂和修道院密密麻麻地散布在整个基督教文明之中。当基督教向世界其他地区扩散时，往往首先建立的是教堂和学校。教会学校除教授《圣经》外，更多的还是文学、修辞、艺术和（具有神学色彩的）自然科学。中国最初就是从传教士处获得西方科技的。第三，支持教士搞科研。由于基督教文化体系中包含古希腊哲学与科学思想，教士搞科研，只要不明显违反教旨，不公开与教会组织对抗，一般还是容许并得到鼓励的，教士从事科研的现象也很普遍（与教会的特殊环境适合于潜心研究有关），教会在中世纪一度垄断了学术研究，直至文艺复兴，当时科学家几乎全是基督徒，哥白尼、伽利略等杰出科学家都是教士。第四，具有批判精神。基督教不像其他宗教那样将目光放在来世，而是更注重现世（也有人认为基督教是属于来世的）。现世总是不完善的，充满罪恶的，因而是需要批判的——不仅对现世社会的罪恶进行批判，而且对基督教自身也进行批判。关于这后一种批判当然不能期望获得全体教徒尤其是神职人员的支持，但基督教现世的性质促使这种机制出现及巩固，产生路德、加尔文等改革人物，促成泛神论、自然神论流行。基督教将古希腊学者提出的“认识你自己”的人生任务具体化为“认识自己的罪恶”，要求人们对自己的行为不断进行反省、忏悔与批判，自己救自己，有助于人们包括统治阶层净化思想、自我约束，将道德的长城建立在人心中，在进行科研和其他活动时，避免做出损人利己的事情。基督教在上帝面前人人平等的教义有助于废除奴隶制和社会不公平，有助于减少社会矛盾与冲突，使社会稳定有序——这无疑也有利于科学研究的持续进行。

除了中世纪，信奉基督教的国家大多实行政教分离制度，集体的宗教活动限定于特定的时间和地点（一般于星期日在教堂进行），一般不干预社会行政、经济、文化活动，对社会科技进步不构成重大障碍——这点越到近代越明显。

基督教对科技发展的积极作用主要表现在精神上。人的行为受精神支配，在进行各种活动时都伴有精神活动，需要精神动力。缺乏精神动力即缺乏目标，人的行为就会变得毫无意义，也就难有大的作为。仔细分析就会发现，现实中人的活动大多是带有功利性的，人的精神动力大多也是带有功利性。功利性与非功利性活动的一个区别在于其目的是追求物质享受还是精神享受。当人自觉从事非功利性的活动时，他需要非功利性的精神动力，即需要人彻底抛弃个人物质利益（但不排除其结果将使个人受益），进入“无我、无欲”或者全身心无保留地投入于实现目标的精神状态。这种精神状态不少人在刻意追求多种非功利性目标时出现，包括政治目标、情感目标和探索真理即从事科学研究的目标等。人处在这种精神状态中，接近于宗教信仰。相比之下，政治目标与情感目标虽则可以是非功利性的，但实际上很难完全摆脱功利性，因为这些目标的实现往往能带来经济上的、物质上的收益，追求这些目标很难不与这些收益相联系，因而由这些目标产生的非功利性精神状态往往是短暂的，它将随着这些目标的实现（如政治革命成功或情人到手）而淡化或消失。只有探索真理的活动（我们现在进行的科研只有小部分属于这种性质的活动，大部分属于经济活动，带有越来越浓重的功利性）具有典型的非功利性。因为探索真理的活动往往不仅不能给探索者带来经济的或物质的好处，而且由于这种活动常与传统势力相抵触而有可能招来灾难，还由于探索真理的活动没有尽头，是长期的甚至是终生的付出而没有回报。探索真理的活动具有更强的非功利性质，它需要更少带有功利性的、稳定持久的精神力量，这种精神力量与宗教信仰也就更接近。宗教信仰是极其强大的精神力量，它能使人对神（在不少西方科学家心目中，神就是大自然）产生自觉的、彻底的献身精神。宗教信仰如能与科学研究、艺术创作等创造性劳动相结合，成为这些劳动的精神支柱，使这些劳动带上为神作贡献的性质，无疑会对这些创造性劳动产生积极的作用，促使劳动更有成效。科学家信仰宗教，既能获得强大的精神动力，又无需考虑政治上的风险和物质上的得失，这是宗教能给科技发展以积极作用的深层原因，这也是哥白尼、伽利略、开普勒、牛顿、普朗克等一大批受人尊敬的科学家都怀有虔诚的宗教情感的原因。

从思维科学上说，对研究对象怀有宗教般崇敬的情感是认识研究对象的捷径。理由是当你怀有这种情感时，你就会将注意力集中于研究对象上，就会从精神上深入到对象的内部，与对象息息相通，接收到研究对象发出的各种信息，感受到对象的各种感受，达到对对象的彻底认识，从而获得启发、鼓舞和前进的力量。我们与自己敬重的师长、朋友和爱人相处时，都不难体会到这种感受。当我们的研究对象是大自然时，如果我们对大自然怀有崇敬的情感，我们会更深一步地了解、认识大自然。

从以上分析可见，科技在西方的产生与发展并非是一种偶然的、孤立的社会现象，而是西方政治、经济、文化教育等多种有利于科技发展的社会因素综合起作用的结果。

（原载《科学技术与辩证法》1999 年第 2 期，现有改动）

科学的终结

这是 1997 年美国书店中出现的一本新书的名称，它的作者叫约翰·霍根，他本人并非科学家，而是《科学美国人》杂志的专栏作家。他的主要论点是：在几乎所有的所谓“纯科学”中，重大的发现都已经被发现了，再也没有惊人的重大事件了，剩下的要么只是一些细枝末节，要么就是永远无法理解的。

此书甫出，立即引起激烈争论。有支持的，有反对的，也有人对论题不置可否，而对他思考问题的方式和文字表示赞赏的。其实霍根的观点并不新鲜，不过在他这部书发表前三四年，美国科学史家杰拉尔德·霍尔顿就曾出过一部讨论科学命运的书，名叫《科学和反科学》，第五章的标题就是“关于科学的终结的争论”。在这个争论中出现两大派：以斯宾格勒为代表的终结派和以爱因斯坦为代表的发展派。前者认为，和其他许多事物一样，科学的发展呈循环的状态，目前（20世纪初）正处于一个大循环下半段，正在朝终点走去；后者认为，科学的发展基本上是稳定地、线性地增长的，最终要结合成首尾一贯的理解一切自然现象的整体。霍尔顿个人的观点倾向于第二种，主张科学将不断进步，不会有终结。1998年他在这部书的中文版序言中对第一种观点作了个简略的回顾并对霍根和他的著作作了简要的评论，指出：

> 科学正在到达它的终结点这种论点在过去已被宣告过多次——或许最令人难忘的是在1900年前后，有一种观点认为未来的进步只能在数据中加几位小数；或者在1918年，当奥斯瓦尔德·施本格勒宣称（如我在本书第五章中所论述的），科学是一种癌症，很快将杀死文明本身；或者，甚至大物理学家狄拉克，他在某个时期曾认为随着量子力学的兴起，大部分物理学和全部化学原则上都得到了说明。霍根思路的新奇性在于，他主要是自以为是地宣称，科学中一切伟大的思想均已发现，留下来的已不能证明是真是假，因此是一种令人啼笑皆非的论点……

总括地说，就是两种观点：一种认为科学和其他有生命的事物一样，有寿命，目前正在走向衰亡；另一种认为科学和宇宙一样无限、永恒（在现代科学家眼中，宇宙在物质上也不是永恒不变的，而是生灭变动的，它的时间尺度和空间尺度浩渺而显现永恒性）。两种观点看起来是对立的，但仔细分析，就会发现，它们各自有不同的立足点和出发点，话题虽则都是科学，对科学的理解却并不完全相同，难怪会争论不休。

这里又需要提到柏拉图的理念论：理念是一，是至善至美的，是永恒不朽的；事物是多，是包含善与恶、美与丑的，是生灭变化的。用到我们现在的讨论题上，从理念上说，将科学看成一，那么它是至善至美的，是永恒不变的；但从事物上看，科学是多，即我们所见到的世界万物都包含科学，它就是包含善与恶、美与丑的，是生灭变化的。相应地，我们还要认识到，理念世界存在于人的观念中，但它是实在（本质）和存在，是完美的、理想的；事物存在于现实世界中，它是前者的影像或摹本，因而是不真实的，包含虚假的，在现实世界中没有完美的、理想的事物。由此推之，说科学在作循环运动，有终结，所谈就不是理念世界中的科学，而是现实世界中的科学。那么与之对立的观点，是否就是理念世界中的科学呢？也不是。因为所谈论的科学也是发展的、增长的，两者不同之处在于其运动方式：前者弯曲，后者平直。有发展、有增长就有衰退，更广泛地说，凡是运动的、变化的、有寿命的事物，就不是理念世界的事物，而只是可见世界或生灭世界的事物。两种观点其实都是从事物而不是从理念的角度讨论科学，但两者的着重点不完全相同。

我把科学定义为爱知识，而知识又来自真理，科学过程也就这样被分成两段：前段是爱真理，后段是爱知识。第一种观点倾向于前段：爱真理；第二种观点倾向于后段：爱知识。真理与知识明显不同之处是，真理是短暂的——它立即转变为知识，而知识是相对长久的。因此，爱真理的人往往将自己的任务定位在追求上，他并不很关心自己追求的成果，不管取得多么大的成果，他都不会满足。当他发现科学已经成熟，即已经建立起一个自我完善的逻辑系统，成为知识的源泉，追求真理的任务可以结束时，他就宣布科学终结。爱知识的人，他把自己的任务确定在以各种方式获取知识上，他关心获取到的知识的数量和质量，为知识宝库的充实感到满心喜悦，要不断充实它，科学的任务永远不会完结。后一种人还把开发利用这些知识，让它们造福人类作为自己任务的一部分，这个任务也是永远不会有完结之时的。《圣经》上有句简单明白的话是“寻找，你就找到”，持第一种观点的人重在“寻找”，持第二种观点的人则重在“找到”和运用。

柏拉图将哲学迷狂比作爱情迷狂是发人深思的。爱情的成果是婚姻，只恋爱不结婚，被认为是没有结果的爱情；但婚姻又葬送了爱情，已婚者被剥夺了谈情说爱的权利。因此，追求爱情的人就不结婚。一般人则满足于爱情的成果（占有）和爱情的结晶（孩子）。和谈情说爱一样，哲学家要保持对智慧的爱，就全心放在追求智慧上，不过多关心追求的结果。第一类科学家也一样，爱真理的人，全身心放在追求真理之上，不过多关心自己的“成就”——获得的知识。宣告科学终结的人实际是说追求真理的任务终结，知识可以直接从科学系统中产生。

第一种人类似探矿家，他们满足于不断发现新的宝藏，至于这些宝藏有多大的价值，怎样开采利用，他们并不很关心，把这一工作留给他人。当他们发现在地球上所有的地方已经勘探完毕，不会有什么大矿藏被遗漏，他们就宣布“找矿工作的终结”，尽管大多数人认为还有很大的潜力或永远不会结束。第一种人也类似发明家，当他们看到自己的发明创造已经被设计成一条条流水生产线，或构造成一个自动化的机械系统，各种产品，包括一些并非他们直接发明的产品都可以从这些生产线和改进了的生产线上生产出来时，他们就可以说“发明的终结”，而拥有这些生产线的工厂主（持第二种观点的人）则可能会说：终结？怎么会？才开始，潜力大着呢，等待我们去做的事情多着呢。

在科学队伍中基本上有两种人：发明创造家和开发利用家。说科学终结的是第一种人，反对终结论的是第二种人。第一种人永远是少数。尼采说过：“世界上有两类天才：一类天才的要务是生成，设法生成，另一类天才则情愿结果实，开花结果。”分别适合这两种人。美国数学家克莱因教授将这两种人分别称为征服者和殖民者，并指出，19 世纪法国数学家彭加勒就属于一位科学的征服者而不是殖民者，他从不在自己开拓的领域内长期停留，而是大踏步前进，不停顿地征服新的科学领域。一个学科，尤其是那些成熟的学科，它的基础已经稳固，“征服者”要做的是发现空缺和填补空缺的工作。这个工作完成之后，就容易产生终结论，而“殖民者”永远不会有这种观念，这个道理很容易明白。

至此，我们可以给“科学终结论”一个通俗的说法：成品无真理论。当一个新产品在研制过程中，这时我们在“寻找”真理；当新产品研制成功，可以批量生产时，真理已经“找到”，真理就不再存在——所有真理都变成知识。这种理论适合于前面所说的找矿和设计机器事例，也适合于学术。数学曾经被认为全部是真理，到了20世纪，克莱因直截了当地宣布：数学中没有真理。他没有明说，我给他找到的原因就是数学知识“生产线”已经建成，数学现在需要的不再是“创意”，只要运用“技巧”就可以了，“征服者”的任务已经结束，剩下的是“殖民者”要做的事。物理学和其他成熟了的学科、知识系统已经建成的学科也可以这样说，甚至整个科学系统都可以这样说。霍根的书除了“科学的终结”这个提法外，还有“进步的终结”、“哲学的终结”、“物理学的终结”、“宇宙学的终结”等提法，并把它们作为各章的标题，都可以从这个角度去理解——成品无真理，知识和科学是成品。这一说法必定扩及社会领域，霍根实际上已经这样做了：一种新的先进的社会学说对旧社会来说，可能是真理；当这个新学说导致社会革命并革命成功，这个新的学说成为现实，它就不再是真理，而是知识，这一学说和紧随其后的革命运动，就可以宣告终结——它在向否定自身的方向上走（包括走向更高的形态），这可能是一般人没有想到的。人们尤其是管理者往往祈盼社会稳定和安全，线性地稳步向前。然而，有活力的社会应当经常有“开始”和“终结”的事发生。

哲学家是爱智慧的人，智慧则是发现真理，运用知识和创造知识的能力（本书的定义）。据此，持第一种观点的人显然比持第二种观点的人更接近哲学家。爱因斯坦虽则被霍尔顿“推举”为第二种观点的代表人物，但他不像他所代表的其他人那样看重知识，他认为知识不如想象力重要，他实际属于真理的爱好者和追求者，只是他不赞同“终结论”罢了——他也没有对真理和知识进行区分。

“终结论”推出至今虽说已经一个多世纪，但对科学的实际影响并不大，和终结论描述的情景相反，科学研究机构和科学工作者队伍有增无减，成果累累。但这并不表示科学富有生命力，种种迹象表明，科学存在严重的局限性和危机，循着目前的方向走下去，终结的命运在现实中也无可避免。目前紧迫而简单的一件事：全球变暖，就令科学束手无策。从根本上说，目前全球变暖趋势的出现不能怪罪科学（本身），但确实与科学（事物）的应用有关，科学也有义务解决这一难题——科学不是宣称为人类造福吗？现在就是它发挥作用的时候了。但科学对此的回答是：无能为力。从科学上看，全球变暖的原因是很清楚的，那就是人类总体产生的热气太多而且在不断增多。产生热气多的原因也很清楚，那就是托科学之福，人口持续大量增加，寿命延长，机械产品大量增加，能源和各种物资消耗相应大量增加。治理全球变暖的途径也十分清楚明白，就是让前面几个“增加”变为“减少”，将热气上升的大趋势逆转过来。这是科学无法做到的。

这只是其中的一件事，当代世界还有许多重大而紧迫的事情需要科学出面解决，如环境污染、生态恶化、物种灭绝、食物质量下降等，科学明白它们产生的原因，也明确治理的办法，就是无能为力。

因为这一切问题的处理已经超出了科学的能力，需要全人类的智慧——全人类行事合乎理性而加以解决。如汤恩比与池田大作在《展望21世纪》的谈话中所指出的："要对付人类力量所带来的邪恶结果，需要的不是智力行为，而是伦理行为。科学所造成的各种恶果，不能用科学本身来根治。"

科学家已经指出问题症结之所在，也提出了很好的解决方案，这无疑是智慧的表现。但这是全人类面临的问题，需要全人类行事合乎理性，仅靠科学家这个小群体的理智和行动是不够的，需要人类整体的行动。

这里我们看到"科学的终结"这一科学命题的第二个含义：科学面对当今社会重大问题包括由于科学运用而促成的问题，无能为力。科学不能继续担当为人类造福的使命，不正是它该寿终正寝的时候了吗？终结不能简单地理解为死亡，实际是说科学的发展期、创造鼎盛期业已结束，开始进入衰退期罢了——接着而来的将是一个新时代。明白这个道理之后，我们的任务就不是努力挽留这个旧时代，为它辩护，阻止它的终结；而是要创造种种条件，包括批判旧时代，让新时代早日到来。

前面提到科学的理念，但没有讨论，这里作个交待：科学的理念或科学本身，就是爱知识、爱真理，即寻求真理和知识本身而不为其他目的的活动，无论对个人、对国家或对世界，它都是永远不会终结的。目前的争论与其说是由于这一活动过多造成的，不如说是由于这一活动不足造成的。人们，包括科学界人士，对于"科学是什么"这一基本问题至今并没有清晰的认识（有待于最高知识的学习），这才是争辩不休的真正原因。但争辩也不是坏事，正所谓真理越辩越明。

对批判主义的批判

——对波普尔证伪主义的证伪

英国当代哲学家波普尔的理论中最突出的一个概念是证伪——认为一切科学理论都是假说和猜测，都是可以被反驳、被推翻的，科学理论与非科学理论的分界标准不是可证实性，而是可反驳性和可证伪性。从这里出发，他（还有其他一些人）将哲学家分成两个集团：其一，证实主义者或论证主义者；其二，证伪主义者或可错主义者。他声称自己属于后一种——其实只有他才是最坚定、最彻底的证伪主义者（《科学知识进化论》）。

我十分欣赏波普尔的证伪主义，一直努力将其作为自己主要的分析方法，用于研究与创作中，但我不像波普尔那样将证伪主义看得那么高，而认为科学家最重要的任务是创新，其途径则是证伪与证实、演绎与归纳。

1. 波普尔证伪主义的主要观点

对于科学理论，波普尔认为："甚至像牛顿的万有引力理论和菲涅尔的光学理论这样得到充分证实的科学理论，也正如爱因斯坦所表明的那样，可以被推翻或者纠正。所以，即使是那些得到充分证实的科学理论终归还是一种假说、一种猜测。”“我认为，科学是由尝试性的、假设的、猜测的理论所组成，这是科学的基本原则。一切定律和理论本质上都是试探性、猜测性或假说性的，即使我们感到再也不能怀疑它。这意味着，任何理论不管曾获得何等成功，也不管曾经受过何等严格的检验，都是可以被推翻的。”

波普尔指出以下几类陈述不可能用任何方式证伪，因而属于非科学或伪科学：

第一，罗列全部可能事件的陈述和重言式陈述。如“明天这里将下雨或不下雨”，不能被证伪；“生物是有生命的物体”，是同义反复，也不能证伪。这些陈述是永真的，但没有信息，不是经验科学。

第二，数学真理。它同逻辑一样是永真的真理，不能被证伪，是非科学。

第三，“形而上学”。既不是逻辑的，也不是经验的，如传统的哲学问题——物质和意识关系问题的陈述，是非科学。

第四，伪科学。伪科学看来是在论述经验事实，实际上是无法证伪的模棱两可的陈述。占星术就是这样。占星术者“把自己的解释和预言都讲得相当含糊……使预言简直不会失败，这是典型的占卜者伎俩，使预言成为无从反驳。”

既然一切科学理论都不过是假说和猜测，也就是不确实的，或用波普尔的话来说，就是未有得到确认的，那么科学理论怎么样才能得到确认呢？波普尔认为需要通过检验。他提供了四条检验的路线：第一，在这些结论之间进行逻辑的比较，以此来检验系统的内部一致性。第二，考察理论的逻辑形式，目的是决定这理论是否具有经验理论或科学理论的性质。第三，同其他的理论进行比较，主要目的是判断这理论能否经受住我们的种种检验，是否构成科学上的进展。第四，通过从理论推导出的结论的经验应用来检验这理论。在这四条路线中，前三条都是从理论到理论，是思辨性的，只有最后一条才是与实践联系的。

因为从单称陈述推出的理论在逻辑上是不允许的，而且只要我们去寻找，差不多任何理论都很容易找到确证或证实，所以，他认为检验不是采用常用的归纳法去证实科学理论，科学理论是绝不可能完全证明或证实的。对任何一种理论的真正检验都是企图否认它或驳倒它，因此，可检验性就是可反驳性或可证伪性。“衡量一种理论的科学地位是它的可证伪性或可反驳性或可检验性。”科学理论与非科学理论的分界标准不是可证实性，而是可反驳性和可证伪性。只有那些具有可反驳性和可证伪性的理论才称得上是科学理论。一切真正的检验都是有意的反驳或证伪，反驳或证伪的失败，意味着理论的成功。理论只有成功地顶住反驳和证伪的压力，才算是为经验所确证或确认。

检验或证伪一种科学理论首先不是求助于别人，而是由这种理论的创立人自己进行检验或证伪，波普尔称之为科学的批判精神。他以爱因斯坦为例，指出爱因斯坦对他自己的理论不仅试图发现并指出它们的局限性，而且对自己所提出的每一个理论都试图找出他将在什么条件下把这一理论看作被实验所驳倒。即他试图从每个理论推导出可受未来实验检验的预测，他把这些实验看作是对他的理论的判决，如果他的理论被驳倒，他就放弃他所提出的理论。波普尔把弗洛伊德的精神分析学和阿德勒的个人心理学作为相反的例子，认为这两种学说都很容易在日常生活中得到大量证实，但因它们或是无从反驳的或是不可检验的、无法反驳的，没有任何可以想象得出的人类行为可以推翻它们，因此，这些学说事实上像原始神话而不像科学，它们更像占星术而不像天文学。

波普尔发现理论的检验牵涉到一个检验度的问题。一些理论比另一些理论更易于遭到实验的反驳，这就是那些精确度高的、大胆的和或然性少的理论。但我们可以使理论检验更精确、更严格、更易于检验，它们一旦通过这种检验，它们就会获得较高的可确证性或确认性。理论的可确证性或可确认性将随着其可检验性的提高而提高。但高确证度或高确认度或高度或然的理论不是科学家应追求的目标，科学家的目标是寻求解释，即寻求非或然理论。

科学的目的是寻求解释，寻求那种最可加以严格检验和已受过严格检验的解释。科学家之所以成为科学家并不是由于他占有知识和驳不倒的真理，而是由于他对真理的持续的、不顾一切的批判的探求。科学永远不去追求使答案成为终极的甚至是或然的虚幻目标。它总是向着无限的而又可达到的目标前进，不断地发现更深刻、更一般的新问题，不断地使试探性答案受到越来越新、越来越严密的检验。

由于科学不以高确证度或高确认度或高度或然的理论为目的，而以寻求解释和发现新问题、推动科学进步为目的，相应的方法也就不是归纳法，而是演绎法。归纳法是以有限的（不管数量多么大）观察和实验事实来证实具有普遍有效性的理论的方法，用这种方法得出的任何结论，结果可能总是假的。不管我们看到多少白天鹅，也不能得出所有的天鹅都是白的的结论。人们运用归纳法总会受时间、空间的限制，以众多单称陈述推论出严格的全称陈述是不可能的。“我们不能搜遍全世界，以求确定某种东西现在不存在、过去不存在、将来也不存在，正是由于这个缘故，严格的全称陈述是不能证实的。”所以，归纳原理是不可靠的。

要证明某一归纳现象，又需要一个更高层次的归纳原理。如此追溯，势必导致归纳论的无限倒退（循环）。因为归纳法那时就已经是科学的基本方法，被人们广泛接受和运用，波普尔不惜指称整个科学可能是错的，以坚持其反对归纳法的立场。

波普尔推崇演绎法，认为通过纯粹演绎推理，虽不能解决归纳法所面临的难题，理论也不能通过演绎产生，但从单称陈述之真论证全称陈述之伪是可能的。因为从全称陈述的逻辑形式，全称陈述不能从单称陈述中推导出来，但是能够和单称陈述相矛盾。例如，我们不能通过检验全世界的天鹅去确定天鹅是白色的，但可以通过一只黑色的天鹅去否定天鹅是白色的论断。这就使假说被证伪成为可能，科学的目的——不断用新问题代替老问题，用新假说代替旧假说，用新理论代替旧理论——就能实现。

在波普尔的理论中，他的基本论点与方法是一致的。坚持一切科学理论都不过是假说和猜测这个基本论点，就必定要反对归纳法；反对归纳法，就会得出一切科学理论都不过是假说和猜测这个结论，因为我们用以验证和证实理论一般采用的方法就是归纳法。

2. 对证伪主义的证伪

波普尔关于一切科学理论都是假设或猜测而都可以被反驳和推翻的说法，从辩证法的角度来说，有其正确的一面。唯物辩证法认为，世界是物质的，物质是不断运动变化的，根据宇宙大爆炸理论，物质本身都是从无到有、从简单到复杂地不断运动变化着的，而一切理论归根到底是对这个运动着的物质世界的客观描述和反映，不能是固定不变的，把它们看成是假设或猜测，是有一定的道理的，并为其改进留下了空间。更确切地说，世界上不存在绝对真理，只存在相对真理，相应地，不存在绝对正确、永远正确的理论，只存在相对正确的理论，连前面波普尔提到的数学和逻辑，也不是“永真的真理”，它们也是可以被反驳和推翻的。证伪精神或批判精神是应当肯定和发扬的。但在这里，第一个受到拷问的却不是其他理论，而是波普尔的证伪理论——证伪主义不能自我证伪。

波普尔所称的“一切定律和理论”当然包括他自己的理论，证伪主义可以被证伪，否则，它首先就不是波普尔所说的科学，而是非科学或伪科学。但在这里，我们立刻碰到一个问题，发现对证伪主义进行证伪是一个悖论：如果证伪主义能被证伪，它固然符合了波普尔所说的科学理论的条件，但它也就不再是证伪主义；如果证伪主义不能被证伪，它就不能被称为科学理论，而是非科学或伪科学理论。这使我们想到一直流传的“说谎者悖论”和“理发师悖论”。另一个问题是证伪论本身的矛盾。证伪论可说是波普尔最核心的理论，他的大部分文章和讲话都具有证伪即批判的精神。但我们不难看到，他对自己的理论一直停留在宣传形式上，缺乏深入而细致的研究分析。他虽然强调证伪，并推崇爱因斯坦对自己理论的证伪态度，但对自己的理论却缺乏这种自我批判精神，而把这个工作留给他人来做。像以下这些问题，就是证伪主义者需要回答的：

第一，检验者的权威性（理论是否具有可证伪的属性由谁确定）。一种理论被提出后，是否具有可证伪性，在这个问题上并不是很容易取得一致的，越是重大的、引起广泛关注的理论，越容易在这个问题上产生分歧，应该以谁的意见为准？更有许多理论包括一些获奖的理论和每年发表在科技刊物上的大量论文，一直没有人对它们进行认真的证伪，作者也不进行自我证伪，或者虽进行了评论但褒贬不一，如何确定其可证伪性以及是否科学理论？

第二，证伪的程度问题。一种理论是所有组成部分都要具有可证伪性呢还是只要部分（核心部分）具有证伪性就可以了？一种可证伪的理论是否要通过全部证伪，是否容许部分证伪成功，这最后一部分应占多大的比重？

第三，用于检验的理论的权威性。对理论进行检验又需要某种理论，既然所有的理论都是假说和猜测，我们有什么办法能断定一种理论比另一种理论好，从而用一种理论去反驳、推翻并取代另一种理论呢？

第四，理论经检验后的属性。一种理论经检验后，它属于科学理论还是非科学理论也是大成问题的。说它是非科学理论，它们原先却具有可反驳性和可证伪性，本是科学的理论；说它是科学理论，它却已通过了反驳和证伪，即不再具有可反驳性和可证伪性，成了非科学理论。所谓经过“确认”的理论，怎么保证以后始终正确，怎么保证没有人重新对它进行证伪或将它推翻?

以上这些问题，我们在波普尔的著作中都找不到答案，证伪主义的真实性和可操作性也就大打折扣。波普尔把证伪看得这么重要，以至把驳倒和推翻自己的理论看成是理论创立人首要的工作，称之为科学的批判精神，这是不恰当的。

爱因斯坦曾说：“一个人为自己的思想辩护，那也是重要的。”

不错，波普尔所指出的爱因斯坦的例子有一定的说服力。在这个特殊的例子中，爱因斯坦这样做和波普尔这样说都是对的。主要原因在于爱因斯坦所探讨的相对论、统一场论等，太过复杂而玄妙，而且在可预见的将来都难以用一般实验方法检验（检验也做过了一些，只是不够充分），它们的产生主要靠思辨和演绎推理，连爱因斯坦本人对自己的理论也缺乏充分的信心，因而要求自己同时要求他人来证伪。只要始终不能被证伪，假说将始终是假说。类似的例子还有宇宙大爆炸论、地球和人类起源假说、恐龙灭绝假说、外星人假说等。

波普尔企图不断用新问题代替老问题、用新假说代替旧假说、用新理论代替旧理论的想法是实现不了的。实际情况是旧问题不断产生新问题，旧假说不断产生新假说，旧理论不断产生新理论，而旧问题、旧假说、旧理论不一定就被解决或被取代。今天，我们看到，不仅哥白尼的日心说、牛顿力学、法拉第和麦克斯韦的电磁波理论、爱因斯坦的相对论等得到基本被确认的理论没有被别的理论所取代，亚里士多德的物理学、托勒密的地心说、马尔萨斯的人口论等被部分或大部分证伪的理论也没有被完全取代或推翻，他们理论中的合理部分仍被保存下来，连他们被证伪的部分都以反面教材的形式对科学的发展起促进作用。科学的发展并非像波普尔所描述的那样以批判和革命为主流，而是以继承、发扬、扬弃、批判与革命等各种形式混合进行的运动，更多的是在现有基础上渐进发现、发明与创新的工作，革命只是在渐进过程中条件具备时发生。波普尔关于牛顿理论被爱因斯坦理论所统一或取代之类的说法是不恰当的。两种理论分别运用于低速与高速空间中，都是相对真理，后者不能而且实际上没有统一或取代前者。爱因斯坦仅仅同意将相对论视为物理学进步的组成部分。

证伪或批判的态度比之证实或论证的态度无疑更具革命性，但如果运用不当，会对理论的发展起压制作用，尤其是对探索性的新理论。新理论在开始时往往是粗糙的，甚至有许多明显的缺陷，而且因为其新，往往不易为社会所接受。给它补充新的事实，对它进行积极的探讨与论证，就能让它尽快发展、成熟；相反，如果一开始就对它进行批判，很可能会把它压制下去，使新理论在较长时期内不能成长和发挥作用（“日心说”的经历就是一例），波普尔关于不断以新理论代替旧理论的设想也就不容易实现。

尽管我们可以从追求绝对真理的角度赞同波普尔关于一切科学理论都是假说和猜测这一说法，但我们还可以从我们实际获得的只是相对真理这一角度把目前大多数已经通过实践和实验检验过的理论看作科学理论，看作人类已获得的真理。可以相信，人们并不会因此而像波普尔所担心的那样停止追求真理。现在大部分人对现有的计算机理论并不持批判态度，并不准备去推翻它，而是把它看作相对真理，按它的程序进行操作，这并没有妨碍人们对它进行改进并不断推出更新的理论，计算机也在不断升级换代，就是一例。证伪主义者实际上是连相对真理也不承认其存在，走到怀疑一切、否定一切这个极端，表面看很激进、很革命，实际是无视科学发展主要靠渐进与积累的形式，阻碍了科学革命的进程。

在波普尔的论证中，有一种现象引起我们的思考，就是他喜欢以物体的颜色为例证，如“天鹅是白的”、“雪是白的”、“草是红的”等，这与他极端坚持反归纳法的立场有关。由于坚持演绎法而反对归纳法，他必然反对用实例去证实理论，所以在他的理论中很少见到实例。

我们知道，以颜色特别是动物的颜色作例证是没有什么意义的，也是很缺乏说服力的。以在他的著作中出现次数较多的“天鹅是白色的”论述来说，这的确是谁也无法证明的。任何人都不能观察到全世界的天鹅，即使能够，他也只能观察到现存的天鹅，而不能观察到过去曾经存在过和今后将出现的所有的天鹅。实际上，谁也不会见了一些白天鹅就会得出所有天鹅都是白色的结论。就算以前有人说过这个话，谁又会把它看成是一种通过归纳法产生的科学理论呢？用演绎法分析，白天鹅一词并不是种的描述词，而是类的描述词。白是形容词，代表一种颜色，是与黑、红等相对的一种颜色。当我们提到白天鹅的时候，黑天鹅或其他颜色的天鹅的存在是不言而喻的，就像我们从肤色谈论人一样。要是我们已经肯定世界所有的天鹅都是白的，那么天鹅就是天鹅，没有必要称天鹅为白天鹅。再说，从颜色区别物体是很不可靠的，因为任何物体的颜色是很不纯粹的，大多是混合的，白光就不是纯粹的，它由多种颜色的光组成。真正的白天鹅也不是全身纯白的。所谓白天鹅实际是指其羽毛大部分是白色的，它的表皮、眼睛、嘴壳、脚蹼等处和少数羽毛就不一定是白的。颜色属于不能定义、非常含糊的现象之一。谁也无法说清什么是红色，什么是绿色。也没有纯粹的白色或黑色，白中有黑，黑中有白，白与黑之间还有一个无限的过渡系列，通常称为灰色度。一个物体是白色的、灰色的还是黑色的，在许多场合下并不是一目了然的，往往要凭人的感觉而定，因人而异。颜色还受照射在物体上的光线和对个人视神经作用的影响，在色光照射下，物体的本色被改变或被掩盖，在黑暗中，我们看不到物体，更无法分辨颜色，视神经异常的人也看不到事物的本色。像天鹅是白的一类陈述显然属于波普尔所说的非科学，我们怎能以此为基础论述科学问题呢?!

波普尔推崇演绎法而反对归纳法显然是一种片面性，他仅看到并强调两种方法对立的一面，而看不到两者联系的一面。拒绝归纳法的人往往否认事物的因果联系，即不承认一种运动是另一种运动的原因，一种事物及其运动不能从其他事物及其运动中得到解释，不承认事物之间的相互联系，把事物及其运动看成是孤立的现象，我们也就失掉了认识世界的一个重要手段。对此，恩格斯指出：“归纳和演绎，正如分析和综合一样，是必然相互联系着的。不应当牺牲一个而把另一个捧到天上去，应当把每一个都用到该用的地方，而要做到这一点，就只有注意它们的相互联系、它们的相互补充。”“在一切否认因果性的人看来，任何自然规律都是假说，连用三棱镜的光谱得到的天体的化学分析也同样是假说。那些停留在这里的人的思维是何等浅薄呵！”（《自然辩证法》）

其实，方法只是人们实现自己目的的手段，方法是否有成效在很大程度上决定于运用方法的人。人的思想及其预定的目的是最重要的，人要达到他的目的往往需要确定一种主要的方法，但并不因此而排斥其他用得着的方法，必要时，会多种方法并用。古希腊人创造并运用演绎法，培根及其后的欧洲人主要运用归纳法，他们都取得成功。我们进行科学活动的目的既然是寻求真理，我们就不应拒绝各种有用的方法，尽管每种方法都可能有各自的缺陷。它们之间的关系不是对立的，而是互补的。我们如果追求的是绝对真理，那可以说演绎法与归纳法以至所有其他方法都是不完善的；但如果我们普遍追求的只是相对真理，那么归纳法与演绎法都是不可缺少的。事实上，我们所能做的只是后者——求得相对真理。

3. 新的标准：生命力论

显然，确定理论的科学性，采用波普尔的方法是十分困难的，实际上，从社会的角度说，如果没有特殊的需要，如对研究成果进行价值评估和评奖之类，以及正常的学术交流和辩论，对于大多数公开发表的理论，我认为并不需要特意考虑分界定性问题，科学体系本身即有优胜劣汰的机制。如果一定要考虑这个问题，完全可以用以下更简易、更有效的方法。

确定理论的科学性，代替波普尔证伪主义立场和方法，我认为可以采用生命力论。具体表现在以下 3 个方面：活力；寿命；“生殖”能力，即创新性。

科学理论必定具有强大的活力，它将持续在理论界和人类的社会实践中起作用，它本身也会在这个过程中不断发展，它的基本观点和方法会被广泛接受、引用，成为人们行动的指南。科学理论必定是长寿的，甚至是不死的，它将永远存在人类文明建设过程中——以独立的形式但更多时候是以和其他理论结合的形式存在。科学理论具有旺盛的“生殖”能力，即它能促使新理论的产生——这里用得着亚里士多德在《形而上学》中的一句话：“凡能使其他事物产生真实后果者，其自身必最为真实。”典型的例子是欧几里得几何学（可能波普尔认为它是非科学，但它是可以部分证伪的呀，例如它的第五公设），它的寿命延续至今长达 2 000 多年，而且将继续延续下去；它一直对全世界人民的思想与行为起积极作用，是全部数学的一块稳固的基石；它还直接和间接地促成了非欧几何学及另一些数学分支的产生。类似的还有哥白尼的日心说、牛顿力学、由古希腊哲人最先提出由道尔顿具体设计的原子论、法拉第与麦克斯韦创立的电磁理论、卡诺等人创立的能量转化与守恒理论、达尔文的进化论、爱因斯坦的相对论等。

非科学与伪科学理论则是另一种情况，它们也许能让人蒙蔽一时，但不久就会暴露虚假的真面目，为社会所冷落、遗弃，走向死亡，即使偶然被人提起，也只是作为一种反面教材，自然就谈不到什么活力与生殖力，曾经一度流行的地心说、燃素说、目的论、活力论、颅相学、永动机等即是。

采用生命力论，前面所列的问题即可得到较好的解决。如问：一种理论是不是科学理论谁说了算？答：同行、爱好者及群众。问：哪些是科学理论？答：能长期保存下来并持续发挥作用的理论。哪些是非科学或伪科学理论？答：受批判、被淘汰、被遗忘的理论。这样，要确定理论的科学性，我们就不再依赖少数可疑的专家去证伪，而改为依赖广大群众的理智判断和选择。这种做法的依据是：科学理论必定是反映事物真相的相对真理，具有逻辑性、无矛盾性，并显示出自然美。美好的事物必定受群众欢迎，有长久的寿命，并能产生更多美好的事物；非科学或伪科学理论则缺乏这些特性，是虚假的、丑陋的东西，迟早必定会受群众抛弃。应当肯定的是，群众并不缺乏辨美丑、辨善恶、辨真伪的能力。

这不能理解为依靠民意去决定科学命运。上面所提的群众自然包括科学家，科学家必定是科学活动中站在第一线的人物，科学理论的提出和评价首先必定通过科学家、然后才是通过一般群众进行的，群众对科学的态度往往由科学家所引导。但要知道，一般群众与科学家的界线绝非清晰的，他们的差距并非人们想象的那么大，不能把群众想象成对科学一无所知，科学家的唯一来源是群众，科学家即使在自己的特定领域也非事事正确而不会出错的，所以我们最终可以将理论的科学性放心地交由群众去确定。

还需要指出的一点是，科学本身具有自净化的机制，没有非科学与伪科学长期藏身之地。如波普尔所指出的："科学本质上是批判的，是由受控于批判的大胆猜测所组成的，因而也可以说科学是革命的。"（《科学知识进化论》）在科学界，一直有数量越来越多的科学家在前人的基础上进行探索与创新——科学家是典型的"喜新厌旧"的群体，他们的探索活动就是一种不断的"助优汰劣"的活动，不必刻意地进行证伪。试想，当人们明白氧气的助燃性质后，谁还会相信"燃素说"？当人们目睹伽利略从比萨斜塔上抛出的一大一小两个铁球同时触地，谁还会相信亚里士多德关于重物体比轻物体下落快的论断？科学的这种特性最终由群众对科学理论的态度表现出来。

这种情况在其他领域也同样存在，如在文艺领域，优秀的文学、戏剧、音乐、美术作品长期流传，影响着一代一代人，而粗劣平庸的作品很快被淘汰、被遗忘，无需专门的机构去确定作品的优劣去留。

从这个角度看，波普尔说"科学本质上是批判的"说法并不恰当，应当说，科学本质是创造的，它的任务主要也是创造而非批判。科学家应当将主要精力用于创造，而不必理会非科学和伪科学，别人爱干什么就干什么，把自己的工作做好就可以了。要相信，金子必定胜于银子，真理必定胜于谬误，你若给社会提供的是金子和真理，必定会受到群众赏识，那些银子、谬误，将不攻自破、不打自退，文艺创作也是如此。批判相对容易，创造困难得多、也重要得多，科学家、艺术家和其他有能力的人，都要将自己的能力发挥在创造上，将批判放在次要地位。

生命力论与证伪主义具有共同的目标：创新，促进新的科学理论的产生，推动科学进步。但两者在选择通向目标的途径上却有巨大差异：后者要在证伪、推翻现有理论的基础上创新，“破”字当头，把科学的任务定格在证伪与批判上；前者却在继承、发展现有理论的基础上创新，把科学的任务确定在创新上，“立”字当头，通过创新促使旧理论部分或全部自然淘汰。前者的道理清晰易懂：光明到来，黑暗自行退让；美好的事物一经产生，丑陋的事物也就相形见绌，无地自容，遭人抛弃——假若丑陋仍然存在，那是因为美好事物并非真正美好或人们鉴赏能力低下，暂时没有得到赏识之故，但最终胜利必定属于美好的一方。

4. 结　语

波普尔所说的证伪就是批判，主张用批判的方法而不是用证实的方法去检验理论的真伪，无疑是更为革命的做法，这种做法有助于消除科学理论中的虚假成分，辨认和消除伪科学，使科学发展建立在稳固的基础之上，证伪或批判精神应当肯定和发扬。当代哲学和科学的主要理论由西方人创立，作为一个西方人，波普尔不把自己老祖宗的遗产视作绝对真理，大事张扬、大加赞美、引以为荣，反而将其全部视为假说和猜测，催促人们去批判和推翻它们，这种襟怀令人敬佩，尤其值得东方人学习。波普尔的证伪理论充分地体现了西方文化中的批判精神（不断革命的精神），这是西方哲学和科学得以持续发展的内在动力。正是在这种精神的激励下，连我这样在学术上尚未有多少建树的人，也敢于对证伪理论进行证伪，使证伪方法得到最充分的运用，从而显示了其批判精神的可贵。

然而，对波普尔的证伪理论我们也不必评价过高。这个原因是：虽则他的理论由于具有可证伪性而成为科学理论，但却未能通过我在这里进行的和这之前不少人进行过的证伪或检验，未能得到很好的确认。在此，我觉得很难同意他一种“常有理”式的说法：“应当把每一次反驳看成是巨大的成功，不仅是反驳这一理论的科学家的成功，而且也是创造这一被反驳的理论的科学家……的成功。”（《科学知识进化论》）

波普尔证伪主义的实质不仅是对科学全面的批判，而且是从形式上对科学全面的否定，他的全部理论可以用恩格斯提到的“浅薄”一词来概括。英国人曾经为产生波普尔而自豪，为他的高谈阔论而鼓掌，白金汉宫授予他“爵士”（1965 年）和“勋爵”（1982 年）的头衔，但很快人们就为自己对他的追捧而脸红。“觉今是而昨非”，作为一种矫正，在波普尔死后不到 10 年，英国人就将他的理论从显眼之处撤换下来，将他用过的办公室并没有像原计划那样被改建为“波普尔纪念馆”，而是改变成了一个厕所。2000 年，美国人将他名噪一时的作品《开放社会及其敌人》评定为 50 本 20 世纪最糟糕的书之一，英国人也默不作声，听任自己的明星受人“肆意诋毁”。究其原因，英国人可能发现，他的“证伪主义”从根本上说，是个低级错误。

论系统的开放与封闭两重性

二战前后，美籍奥地利生物学家贝塔朗菲在一系列论文、专著、讲演中，提出了一般系统论的概念和理论。这一理论与同年由申农及维纳分别提出的信息论和控制论一起构成战后第一组以学科综合和横向联系为特色的新兴学科群。它促进了学科的横向联系和横向突破，促成了更多新学科的创建，开阔了人们的视野，促进了战后世界科技与生产力发展的步伐，功莫大焉。

然而，令人困惑的是，贝塔朗菲及其支持者的理论基石之一是将系统截然地划分为开放系统和封闭系统，而现实中却根本不存在封闭系统，相应地也就不存在作为其对立面的开放系统。这不能不被认为是系统理论的危机。为解答这一令人困惑的问题，我们认为对系统理论作一番由表及里的再探讨是必要的。

1. 贝塔朗菲和普利高津的理论及其缺陷

贝塔朗菲首次提出一般系统论的概念是在 1937 年，战后他到美国更为努力地宣讲系统论。1968 年，他归纳整理了战后系统方法应用在各方面所取得的实践成效和其他人在这一领域上的研究成果，写出了在我国流传甚广、影响甚大的专著《一般系统论》，对系统的概念、原理、方法作了历史的、经典性的论述。

在这部专著中，贝塔朗菲将系统定义为“有相互作用的元素的综合体”，“有相互关系的元素的集合”等，并将是否与环境交换物质（即是否有物质的“输入/输出”）作为划分“开放系统/封闭系统”的标准。与环境进行物质交换的系统是开放系统，不进行物质交换的是封闭系统。他进一步指出，开放系统在某些条件下能达到一种独立于时间的稳定状态，这种状态与真正的平衡态保持一段距离，有突出的调节特性，因此可以做功，并可以“主动地”趋向高度有组织状态。封闭系统由于与环境没有交换，运动局限于内部，在热力学第二定律作用下，最终必定达到由最大熵与最小自由能量决定的独立于时间的化学与热力学的平衡状态。在这种状态中，系统不需要维持自身的功，也不能做功，从基本反应获得并由基本反应使用的功的代数和为零。贝塔朗菲指出，普通物理、化学研究的是封闭系统，生物、社会等则是典型的开放系统。系统论主要研究对象是开放系统。

耗散结构理论的创始人、1977 年诺贝尔化学奖得主、比利时科学家普利高津从物质和能量相分离的角度提出了“三分法”：第一类孤立系统，它与环境既无物质又无能量交换；第二类封闭系统，它与环境无物质交换，但有能量交换；第三类开放系统，它与环境自由地交换物质和能量。普利高津根据热力学第二定律和克劳修斯熵方程 $dS>0$ 而建立了系统熵方程：

$$dS = deS + diS$$

其中：S 为系统；dS 为系统总熵；deS 为从环境输入的熵流，它可正可负；diS 是系统内部产生的熵，它恒为正。

从上式可演化出三类系统总熵表达式：

孤立系统中，$dS>0$，$deS=0$。

封闭系统中，$dS>0$，$deS>0$。

开放系统中，$dS<0$，$deS<0$，$|deS|>diS$。

平衡态是指，封闭系统 $deS>0$，而 diS 又恒为正，$dS=deS+diS$，趋向极大值的状态。在这状态中，由于熵已达极大值，不能再增加，而任何减少熵数值的变动也不可能在这类系统（孤立系统与封闭系统）中实现。所以，系统的状态就不再随时间变化，停留在平衡态中。非平衡态则是指系统处于熵变化过程中，尚未达到或远离极大值时的状态。普利高津声称耗散结构是建立在远离平衡态之上的。

很显然，这里的孤立系统只是封闭系统的一个特例，远离平衡态就是开放状态，普利高津的三分法与贝塔朗菲的二分法并无实质性的差异。此外，我们根据爱因斯坦质能互变理论及其公式 $E=MC^2$，即可断定封闭系统的定义以贝塔朗菲所提出的更为恰当，即封闭系统是与环境没有任何物质交换的系统，只有能量交换。但做出这个判定所依据的只是贝塔朗菲的理论没有出现普利高津理论中将物质与能量截然分离的错误，或者说贝塔朗菲聪明地回避了这个错误，相比之下更为可取，不等于说贝塔朗菲的提法是没有争议的。在理论界，对贝塔朗菲从而也对普利高津的理论产生疑问以至异议的大有人在——我也算其中之一。

对一切理论持普遍批判态度的英国哲学家波普尔在他的《思想自述》中把上述现象归结为早已开始的“主观主义侵入物理学，尤其是侵入关于时间和熵的理论”。他针对当时推行这一理论的奥地利物理学家波尔茨曼关于封闭系统在“时间箭头”中呈现越来越可几即越来越无序的观点指出：“波尔兹曼的特设性假说还在相当大程度上破坏了它打算保全的物理学理论。因为，他那伟大的大胆尝试即从力学和统计学的假设推导出熵增加定律完全失败了。对他的客观时间（即他的无方向的时间）来说，这假说失败了，因为每当客观时间增加，熵就减少。对他的主观时间（带一个箭头的时间）来说，它也失败了，因为在此只有一个幻觉使熵增加，而没有运动学的、动力学的、统计学的或力学的证明能确立这一事实。”

1987 年，中国学者沈骊天在他的一本专著中指出，由普利高津创造并为贝塔朗菲引用的系统总熵公式，由于 diS 恒为正，系统熵减和有序度的增加就完全依赖于 deS（即外界环境的输入），因而完全否定了系统自组织、自调节的作用，否定了系统进化发展的决定因素在内部的辩证法原则，实际上否定了耗散结构“系统内部非平衡是有序之源”的基本思想。要维护这一思想，就要放弃内熵流恒为正（$diS>0$）的观点，这又必定导致违反热力学第二定律的后果。耗散结构及相近的协同论等理论有重大缺陷，甚至难以自圆其说。

对此，我们要补充的是，按照系统理论，系统、环境和要素都是相对的概念，环境是更高层次、更大范围的系统，要素是较低层次范围较小的系统。在前一种情况下，原先环境中的系统就成了大系统中的要素；在后一种情况下，原先的系统就是下级系统的环境。因此，在我们生活的世界中，适用于它们三者中任何一者的原则将适用于其余二者，不适用于三者中任何一者中的原则将不适用于其余二者。联系到我们现在的讨论题，宣称系统内熵流恒为正，也就等于说环境和要素的内熵流也恒为正，这样一来，世界上就不会有什么起积极作用的外熵流存在。或曰外熵流即高一层次系统（即环境）的内熵流，它可正可负。这是说得过去的。但这一来，内熵流恒为正的说法就会不攻自破了。

普利高津方程组也是令人费解的。撇开与外界毫无联系的孤立系统不说，外界对封闭系统输入的是熵（$deS>0$），而对开放系统输入的却是负熵（$deS<0$，负熵说法不妥，暂沿用），这有什么必然性和依据呢？既然所有系统的内熵流恒为正（$diS>0$），而且处在同一环境中，系统与环境都不可能有这种选择。这与外熵流对所有系统可正可负的说法也有矛盾。普利高津做这样的假设只能认为是遵循机械论与热力学第二定律所必然。但这与辩证法的基本思想相矛盾。

贝塔朗菲还说过："任何整体都是以它的要素之间的竞争为基础的，而且以'部分之间的斗争'（罗克斯语）为先决条件。部分之间的竞争，是简单的物理—化学系统以及生命有机体和社会体中的一般组织原理，归根到底，是实在所呈现的对立物的一致这个命题的一种表达方式。"这就是说，系统是对立物的统一，系统内部的斗争是普遍的、永恒的，贝塔朗菲在这里实际上否定了孤立系统与封闭系统的存在。

显然，这一矛盾靠系统理论自身是无法解决的。其原因在于，这一矛盾的产生有深刻的文化背景。系统论是西方文化的产物，是西方文化中起骨干作用的机械论的产物。机械论解决问题有孤立和绝对的特点，二中择一的方法是机械论解决问题的重要方法，这既是它的长处，又是它的缺点。系统论的主要原理和方法就是将本来普遍联系的事物从环境中人为地隔绝开来，组成系统，再从整体、相关的角度去观察问题，解决问题的。贝塔朗菲在书中就把隔间理论列作一般系统论的内容之一。二元关系是系统相关关系集中最基本的关系，二中择一的方式也是贝塔朗菲解决问题使用的方式。这些做法与机械论的要求基本上是一致的。尽管贝塔朗菲看出了机械论的缺陷，创造系统论的原意就是要以之对抗机械论，但他的目的并没有达到，他自己就没能从思想上摆脱机械论的影响。解决这一矛盾还得运用辩证法。

根据辩证法，世界上的事物是普遍联系的。不但事物（即系统）之间是相互联系的，环境、系统和要素是相互联系的，而且物质与能量也是互相联系的。不存在无物之能，也不存在无能之物，物质与能量在一定条件下还可以相互转化。内因是事物即系统变化的依据，外因是事物即系统变化的条件，内因是事物变化的主导方面。另外，"辩证法不知道什么绝对分明的和固定不变的界限，不知道什么无条件的普遍有效的'非此即彼'"（《自然辩证法》）！从辩证法的观点看，系统因是否与环境有物质交换而截然地被划分成开放/封闭系统，封闭系统只有单向的、不可逆的熵增运动存在，所有系统的内熵流恒为正，系统内完全不可能有熵减运动存在，都是不可理解的。据此，我们从辩证法的角度可以肯定地说，世界上既不存在和环境分隔开来的封闭系统，又不存在与自然界毫无联系的孤立系统，作为其对立面的开放系统的概念也就不能成立。建立在这个分类基础上的系统理论的基础因而是不牢靠的。

沈骊天在他的专著中进一步明确指出：热力学第二定律并不是自然界的普遍规律，它是有局限性的，这是问题产生之关键所在。我们要不想在这个问题上搞折中，就应该赞同他的这一观点。沈骊天这样说并非别出心裁，对热力学第二定律的争论由来已久，100 多年前海克尔就明确表示它是错误的，违反“实体定律”。在机械系统中还说得过去，对无限的宇宙就完全不适用。机械系统是典型的封闭系统，是热力学第二定律的稳固的阵地，现在否定了一切封闭系统甚至开放系统，也就摧毁了它的立足之地，从根本上动摇了这条定律。

2. 所有的系统都有开闭两重性

从系统与环境的关系来说，所有的系统都既有开放性又有封闭性这两重性。

所有的系统都经历生成、生长、成熟和衰亡这么个生命过程。系统整个生命过程都在环境中进行，生于斯，长于斯，亡于斯，时刻不能脱离环境，与环境进行物质能量的交换是必然的、无可避免的，否则系统就既不能生成，又无所谓发展，一切系统都必定是环境的产物。

系统任何时候都不能脱离环境，必定与环境进行物质和能量的交换，这就是系统的开放性。我们甚至可以肯定地说，凡是存在运动和运动过程，或者说，凡是有寿命的系统（有什么系统能例外吗），都是环境的产物，必定与外界有物质和能量的交换，都具有开放性。任何系统，只有具有开放性，才符合“有相互作用的元素的综合体”的系统定义。

同时，并非所有输入都是负熵，外界环境中质能输入到特定的系统中，对该系统的发展可能产生积极作用，也可能产生消极作用。这种情况的发生不仅与环境输入的性质有关，也与系统当时的状况有关。即使那些在性质上对系统确定无疑是有益的输入，但如果不是系统当时必需的或在量上失控，也会成为系统无益甚至有害的因素。为了自身的生存和发展，系统需要有能够控制物质、能量输入或输出的机制和边界——物质的、动力学的或观念上的边界，作为一个可观察、可识别的实体，系统也必定存在某种边界。有控制机制和边界，能对与环境进行的物质和能量的交换实施控制，这就是系统的封闭性。

只有同时具备这两条，即既能与环境进行物质、能量的交换，又能控制这种交换，既有开放性又有封闭性的“相互作用的元素的综合体”，才算是系统。除了无限的宇宙、无物（这个说法目前有争议）因而无法识别的虚空和人类尚未认识或无法认识的领域外，世界上一般事物都具备这两个条件，都可以成为系统。

所有系统都具有开放和封闭这两重性，但每一系统的开闭程度却因其性质和所处生命周期的阶段不同而不同。需要不断输入或输出物质和能量的或处于这种状态的系统，如市场、生物、太阳等，以开放性为主，封闭性为次；稳定地贮藏着物质和能量的系统，如军队、原子、黑洞等，则以封闭性为主，开放性为次。另外，系统在生成和生长阶段，往往显现较高程度的开放性、较低程度的封闭性，在成熟阶段则开闭程度大致相等，而当系统一旦进入衰亡阶段，封闭性逐渐增强，开放性则逐渐减弱。

系统开闭程度还受环境状况的影响。在温度高和密度大的空间中，即在开放程度高的空间中，系统与环境相互作用强，系统的内部活力受到激发，内部交换增加，内部与环境的交换增加，开放程度将会提高；相反，在低温和密度小的空间中，即在开放程度低的空间中，系统与环境相互作用弱，系统处于抑制状态，内部交换减少，内部与环境的交换减少，开放程度下降，封闭程度将会增强。一些动物在寒冷季节冬眠和大多数植物在温暖季节开花就是这方面的例子。

由此可见，系统的开放性和封闭性有很高程度的相对性，同一系统它的开闭程度并非固定不变的，而是在内外各种因素的影响下，经常在变动的。忽略系统生命周期的阶段性和变动不已的环境对系统的影响，单纯着眼于系统目前的性质和状态，把一些目前呈现较高程度的封闭性的系统称作封闭系统或孤立系统，而把另一些目前呈现较高程度的开放性的系统称作开放系统，都是片面的。

开放性是系统存在和发展的前提。由于系统具有开放性，系统才能从环境中获得它生存和发展所需的物质、能量、信息，并向环境输出它加工过的或不再需要的物质、能量、信息，即产品、消息、废物等。

封闭性是系统存在和发展的基础。由于有了封闭性，系统才能对内部与环境进行的交换过程进行控制，促进那些有利于自身生存和发展的交换进行，限制那些不利于自身生存和发展的交换。也由于有了封闭性，系统才能在运动过程中保持自身基本特性稳定不变。开放性和封闭性都是系统存在和发展所必需的，缺一不可。

系统的开放性，除了上面所谈论的系统与环境的交换外，还应包括系统作为整体与系统内各要素之间以及各要素相互之间的交换。我们称前者为系统外部的开放性，后者为系统内部的开放性。系统内部的开放性表现为在系统内部对已输入系统的物质、能量、信息的传递、吸收、加工、贮存，以及要素之间相互补充、相互影响等运动。内部的开放性使系统内各要素获得生存和发展所需的物质、能量和信息，使这些资源能获得最合理的分布、最有效的利用，使各要素的运动得到协调，从而保证了系统的正常运转。

类似地，系统除了具有外部的封闭性外，还具有内部的封闭性。它表现为各要素对在系统内流动的物质、能量、信息有选择的吸收，对其加工的分工，对不利于自身发展的物质、能量、信息的鉴别、排斥和清除等行为。内部的封闭性是系统内各要素得以健康发展和相对独立发挥功能的保证。

系统内部状态与外部环境的变化是相适应的。环境变得更开放，环境对系统的影响增加，系统会变得更开放，这样它就能从环境中获得更多的物质与能量。环境的封闭性加强，系统与环境的交换减少，系统的封闭性也会相应增强。这种影响是相互的，系统对环境也不是完全被动的，系统同样可以以自己内部的变化对环境产生作用，使环境变得更开放或更封闭。

我们的这种发挥是以前面谈到的系统的相对性和层次性为基础的。对于低一层次的系统来说，这儿所称的内部开放性和封闭性就是它们的外部开放性和封闭性。根据同样的道理，这儿所称的系统外部开放性和封闭性，对于高一层次的系统来说，就是它们的内部开放性和封闭性。以此类推，世界上一切系统（事物）无不具有开闭两重性。这种划分对于各种层次和各种性质的系统都是适用的。引申开来，我们可以说，在无论哪一个层次的系统上行得通的原则，在其他层次的系统上一般也适用；反之，在无论哪一层次的系统上行不通的原则，在其他层次的系统上也将不适用。这可算是给一般系统论中“一般”一词所作的注释。

3. 新的视界，新的思路

系统具有开闭两重性的观点给我们提供了观察和分析问题的一个新视界，使我们对一些棘手的问题获得了解题的新思路，为其彻底解决创造了条件。

让我们就来试试从这个新的视界去探讨更早的更为典型的克劳修斯设计的封闭系统。他的理论的焦点是将整个宇宙设想成封闭系统，并根据热力学第二定律，即热总是不可逆地从高温处流向低温处，指出由于所有天体的热不断流向低温的空间，总有一天宇宙空间热量分布均匀化，温度处处相等，宇宙进入热死状态。

显然，克劳修斯设想的宇宙是个内部开放外部封闭的系统。系统内部必须是开放的，这样，高温天体不断输出能量，而低温天体和空间不断吸收能量，即存在系统内部物质与能量的交换，宇宙的温度才能均匀化。但系统“对外”又必须是封闭的，否则增熵以至熵极大的过程就无法完成。然而，从新的视界看，一个不可回避的问题是：假如宇宙是一个封闭系统，它是否有边界？如果有边界，则所有的边界都意味着差异，边界起码是两种有差异的状态的分界线，边界永远意味着不平衡，即使系统内部达到平衡态，消除平衡状态的物质和能量的流动也必定会在边界发生，从热力学第二定律的角度来看，这个说法也是确定无疑的。因此，封闭的边界必定会受到干扰而最终被打破，封闭的宇宙是不可能存在的。如果没有边界，则宇宙不可能封闭，而只能是开放的。这样，由于宇宙是无限的，即使熵增过程有可能在宇宙进行，实现平衡态也将是个无限的过程，因而是不可能有最终结果的过程。

于是，我们就可以说，宇宙无论有界还是无界，封闭还是开放，还是两种情况相继发生或同时存在，热死状态都不可能形成。我们还应看到，所有系统都是有边界的，边界是系统的一个条件，无边界就无系统，宇宙不能构成系统。

对于宇宙运动，当代宇宙大爆炸理论描述了一幅新的图画：目前我们生活在其中的宇宙由大爆炸产生。大爆炸理论没有明确指出宇宙是开放（无休止地膨胀下去）的还是封闭（膨胀过后会收缩）的，但它已明确指出宇宙像其他有机体一样，是有生命的。宇宙有诞生的时刻（奇点）。如果宇宙是封闭的，就还有死亡的时候（黑洞）——或者说是准备新生的时刻。按照大爆炸理论，宇宙如果是开放的，热死状态不能发生，即使是封闭的，这种状态也不可能发生。在后一种状态下，宇宙既然存在周期性的膨胀与收缩运动，即存在热向冷空间的扩展运动，也存在冷向热点的收缩运动，热力学第二定律不再适用（在“奇点”，所有定律失效），克劳修斯设想的宇宙死寂状态就不可能发生。

进一步分析，我们还会得出所有封闭系统都有内部的开放性，从而最终否定封闭系统的结论。对宇宙进行的任何设计都是极其抽象的工作，因为人类对宇宙的认识极其有限，我们应更多地着眼于我们生活其中的现实世界。现实世界的封闭系统，按照克劳修斯的理论，熵增是个过程，在许多系统中是十分缓慢的过程。这个过程——系统从低熵向高熵直至熵极大的过程——的完成，是环境输入的作用（$deS>0$），但更主要、更持久的因素则来自系统内部——内熵流恒为正，封闭系统自动增熵。这说明封闭系统内部要素之间也有物质、能量的流动（尽管这种流动的后果被认为是消极的），即系统存在内部的开放性。如果封闭系统内部各要素也是封闭的，相互之间没有任何联系，它就没有任何理由发生变化——不论是积极的变化还是消极的变化。可是这一来，不仅低层次的系统（原先系统的要素）是开放的，而且低层次的环境（原先的系统）也是开放的，是自动增熵意义上的开放。再往下看去，所有的系统也就全部成了开放系统，再也见不到什么封闭系统了。换个角度，往上观察也将出现这种情景。结论是，封闭系统或对外封闭内部却是开放的系统在现实中是不可能存在的。

不少熟悉唯物辩证法的中国学者对克劳修斯等人上述观点中的矛盾早有觉察，他们在提到封闭系统时往往加上“相对的”脚注，却没有想到这样做于事无补。这是因为：第一，这绝非克劳修斯等人的原意。在他们的著作中，我们看不到“相对封闭”一类灵活的说法，只看到封闭系统是“与其环境隔绝的系统”一类绝对的说法。第二，这与他们的理论和计算公式不相容，因而不能看做是对他们理论的阐释，说是中国学者唯物辩证法的运用倒更为恰当。第三，根据克劳修斯等人的理论，系统论中的“开/闭”与电学中的“开/关”具有相同的内涵，都属于二中择一绝对对立的状态，没有“半开”、“半关”一类中间状态存在的余地——于此我们也可看出机械论在他们理论当中有重要的地位。如果容许相对性存在，系统理论将立刻碰到开、闭系统划分的定量标准难题：开或闭的程度多大才算开放系统或封闭系统？

克劳修斯等的理论恍如一个孤立的而且绝对地封闭的大气球，只要碰上“相对性”的针尖，立即会爆炸。

普利高津和贝塔朗菲等人提出的生物系统是开放系统的观点是否正确呢？我认为也是不正确的。如果我们因为生物系统要维持所谓“稳态”而需不停地与环境进行物质和能量的交换，就把它们称作开放系统，那么我们同样会因为生物都有保护内部器官的完善的表皮、恒定不变代代相传的遗传基因、对外界输入的严格的选择和控制能力以及对环境有限的适应能力等，即因生物系统有严密的边界和强大的自我控制能力，而把它们列入封闭系统。生物系统由于经历了漫长的进化期，大都结构复杂而又合理，有序程度高，自适应自调节能力强，并能通过学习而使自身各种能力得到或多或少的发挥。但如因此就说生物系统将永远进化而不会倒退，永远远离平衡态而不会接近平衡态，这就等于说只要是生物就将永远有生命、永远不会死，那样违反常理，除非我们把早已消亡、化入土中的生物也认为是生物系统的开放和远离平衡态的状态

——但不要忘记，在后一种情况下，原来有生命的系统已不复存在。

系统理论一个总倾向是：肯定开放系统，否定封闭系统，进而肯定系统的开放性，否定系统的封闭性。系统封闭会导致熵增、无序，因而要促使系统开放、远离平衡态，而且似乎越开放、越远离平衡态越好。自然界和社会生活大量事实告诉我们，这种观点在现实生活中不具有普遍性。试想，原子、分子如不保持相对封闭状态，原子分子本身以及人类和其他事物能存在吗？而一个社会或一个家庭，如果只强调开放，没有相应的封闭措施，人员、物资、信息自由流动，这个社会或家庭能够长期存在下去吗？癌、大火、蝗虫群、被引爆的炸弹、侵略军都是明显的开放系统，能给予肯定吗？

从新的视界，系统总熵公式被做了根本性的改造。由于系统与环境始终存在交换，外熵流为零（$deS=0$）的状态被排除，内熵流与外熵流一样，被赋予可正可负的性质，从而从根本上消除了划分孤立系统、封闭系统、开放系统的理论依据，转为以系统生命周期作依据，加进了时间因素，给系统构造一个两大阶段五大状态的方程组：

（1）系统低熵阶段 $dS=deS+diS<0$

①$deS<0$，$diS<0$，系统生成，高度开放。

②$deS>0$，$diS<0$，$deS<|diS|$，系统成长，高度开放。

③$deS<0$，$diS>0$，$|deS|>|diS|$，系统成熟，中度开放。

（2）系统高熵阶段 $dS=deS+diS>0$

④$deS<0$，$diS>0$，$|deS|<|diS|$，系统衰退，中度封闭。

⑤$deS>0$，$diS>0$，系统死亡，高度封闭。

大多数系统能遍历所有两大阶段五种状态，但在自然界中亦有不少例外的情况，如短寿系统和作周期性运动的系统，它们的生命过程是不完整的。这种划分对生物系统最为合适。以人来说，在人生早期，人对外部环境表现出巨大的依赖性，需要从环境吸收大量物质、能量和信息，外部输入在很高程度上决定着今后的人生，内部也有强大的生命力，整体显示出较高程度的开放性。随着年龄的增长，这种情况逐渐发生变化，对外界的依赖性减弱，独立性、自我控制能力逐渐增强，开放程度相应下降。到了晚期，这种趋势进一步增强，向自我封闭状态发展。当人面临死亡的时刻，会停止与外界进行的一切交换，外界的输入即使能继续进行，也不再起积极作用，人完全受制于内部消极的机制即内熵，处于高度封闭的状态（人死后将彻底向环境开放，不过这时已不属于活人系统）。

4. 结 语

系统论从事物的整体及事物的相互联系看问题，比自伽利略以来一直流行于西方社会侧重分析的思维方式有众多的长处。然而，系统论并非机械论的对立物，系统论创始人贝塔朗菲以系统论代替机械论的原意并未实现。迄今，系统论充其量不过是一种改进了的机械论，或者说是古希腊整体论的发挥（那时的整体论就已包含其后机械论的因素)。在《一般系统论》中，贝塔朗菲对控制论的一个评论是：“它并不能提供包罗万象的解释或者伟大的‘世界观’，它是机械论观点和机器理论的扩充而不是一种替代。”现在看来，这用来评价贝塔朗菲自己的理论也是合适的。和其他西方文化产物一样，系统论不能摆脱在西方文化中占主导地位、建立在数理逻辑和机器观上的机械论框架。它是这个框架上一个重新被精雕细刻出来的图案。

既然划分开放系统和封闭系统是系统论的一块基石，现在我们否定了这一划分，抽走了这块基石，岂不动摇了系统论？对此，我们的想法是：科学理论往往具有促成新理论产生的能力。新理论可能是原有理论的发挥，也可能是在批判或否定原有理论的一部分的基础上建立起来的。在后一种情况下，原有理论由于被新理论部分地否定或取代，其基础固然受到冲击，但同时，我们又可以将新理论的产生看成是原有理论的创新力和生命力的表现，原有理论因此而获得新的活力与肯定。此外，由于新理论与原有理论的基础并不完全相同，如牛顿理论建立在低速物理世界之上，而爱因斯坦理论则建立在高速——光速物理世界之上，因而两者不能作简单比较和替代，把它们看做是相互补充、相互促进的理论更为恰当。我们现在所碰到的就是这后一种情况。我们与贝塔朗菲在论述时采用了不同的坐标系，分歧自然不可避免，但却未必是对立的。既然罗巴切夫斯基等人由于否定了欧几里得几何学中的第五公设而创立非欧几何学或罗氏几何学，我们否定贝塔朗菲的一个基本观点后为什么就不能产生另一种相对于机械系统论的辩证系统论（或称中国系统论）呢？考虑到我们现在所讨论的并非一个简单的分类问题，而是一个根本性的理论问题，以上的说法就不能算是小题大做了。当然，要真正建立有别于西方理论的中国系统论，我们还有很多工作要做。

（原载《科学技术与辩证法》1997 年第 1 期，现有少量修改）

机械系统论与辩证系统论

——回应郝建民的“商榷”

在前文中，我曾经提出建立相对于贝塔朗菲机械系统论的“辩证系统论（或称中国系统论）”的设想，中国航天工业部北京遥测技术研究所郝建民先生评论道：“他们的论证只有一句话……这样轻率的论证实在使人无法接受。”此话出自他 11 年前发表的一篇批判性文章。在这么长的时间里没有任何回应，他有理由责备我缺乏探讨精神，或自认理屈词穷而不敢吭声。学术探讨是科学进步的动力之一，应大力倡导和参与，在这方面，我确实表现得很差。本文并不是要为自己的表现进行辩护，而是要为自己的理论辩护：建立辩证系统论是可能的、必要的。这个观点我至今不仅没有改变，而且有了更进一步发展。

什么是辩证系统论？它的定义、目的和任务与贝塔朗菲在《一般系统论》中相关的描述基本相同，不同之处就在于辩证法的运用上。诚然，贝塔朗菲的出发点是辩证法，他的理论就是为了对抗一直在欧洲流行的机械论而创立的，但最终又回归机械论。他提到，大约在40年前，他开始科学生涯时，生物学中正进行机械论与活力论论战，两者都有明显的缺陷，比较可取的是机体论。“在这个方向迈出的一步是所谓开放系统和稳态的理论，它本质上是传统物理、化学、动力学和热力学的扩展。”这就清楚地表明了他的理论与机械论一脉相承的本质，辩证系统论则是自始至终的辩证法。

机械论的对象是自然界，社会也被纳入自然界的范畴内；辩证法的对象则是社会和自然界，而且以人为本，自然界也被纳入人的视野中。两种系统论（代号：A——机械系统论，B——辩证系统论）的区别具体表现在以下几方面。

第一，整体性。

A，缺乏。它突出开放系统而贬低封闭系统，进而赞扬开放性，歧视封闭性。

B，充分。对两者平等看待，认为开放性和封闭性都是系统本有的，同等重要的，不可或缺的。

第二，动态性。

A，较差。封闭系统与环境无物质交换，最终走向平衡，即熵极大，混乱无序；开放系统与环境有物质交换，走向稳态，就此止步。

B，自始至终。一切系统自始至终是运动的，变化的；运动变化是绝对的，静止不变是相对的。

第三，历史性。

A，缺乏。即便是开放系统也是静态的，没有时间，没有生命周期。

B，完整。强调系统的生命周期，有时间，在这期间，每一阶段有不同的表现形态。

第四，关联性或层次性。

A，较差。它强调系统，忽视环境和要素，忽略了不同层次与不同性质系统之间的联系。

B，完整。认为系统、环境和要素三位一体，遵循共同的原则，任何时候都不能忽略任一方；不同层次与不同性质系统都有开放与封闭两重性，是普遍联系的。

第五，有机程度。

A，差。系统内部结构模糊，要素性质和内容含混不清，系统缺乏核心和内部联系。

B，高。系统内部结构清晰，要素性质和内容明确，系统拥有核心，内部联系紧密。

通过这种对比，两者优劣互见，机械系统论的机械特征明显。根据贝塔朗菲的观点，它的要点是：物理、化学处理的是封闭系统，特点是与环境没有物质交换，内部熵增导致能量的平衡，即混乱无序。生物系统是开放系统，与环境进行物质交换，内部虽则仍然存在熵增趋势，但环境的输入有正有负，可以抵消内部熵增而有余，促使系统达到稳态并停留在稳态中。

按照这种理论，以2∶1的比例将氢气和氧气输入到一个封闭的容器中让它们化合成总量相等的水，这两种气体的来源就不能考虑，化合过程也需要忽略，这是一种解释。另一种解释是：当两种气体进入容器后，占据各自的空间，继续保持自己的独立性（需要一个“麦克斯韦妖”做这种分类排队工作），这就是和谐有序；现在做不到（怎么可能做得到!），在热力学第二定律的作用下，两种气体混在一起，均匀地分布在整个容器中，就是混乱无序。开放系统，主要指生物系统，则必定能够从环境中吸收负熵而远离平衡态，走向稳态，并且神奇地始终停留在那种优异的状态中。这就是机械系统论要告诉我们的。

我承认自己在这里复述得不够充分——这种宏大而复杂的理论岂是这么短短的几行文字就能充分描述的呢，但我敢说要点没有错。热力学第二定律的基本原理就是热从高温流向低温，能量分布均匀化，宇宙从不平衡到平衡；开放系统从根本上说是违反热力学第二定律的，贝塔朗菲硬把它整合进去，并成为主导力量——或对抗的力量，显然是勉为其难的事。

按照这种说法，进入内燃机气缸的混合气和我们呼吸的大气都是混乱无序的，进入胃中的食物更是混乱无序的，目之所见、耳之所闻的大多数事物都是混乱无序的，人和其他生物并不是如薛定锷所说的“以负熵为食”，而是靠正熵而活着的！所有人（还有动物、植物和微生物）作为生物，可望始终停留在稳态上，热力学第二定律奈何不得。

这种理论的立论基础是可疑的，违反常识和逻辑。封闭系统是死亡的系统（想象一个永久断电的电冰箱或永久断油的内燃机），它怎么可能还有运动——增熵运动？开放系统是生物系统，它怎么会没有生命周期，不会死亡？宇宙到底是“从混沌到有序”（普里高津代表作的名称）还是从有序到混沌，从混乱到确定还是从确定到混乱？这些说法就够混乱的了。

贝塔朗菲提到一个来自热力学的佯谬，认为是个未解决的问题：为表明封闭系统熵不可逆，就需要将时间因素引入熵函数中，即爱丁顿所说的“时间之箭”（arrow of time）。“但熵函数明显地不包含时间。克劳修斯的封闭系统的经典熵函数和普里高津的开放系统不可逆热力学及推广了的熵函数，两者都是如此。”何止，从经典的牛顿动力学到相对论和量子力学，均未包含过去与未来之间的任何区别。对于今日的许多物理学家，这已是一种信念：就自然的基本描述而言，不存在什么“时间之箭”。于是，就出现了瞬间走向平衡的或原本如此、永远如此的封闭系统和不会死的生物系统——开放系统。也就是说，这个佯谬不仅影响到封闭系统，也对开放系统造成影响，因为两者都离不开热力学。

或说，把时间引入熵函数中不就可以了吗，举手之劳罢了。的确有人试图这样做，贝塔朗菲提到雷克就这样做了，是否成功他没有说。令人奇怪的是，贝塔朗菲自己为什么不试试？显然，这里面存在的不是在函数中增加一个时间变量这么简单的事，它涉及一个边界：机械论还是辩证法。前者的特点就是孤立、静止、确定和分析，它要回避运动与变化，一切都是给定的，初始状态决定其后的系列状态，不容许“时间之箭”介入，连增熵的“增”字都要回避（但没法回避，只好勉强使用），因为它是一个过程；后者的特点是联系、运动、变化与综合，环境与系统生命过程时刻在起作用，离不开“时间之箭”。这也是热力学第二定律的佯谬，它是个过程，需要时间参与，又不能容许时间参与。

要彻底克服这个困难，惟有抛弃机械论，转向辩证法，即我在10多年前提出的辩证系统论。这一种理论的要点是：在宇宙，不存在与环境没有任何交换的封闭系统，相应地，作为其对立面的开放系统也不能单独存在。所有系统都是环境的产物，都有开放性与封闭性这两重性。系统必定与外界环境进行（物质、能量、信息）交换，这是系统的开放性；系统必有边界和控制机制，并通过边界和控制机制控制系统与外界环境的交换，这是系统的封闭性。开放性和封闭性是系统本有的，对系统同样重要，缺一不可。这就是我在前文所表达的观点。

本文还要补充紧密系统与松散系统这一对概念，两者的差异在核心要素上。

紧密系统也称有机系统，必有核心要素。它在系统中起主导的、决定性的作用，系统的性质、结构、寿命由它确定。核心要素的数量将系统分为单核心要素、两核心要素系统、三核心要素系统等，它们各有不同的特性。太阳系就是典型的单核心要素系统，它的核心要素就是太阳，它决定了太阳系的性质、结构和寿命。原子虽则被科学家描画成微型太阳系，从辩证系统论的观点，它属于两要素系统，即阳性的原子核和阴性的电子。两者在质量上相差悬殊，但在能量上是相互抗衡的，这后一个特点就区别于太阳系。这类系统属于辩证法上的矛盾系统，一般情况下两者是平等的，在特殊情况下则有主次之分，往往带有主观性。如认为原子中原子核是主要矛盾一方，电子是次要矛盾一方，因为电子不如原子核坚定，容易在不同层次间跳跃和“外逃”。三核心要素系统如三角形、三足鼎、海陆空三军组成的国防系统等，它们属于结构稳固不变的系统。

松散系统一般称无机系统，即使它由有机物组成，如一个无组织的人群。它由大量地位平等的要素构成，无核心要素，各要素间无分工，作用大致相同，每一个要素对系统的构成都是非必要的，因而要素数量的增减，只要不超过一定的度，对系统的存在没有实质性的影响。沙堆、海洋、草地就属于这类系统，它们的要素，即沙粒、水分子、草，量的增减对各自原来的系统都没有实质性的影响。因此，它们的边界是不明确的，甚至会与环境连成一片（如沙滩上的一堆沙）。松散系统可以用集合数学和随机数学描述和计算，紧密系统则需要建立联合方程组来表示要素间的关系并计算结果。从辩证系统论的角度，紧密系统才是真正的系统，是主要的研究对象；松散系统是伪系统，是次要的研究对象，可以忽略不论。

辩证系统论动摇了机械系统论，连带也动摇了热力学第二定律，这是郝先生不满意之处，他认为这个定律是：“神圣不可侵犯的！”“热力学第二定律是人们从无数生产和科学实践中总结出来的一条自然界定律，而不是经过逻辑和数学推演而证明出来的一条定理，所以任何想从理论上推翻热力学第二定律的想法和做法都是毫无意义的。”

热力学第二定律的诞生确实具有振聋发聩的作用，它打破人类对未来种种不切实际的幻想，指出一切努力全是过眼烟云，世界在人的干预下不是越来越和谐有序，而是越来越混乱无序。科技进步、机械化、自由平等、人权、民主制、生态学……都是加速这个过程的因素，推动地球（人类对宇宙无能为力）早日进入熵极大。它的作用日益显现，只有闭着眼睛过日子的人才会看不到。

但人毕竟是有理性的，既然看到了未来，也就不会毫无作为。起码地球上的事就有很大的部分属于人为，也在人的掌控之中，难道就不能反其道而行之——做些违反热力学第二定律的事？这在机械系统论看来是不可能的，辩证系统论却认为有可能。原因在于，前者认开放为治疗系统唯一的灵丹妙药，而后者却认智慧为根本。智慧就是我在前文提到的对系统开放与封闭两重性的调节和控制的能力，是一种凌驾于一切系统之上的人类的理性。

机械系统论看到自身的局限性，曾提出多种改进方案，其中之一是所谓“自组织”理论，即依靠自身要素让系统实现从无组织到有组织的变化，却发现“没有一部机器具有这样的自组织能力”，它一定来自某种外部力量，于是产生阿什比的“带输入的机器”，贝塔朗菲的一般系统论和普里高津的耗散结构论也是这种努力的一部分。需要外力，但不是人力，他们的共同的愿望是要排除任何人的因素——智慧、理性、时间、过程等均在排除的清单中——以消除主观性，构造出一部自组织、自完善的自动机，或称控制论机器。这种种努力看来是没有希望的了，人间的事毕竟不能缺少人的参与。机械系统论并非是一个前途灿烂的事业，正在走向它的终结，这正是辩证系统论诞生的契机。辩证系统论与机械系统论的分歧实质就是辩证法与机械论的分歧，我倡议的就是这么件“颠覆性”的事！

中国的科技盯着世界先进的科技，人家干什么自己干什么，这样下去，即便做得比别人好，也只是个好学生而已，因此必须大力倡导独创和首创，首先要做的就是批判。要明白，不仅发明创造是贡献，批判同样是贡献——不把现存的东西看得那么“神圣不可侵犯”，你就站到了一个新的高度，获得一个新起点，前景辉煌。在这方面，我们要向波普尔学习。他是西方人，也是最不把西方科学成就放在眼里的一个人。他的著名观点（证伪主义）是：一切科学理论，包括牛顿和爱因斯坦的理论，都是假说和猜测，都是可以批判和推翻的。国家或个人，要想站到科学的峰顶上，就得拥有这种精神。当然，科学上最重要的工作是创新，批判不过是创新的先期工作，创新本身就是对旧事物的批判。发现他人的不足并加以批判，相对容易，自己创造一套新的出来，就困难得多，但无论如何困难，都要将重点放在创新上。要勇于探索，独辟蹊径，走别人从来没有走过的路，用波普尔的话来说，就是要不断创立新理论以取代旧理论，这才是科学长盛不衰的动力。

最后，对郝先生前面那句话再提两点。第一，我关于辩证系统论的论证并非如他所说的只有一句话，整篇文章都可以看做是关于这个课题的论证（这是明摆着的），本文提供了进一步的论证。第二，自然界的定律并不像郝先生所说的那样来自实践（生产和科学实践），即便这类实践是“无数的”；而恰恰是来自逻辑和数学推演，或称理性思维，定理也是一样。起码也应像贝塔朗菲所说的：“某些自然定律不仅能够在经验的基础上得到，而且还可以从纯粹形式的途径得到。”论实践，中国人并不比西方人少到哪里去，可是不说别的，仅说与我们日常生活密切相关的热力学定律被科学界确认的就有好几条，有多种表达方式，为什么就没有一条是中国人创立的？还不就因为不善于逻辑推理和数学演算吗?!

理论和实践应当相互结合，这是我们传统的信念。贝塔朗菲在书中曾引用康德的话说：没有理论的经验是盲目的，而脱离经验的理论不过是智力游戏。但若问到，理论（定律、定理等）从何处来？是“盲目实践”的产物还是“智力游戏”的产物？目前尚未取得共识。几种参考答案：洛克推崇实践、经验和感觉；休谟和贝克莱都是感觉至上主义者，认为存在就是被感知；笛卡尔只确认“我思”是真实的，其余一切皆不确定；康德推崇的是“先验综合判断”，存在“物自体”，但不可认识；黑格尔强调的是纯思维——通达真理的唯一途径；尼采相信“哲学家的辨味力”，鼻子尖上出真理；柏拉图强调的是智慧，认为它是真理和知识（相当于科学）的源泉。此外，还有许多。马克思和恩格斯对此褒贬有加：对笛卡尔和斯宾诺莎的评价还可以，认为他们发展了辩证法；认为洛克和培根发展出来的是形而上学（相当于机械论，不是亚里士多德的《形而上学》），休谟与康德是不可知论的代表，只有黑格尔受到赞扬，尤其是他的辩证法和历史观，尽管他的理论是头足倒立的。

不少中国人追捧的实是英国人的经验主义和美国人的实用主义。在我心目中，柏拉图的观点才是最根本、最重要的。我们的一切创造皆源于智慧，离不开智慧，智慧决定一切。

最大的自然之谜——虚空

自从公元前5世纪古希腊哲人留基伯和德谟克利特提出世界由原子与虚空组成后，人类对原子和由原子组成的物质的研究已取得巨大的成就：在宏观上，人类的目光已盯住距离地球二百亿光年“宇宙边缘”的天体和物质；在微观上，人类探索的目光不仅深入到物质的分子、原子层面，而且穷究到组成一切分子、原子的粒子层面。但对虚空的研究却进展缓慢。

抬头看天，我们见到的是广阔的空间，物质的天体星星点点散布其中，虚空比物质占的空间显然大得多。原子核和电子只占整个原子拥有空间的十万分之一，物质内部大部分也是虚空。虚空无处不在，整个宇宙似乎空空荡荡，物质像是飘移其间的尘粒。

然而对这无所不在、广阔无垠的空间，人们却没有给予足够的重视，至今没有专门关于虚空的学科，没有专门研究虚空的部门和专家，我们现在讨论的所谓虚空的理论都是人们在研究物质和物质运动时，尤其是对光、电、磁现象研究时，对虚空作的假设，虚空只是被作为物质和物质运动不可缺少的条件来研究。

1. 虚空的理论

因为虚空在直观上占有大部分空间，所以对虚空的研究实际是对宇宙基本结构的研究。虽然虚空至今还不是个专门研究领域，但是人们在研究物质和物质运动时对虚空附带性的研究也取得了不少成果，提出了许多不同观点，以下是其中的主要几种。

第一，德谟克利特的元素论。

最早而又是最有影响的关于虚空的论述是古希腊留基伯与他的学生德谟克利特和稍后他们的追随者伊壁鸠鲁，这些人认为充实的东西（原子）和空虚的东西（虚空）都是元素，世界由原子和虚空两大元素组成。但他们似乎并不认为它们是同等重要的元素。他们称充实的和坚固的为存在，空虚的和稀薄的为非存在，他们论述更多的是充实的东西，即原子。他们认为原子中没有空虚、不可渗透、不可分割，因此而被后人称为原子论者，后人从他们那里继承的主要也是原子论。尽管如此，他们是迄今将虚空看成是组成世界的两大要素之一的人，是对虚空给予最高度重视的人。

第二，巴门尼德的非存在不可能论。

“你不能知道什么是不存在的——那是不可能的——你也不能说出它来；因为能够被思维的和能够存在的乃是同一回事”，“作为思想和作为存在是一回事情”。在巴门尼德哲学中，没有独立于人的思维之外与人的思想完全无关的所谓客观存在，包括物质和虚空。

第三，亚里士多德的容器论。

亚里士多德和同时代的一些古希腊学者的一个共识是：自然厌恶真空。空间并非无物的虚空，真空是不可能存在的，空间处处被物质所填满。亚里士多德认为空间具有容器的性质，他将虚空与位置相联系，他的《物理学》指出：“虚空存在的理论就包含着位置的存在，因为一个人可以把虚空定义为抽掉物体之后的位置。”他的这一观点对后人特别是对牛顿有巨大的影响。

第四，笛卡尔的以太漩涡说。

笛卡尔认为，物质是连续的，物体只有相互接触才能产生运动，物体之间的所有作用力都必须通过某种中介物来传递。原子论不能对此作出解释，遭他抛弃。1644年他首先把以太引入科学，并提出了“以太漩涡说”。按他这一理论，虚空是不存在的，也没有原子，整个空间充满了一种不可见的、连续的、可压缩的本原物质，这就是以太。以太处于不停的激烈运动之中，正是在这种以太作用下，物物相互接触而产生圆周运动，从而形成许多大小、速度和密度各异的漩涡，越靠近漩涡中心运动越快，行星处于各自漩涡的中心，太阳处于大漩涡的中心。

第五，牛顿的绝对空间论。

尽管牛顿声称，“我不考虑假说”，但在他的学说中至少包括了绝对时间、绝对空间和超距作用三个假说。其中，关于绝对空间，牛顿在他的名著《自然哲学的数学原理》中指出：“绝对空间，就其本性而言，与任何外界事物无关，永远保持不变而且不可移动。”它和同样与事物及其运动无关的绝对时间，构成牛顿的绝对时空观。这是牛顿力学理论的条件。牛顿力学有两个主要部分：一是牛顿运动三定律；二是万有引力定律。它们都需要绝对时空的假说。按照这一假说，物体之间应当存在虚空（引力未被确定为物质），但他的光微粒说又否定了虚空。

第六，惠更斯、托马斯·杨与菲涅尔的光以太论。

早在古希腊时代就有人提出过以太的概念，巴门尼德提起过它，它在柏拉图的对话中也多次出现，后人重新提起这一概念则是由于研究光的需要。关于光的性质，较早的有牛顿的微粒说。光从遥远的天体来到地球上，要穿越广阔的空间——绝对空间，光必须是一种微小的粒子流才能办到。然而，到了 19 世纪初，托马斯·杨对衍射光线干涉现象的研究又使人相信光是一种波——粒子是不可能发生衍射的。他曾和惠更斯一样，认为光波是纵波，是由以太压力迅速起伏所形成。托马斯·杨的同代人菲涅尔则认为光波是像水波那样的横波，根据物理学定律，光的横波运动更需要某种媒质，广阔的空间就不能是一无所有的。于是，以太论再一次流行开来。根据这种理论，以太充满虚空，却不为人所见；它是一种传递光波的媒质，但它本身却没有质量，不是物质；它对运行其中的光和各种物体毫无阻力。

第七，克劳修斯和海克尔的物质以太观。

在《自然辩证法》一书中，恩格斯多次提到当时欧洲主要科学家的“以太粒子”论，介绍了克劳修斯关于以太参与物质内部原子运动的观点。他们称电是“以太粒子运动”，“宇宙以太，即光辐射和热辐射的媒介，同样地是由非连续的粒子所组成”，认为以太是“假定了一种不能分为分子细胞或原子细胞的物质”。因为以太是物质，是能够传播光和热的媒质，所以它也必定有阻抗，“否则光就不能使以太发生振动”，又由于以太有阻抗，“在一定的距离上光就不能透过了”。

面对这个矛盾，海克尔提出了无质的即无重量的物质以太观。他肯定：“以太也像物体一样，确实存在”，“最好的理解是，将它看成是一种特别细微、有弹性、轻盈的胶状物。目前我们无法确定以太的重量，从这个意义上说，以太是无质物质”。

第八，法拉第、麦克斯韦的场以太论。

法拉第为了解释电和磁之间的相互作用，提出了场和力线的概念，麦克斯韦则在法拉第理论的基础上发展起经典电磁理论。他们将电与磁、电场与磁场统一起来，麦克斯韦还将电、磁和光统一起来，指出光波就是电磁波的一部分。他们认为电荷固然是粒子，但粒子与场并非分立，是同一物质的两种属性，即物质的粒子性和波动性的表现。场是相对于原子和物体的第一性的、精细的、非实物性的物质，是绝对连续的物质，因而不存在空无一物的虚空，也不存在不需物质传递的超距作用。电和磁都与物质相联系，而物质并非到处都有，因而他们沿用以太假说，认为宇宙中充满着以太，以太是电荷之间、磁性物体之间以及电磁之间相互作用的媒质。

第九，爱因斯坦的弯曲空间论或引力场论。

爱因斯坦在研究相对论的过程中，通过所谓“圆盘思想实验”而提出在惯性—引力场不平衡的空间中时钟不同步和空间弯曲的观点，并进一步发展成四维时空弯曲理论，指出物质在引力场中沿着四维时空的最短路线运动。爱因斯坦在晚年还试图将电场、磁场、引力场三者统一起来，以建立统一场论。根据爱因斯坦的设想，光、电场、磁场和引力场具有内在的统一性，在广阔的宇宙空间中，更为普遍的形式是引力场。场无处不在，时空具有多维性，一无所有的虚空也就不可能存在。

第十，当代自然科学家的场论。

20 世纪 20 年代末至 30 年代初，通过狄拉克、约旦、维格纳以及海森堡、泡利等人的工作，初步建立起场的量子理论，以后不断发展，成为近代物理各个分支包括粒子物理、统计物理、核物理和凝聚态物理的共同的理论基础。

参考相关网文，量子场论的基本物理图像是：①最基本的物理实在是一系列的场，除此之外没有任何其他的存在。每一种粒子对应于一种场，场没有不可入性，它充满全空间。对应于各种不同粒子的场在空间互相重叠。例如对应于 π 介子、电子场、中微子和光子的场分别为 π 介子场、电子、中微子场和电磁场，它们互相重叠，充满全空间。场遵从狭义相对论和量子理论的原则。②场的激发态表现为相应的粒子，场的不同激发态表现为粒子数量和运动状态不同。③场用复数描写，与此相应，场的激发也用复数描写，互为复共轭的两种激发表现为粒子和反粒子。④场的能量最低状态称为基态。所有的场都处于基态即为物理上的真空。⑤相互作用存在于场之间，无论是处于基态还是处于激发态的场都同样可与其他场相互作用。

第十一，系统科学家的世界三要素论。

当代系统科学家，认为世界由物质、能量和信息三要素组成，能量和信息本身虽则看不见，但它们的发生、传递和作用都和物质分不开，没有物质，就没有能量和信息，它们绝对不是虚空，虚空被省略掉。

第十二，老子的化生万物的虚空。

中国古代哲学家和思想家主要关心的是人伦问题，对自然界很少探究，在提到自然界时，往往也将其伦理化，天人合一。如将天空看做是神仙和升天圣贤居住的极乐世界，而不是连人生活所必需的空气都不存在的虚空。在他们当中，隐约悟到大自然运行机理的要算老子。大多数专家认为，老子的“道”是天地之根、万物之宗。他把“道”产生万物的过程与模式描述为：“道生一，一生二，二生三，三生万物。”又说：“万物生于有，有生于无。”将“无”与“道”联系起来，“道”就是“无”，“道”是万物之本，“无”也就是万物之源，万物从“无”中产生。如果将老子的“无”解释成虚空，那就是万物从虚空中产生，虚空虽则表面看上去一无所有，却蕴涵着化生万物的机理。

2. 对各种观点的评价

首先是古希腊人的观点。在古希腊时代，哲学与科学结合为一体，杰出的人物大都既是哲学家又是科学家，但相比之下，古希腊人的哲学思想发展得更为全面和深刻，而科学技术因为与社会生产力关系密切，与社会生产力一样，尚处于初创阶段，科学观测和科学实验手段落后，因而应以哲学为主，把科学看成是从属于哲学的知识，是哲学家为检验和完善自己的理论而发展起来的知识。他们对科学的许多论述，与其说是他们在科学上的发现，不如说是他们哲学思辨的成果。因此，对古希腊的科学论述，如对原子、虚空、世界本源等的论述，后人主要看重他们的哲学意义和探索精神，而不是其科学精确性。在哲学观上，古希腊人大多倾向辩证唯物观。恩格斯说过："古希腊的哲学家都是天生的自发的辩证论者。"他们的许多思想在今天仍然有重要的参考价值。

从现代科学的观点看，古希腊人的理论有许多不足之处，例如，留基伯和德谟克利特提出原子的概念固然伟大，但他们关于原子的论述从现代科学的观点看来就包含着许多错误，是不够精确的。他们所指的"非存在"也是令人费解的。如果"非存在"是指原子的对立面或物质的对立面，我们无法认识和理解，比如我们无法认识和理解"非苹果"、"非人"或"非地球"；如果"非存在"指的是不存在，则根据我们现有的直观、直觉和知识来判断，虚空比物质更是无处不在。最后，我们可以将"非存在"理解为仅在人的精神世界中存在，而在现实世界中不存在。这样，天国、地府、神仙、魔鬼、狐狸精等概念都可算作此类，毕达哥拉斯的宇宙数学结构、牛顿的绝对时空体系也都可以列入其中。但这恐怕不是他们的原意。

对于最后这种"非存在"，谁都可以创造，事实上许多人都曾经或正在作这种创造。但因"非存在"（如牛顿的时空体系）与现实的事物及事物运动毫无联系，因此谁也无法证明"非存在"的存在。同样道理，当"非存在"一旦被人创造出来，谁也无法彻底否定它。以太观就是这方面的一个例子。虽则相信以太存在的人为数不少，但至今没有人能将以太说清楚，更没有人能证明它的存在。另外，美国物理学家迈克尔逊和化学家莫雷虽做了一项科学史上有名的实验而被认为否定了以太假说，但实际上并没有取得完全的成功，至今在科学界仍有人相信以太的存在。最近还有人指出"迈克尔逊—莫雷实验推翻以太假说"是误传，"无论从迈克尔逊做实验的动机来看，还是从他对实验结果的解释来看，该实验都不是否定以太或绝对参照系的存在的"，"迈克尔逊—莫雷实验既未否定以太的存在，也不是宣告静止以太说破产的判决实验。"科学上有很多被认为是确定的事，如原子论、电子论、量子论、宇宙大爆炸论等，细究起来，大多是可疑的，如波普尔所说的，它们不过是假说和猜测罢了，只因它们符合数学计算结果和逻辑推理，才显现为真理的样子，它们的实际情况其实并不清楚，可能其中包含着"非存在"，但我们很难推翻它们。相比之下，推翻"非存在"比建立"非存在"还要困难。尼采"重估一切价值"这一伟大的工作之所以不太成功（也可说是失败），重要的原因就在于此：明知是些"非存在"，但他就是推翻不了它们。比如上帝，尼采无法推翻他，只好硬说"上帝死了"。

否认虚空存在与主张虚空存在这两种对立的观点几乎一开始就同时发生，前者最早的代表人物是巴门尼德，他认为所有哲学家犯的错误是把不存在说成好像存在，他只断言"它存在"。这意味着世界到处充满了"有"，不论在物体的内部还是外部，空虚的空间是不存在的。巴门尼德实际上将研究虚空的路给堵死了。但后人有思想的自由、行动的自由，思想尤其不受约束，对不存在的"非存在"仍然有许多人研究。科学家认为神是不存在的，上帝即使存在，尼采也宣布他死了，可是并没有能够阻止人们继续信仰或谈论神和上帝。再说，我们对存在就那么确定无疑了吗？物质在哪里？水果在哪里？人在哪里？氢在哪里？原子在哪里？……就算你看到这些存在，它们也全是靠虚空“撑着”的，去掉虚空，看看它们还剩什么！那时还能说“它存在”吗？

亚里士多德也是虚空存在论的反对者，但他立论的依据被后人证明是错误的。他关于可以将虚空定义为抽掉物体以后的位置的说法也是不恰当的，因为这一来，人们移动任何物体，吃东西，直至一举手一投足，都成了制造虚空的行为，与他根本否认虚空存在的理论是矛盾的。

笛卡尔被公认是近代哲学的开创人。与以前哲学家不同的是，他对数学和科学进行了深入的探索，并结合到哲学研究中。他的“以太漩涡说”虽则比较粗糙，但这种关于宇宙宏观运动的描述——漩涡运动——大体上是正确的，可能正是这一点启发了康德（和拉普拉斯）创造出他的“星云漩涡运动”假说，反过来也使笛卡尔的理论易于理解。笛卡尔这一理论可能又是受希腊人关于天体按圆形轨道运行、重的物体比轻的物体下落速度快的想法而得到启发（在虚空，遵循万有引力定律，这一现象是成立的）。根据拉尔修的论述，留基伯就提出过元素产生宇宙和无数多种多样物体并形成旋涡运动的思想。在这里我们看到笛卡尔伟大成果中，“我思”之外有“他思”的部分。以太说也是来自希腊人，笛卡尔是第一个将这一概念引入欧洲学术界的人，这是他的功劳。以太充盈所有空间，虚空也就没有立足之地。

克劳修斯等人的“以太粒子”论无疑是一种唯物世界观，意图从物质和物质运动的角度解释世界上的一切现象，因而受到恩格斯的重视。然而，这种理论未能解决物质非连续性和空间连续性的矛盾问题。人类至今认识的物质不管多么庞大，都是有限的、有界的、有寿命的、非连续的，无限、无界、连续的概念是与空间相联系的概念，而不是与物质相联系的概念。以太如果是物质，它也应该是有限、有界、有寿命、非连续的，如果以太是物质粒子——比电子还要小的微粒，我们将面临解释以太粒子间空间的任务，这更是个令人绝望的难题。此外，充满空间的如果是物质的以太粒子，以太就不仅能传播光，阻抗光，而且还会吸收光，空间就难免会因吸收众多巨大物质天体不断散发出来的光而使整个空间的温度不断升高和均匀化，最后出现宇宙热死状态，这正是克劳修斯理论的要点。海克尔的理论虽则能够解决物质非连续性和空间连续性的矛盾，但也包含了新的矛盾：以太既然是一种胶状物，就不能完全没有重量，还应当有其他的物理特性。海克尔承认了这个矛盾，接着上面的话，他提到以太很可能有重量，虽则很轻微。他引用了一些物理学家的话，认为以太的重量是大气重量的十五万亿分之一，一个像地球那么大的以太球只有 250 斤重。

场以太论，包括法拉第等人的电磁场论与爱因斯坦引力场论（它否定以太的存在），是迄今最为有力的物质空间论。我们能够通过观测、测试证明场的存在，并能推论出所有空间都存在场。量子场论是量子力学和经典场论相结合的物理理论，已被广泛应用于粒子物理学和凝聚态物理学中。量子场论为描述多粒子系统，尤其是包含粒子产生和湮灭过程的系统，提供了有效的描述框架。非相对论性的量子场论主要被应用于凝聚态物理学，比如描述超导性的 BCS 理论。相对论性的量子场论则是粒子物理学不可或缺的组成部分。自然界中目前人类所知的有四种基本相互作用：强作用，电磁相互作用，弱作用，引力。除去引力，另三种相互作用都找到了合适满足特定对称性的量子场论来描述。从场的角度看，虚空的概念从理论上到实践上都不能成立。

以太论不容易被普遍接受，大概是与人们对它的研究过分依赖于对光的研究有关，光的波粒二象性似乎妨碍了我们对场性质的认识。然而，对于光，我们现在的理论都不能说是完善的，甚至有可能存在大的、方向性的偏差。光学多普勒效应可能就是这方面的例子。它将光波与声波这类纵波作类比，或将光波与水波这类横波作类比，即将我们比较熟悉的声波、水波的特性类推到光波的研究中，将适用于地面上的规律推广到广阔的空间中，得出空间中存在具有极大刚性的以太这类媒质（和宇宙膨胀）的结论。我们只要想到，光波由光源的光子直接运动而产生，它所传递的就是光子本身，而声波、水波只是振源能量振动介质的结果，它所传递的并非是振源物质，而仅仅是振源释放的能量，两者在波长、速度、传递方式等方面都有巨大差异，就会发现将它们进行简单类比并不恰当。我们可以认为，场是比光还要基本的能态，是光子和其他基本粒子被“粉碎”后形成的状态。场以太的概念只要经过适当的改进，就可以用于解释虚空，它在各种解释中是最为合适的。

至于老子的思想，与爱因斯坦的质能互变论和当代宇宙大爆炸论有相通之处，充分显示了中国人的智慧。但他的论述毕竟偏于抽象，基本概念令人费解，连在此把他所说的“无”与虚空相联系都有穿凿附会之嫌（因为老子无原子、物质的概念），将其看做是老子的一种哲学观尚可，很难将其看做是一种科学理论。

3. 虚空的难题

虚空不像物质那样受人重视，主要原因如下：一是它对人来说缺乏实用性，与人的关系不够密切；二是研究的困难性。

人类生活在物质世界中，人本身也是物质的，对物质的研究能取得明显的效益，而对虚空的研究，则难望有回报——不能指望无中生有，因而理所当然地对物质世界更感兴趣。但这并非是最主要的原因，许多非功利性的课题也不缺乏研究者，更主要原因在于研究虚空方面的困难。

人们认识世界首先靠观察，而人们能够观察到的只有物质。并非所有的物质都能被直接观察到，如遥远的天体和微小的粒子，但我们可以通过自己制造的工具观察到它们。然而，虚空却是不论我们采用什么手段都无法观察到的，我们无法看到一无所有的“非存在”。

前面说过，人类可以而且实际上许多人都在制造现实中不存在而仅存在于人的精神世界中的“非存在”，然而，面对虚空，严格地说，我们连这个工作也不能做。我们不能对虚空作任何实质性的设想，因为这一来，我们就将我们的信念赋予虚空，使它具有我们设想的内容，虚空也就不是虚空。留基伯等不能无法解释以下观点：你说有虚空，因此虚空就不是无物，因此它就不是虚空。

假如虚空能够被我们设想，那么我们也无法回答以下一些关于虚空最基本的问题：

第一，虚空有什么颜色？

我们不能设想完全无色的现象，即使不是红绿蓝黄等色，它也总该是白色、灰色或黑色吧。然而，虚空如果是白色或灰色的，就表示它起码有光这种物质；如果它是彻底的漆黑，则无法排除它有阻挡或吸收光的物质，因为无论是科学观测或逻辑推理，宇宙空间任何部分都不可能没有星光到达。20 世纪天文学上有一项新发现：宇宙中 99% 的质量以暗物质形式存在，令我们对漆黑的空间更难放心。

第二，虚空有没有温度？

按理说，虚空应该没有温度或处于绝对零度状况中。温度只与物质和物质运动有关，温度是物质运动尤其是物质相互摩擦和碰撞的结果，没有物质和物质运动就没有温度。但我们如果说虚空没有温度，这对广阔的空间能够勉强说得过去，对原子中或物体中的虚空又该作何解释呢？原子和物体内部大部分是虚空，这已是我们的常识。空气、人体以至火焰等物体的内部大部分是虚空，如果虚空没有温度或处于绝对零度中，物体为什么会有温度？物体内部的原子的温度为什么不会被绝对零度的内空间所冷却？我们也无法解释沸腾的开水中怎么可能存在绝对零度的原子空间。

第三，虚空有没有边界？

一切客观存在的事物都有边界，没有边界的事物是不可分辨的、非独立的。虚空既然一无所有，它也就不应有边界。但如果虚空没有边界，我们就无法将它与物质分辨开来，虚空就不能成立。如果虚空有边界，那么我们就要问它的边界是什么；如果虚空的边界还是虚空，则其边界仍无法确定，虚空无法被划分出来；如果虚空的边界是物质，则虚空将不是虚空。

第四，虚空是否可分，即虚空是一还是多？

若说虚空是一，即是整体，不可分，那么虚空肯定不存在，因为只要在宇宙间有一个原子，虚空就不存在。若虚空是多，可以划分，那就会碰到边界难题。

虚空除了不能观察、不能设想外，在实际操作中我们也不能获得或指出纯粹的虚空，即我们不能将物质完全从虚空中排除掉。在自然界，物质与虚空都在同一空间中，物质的运动必定会进入虚空。我们目之所及的空间，到处都能见到星球等天体，太空不阻挡任何天体进入其间，更不能阻挡中微子、光子和其他粒子穿行其间，即使空间表面上空无一物，但绝对不可能没有电磁场和引力场存在其间，我们通常所指的真空并非完全的虚空，真空中不仅有光、电、磁和其他基本粒子，而且有原子和分子，只不过其数量比空气中的少得多罢了。实际上是一切物质均存在于虚空中，虚空与物质混在一起，无法分离，没有人能将物质、粒子与场从虚空中完全排除掉，即没有人能制造出或指出纯粹的虚空——哪怕是很小的一个虚空空间。

这些就是研究虚空的难点，它们足以挫伤大多数探索者的勇气。

然而，虚空的难题却曾被托里拆利一个简单的实验所突破。只要把一根足够长的玻璃管装满水银，把管子开口端没入水银中，再把它竖起来，高度超过76厘米的顶端就会出现真空。但这只是一个突破，并没有真正解决虚空的难题——这样产生的真空并非虚空。它产生于地心吸力，它也就不能排除引力场。

4. 新的假说：绝对场与相对场

从以上所列观点看，大多数人是否认虚空的。在这份名单中，我们还要加上布鲁诺的名字，他是以太论的支持者，他曾说过“原子处在以太当中”的话。此外，在这份名单中还要加上基督教所有教派：全部基督教徒都不相信存在虚空，因为上帝创造的世界已经将虚空填满了，而且上帝也是“无所不在、充盈天地间”的，要说有虚空，只可能是上帝创世前的事。一无所有的虚空在宗教中不存在，在科学理论上不成立，在实际中也无法分辨得出，因而就可以断言，一无所有的虚空是不存在的，虚空不空。那么充满空间的是什么呢？以太说似乎是可以考虑的。然而，在科学界，对以太说的分歧意见较多，以太说本身也确实有许多矛盾，不宜继续沿用；最好的解释就是场论，但对场的概念要加以改进。

我们了解的场都是有强有弱的，而且会对在其中的物质运动造成影响，这与我们观察到的和认识到的虚空相去甚远。虚空既不能一无所有，又不存在任何物质，而且应对运行其中的“外来”物质如星光毫无阻力，它就应是一种特殊的场——参照前人关于绝对空间、绝对零度一类的说法，可称之为绝对场。

这就是说，我们可以将场分为两种：一种是与一般物质相联系的场，它因一般物质的物理特性而表现为可测量的电磁场、引力场等，其强弱与这些物质在空间的分布状况有关。一般物质聚集比较多的空间，场的强度大；物质稀少，场的强度小。这种场是物质处于不守衡状态中形成的能量空间。另一种场存在于远离各种物质（特别是远离物质密集状态的物体）的空间中，它们是正负物质完全湮灭后形成的空间，我们可以把这种场称为绝对场。根据场的重叠论，这两种场并非孤立的。绝对场是宇宙最基本的背景，也是相对场的背景场，即基态，宇宙一切物质从中产生，最后也回归其中。从绝对场中产生的物质有正的和负的两种，人类接触到的都是正物质，正物质在和负物质结合前都是不平衡的，与绝对场之间存在一种张力，形成另一种场，即前面提到的相对场。在绝对场中，无论用什么方法都不能检测到任何场的存在。

剑桥大学普卢姆天文学教授马丁·利斯在他的《宇宙的起源》的讲座中提到，宇宙在大爆炸 10^{-38} 秒时只有一种力，或者说实现四种力的统一，之后产生质子—反质子对。当宇宙温度降至 10^{15}GeV 时，质子—反质子对湮灭。值得庆幸的是，根据萨哈罗夫的大统一理论，膨胀和对称破坏能够导致所产生的质子比它的反质子稍多一些，这时物质稍多于反物质：每 10^{8} 对质子—反质子多出一个质子，在质子—反质子对全部湮灭时因无法配对而留下来，就是今天宇宙中所有的原子——演化成人、天体和自然万物，它形成相对场，而湮灭的物质形成绝对场。

场是物质处于基本粒子以下的状态，它与基本粒子以上形态的物质的一个明显区别是场具有连续性，而其他形态的物质都是离散的。场充填其他形态物质以外的一切空间。绝对场与相对场不同的是它具有绝对零度并处于能量平衡态中，在没有外力强烈干扰的情况下，它不产生能量，也不需要维持自身状态的能量。绝对场类似于牛顿所描述的绝对空间，它对在其中发生的一切物质运动不产生任何阻力，没有丝毫影响。与牛顿的绝对空间的不同之处是绝对场具有转化性，物质的剧烈运动对它会产生影响，绝对场与物质在一定条件下可以相互转化，如天体爆炸时会有一部分天体物质转化成绝对场，又有一部分绝对场能量转化为新的天体物质；夸克合成质子时会释放能量到绝对场中，质子分裂成夸克时又会从绝对场中获得能量；等等。质、能、场具有内在统一性，质、能、场可以相互转换。场产生的最基本、最大量的物质是以基本粒子形态存在的物质。刚从场中转化出来的物质都具有极限速度——光速。

绝对场产生物质或物质湮灭在绝对场中，都会局部打破绝对场的平衡状态，形成相对场，而在相对场中，物质的产生或湮灭将减弱或增强相对场的作用力，即它与绝对场之间的张力。

5. 更多的假说和猜想

两个场的观点给一些长期存在的疑难问题提供了新的参考答案。

第一，物质的内能从何而来，即物质为何有自发运动如电子围绕原子核的运动。牛顿等人把它归结为上帝的第一推动。现在我们可以说这是场转化为物质时能量的不平衡性造成的。所有从场中产生的物质都处于正或负的不平衡的状态，即都处于能量不平衡状态中，因此所有的正物质在与负物质相遇前都作永恒的运动，以消除这种不平衡。如果碰到正负物质相遇，运动被抵消，就会发生物质湮灭，回归绝对场中。

第二，物质损益现象。按科学实验测定，一个质子被分裂为三个夸克时，其总质量将比原先质子的质量大许多倍，而将三个夸克合成一个质子时，每个夸克的质量又只占质子质量的三分之一，其余的质量不知去向。现在则可将这种现象解释为物质分裂时从场获得能量，物质结合时释放能量到场中。

第三，暗物质是什么？它绝对不是星云、宇宙尘一类离散的东西，要是的话，它的物理特性早就会被现代科学所观测到了。最好的解释只能是场能量，或场的基本状态。科学家发现的是德谟克利特“原子与虚空”的比例（1∶99）。

第四，超导现象。当温度下降到接近绝对零度时，许多物质的电阻消失并表现出完全抗磁性，输入的电流能长期保存在其中。科学家解释这种现象是物质内能随温度下降而按比例减少，我则猜测是物质原子运动在降温的过程中逐渐变慢，到达临界值时运动完全停止，这时电子掉到质子上形成静止的中子，物质内部的强相对场消失，融入绝对场中。可以认为，超导体就是用人工方式制造的绝对场，我们可以通过超导体去认识绝对场。我们如果将太空看做是巨大无边的超导体，那么它就可以是物质的而且又是透明的，完全不被我们观察到和测量到，各种物体、电磁波、场可以在其中畅通无阻。

第五，宇宙大爆炸论质疑。从普遍的星光红移推测宇宙天体在“集体外逃”，越靠“边缘”的天体“逃跑”的速度越快，宇宙空间在膨胀，从而推测出一次发生在

200亿年前的宇宙大爆炸。星光红移的原因，现在则解释为星光进入银河系和地球这一系列相对场，发生折射（相对场作为介质），光波增长。如果谁有办法挣脱地球人那种“坐井观天”的状态，到达远离银河系和其他天体的绝对场中，他将发现没有什么红移，天体“集体外逃”是人造的假案、错案，宇宙是稳定的、永恒的。

第六，光的波粒二象性新解。对光是粒子还是波争论几百年谁也未能完全驳倒谁，最后产生一个折中的方案：光具有波粒二象性，即光子和其他粒子都既是微粒物质，具有物质的特性，又与其他粒子一样属于电磁波体系，具有波的特性。但物质怎么能是微粒又是波？这一难题并没有得到解决。从两个场的观点，我们则可以说，光和其他粒子在绝对场中飞行时是粒子，进入相对场如地球空间后才产生波的现象——我相信，在虚空中飞行的光束不会出现波的种种现象，即光子在绝对场中是孤立运动的，没有相互作用，显现的是粒子性，只在进入相对场后，才产生联系和相互作用，显现波动性。

第七，黑洞的成因与性质。一般物质在极其强大的压力下，连基本粒子都被压碎时，就转变为场物质。黑洞就是天体在自身引力下，向内塌缩的压力使自身物质转化为场物质而形成的。在黑洞内没有任何可见物质，也没有光，因为连光子也被吸向中心和被压碎，成为不可见的场物质。黑洞是个引力强大的相对场，因此，我们能通过对它周围天体异常行径的分析发现它的存在。黑洞是物质转变为场的过程的演示。

认为不存在虚空，所有虚空充满了场，场是物质的最基本形态和宇宙背景的看法，能够解决了部分虚空的难题，但它又会引起新的问题，以上利用这种观点对一些自然现象所作的解释可能永远都是些假说或猜想。

不过，我认为做这个探索并非一无所获，它起码坚定了关于物质与虚空（绝对场和相对场）不可分，世界万物与世界总体由物质与虚空组成且两者相互联系、相互转化，以及虚空就是场的信念，并用以指导科学研究工作。我们只要继续沿着透过物质与物质运动间接研究虚空这条路走下去，并把研究的重点适当地向虚空（场）倾斜，就会有希望揭开这一最大的自然之谜。

（原载《科技潮》，1997年第3期，现有修改补充）

说说“大城市化解大地震”

20世纪发生在现代化大都市的几次地震震动全球。它们先后是美国旧金山市、意大利墨西拿市、日本关东市、中国唐山市、墨西哥的墨西哥城等城市发生的大地震，共同的特点是震级强，造成的损失严重。从地球整体上看，事件发生的间隔期不长，算得上是频发。

这种现象今后将变得稀少，近20多年来就显现这一迹象，大地震只在欠发达地区和滨海地区继续肆虐，“避开”大城市。实际上它们并没有“跑掉”，只是被现代化大城市化解罢了，大地震被分解为一系列中小地震，灾害减缓。专家们可能认为这是想象而不是科学，这里需要提到爱因斯坦的话：想象力比知识重要。科学创新需要知识、理论、方法和设备，在当代中国，这些东西都不缺乏，而且可以说已经基本上达到个别之处超过国际先进水平，有所欠缺的恐怕就是想象力，它不能像前面那些东西那样可以依赖引进，看看这类想象力的作品或许有点帮助。

这种说法有没有什么道理？从力量上看，地震是强大的家伙，大城市也是强大的，它们两个似乎恶斗不断。前者自然形成，隐匿地下，气势汹汹，要摧毁其上的一切；后者人工造就，居高临下，要压制其下的一切，但开始时力量薄弱，斗争一直是前者占上风。两者都在不断发展壮大，相比之下，前者成长的步伐慢如蜗牛，后者成长的步伐却是一日千里，终于到了这一天，形势逆转，城市强大到“镇住”地震的地步。

大城市之大，在于人多地广，这也意味着人员、建筑物和物资的堆积，形成该地区一种固定的、垂直的、持续增加的压力，这种压力是否会“压垮”地震？有人会说，一座城市的重量能超过一座山的重量或海洋的重量吗？山区和海洋照样有地震，而且是地震的多发区。有这种看法的人显然没有看到这两种重量的区别：大山和大洋的重量是本有的、内在的，对地震来说是一体的，它们本身往往就是地震生成的因素；城市对地震来说却是外加的、新增的因素，是干扰素。

人与地球相比，分量十分渺小，即使千千万万人聚集在一起，组成或大或小的城市，其分量与地球相比仍然是微不足道的，不足以影响地震。然而，人是万物之灵，人的一个基本活动是利用自然力去征服大自然。当人与自然力相结合时，其爆发的能量就不可同日而语了，科技推波助澜的作用在这里显现，它让人类整体创造出来的能量以几何级数增长。这种能量相当大的部分转变为对地面的压力和冲击力（大部分热气则上升冲击大气层），居高临下的优势使压力倍增。这种力量在城市早期是分散的、微弱的，对地震的影响是逐渐发生的。时至今日，一是现代大工业的建立和扩张，二是交通体系的建立和扩张，三是城市急剧膨胀，出现了越来越多城郊结合的大都会和多城集结的城市群。它们不断对地面产生强烈的、持续的而有节奏的冲击，尤其是铁路、公路、打桩机和深入地下挖煤采矿活动所产生的冲击。这些冲击由于钢铁和水泥结构蔓延全地面而汇合起来。城市群仿若一大片相对松软的地表上一个巨大厚重且时刻在震动的“大盖帽”，一个能量中心，日复一日，年复一年，垂直向下的整体冲击力不断增强，对地质运动的影响是必然的。

当扩张着的城市下面有个蛰伏已久且处于一触即发之态的大地震时，城市的重量和活动就可能会成为压垮骆驼的最后一根稻草，让它提前爆发出来，这是20世纪大城市地震频发的原因，也是一些人口密集的中小城镇和乡村众多大中小地震的诱因。然而，当该发的地震发过了，而城市的规模日益增大时，大城市的重量和能量就会转而成为抑制地震发生的力量——通过不断干扰，以化大为小的方式，将破坏性大地震化解为众多平和的中小地震，大地震再也不能形成，大城市就转而成为避震区或轻灾区。也就是说，大城市既诱发地震，又压制地震。诱发，让地震没有达到最大值就提前爆发，这种情况往往发生在城市扩张的早期；压制，让潜在的地震在初期提前爆发，这种情况往往发生在城市扩张的后期和城市群完成期。两种情况都有助于减缓地震的强度，降低地震造成的损失。

科学家早就调查证实，水库会诱发地震，道理相同。水库也是外加的、新增的力量，对地震产生的影响与上述大城市对地震的影响雷同。已发生的水库地震强度多在5级以下，就是因为水库让必发的地震提前爆发之故，它同样有压制高级别大地震的作用。大江大河和大湖泊的作用类似，我们很少听到在这些水域有大地震。这是因为它们早就将必发的大地震“引爆”，将后来形成的大地震分解了。大城市的分量不比大水库和江河湖泊的分量轻，水库等对地震有影响，大城市就不可能不会有，只会更强。

唐山大地震表明，中国东部沿海地带也会爆发大地震，之所以很少发生，与这个地带自古以来人口密集和城镇发达大有关系。整个东部沿海地区可以看成是一大块被数以亿计的人众反复踩踏捶击的地块——现在成了一长条活跃的“钢铁水泥板块”，大地震被就地分解，个别被“撵”到大海里去了。

这一理论提供了大城市的新含义，它无意间成为人与自然斗争的一个筹码。人类在城市建设的热潮中，构造出众多“安全岛”，即城市群。这种情况在二战后尤其显著，原因之一是新建的城市以前所未有的规模扩张，人口猛增，活动频繁，铁路网、公路网密集，城市群成群。

最新的一种理论认为，地震起因并非地质应力——这不如说是地震的结果，而是电磁效应，即局部地壳内大量等离子体积聚和复合达到临界值产生爆炸造成的，它也是雷暴、暴雨、火山、沙尘暴、龙卷风等自然灾难以及世间万物和人产生的原因。即便按这一理论，大城市仍然是对抗地震的一种强大力量，因为在任何情况下，对大自然来说，大城市都是个不可忽视的强力干扰素，使它的各种“阴谋诡计”不得顺利完成。

对此也不宜过分乐观，它不能对付所有地震。震源深入地下的地震和滨海地区的地震，大城市是鞭长莫及的。火山地震和大陆板块相互挤压碰撞产生的地震，人类对它们无能为力。即便人口与物资再增加几十倍，所有陆地铺上钢筋水泥，六大洲（南极洲除外）成了六大块“钢铁水泥板块”，都压制不了上述几类地震（滨海地区的地震有部分可能被撵到海里）。尽管发生概率极小，以下情况不能完全排除：一些超乎想象的地质剧变引发的地震会因此而变本加厉地爆发，掀翻并粉碎这些人造的“钢铁水泥板块”。压制力越久越重，反抗力和爆发力越强越烈，这是一条通用于自然界和人类社会的法则。恩格斯也告诫人们，不要陶醉于对自然的胜利，在与自然的较量中，人常常是失败者，对此需要有个清醒的认识。

即便存在不确定性，这一理论仍有它的魅力。它将人类的宏观活动与地质运动联系起来，提供了一个观察“冥界”的窗口，让人看到了制服地震的前景。

地震一直像个蛰伏地下桀骜不驯的恶魔，在人意想不到的时候突然出现，“横行霸道”、“胡作非为”。现在我们看到了反击的力量，这种力量正迫使这个恶魔变得像希腊神话中被罚托天的阿特拉斯那样抬不起头直不起腰来，也像被人“撵逐”在地下东躲西藏的小鬼。虽然我们仍然看不见它，常常管不住它，但想到数十亿人时刻在隔着地皮骚扰它，敲打它，消解它的气焰，让它变小、变弱，甚至可以考虑动用核武器和种种极端手段收拾它，也算是件大快人心之事。

自然的报复：升温、干旱和暴雨

> 我们不要过分陶醉于我们对自然界的胜利。对于每一次这样的胜利，自然界都报复了我们。每一次胜利，在第一步都确实取得了我们预期的结果，但是在第二步和第三步却有了完全不同的、出乎预料的影响，常常把第一个结果又取消了。——恩格斯语

国人自古以来追求的是有为，老子却指出无为才是上策，可说是他对民族的一大贡献。他的主张违反常理，所以人们只是点头称善，却无意实践。

应当有为还是无为，不能一概而论，正所谓具体情况具体分析。人间世的事大多数还是应当有为、人为；有些事尤其是与大自然打交道的事，却无为为上，以免遭它报复。如何掌握有为与无为，是最大的管理艺术。

对自然水，国人从来都是有为：修堤筑坝筑库塘、清理河道、泄洪堵漏等等，从大禹时代起就忙个不停——在他之前就开始了，禹只是干得更为出色罢了。然而，治水治了几千年，洪灾旱魔却越来越猖狂，终致今天大量水源和地下水枯竭、江河断流、湖泊见底、土地干裂，不时又是大雨滂沱，不能不令人深思。

从前贵州的气象特征是“天无三日晴”，早就成为历史。云南过去有明显的雨季和干季，雨季期间也是“天无三日晴”，也成了历史。两地代之而来的是干旱加暴雨。媒体报道称，云南、贵州和广西西北部遭遇百年一遇的干旱，本是旱涝无忧的云南出现全省性特大旱灾，时有暴雨，总降水量大减，一年不如一年。

这一特征又似乎不限于西南地区，大有蔓延至全国的趋势，世界其他地方也不乏这类报道。这些地方要么长久不雨，要么就是翻江倒海般暴风骤雨，让人又盼又惊，最终表现为全球变暖，也有人反过来说旱涝是全球变暖惹的祸。

为什么会这样？尤其令人担心的是，这种气象是否会持续？

陆地水的来源：一是地下水，主要是泉水和井水；二是天水，包括海上来的雨水和地面蒸发上天变成雨返回来的水。

陆地水通过各种渠道，大部分流入大海，海水蒸发，又以雨水的形式返回陆地，陆地水和海水的这种水交流，是量最大的水循环，在正常情况下，流出量与返回量是大致平衡的。科学家经过计算，过去一直是7天一循环，近年缩减为6天。它保证了陆地水供应，是陆地水最重要的来源，地下水和地面水最终的来源就是海水。

海水进入陆地的主要动力是水陆间的温差和气压，主要形式是风。陆地如果连年

干旱，重要的原因是海陆风向转变，转变的主因是陆地气温升高，海洋空间的温度是相对平稳的。据热力学第二定律，高温总是向低温处流动，陆地空间温度若高于海洋空间温度，风向就表现为从陆地向上向外，海洋的雨云进入大陆受阻变缓。反热力学第二定律的因素是气压，在这方面，通常是海洋强于陆地，压力强大的台风、飓风等来自海洋，它们常常带来降温和大量雨水。不过这种气象不常发生，多限于沿海地区，这些地方本来就不缺乏雨水，这些雨水对内陆整体影响不大。

海洋的雨云进入沿海地区最方便，这些地区一般雨水多。进入内陆地区则困难重重，因为经过的空间宽广，大部分还没有来到就在沿途变成雨水降落，内陆地势较高也是阻挡雨云进入的因素。因此，沙漠大多数在内陆高地形成。沙漠的气温较高，进一步阻挡雨云进入，使沙漠的范围逐渐扩大。不过总有进入内地的，通过高层大气环流，否则珠穆朗玛峰上的积雪和冰川早就不存在了。

这里显现内陆降雨与地面温度的关系，这种关系在沿海地区不显著，在那里，不管地温高低，一般不缺水。内陆就不同：若空气温度高，对雨云就会起驱赶的作用；若气温低，即使是高山，也会吸引雨云，包括海洋来的和内陆形成的雨云，并让它成雪成冰。另外，内陆的气候又与地面水分布相关，水多的地方，雨水就多，气温较低；水少的地方，情况就相反。

内陆理想的水文状态是陆地水均匀分布于全地面，起码在一个大的相对封闭的地区内，如云南坝子、四川盆地、长江流域和黄河流域等。若能够实现均衡分布，这时的气象特征就是连阴雨，似乎是很多地方过去的景象，贵州和云南等地最明显。相反，若水资源分布不均匀，就会出现旱涝灾害，环境升温，直接作用于全球变暖。

科研人员和农民都认可一个事实，近年是天气越来越热，而且越热越干，百年大旱和气温升高有着明显的联系。然而，他们都看不到或不愿正视这一现象背后的动因。起码有以下五点。

第一，大型水利工程的建造。主要是水库和拦河大坝，强行将一大部分江河流水蓄积起来，大幅度缩减流水面积，星罗棋布的小型水利工程项目在这方面的作用也不可忽视。第二，城镇和道路建设。相关的因素是水泥地面扩张，阻断了这部分地面的地下水蒸腾升空。第三，人口增加。让部分自然水转化为人体内水分和家庭储备用水，让它的运动从外空间大循环转化为管道内循环。人体体温和呼气则直接作用于环境升温。第四，生产与生活耗水量和耗能量的持续增长。第五，植被持续缩减，质量下降。

这一切都是人为、有为，它导致陆地水分布失衡。相应的后果是：蒸腾水失衡——蓄水地方如三峡库区蒸腾水增多，相应地雨水量增多，大多数地方减少，总量缩减，总雨量减少，环境温度上升。

陆地水的运动有两大形式：自西向东或自高而低的横向线性运动，蒸发成雨的纵向循环运动。内陆没有大江大河的地区就只有第二种运动，这些地方的地面水分布失衡的后果更为严重。关键之点是，雨水的形成需要规模效应，小水量成不了大气候。

如果蒸腾水量减少 10%，转变为雨水的几率就可能减少 30% 以上，这可以称为反向放大的规模效应。我们可以假定天空从晴朗到阴雨的“变脸”有个临界值。若差了10%，它就算阴云密布、雷声隆隆，也不会下雨，向天空发射“催泪弹”碘化银剂就是意图补足这10%。

雨云形成的条件，一是水分，二是温度，以水分为主。地面水在阳光的作用下蒸腾上升，在上升过程中降温，就会凝结成云成雨。当水分达不到降雨饱和度时，即使温度条件具备，它可能成云，却不会成雨，也不会老老实实待在原地等候足够的水分参与成雨，而会在空中飘流，活动空间就可能膨胀成千上万倍。当这膨胀了的空间达到饱和度时，水分相应的积聚量也会是过去的成千上万倍，这时齐刷刷地倾泻到地面，就是我们遭遇到的暴雨，而巨量水分积聚拉长了的时间就是干旱期。当蒸腾水随着人为活动的加剧而总量继续缩减之时，上述过程的时间进一步延长，表现为无雨持续的时间更长，而暴雨则变本加厉，但总降水量下降。

这最后一点产生的原因在于：两种运动是同一的陆地水运动，前一种运动流失水，后一种运动保留水，当它的上下纵向运动份额减少之时，东西横向运动份额就会相应增加，导致陆地水净流失，出现持续的水文账面赤字。《自然》杂志研究报告指出，这是普遍性的现象，全球已经到达非常严重的程度，中国还不是最严重的国家。

雨云积聚时间延长和活动空间扩大的另一个结果是云往低处走，这与水往低处流是一个道理。云贵高原积聚起来的雨水就可能飘到湖南、广西和广东等地降落，加剧那里的洪涝灾害，云贵高原则总降水量下降，造成地区性的水净流失。而降暴雨之地也不会因此而获得“增值”——水太多成了灾害就要让它尽快流走。近年曾报道英国北部遭遇“千年一遇”的暴雨，原因可能相同，巨量雨水来自欧洲大陆。需水之地水流失，不需水之地水太多，可称为气象上的“马太效应”，最近在泰国发生的50年一遇的大洪水恐怕也是这个原因。

人离不开水，量却不能过多，也不能太少，理想的供给状态是细水长流。干旱加暴雨的模式是有害的。连阴雨表示空间水分时时处于饱和状态，总水量即使不变，水循环的次数就明显高于后一种气象模式。

陆地水总量虽则难以精确计算，但从古以来大致有个定数，它的作用由循环次数确定，循环次数多，相当于多供给，这是我们应当欢迎连阴雨的原因。如果1年之内蒸发上天的水总量是1亿吨或100亿吨，那么分100次返还地面当然比分10次返还为好，要是又能够分散各地，就是人们期盼的风调雨顺天象了，前提就是地面水资源分布均匀，这是连阴雨形成不可缺少的条件。

针对以上陆地升温因素，可以预见的未来是：水利工程继续建造，城镇建设和道路建设继续进行，钢筋水泥覆盖的地面继续扩大，人口数量继续增加，越来越多的能源转化为热气，植被继续缩减……升温的趋势就会持续下去，气象上的干旱和暴雨特色也就会不断加剧。人口越增加，工程建设就越是加紧，越防旱抗旱就越干旱，暴雨的规模也会不断升级。

西南地区平均海拔较高，不利于水源和雨云积蓄，又远离海洋，陆地升温的后果远较平原地区和沿海地区为重，它的主要海水来源孟加拉湾途经之地也在升温，干旱和暴雨的趋势就可能持续下去。有人把旱象归因于几率或自然，但气象统计表明，自20世纪80年代以后，云南区域平均气温总体上表现出明显的变暖趋势，尤其是2001年至2006年，云南区域气温增幅达到0.64℃，升温的幅度远远大于全球及北半球的平均值。

也许全球降温要天负责，升温则往往是人为，首要的因素是人口增加，其他因素皆为满足人口的需要而为。查阅史料可见，中国历史上重大的旱灾，大多发生在人口急剧膨胀时期和地区，清朝260多年间就多次发生大旱，这期间中国的人口从清初的1 000多万人增殖至清末的4个亿；现在全球变暖，与世界人口达到前所未有的高峰直接相关。近年大旱发生在中国、印度和非洲并非偶然，都是人口和经济迅猛增长的地区。

人口增长促进水利建设，似乎是顺理成章的事，对症下药，结出的却往往是苦果。人体疾病来源除细菌和病毒之外，还有就是医疗和药物，许多毛病是“治”出来的，“是药三分毒”。许多医生对此心知肚明，只是一般不说出口，以免影响收入和声誉，甚至有意给患者开出高价药和多余的药；社会弊病——现在仅限于讨论水——也是这样。

古人治水先后采用两种方法：堵和疏，认为后者比前者高明，那是科技落后之故。现在科技发达，就以堵为主。两者相比，堵属于有为、人为，疏属于无为。但这种无为也不彻底。彻底的无为是根本不修水利，顺其自然，水爱往哪里流随它。水有水性，就是往低处流，往大海里流，对它放任自流它也不会自动流到高处，这可称为水的“液力学第二定律”，人只要顺着水性，不与水争地，安居于水边高处，就可以毫不费力地——不需要建造任何水利工程——享用水之利，避开水之祸，这就是水利上的无为而治。之所以要费力地堵水和疏导水，皆因与水争地之故，与愚公的行为在形式上不相似而在实质上相似。愚公是与山争地，他宁愿将门前的两座大山搬走而不愿意将家搬到放置大山的平地上——古人就是喜欢有为。

主观上不同的是，愚公是刻意而为，而治水则是不得已而为，像治病吃药。古人不会竭泽而居，他们原先是选择水边高地居住的，只因没有估计到洪水，更主要的是人口迅速增殖，才变得与水争地。这个典型不在中国，而在荷兰，但下面的情况就又以中国为典型：人口越来越多，房产、地产也逐渐增多，就变得不便移动，加之到处人满为患，就变得无地可迁。最后也就滋生出乡土观念、家族观念，以及愚公样的感情：与特定的空间家乡共存亡。宁可世世代代修水利或搬山，不愿带头搬家。

统治者就从家族中产生，他们自然不会拂逆民意，也就将治水作为第一公务，当代官员则将它作为政绩的重要组成部分，逐渐就应了恩格斯的“自然报复”论，水利成了水害，也让人想起了“是药三分毒”——是项目三分祸。最好的工程最起码的祸害是加剧水资源分布的失衡态。

我们一直只知道烧荒种地和砍伐森林之类的行为是破坏生态，未曾想到生孩子、盖房子、修路和修水利也是，这是当今气象灾难无解的原因。明知吃药无用，已经到了病入膏肓的地步又不得不继续吃药；想是无为，又不得不尽力而为，加之，大多数人还追求有为，追求政绩。

不要怨天，不要怨地，不要怨全球变暖，人口和能耗增长是主因，我们每一个人都在时时刻刻为全球变暖作贡献，越富越能生育者贡献越大。人就是这样在追求各自的幸福生活中让整体每况愈下，自己跟自己过不去。为什么幸福难寻就是这个道理。

同样是人口增长和工程建设，对气象灾难，起了加剧作用；而对地震灾害，又起了化解作用，可见什么事情都不能说得那么死。但也要看到两者间的差异，以便从中得到教益。后者虽是人为的结果，却是无意而为，是附带产生的结果。前者则是有意而为，刻意而为，竭力而为，把它作为福利和政绩看待的结果，是不是不长进的表现?

这两种发现，地震新论算是苏拉德独特的，气象新论就很难称作是独特的了。北京大学主办的“2010 国际地下水论坛”之后，干旱和水就是个热门话题。互联网上就有篇题目相近的文章《未来气候：干旱与暴雨相伴?》，介绍了《自然》杂志上相关的研究报告：由于受到水分供给的限制，全球土壤水分蒸发蒸腾总量呈下降趋势，近期由蒸发蒸腾作用返回到大气中的土壤水分已经降低到年降水量的 60%。主因是受到南半球尤其是非洲和澳大利亚水分限制的影响。观测数据显示，非洲和澳大利亚的土壤水分从 1998 年到 2008 年一直在下降，而土壤水分减少又进一步限制了蒸发蒸腾作用，这是近年来全球地面蒸发蒸腾总量呈下降趋势的主因。

针对研究报告和中国的水情，《辽宁日报》记者去年采访一位中国工程院院士，该院士指出，水循环是一个多环节的庞大动态系统，可以分为海陆间的水循环以及陆上内循环和海上内循环。我们关注的重点是海陆间的水循环，因为海洋的面积占地球面积的 70%，陆地上的多数降水大都来自海洋蒸发的水分。水分在蒸发以后，部分在当地凝结成云，但大部分通过大气环流到达陆地，然后降水到陆地。而这些降水有的融入土壤当中，通过蒸发和植物的蒸腾作用再次回到空气当中，有的流入河流，成为地上和地下径流，汇入大海。这样周而复始，不断地给陆地带来降水。全球气候变暖后，大气运送水汽的速度增快了，最快在 6 天之内可以完成一次全球的大气水分交换，表明现在全球水循环加快。

全球气候变暖后，海洋的蒸发量明显加大，因而，不仅是水循环的速度加快，参与水循环的量也在增大，即水循环加强了。这应当导致洪涝而不是干旱。但这仅是有利的一面，另外一方面就是会增加大气的持水能力。由于在暖气候下，海洋蒸发增加，大气本身的含水量增加，一般而言，当温度每升高 1℃，大气含水量可提高约 7%。但气候变暖后，由于温度上升也同时使大气的持水能力增强，即饱和比湿增加，这意味着需要更多的水汽，大气才能达到饱和，达到降水条件。如果达不到饱和状态，大气就会不断地吞噬水分，并封存在大气中，不会以降水形式落下，使陆地更加干燥。反之，如果大气实际的含水量增加很快、很大，很容易达到饱和，达到了降水条件，就会发生降水，但强度会加强，从而可能导致洪涝灾害。

访谈内容还有很多，还有国内外其他更多的观点，如认为全球气候可能会突然从热变冷之论，在此恕不能更多引用。就以上内容，就让我大开眼界，“吞噬”说尤其是我闻所未闻的，令我感到自己的孤陋寡闻，也启发我的想象。仿佛神话中的龙王再世，得知云南气温升高了0.64℃，就赶来云南上空猛喝水，然后跑到广东等地尿尿。可是疑问随之产生，广东等地即使不升温，也比云南的气温要高得多呀，那里的空气为什么不“吞噬”雨水，而是暴雨连连？即便在云南，气温也是变动的吧，白天有时上到30℃，晚上往往只有10多℃，冬天甚至会降到0℃，大气就一直无视时刻变动的温差不分昼夜、不分季节地“吞噬”雨水吗？一次二次“吞噬”得了，会几个月不停地“吞噬”吗？与院士所说的洪涝的成因也有矛盾，对这种说法我是说服不了自己去相信的了。我也不相信海水蒸发后“大部分通过大气环流到达陆地，然后降水到陆地”之论，能是“大部分”吗？

这明显是一种外因论，将干旱和全球变暖的责任硬推给大自然。依我看，若大气含水能力增加，也许会延长降雨周期，但早晚都会全部降落到地面上，而不会长期悬在空中。含水不等于吸水，空气不可能将水分吞噬掉，所谓“蒸发悖论”是不存在的。按此悖论，中国这两年就不应当出现北旱南涝的现象。

内因论就是有为论、人为论。个人对自然的影响也许微不足道，但人类整体，加上科学技术，这种影响就不能小看了，即使是顺其自然的行为，也可能是地球的灾难，而且会随着人口的增长而加剧。自从人类出现在地球上，主观意志就开始介入自然界，纯粹的自然不复存在，自然界的种种表现无不被打上人类活动的印记。今天，人类已经可以自豪地宣布彻底征服了自然，人是地球真正的、唯一的主人，人的意志在地球上起主导作用，人类也就要对地球的一切包括灾祸负责，责无旁贷，就像投资者收购了一个企业就要对它负全责一样。一个显明的事实是，假如世界人口一直停留在文明初期的1亿人的规模上，还会有旱灾存在吗？而当世界人口达到100亿、200亿或更多之时，还能期盼老天爷有好脸色吗？

外因论与内因论的根本差异，就是我的观念与传统观念和流行观念的根本差异。

科学超级大国的“愚民教育”叹

美国不仅在政治上和经济上是个超级大国，而且在科学上也是个超级大国——这种说法，我想是没有多少争议的。若谁还在怀疑，那就想想全世界在用的计算机、互联网，并浏览历届诺贝尔奖获奖者名单，这个怀疑就会烟消云散。

但若因此推论，这个国家公民的科学知识必定超凡脱俗，科学素养必定异乎寻常，那就大错特错了。情况正好相反，在这些方面，美国得分极低，满可以说它是个科学盲充斥的国家，远不及中国，我这样说有书为证。

> ……美国科学盲的猖獗蔓延。有关这个题目的大量文献，这里我们只需要提到总统科学顾问送给国会的一个报告。美国公众的科学知识现在是这样一个水平，“接受调查的一半成年人不知道地球绕太阳一周要花一年时间”。

(我们从其他调查知悉，不到7%的美国成年人可以按照最一般的定义称做是有科学知识的，只有13%的成年人有理解科学过程的最低水平，而且有40%的人不同意“占星术终究不是科学”这种说法。)特别是，“教学这个职业已经发生危机……我们现在每当增加1个数学和理工科教师时，就要失去13个（这样的教师)。”教师中只有下列百分比满足中学授课的最低标准：生物学中29%，化学中31%，物理学中12%。典型的情况是，有几乎30%的美国中学，不开物理课，只有20%的中学毕业生学过物理课程。“在最近的国际科学评估中，与12个国家的学生相比较，我们的中学生在物理学方面居第9位，在化学方面居第11位，在生物学方面则居末位……在数学方面，我们的最好的13%与其他国家相比，往往落入所有国家的最低的25%之中。”

现在，我们的成年人中有1/3（这些人中的大部分是福音派新教信徒）说他们是“重生的”信徒；一半以上的人相信通过祷告每天会有出现奇迹的可能性；60%的成年人说他们相信地狱对于要永远受罪的人来说是存在的。每年个人捐给宗教机构的现在已超过750亿美元。但在这儿又是这样，人们很少意识到有什么矛盾，尽管事实上现代的以科学为基础的世界观很大一部分正是从对这样一些矛盾的反应中演化出来的，而且确实仍然因为不能在科学和信仰这两种不可推卸的责任之间的鸿沟架起桥梁而痛苦。与此相对照，绝大多数的一般美国人，据报道，在这些不同的力量之间完全不感到有什么冲突。

是印第安酋长嘲弄美国牛仔的话？或是极端分子诋毁美国的话？或是美国古代的事？

都不是，它们出自美国当代科学史家霍尔顿名著《科学与反科学》一书中。在书中，他描述20世纪80年代前后，在一股反科学潮流下，美国社会教育呈现的值得忧虑的状况：理科人才大量流失，学业荒废，群众科学知识水平低下，宗教与迷信盛行。

不仅霍尔顿忧虑，我们看了这个报告也会替这个超级大国急：大多数中学生都不学物理，化学和其他理工课估计也没有学，科学教育名存实亡，纳税人的钱都用来干什么啦？美国官员干什么去啦？这么大的事都不放在心上！（有实际行动：大批中国留学生留下填补空缺，当理工科助教、教授和教研室主任等，使这种糟糕的状况在近年有所改善。）

但再想想，又不禁哑然失笑。人家一直奉行的就是这种“愚民教育”，也一直稳居科学顶峰；中国一直奉行精英教育，从幼儿园到博士后，“赛先生”备受尊崇，却远远落在人后，到底谁该替谁急？

中国孩子读四书五经，加上杂七杂八的现代经典；美国孩子读《圣经》、《荷马史诗》、《理想国》、《共产党宣言》等世界文库中的精华。还有一部“经”，卢梭的《爱弥儿》，似乎被美国人奉为教育金典、金科玉律，而它宣扬的却是类似老子的无为主义与读书无用论，宣扬知识越多越愚蠢之类的“谬论”。看看书中的片段你就会印象深刻：

> 最初几年的教育应当纯粹是消极的。它不在于教学生以道德和真理，而在于防止他的心沾染罪恶，防止他的思想产生谬见。
>
> 不仅不应当争取时间，而且还必须把时间白白地放过去。
>
> 你开头什么也不教，结果反而会创造一个教育的奇迹。
>
> 由于错用时间而带来的损失，比在那段时间中一事不做的损失还大，一个受了不良教育的孩子，远远不如没有受过任何教育的孩子聪明。
>
> 不按照成规来管教你的学生，要放任无为才能一切有为。
>
> 大自然是有增强孩子的身体和使之成长的办法的，我们绝不能违反它的办法。
>
> 再没有谁比那些受过许多理性教育的孩子更傻的了。
>
> 宁愿让一个孩子到十岁的时候长得身高五尺而不愿他有什么判断的能力。
>
> 我教给我的学生的，是一项需要在很长的时期中刻苦学习才能学会的艺术……这项艺术就是保持其无知的状态，因为任何一个人所有的真实学问归根到底只是那么一点点。

卢梭对柏拉图深有研究，他将《理想国》看做是教育经典，他的一些观点就来自《理想国》。柏拉图在《理想国》中提到，品质优秀的人受了坏的教育，就会变得比谁都坏，在卢梭上面的言论中就有类似的说法。此外，也有老子“无为而无不为”的思想，他是否也受到老子的影响则不得而知。

中国《小学生守则》中有几大“热爱”，其中就有“热爱科学”，但学习的沉重压力让学校成为孩子们畏惧之地，对学校的一切也就难得真正爱起来，只因自小灌输的爱才、成才观念才让他们勉强待在那里；美国中小学生守则中一个“热爱”都没有，也没有学习、考试、升学的压力，老师们用笑脸、用尊重、用风趣的和夸奖的语言、用多式多样的游戏和活动，加上美味的食物，让孩子们喜爱学校的一切。据一些美籍华人说，他们的孩子即使一句英语都不会，没有几天就会爱上他们完全陌生的学校、老师和功课，这就是美国教育的魅力和它成功的秘诀。

在我们的眼中，会说美国老师是靠甜言蜜语蒙骗孩子，因为到中学毕业他们都没有学好数理化。这可是事实，但不是蒙骗，而是卢梭教育观的实践：保持其无知的状态。

不仅中小学生这样，大学生以至成人都是这样，这就是霍尔顿书中表达的忧虑。实际范围还要广，一般美国人不仅科学上无知，哲学上、政治上、经济上都无知得可爱，远不如中国人博学、精明。美国华人学生成绩全美拔尖，打工赚钱能力全美领先，可以证实这一点。

事实上，美国人崇尚实用主义，不搞群众运动，专业的事就不鼓励群众参与，只让喜爱又有专长的人去做。种树要遵循“适地适树”原则，做事要讲求“适人适事”

原则，才有好效果。像科学，是科学家的事，一般人不必费这个心思——普遍的鼓励如“向科学进军”和“扩招”之类的机会只会让不学无术者大量混进科学领域中，一般人也不想费这个心思，宁愿当个科学盲，或站到反科学的队伍中。科学工作重质不重量，队伍宜瘦不宜肥，让一般人在科学殿堂前望而却步的是它大门上用隐形字体大写着的一句话：不爱知识者止步！

中国封建统治者认为愚民最好治理，坚定地实施上智下愚政策；当代美国统治阶级似乎也在实践这一条，他们依赖少数精英发展科学并让大多数人继续当科盲。但两者的动机却有着霄壤之别：前者为自己的利益着想，后者却为群众和国家的利益着想。

美国人的做法隐藏着极高明的教育睿智，即希腊智慧和希伯来智慧：智慧、本性、健康体魄、想象力和创造力比知识重要。简括地说，就是素质比知识重要。理想国由高素质的人组成而不是由高学历的人组成。

素质，属于肉体、直觉、本能和天赋，比知识重要得多，一般地也不能靠学知识获得。人生最要紧的事是保存和提高自己的素质，当人的素质得到保存和提高时，知识实是轻而易举且无关大局的事。不要本末倒置，不要把人生最美好的时间消耗于积累知识上，更不要让知识妨碍和损害素质。自幼将知识教育放在第一位的做法，对素质绝对是一种严重的且难以补救的损害，如奥修所说的，一开始就让人变残废罢了。对青少年进行“愚民教育”实是呵护天才、培育精英之路。

这种思想和实践对中国人来说是太陌生、太困难也太可怕了——真实的追求还不是知识，而是分数与文凭，尽管今天的国人思想有所解放，容忍各种奇谈怪论，但我敢断言，没有一个家长敢迈出这一步，让自己的子女从繁琐无用且损害身心健康的教育体制中解脱出来，比如像许多美国人那样不送孩子进幼儿园和学校（尽管他们的学校已经成了儿童乐园）而由家长自行安排家教。

不要把教育认作仅是政府和学校的事而不是每个人自己的事，政府和学校有时都看不下去——公务员和教师同样有孩子呀，还采取某种缓解措施如减负，而家长们立即自动采取相应的“补救”措施（自行安排形形色色的补课）。最近有位教授站出来攻击“奥数”，更多的人立即站出来捍卫“奥数”。其实，人人都是旧制度的受害者和捍卫者，心甘情愿让一种落后的教育模式折磨自己和自己的后代。这一教育体制就像一台拥有魔咒的加压机，人们恨它骂它，又不由自主地卷进去，一个个被压得喘不过气来，还紧拉着自己后代的手把他们拖进去。几千年文化积淀而成的“酱缸”太大太深，注多少清水也无济于事。今天的中国人远不如几百年前的卢梭和几千年前的老子那么洒脱，真正的思想解放谈何容易！

国外先进事物有许多奥秘，如可口可乐配方等，人家保密，我们学不来，这是没有办法的事。然而，像培育科学家、政治家、思想家、艺术家这样的大事却毫无秘密可言，清清楚楚的理论和实践摆在那里，可以购买书本、录像带，可以实地考察而且实际上一批批人三番五次地进行考察，人家也不厌其烦地一再演示、讲解，却怎么也学不来做不到，还能怪谁？失望之余，一些有钱或有权的人也就自寻出路（花大钱送子女到美国接受“愚民教育”去)，有时自己也跟着去。但往往为时已晚，真正有收获者也不多。“玉不琢，不成器”——玉早就被人“琢”成顽石啦。

为教育，美国人在忧虑，中国人也在忧虑；他们因过分轻松而忧虑，我们却因不堪重负而忧虑。放着轻松愉快且富有成效的路不走，中国人在这条曲折而少回报的崎岖小道上踟蹰复踟蹰，自小就得戴着近视眼镜、弯腰曲背、喘着粗气在书山上艰难攀爬……还能指望别的出路吗？只好让有识之士扼腕去了。

我们明白中国教育的症结，就要正视这个现实。世界上有许多事，明知不好，却无法去除，只能适应它们。有句俗话称，化腐朽为神奇。在教育上，只要改变观念，顺势而为，适当引导，就会迎来柳暗花明的未来。

一个比较实际的目标就是，国务院在2005年制订的在21世纪中期成为世界科技强国的目标，第一步是2020年进入“创新型国家”行列。“创新型国家”的目标要求是：自主创新能力显著增强，科技促进经济社会发展和保障国家安全的能力显著增强，为全面建设小康社会提供强有力的支撑；基础科学和前沿技术研究综合实力显著增强，取得一批在世界具有重大影响的科学技术成果，进入创新型国家行列，为在21世纪中叶成为世界科技强国奠定基础。相应地，有关部门还制订了一个海外高层次人才引进计划，简称“千人计划”。

既然我们的教育是知识教育，“知识就是力量”的观念深入人心，知识型人才数以亿计，不妨扬长避短，来个知识大爆炸，推进知识大创新，成为科技强国。当然，要实现这个目标也不容易，按我的想法，首要的是观念转变。

一是在教育上要求转向真正的知识教育。这就需要承认现实，我们现在的教育仍然没有脱离应试教育的窠臼，实施智慧教育和艺术教育更不现实，比较有把握实现的是转向真正的知识教育。教育者需要做的工作是，努力挖掘各种知识之美，包括理论之美、逻辑之美，想象之美、语言之美、数之美等，并充实于教学工作中，让学生培育起对知识之爱。

二是要立足于全国人民。自改革开放至今，我们一直依靠专业机构、专家、学者，在科技上取得不少成就，但在科技创新上却没有重大突破。这一事实告诉我们，专家路线有局限性。事实告诉我们，对海外专家也不要期望过高。

中国有十几亿人，又有集中制的传统，从根本上看，发展任何事业，都要立足国内，动员广大群众参与，在十几亿人中发掘潜力，造福本国人民。立足于民的观念很重要。巴西、阿根廷等国家的足球为什么那样棒？他们是全民参与，会走路的孩子就开始玩足球。俄罗斯、西班牙等国家的舞蹈为什么那样美？他们全国尽是喜爱歌舞和能歌善舞之人。中国“功夫”为什么世界驰名（虽则是个虚名）？因为在中国爱好武侠小说、武侠电影者众。现在发展科技，尽管不必人人参与，也要有民众基础，才会有生命力。若民众将它看做是专家、学者和海归的事，与己无关，就很难走出困境。目前需要做的是，将目光转向民间，大力培育民间科学家，发展民间科学，这就需要转变观念。

一提到民间科学家，人们都有种不屑的态度，似乎是不登大雅之堂的人。若我们看看科技史，就会知道这种态度是十分错误的，世界上大多数科技发明创造都是民间科学家作出的。

真正的科学从伽利略算起，之前就有不少科学家，他们大多数不是官员，也无政府资助，就是民间科学家。就说伽利略，他也不是官方科学家，教会、政府没有将他置于死地，就算万幸。他之后的科学家，有部分可以算作官方科学家，牛顿是个典型，他是皇家学会成员，后荣升为主席，直至病逝，期间还任造币厂厂长，钞票大大的有。但他的早期研究还是靠自己，30 岁之前，他的主要研究成果已经出来了，那时还只能算是个民间科学家。

与他同时代和之后的大多数科学家就没有他那么幸运。给天文学作出巨大贡献的开普勒，虽然算是个“吃皇粮”的人，却遭遇欠薪，据说达 20 年之久。平时靠卖弄占星术维持生计，到老年时为家计不得不像今天的一些农民工那样拖着病体步履蹒跚地去布拉格讨欠薪（一说是借款），不幸病死途中。其他大多数科学家与“皇粮”不沾边，科研要自立项目、自筹资金、风险自负。就说诺贝尔吧，他的研究就不是依靠国家资助，而是继承父业自己搞起来的。虽然后来发了大财，研制过程中自己却承受了巨大的风险，还搭进了亲人的生命，所得收益最终以加倍的方式回报社会。

达尔文的同代人奥地利修道士孟德尔的研究工作就纯粹是个人行为，他用近 10 年的时间亲自荷锄栽培豌豆和其他作物，在遗传学上作出了重大发现，研究报告却屡遭冷遇，全部努力没有给他带来任何收益和声誉，在死了几十年后才为科学界认可。

这些科学家的事迹给我们很大的启示：向科学进军，不要单纯地依赖官方科研机构和官方科学家，也就是不要由国家包揽，要动员广大群众参与。而群众也要改变观念，不要将科研看做仅是国家的事业，而不是自己的事业，不要动不动就向国家伸手要钱、要设备。孟德尔的事迹告诉我们，从事科学研究，首先要爱知识，不图名利，才有望突破。正是你不处心积虑求成果，反而会出大成果；不孜孜以求利益，反而会大有收益。专家、学者、海归之所以难有大作为，因为他们大多数是冲着名利而来的，缪斯女神见到他们，很可能会掉头离去。重赏之下必有勇夫，就尽是勇夫，难见天才——但愿我这次说错了。民间研究受诸多条件限制，但在创意、立题、形式、时间等方面少受限制，能够完成众多正规渠道不能完成的研究工作。让科学立足于民的方针是正确的，应当坚定不移地执行。这个意思不是说要人人争当科学家，而是要人人关心国家科学事业，每个人可以当科学家，也可以当批判家，总之，就是要让科学成为全体人民关心的事业，这就需要转变观念并适当加以引导。

颠倒的颠倒：科学复兴之路

1. 课题的产生

有人在唱科学革命的赞歌，有人在唱科学终结的挽歌，这是一个颠倒；现在我试图哼唱复兴科学的小调，这就是颠倒的颠倒。

希腊人有句话说得好：发现问题是解决问题的一半。现在我们发现科学的终结，是像个看客那样眼睁睁地看着它终结下去，还是像个主人那样在它还没有完全终结之时，想办法让它恢复生命力，让它获得新生，像对待金融危机那样？

其实霍根和霍尔顿所说的科学终结并非就是科学的死亡，不过是斯宾格勒所称的历史兴衰大循环的末期罢了，已经过去了一个世纪，现在是否该到另一个循环的开端？历史不可能就这样衰落下去吧。或者说，新时期还没有到来，那么我们能否做点工作促使它早日到来而复兴？我们不必等到它死翘翘才动手做这个工作。不难发现，许多人正在这样做；另有许多人根本不将终结论放在心上，或者从来就没有听到霍根和霍尔顿的声音，他们一直做着他们认为该做的事。

人本自由（亚里士多德语），在科学上相信或不相信某种理论，支持或反对某种理论，更是个人的自由，但我是相信终结论的，而且是斯宾格勒那种（兴衰循环型），而不是爱因斯坦那种（直线发展型），正因为如此，才有现在这个课题和下面的论述。

2. 科学的生命和顶峰

生命的概念不限于生物，一切生成和发展的事物都被人看做是有生命的，科学就被这样看待，因而有终结论和我现在提出的复兴论。科学生命有不同的叫法，波普尔称科学进步是不断地以新理论取代旧理论的过程，就是一种表述科学生命的方式：科学进步没有止境，科学生命长盛不衰，但他的说法也是不完善的，可反驳的。我在这里给出一个改进的说法：科学进步是不断地推出先进理论的过程。

新理论往往也指后出现的理论，时间上的新，就未必都是先进理论；即便真的比旧理论先进，也不一定就取代旧理论。非欧几何学是在批判欧几里得几何学中产生的，出现时间也晚了许多年，无疑是新理论，但它至今没有取代欧氏几何学，爱因斯坦的理论也没有像波普尔所说的那样取代牛顿的理论（只是局部取代，如在黑洞理论上，但牛顿并没有“见到”黑洞）。我们甚至不能说哪一种理论更先进，因为它们之间应用的领域不同，不是完全可比的。在征集“谁是最伟大科学家”意见时，就有几乎不相上下的两个答案：牛顿和爱因斯坦。

上面的讨论可以达成一个共识：科学的生命在于不断创新；没有创新，科学终结。

这种说法似乎从根本上排除了科学终结论。人们会说，科学创新的步伐从来没有停顿，创新不断，诺贝尔奖就从来没有空缺的年份，怎么能说科学终结？这就在于对科学顶峰的理解。

科学是分科的学术，不管多么先进的理论都从属于某一科目，而在科目中达到顶峰的理论不一定就是科学的顶峰。自从设立诺贝尔奖，获奖的理论全部都属于科目的顶峰，而不是科学的顶峰。

这并不是说，科学顶峰根本不存在，它是存在的，就是那些引发科学革命、全面改变人们科学观的理论。英国皇家学会会员、普林斯顿高级研究学院名誉教授弗里曼·戴森在名为《科学的进化》的讲座中列举了五个科学家的名字：哥白尼、牛顿、达尔文、爱因斯坦、弗洛伊德，指出他们是以概念引发科学革命的科学家，此外还有量子力学引发的概念革命，就可以看做是几个科学顶峰。他们的理论有共同的特点：都属于某个科目，都是各自科目中的顶级理论，又都对整体科学观产生影响，但大部分不是诺贝尔奖获奖项目。

科学生命的概念也就进一步明确为：不断建立新顶峰的过程，即不断推出顶级理论的过程。

科研人员常常以攀登科学高峰为目标，现在我们知道，科学高峰是个不断上升的高峰。地理上有世界最高峰，或称地球顶峰，它虽则也在上升，但和科学进步的速度相比，则是非常缓慢的过程，小到可以忽略不计的程度，科学进步却是一日千里。科学高峰是动态的，可超越的，换句话说，科学就是创造，说科学的生命在于创新就是这个道理。要像地理那样，确定一个高峰，人人努力攀登这个高峰，以这个高峰为终极目标，意味着科学的停滞和死亡。

在概念革命之外，戴森还提到工具推动的革命，先后发生过 20 多次，依我看，两者是统一的，属于同一的科学事件。大量事例表明，工具的革新似乎是独立进行的，可以不依赖概念和理论，一些没有受过多少教育而不懂科学的人有可能作出重大的工具创造，反过来推动理论创新。但深入一步，就会发现这只是些表面现象，科学上所有重大成就，都离不开科学理论，而所有的科学理论又都来自顶级科学理论，都可以看做是顶级科学理论的扩展形态。就以戴森提到的施密特和兹维斯两个自学成才而制造出顶级天文望远镜的事例来说，他们两人就不可能缺乏天文学知识，生活在 20 世纪的天文爱好者不可能不懂哥白尼、开普勒、牛顿、爱因斯坦等人的理论。他们的成就虽则推动了天文学研究，大大扩展了天文探索的边界和深度，但并没有超越大师的理论，完全可以看成是大师理论的具体运用和发挥。

戴森的观念并非独特，实际是个流行观念。按照这个观念，通往科学圣殿有两条路：理论创新和工具创新。两者通常是混合在一起的，只是人们有所偏重罢了。大多数人偏重于后者，科学界整体偏重后者，每年颁发的诺贝尔奖大多数就属于工具的创新，包括理论形态的工具创新。这原因一是因为重大理论创新比较困难，二是出于普遍追求功利的心态，工具创新容易给人带来直接的可见的成果。然而，理论创新才是最重要的。恩格斯说："一个民族想要站在科学的最高峰，就一刻也不能没有理论思维。"理论思维的成果是理论，恩格斯当然不是说只要时刻进行理论思维的民族就一定能够"站在科学的最高峰"，而是指产生理论的理论思维，还不是一般的理论，是顶级科学理论，顶级科学理论就是我们在科学研究上要追求的目标。

这就给我们提出一个新目标：创造科学顶峰。

科学只有一个体系，早就存在，对大多数国家来说是外来的事物，因此，即使达到了体系的高峰，也不能够算是创新性的成就，最多就算是工具革新的成就，而不是理论创新的成就。只有自己创造一个科学顶峰，产生全新的顶级理论，才算拥有自己的科学，并“站在科学的最高峰”。

一个国家可以没有自己的科学（理论）而生活得很好，根据自己的需要现成拿来（理论和产品）使用就可以了，亦即可以没有科学而有科学事业。若想拥有自己的科学，甚至要在世界科学上争先进，那就必须将目标集中于创造新的科学顶峰。这对那些从来没有创造过顶峰的国家来说更是这样，在这上面可说是别无选择，相应的途径就不是大量引进人才和技术，建设重点实验室，而是大力倡导恩格斯所强调的“理论思维”，鼓励创造新理论和新学派。这种情况让我们想到西班牙的斗牛士，我们大多数人都是看客、裁判或后勤人员，谁要想加入斗牛士的圈子，谁就要亲自（不能出钱雇人）上场扳倒一条壮牛。

3. 通向科学顶峰的两条路

以科学顶峰为目标，就要研究通向科学顶峰的道路，或独创顶峰的道路。

到达世界地理顶峰的道路有南北两条，通向科学顶峰的道路同样是两条：知识之路和智慧之路。前一条路由亚里士多德开创，大多数人一直在走而且继续在走，前面所说的理论创新和工具创新都属于这条知识之路。后一条是另一些古希腊哲人走过但被大多数后人忘却了的或抛弃了的路（一直有少数人悄悄地、形单影只地在走，就是那些杰出科学家），但能够助人到达科学顶峰。

两条路根本的区别在于它们与真理的关系。知识来自真理，智慧则是发现真理的能力，这是前文反复论述过的，从这里就可以看到两条路具有本质上的差异。知识之路提供的是清楚明白的现成真理，加上观察和实验，你可以从中作出新的发现，但多是高度有限的发现，想以此达到新的顶峰，是困难的。智慧之路虽则曲折迷茫并且充满艰难险阻，但一旦走通了，自身就在一定程度上成为真理和知识之源，新的顶峰就会透过重重迷雾而呈现在眼前。

两条路在方法上也迥然不同：前者从实践到概念，高明的会从概念到概念；后者从理念到理念，是柏拉图提供的方法，这也是前文论述过的，在这里从略。

黑格尔认为理念是哲学的对象，现在应当说理念也是科学的对象。元素、原子、分子、粒子、物质、运动、规律等，科学家认为是物质性的或理性的概念，按柏拉图的理论则全是理念，或者说，只有将它们置于理念世界中，我们才能清晰地认识它们。在这上面，黑格尔的认识也是很含糊的。他更为强调的是概念，连哲学都被他概念化，他是意图将哲学改造成科学，即哲学科学。

文明史表明，最重大的科学理论由哲学家直接创立或在哲学指导下由爱智慧的科学家创立，科学由哲学奠基，离不开哲学，是哲学指导科学而不是相反，离开哲学，科学将寸步难行。过分尊崇赛先生，怠慢了它的父亲伟先生，是许多国家未能发展起哲学、科学的重要原因。

哲学就是爱智慧，谁要想创造科学的新顶峰，同样需要智慧，即要用哲学指导科学研究，才有可能。“真理就是全体。”（《小逻辑》）真理是一不是多，哲学和科学的目的都是真理，最终却只有哲学才能够助人到达真理，科学则需依赖哲学才能到达真理，这也是真理。

4. 抛弃愚民教育，接受智慧教育

明白了智慧的重要性，接着就要考虑如何获得智慧，有效的方式是接受智慧教育，抛弃愚民教育。

前文论及“愚民教育”，容易引起的一个误会是，只要不好好读书就会大有前途。事情没有这么简单，要看如何理解和实践。真正的愚民教育并非不教不学，相反，是积极教学，而且要“学而时习之”，只是教学的内容和方式让人愚而已。

把古代中国的教育和当代美国的教育笼统地称作“愚民教育”不完全对，但对中国人来说，却是需要认真看待的：人人都自觉地或被迫地用功读书，上学就是读书，不能上学读书或被迫中途辍学，被认作是断送前程的大灾难。

我的意思并非叫人不要读书，而是叫人转变观念，打破对知识的迷信，转向智慧。美国人对知识取舍自如的态度就是一种智慧的表现，庄子让人“绝圣弃知”是高度智慧的表现，它来自老子的“绝圣弃智”（似乎又过了点，“洗澡水和孩子同时被泼掉”），智慧是不能抛弃的。知识是人为的，并不像柏拉图说的那样只对无错，而是有对又有错。人有聪明与愚笨之分。教育就起码有 4 种情况：聪明的人接受了良好的教育；聪明的人接受了坏的教育；愚笨的人接受了良好的教育；愚笨的人接受了坏的教育。若将教育与学知识相联系，就可发现，并非什么知识、什么教育都是有益和有用的，对待坏的知识和教育，有比没有还糟糕，不如将它“绝”了。这就是教育上的“天赋与教育并重论”。另有“教育万能论”，则假定人在品德与智能上完全相等，不存在上面 4 种情况，教育决定一切，没有教不好的学生，只有不胜任的教师。相对于孔子的有教无类，我主张有教有类。后面这个“类”不仅指学生，还指教学内容。

即便是有教有类，也不是没有争议：人人都会说自己接受的这类知识和教育是好的，教育家和管理者尤其会这样说，明知是坏的知识和坏的教育怎么能够容许用来教人呢？这里麻烦的是，知识和教育的好坏一直没有一个明确的标准，在现实生活中，似乎什么知识都是需要的，学了没有什么坏处，学比不学好，而且知识和教育的好坏又与接受者的品质和环境相联系，很难作硬性规定，这里就用得上智慧了。

智慧也就是《圣经》上说的辨善恶的能力，对教育的选择就需要这种能力。教育在本质上是公共事业，有许多知识和教育对国家、对集体来说是有益和有用的，必不可少的，对个人来说则未必，这就需要运用个人的智慧进行选择。有时整体上不适合自己，选择辍学就是明智之举，或只是利用学校环境自己安排学习。

教育上先进与落后的根本区别在于：先进者以帮助学生增强探索和发现真理的能力为目标，落后者则通过灌输知识以提高学生认识世界的能力为目标。前者把教学重点放在“识”上，而后者把教学重点放在“知”上。比两者都要高的教育则是超出知识范畴，帮助学生获得智慧，成为真理和知识的源泉。可以分别称为真理教育、知识教育和智慧教育。目前大行其道的是知识教育，美国等选择的是真理教育和智慧教育（已经发生蜕变，但基本精神保留下来），这是他们人才辈出、大师成群的秘密。

5. 智慧教育的基础：艺术教育

学习的一个捷径是找先进，避免无目标的摸索。这方面的先进不在中国，也不在当代世界发达国家，而在古希腊，因为他们培养的高素质人才最多，成就最大。美国作家房龙有句话称：在仅仅一个世纪之内，希腊培育出来的科学家、雕塑家、数学家、物理学家、哲学家、诗人、戏剧家、建筑大师、演说家、政治家和法学家，比其他任何国家在20个世纪里所培育出来的还要多。

人有身体和精神，所谓素质就从这两方面考虑。古希腊人倡导的素质，恐怕就是柏拉图所肯定的美德，它兼顾了身体和精神，共五种：虔诚、智慧、正义、勇敢和节制，这是中国人所欠缺的，尤其是虔诚（真诚）和智慧。智慧虽由老子提出，随即被弃，之后就没有人将它捡回来。至于虔诚，则从来没有听谁提出过，在中国只有忠诚的概念，古代就只有忠的概念。现在我们知道，一个人若缺乏虔诚心，是什么事都做不好的，也靠不住，像科学研究这类高尚的事业，更要求虔诚的美德，然后才是智慧。虔诚常被理解为宗教徒对神崇敬，希腊人却把它变成真爱。对神也好，对人也好，对事业也好，真正爱它，就可能得到它。所以他们不称哲学家为智慧者，而称为爱智慧的人；柏拉图也不要求学生博才多识，而仅要求他们认识美，爱美。希腊神话中最多也最为活跃的是阿波罗手下的一伙艺术女神，她们个个才貌双全，就是叫人去爱她们，而不是崇敬她们。爱是达到理解和结合的捷径，是希腊人在文明建设中比其他民族获得更大成效的秘诀。对科学同样要求真爱。《列子》中就有个寓意深刻的故事。一位居住僻远、未经世面、名叫商丘开的老农民，因为真诚而在无意间做出了高台下跳、深水探宝、烈火中抢救财物而毫发不损等奇迹，令欺侮他的人转而敬畏他。真诚能够让人变得勇敢无畏，做到一般人做不到的事，近似神。一种教育如果能够让学生普遍获得虔诚的美德，对己、对人、对事均能做到真诚和真爱，就算基本达到目的。

智慧是一种天赋，但也离不开教育。纯粹的天赋犹如不加修剪的树木，是不容易绽放美丽的花朵和结出甜美的果子的。智慧教育应当包括保存智慧和增进智慧两方面。教育的第一步是将人的这种天赋作为一种珍贵的财富小心地保存下来，不使它丧失、变形和变质，第二步才考虑如何增进这种天赋。老庄的“愚民教育”就是保存人的智慧的一种方式，卢梭的教育理论也有这个因素，但他们的做法都偏于消极：通过无为或放任自流的方式保存人的天赋（不仅是智慧）。从古到今，只有希腊人的做法是最高明的：通过艺术教育的方式在增进人天赋的同时保存和发挥天赋。

柏拉图教育观的核心就一句话：以音乐陶冶心灵，以体操锻炼身体，让学生身心全面发展。

希腊人也读书，基本上就读一部书，那就是《荷马史诗》，实际不是读，而是听故事。因为那时还没有发明造纸和印刷，谁想得到一部书不是那么简单的事，一般人听人说书，荷马就是一个到处流浪的说书人。在希腊，大多数人都是文盲，不识字，不会写字，有弦乐学校和文法学校，儿童在学校学习的主要是音乐（包括诗歌、修辞等）和体操。可就在这种教育方式下，产生了众多天才。房龙指出：

希腊的大多数人是文盲，他们的诗歌、历史、哲学，大多是口耳相传，但奇怪的是他们比我们这些淹没在浩如烟海的书中的现代人更有文学修养。

何止“更有文学修养”，还更有艺术修养、更有哲学修养和更有道德修养呢！他们的事例表明，世界上最有智慧且最富有创造力的民族读书并不多，智慧不是靠多读书获得的，确定一两部经典，反复诵读就够了。

柏拉图指出，音乐教育的目的是让人认识美，爱美，这就是智慧教育的基础。柏拉图将背离这一目标的教育视作罪大恶极，根本不是教育。“在我看来，失手杀人其罪尚小，混淆美丑、善恶、正义与不正义，欺世惑众，其罪大矣。”（《理想国》）。又说：“任何以财富、身体的力气以及其他与理智和正义无关的事物为宗旨的训练，都是粗俗的、不高雅的，完全不配称作教育。”（《法篇》）

认识美，爱美，用美的目光去观察世界，全力以赴地创造美，这就是教育的真正目的，是希腊这个小民族人才辈出、成就惊世的根源。这也可以看做是最高明的治愚之道，比老庄和卢梭的无为等方式高明得多。

素质教育在中国之所以难见成效，原因有二：一是，因为很少有人认识艺术教育是它的基础，把柏拉图所说的不配称作教育的内容作为教育的全部；二是，即使有所认识，也难以实行。不是每种艺术都能收到好的教育效果的，只有那些显现灵魂本身（柏拉图所描述的宇宙灵魂）的作品，或如黑格尔所说的显现理念的作品，才会有好的效果。这类作品数量虽不算少，但大多数是希腊人、罗马人和其他欧美人的创作，其他地方的人不容易理解；即使通过教育和训练可以理解，也不容易找到合格的教师。

一个替代方案是台湾学者提出的“图画教育”，包括徒手画和用器画，一般美术教师就能胜任。

6. 好记性不如高悟性

一个社会的教育体制有深刻的文化根源和社会基础，只能一步步来。但个人还是有很大的主动性，只要发挥得好，总能取得较大的收获，其中最重要的就是确定学习目标。

“庞大论”、传统心理学和传统教育的核心是记忆和知识，大脑记忆功能广受关注，记忆天才广受追捧，学习的好坏就在于记忆在脑子里的知识数量。

东方人、西方人中，记忆力惊人者也不乏其人。

秦始皇焚书坑儒后，汉文帝需要《尚书》却找不到，是秦朝博士伏生凭记忆书写出来的。

汉朝大儒蔡邕的著作散失，他的女儿蔡文姬按照曹操的指令凭记忆将其中400多篇文章正确地撰写出来。

唐朝一位名叫常敬忠的读书人，一次应试时，对考官说自己看一遍就能诵千言。

考官找出一本罕见的万言书，让他当场看10遍并背出来。结果他看到第7遍，便背诵如流，一字不差。近代人中，陈寅恪、郭沫若等，也是记忆才子。

成功学大师卡内基的书中有大量这方面的事例。

英国史学家麦考莱就有过目不忘的本事。一部书他只要读过一遍，便能够完整地背出来。他还能够将看过的每一页印刷品像用照相机拍照那样在脑子里留下“照片”，他写作不需要翻书，图文并茂的书早就在脑子里形成。另有一位名叫“铁路杰克”的美国人，他在美国各地大学游荡，不用任何参考资料，仅凭记忆就能回答人们提出的各种古怪的历史问题，让大学生们目瞪口呆。美国总统罗斯福也以记忆力出色闻名，他能够记住来访者的姓名和各种细节，一个日本银行家在15年后再次和罗斯福见面时，因罗斯福一下子就叫出他的名字并和他继续谈论15年前的话题而感到震惊。

但卡内基更感兴趣的是记忆力差而又成就卓著的人。

头一个是爱迪生，他读书时，常把老师的讲课忘记得干干净净，被老师认为不堪造就，在学校仅3个月就被他母亲领回家自学。他出名之后，一次到法院排队纳税时，竟忘记了自己的名字，经旁人提醒后才将事办完；不过这次他是利用排队时间专心思考专业问题所致，那时他已经发明了一套特殊的记忆方法。卡内基另外提到，记忆力差得离谱的有卓别林、达·芬奇和贝比·鲁斯——被粉丝们称作“美国最伟大的棒球手”，他因为记不住他人的名字和面孔，就和每个见面的人攀谈，以免一不小心怠慢了熟人。

从成功学出发，卡内基说，记忆不是主要的，悟性才是最重要的。西方很多名人没有念过几年书，这样的人，除爱迪生和达·芬奇外，他还列出，英国作家狄更斯在学校待的时间不足4年，美国作家欧·亨利“几乎没有受到过什么教育”，另一位美国作家杰克·伦敦，“在19岁以前，还从来没有进过中学，他在40岁时就死了，可是他却给世人留下了51部巨著”，这之前，他当过乞丐、小工、水手和海盗，再一个是马克·吐温，他“对去学校上学深恶痛绝”，他的活动天地是森林、原野和密西西比河，12岁时父亲一死，就逃离学校，到一家印刷厂打工，一天，“在马路上捡到一张小纸片，激发他成了一名世界大文豪”。

我甚为欣赏一句拉丁谚语：“智者一言已足。”有悟性的人，往往能够听到或看到一句话就深受启发，做出不凡的业绩，胜过那些“淹没在浩如烟海的书中”的读书人。上面介绍的虽则主要是文学领域的事例，对科学和其他领域同样适用。

佛家最为欣赏悟性。基督教神父注重说教，佛教高僧却践行老庄的“不言之教”，对投奔佛门之人，他们往往只给他一个眼神，一个手势，或一言半语，就看来者有无悟性。我们在日常学习中倒不必省略到这种程度，但目前这种唯知识、唯书本（实际上真正爱书的人并不多）的学习方式必须改变，即使不能够让公众改变，个人也应当自己作出改变——对知识、对书本不妨抱普遍的怀疑态度、选择的态度，因故不能上学也不必灰心。

怎样才能获得悟性？在佛家看来，悟性是种天赋，有悟性的人，一言已足，立时开悟成佛；缺乏悟性的人，天天做功课也没有用，一辈子只能在佛门内念经、练功、挑水、做饭、扫地。

然而，路还是有的，能不能到达终点是另一回事，就是柏拉图所说的灵魂转向。他所说的灵魂转向可以借用佛教所推崇的顿悟说来解释。

这种悟性是可以获得的，也不难获得，就是追求目标的转向，只是大多数人不愿意做罢了。以学习来说，就是不追求功利，而追求美和智慧；不着力于积累知识、获取学分和文凭，而着力于获得辨美丑、辨善恶、辨真伪的能力，柏拉图称之为最高知识，用于创造。这样做既轻松又有益，但见不到实惠——实际实惠不仅有而且很大，只是一般人不认为是实惠，一般人不愿意做。

对个人来说，开悟或灵魂转向，会令人视野开阔、思想解放，提升到一个新境界，有望做到一般人做不到的事，这就是最大的实惠。灵魂转向的目的不是无为或仅为个人宁静，而是有为，而且大声地将它说出来，就是创造，艺术、哲学和科学皆离不开创造。

7. 当作家不当诠释家

国人自秦朝之后，思想界致力的工作最经常的就是一种：诠释。诠释帝王的思想，诠释孔子、孟子、老庄等思想家的思想，诠释佛教、基督教的思想以及世界各国名家的思想，连篇累牍，“贪多务得，细大不捐”，连他们的逸闻趣事、函件、片言只语、梦话都一一变成中文字符。诠释古人，以继承文化遗产；诠释洋人，以认识时代。诠释的工作无疑是不可缺少，但众人参与，作为主业，长期进行，就不合适了。他山之石，固然可以攻玉，用自己双手攻玉不是更好吗？与其日日夜夜孜孜以求他人的思想，不如努力发展自己的思想；当个杰出的诠释家不如当个普普通通的作家。

哲学与科学都是希腊人的发明（罗素语），向包括希腊人在内的西方人学习就离不开诠释的工作。这个工作从鸦片战争算起，有170多年，“学生”该毕业了。之所以至今还没有脱离老师，不能自立门户、独立创造，我看是选漏了一门课程，这个课程叫自信。补上这个课程罢。在西方，有几位杰出的人物，拜他们为师，跟他们学习，诠释他们的思想——让我们获得自信的思想，这才是最需要诠释的材料，他们是我们最应当感激的人，他们也是我们早就耳熟能详的人。

第一位是恩格斯。我们一般知道他和马克思是伟大的无产阶级革命家，但很少有人注意到他也是西方文化超群脱俗的鉴赏家。那个时代的欧洲，尤其是德国，哲学、科学、艺术空前繁荣，大师辈出，恩格斯对他们却是批评多于赞扬，再三叫人“回到希腊人那里去”。好容易相中了两位哲学家：费尔巴哈和黑格尔，又先后与他们说再见，从赞扬转而批判。我们一直学习无产阶级导师的思想，却没有注意到他们对待学习的态度，现在应该是补上这一课的时候了。

第二位是尼采。他“重估一切价值”工作的一个重要内容是对过去的一切哲学进行价值重估，结果是：希腊哲学价值最高，之后的哲学则难以称道。罗马帝国自身没有哲学。法国在笛卡尔出走之后没有什么哲学家。较早出现在世界舞台上的是英国一大批影响深远的思想巨人，尼采却断然宣称“他们不是哲学的种族”，培根、霍布斯、休谟和洛克令“哲学家”这一概念被唾弃和贬值。德国是哲学的家园，大哲学家成群，然而，在尼采眼中，他们也不及格。康德最著名的是“三批判”，尼采却认为批判不过是哲学的工具，康德不过是教人运用工具而已。黑格尔的逻辑同样也是哲学的工具。他们两位就这样被尼采称为“哲学工作者”而不是哲学家。康德和黑格尔被认为是近代和现代最重要的哲学家，他们若都不算是哲学家，希腊人之后世界上就没有几个哲学家，大概就剩下笛卡尔、斯宾诺莎、叔本华和尼采自己了。这种目空一切、目中无人的态度未免过了头，违背了做人要谦逊的美德，但对习惯于仰视大人物、甘当小人物的国人来说，无疑是榜样，总不能继续当“大人物”的助手吧?!

第三位是波普尔。在我们眼中西方那么多高深莫测的科学理论，在他眼里却不过是“假说和猜测”，他号召我们去反驳它们、推翻它们。

这三位西方人告诉我们，即使在西方，也没有几个大师，我们所崇敬的偶像并非那么高不可攀；在我们眼里他们显现高大，只因为我们一直跪着或趴在地上；若我们站起来，直着腰，就会发现自己与西方巨人们并没有很大的差距，超越他们并非是不可想象之事。恩格斯、尼采和波普尔让我们获得自信，今天西方世界的现实让我们进一步增强自信。

西方的现实是什么？德国人的目光最锐利，答案是他们提供的。德国历史哲学家斯宾格勒有一部惊世之作：《西方的没落》，标志着西方衰落的开始。之前是尼采的声音：上帝死了和世界进入无理想无高贵者的虚无时代，西方人走向颓废和堕落。之后是弗洛伊德的声音：文明压制了人性，病态泛滥；以及霍尔顿和霍根的声音：科学的终结，还有进步的终结和一系列的“终结”，包括人类的终结!

面对西方人描述的未来世界，可以加入他们的行列，与他们齐声合唱“文明葬礼进行曲”；也可以掉头离去，走自己的路，谱写“新时代进行曲”。“大道废有仁义”（老子语），西方衰落有东方，这正是我辈伸展拳脚的时机。其实人要前行无需等待时机，不必等到别人止步时自己才起步，西方也随时有人在止步、有人在起步，中国人并不缺乏“我思”的传统和能力，只是缺乏自信罢了。

如果准备好了，那就先把诠释的工作停下来，试试创造自己特色的作品吧。

8. 通向科学顶峰的大道

至此，一条通向科学顶峰的大道就清晰地呈现出来：通过艺术教育认识美并爱美，通过爱一切美的事物而爱智慧，让自己在某种程度上成为真理和知识的源泉，生活在理念世界之中，获得源源不断的想象力和创造力，致力于创造。若在这一切之外再加上虔诚的美德，科学发现和科学发明就将源源而至，科学的复兴就充满希望。虔诚是成功的第一要素，当代成功学家很少谈论，像科学研究这类严肃认真的事业尤其需要这种美德。缺乏它，任何工作都做不好，遑论科研。

这里展示的是一条通往科学圣殿的康庄大道，只是很少有人见到它，即使有人见到了也不愿意往上面走，因为它要求上面的行人要具备多种美德。

然而，人具有自我意识、自我追求，世间从来不缺乏高目标、高境界的追求者，这条康庄大道上一直都不缺少行人，他们是科学复兴大业的承担者，近代和当代众多创新家，都自觉或不自觉地走上这条道。这条大道上没有关卡，每一个人都可以在上面自由行走，畅通无阻，唯一的要求是爱智慧、爱知识，真爱。

境界新论

王国维有一个关于词的境界说：“词以境界为最上，有境界则自成高格，自有名句。五代北宋之词所以独绝者在此。”此论可以扩大到人生的各个方面。

所谓境界，是指思想境界，也就是个人所致力建立的精神家园，灵魂的栖息地。在总体上说，一个人，不论他目前从事什么工作，也不论他目前的地位高低，成就高下，决定未来的是他目前的思想境界。思想境界低下者，他即使不畏艰苦、挥洒99%的汗水，拼尽全力，所得必有限；而思想境界高者，他就不必刻意而为，只需轻松操作，如庄子说的“用心不劳”，成就远远高于前者。这样说偏于神秘。对于境界，说穿了就是人的追求目标和方向，不同的境界就是不同的追求。前者在目标和方向上偏低或错误，越努力越偏离正确目标，即使不错也高度有限；后者目标和方向正确，缓步而行就收获不断，前途一片光明，这一点对思想者来说尤其重要。艺术家、哲学家、科学家等都可以笼统地称作思者，目标和方向是最重要的。

对形形色色的目标，这里可以省略不论，集中力量探讨最高的目标，这才是最重要的——谁追求最高目标谁就是进入了最高的境界，其成就也必定是最大的。可是这最高目标也是个见仁见智的话题。

一个共识是：为他，并以范围大小而定。按照这一思路，为家者就比为个人者境界高，为集体者又比为家者境界高。再往上就是为民族、为国家以至为人类。英国哲学家边沁将其归结为：最大多数人的最大幸福，或最大多数人的最大利益，即追求利益总和最大化（在他那里，幸福等于利益）。

然而，即使这个共识，也不是争论的终点，因为幸福（从而利益）同样是见仁见智的话题，人们永远不会在利益上取得一致，达成共识。在现实中，有所得必有所失，有所失也必有所得；有得利的一方，往往也就意味着有失利的一方；即使实现共赢、共同富裕等理想状态，很可能也是共同不幸——共同变得懒惰、不思进取、贪婪、腐败等。

需要改变的观念是，作为最高的追求，不应当是最大利益，而是真正利益。前者是个数量指标，着眼于多；后者是个质量指标，着眼于好。我们应当追求的不是最多，而是最好，也就是希腊哲人提出的至善。至善就是最好、极好，好到不能再好，从字面上说作为最高追求目标是无可置疑的。在实践中，我们也可以理解为，希腊文明之所以高于其他文明，就是因为希腊人懂得追求至善，他们的思想境界无人能及。

全部目标的关键词可以归结为两个：灵魂和整体。前面提到的目标都是为身体和局部的，不可能达到至善；与之相对的是柏拉图的整体观，也就是宇宙灵魂观。宇宙灵魂由最好的理智组成，我们要认识它、保护它、获得它，并以此为最高的追求目标。所谓境界，最终可以归结为灵魂的境界和身体的境界，前者高而后者低。人的灵魂来自宇宙灵魂，是它的组成部分，不必刻意为国家、为民族、为人类，只要为自己的灵魂，将追求身体的福利转变为追求灵魂的提升，就是指向为整体。贡献大小是另一回事，方向是正确无误的，只要这样做，国家、民族以至人类会从中受益。人在这种境界中，视野宽广、思维活跃。按照“动机与效果统一论”，只要动机是为身体，它的效果在整体上必是消极的。相反，若动机是为灵魂，效果必是积极的。这当中的道理前面论述已经够充分，这里从略。

这样绕来绕去又绕回到灵魂论上，灵魂就是笛卡尔所说的心灵，黑格尔所说的精神，其重要性是确定无疑的。心理学是灵魂的科学，让人认识灵魂，关注灵魂就是它的最高使命。研究身体的科学很多，研究灵魂的科学就这一门，我们要珍惜这门科学，不要将它搞成研究身体的科学。做人不仅要“有点精神”，而且要有许多精神，要将精神摆在身体的前面，这就是智慧的表现，是一切成功的秘诀。它反映在日常普遍的“选择”或“取舍”行为上——为身体的人以获取为目标，全力以赴地获取；为精神的人则着眼于舍弃。从获得幸福的角度来看，后者往往比前者真实且易行，因为“舍弃”很容易做到而“获取”却很费力气。身体的欲求是多样的而且贪得无厌，为身体欲求的人即使拼尽全力，收获丰硕，最后还是不满足，身后留下许多遗憾；为精神的人则会感觉越来越轻松，越来越充实，持续生活在平静的快乐之中。

舍弃是老庄的信念，弃可欲、弃仁义、弃难得之货，最后到“绝圣弃智”和“绝圣弃知”；它也是佛家的信念，彻底的空无，舍弃之论可说是古已有之。这里倡导的舍弃就完全不同于老庄和佛家倡导的舍弃，区别在于境界——建立在整体观上的境界是至高无上的。老庄的境界不算低，但比起整体观来就差了一两个档次，原因在于它局限于少数人身上并且坚守无为主义。老子赞颂圣人，庄子赞颂真人，称“至人无己，神人无功，圣人无名”，一般人要达到他们的境界是困难的，但也不是理想状态。试想想，一个社会若到处都是些至人、神人、圣人加上真人，会是什么样子？他们虽则“不伤人”、“无弃人”也“无弃物”，反对战争和杀戮，但也无所作为。他们以婴儿为榜样，“事无事”，更“不敢为天下先”，终日不言不语（“知者不言”），不与人争辩（“善者不辩”），扮“傻瓜”（“大智若愚”）。别人要向他们学习，他们就“行不言之教”，让学生一个个“堕肢体，黜聪明，离形去知”……你说，这么一伙人，对社会进步能够起到什么积极的作用？还要考虑供养他们。由于缺乏系统而清晰的论述，这些至人、神人、圣人和真人的思想和行为是可疑的，我们决不能盲目地崇敬他们，不要把他们作为仿效和追求的对象。建立在整体观上的境界却适合于每一个人而且是最易行的，人人都可以身体力行：只要每个人关注自己的灵魂就可以了。人们日常生活中本来就有很多东西是多余的，需要舍弃，就看你愿不愿意实践，它的目标却是极高的——转向创造。

附录　中外文姓名对照表

阿德勒　Alfred. Adler
阿基米德　Archimedes
阿奎那　Thomas Aquinas
阿里斯塔克斯　Aristarchos
阿利斯特·哈代　Alister Hardy
阿那克萨哥拉　Anaxagoras
阿那克西曼德　Anaximander
阿西莫夫　Isaac Asimov
艾迪生　Joseph Addison
艾克尔斯　John Carew Eccles
艾里斯　Havelock Ellis
爱比克泰德　Epictetus
爱迪生　Thomas Alva Edison
爱丁顿　Arthur Stanley Eddington
爱尔维修　Claude Adrien Helvétius
爱因斯坦　Albert Einstein
欧·亨利　O. Henry
奥尔巴赫　Leopold Auerbach
奥尔兹　James Olds
奥古斯丁　Aurelius Augustinus
奥肯　Lorenz Oken
奥勒留　Marcus Aurelius
奥托　H. A. Otto
奥修　Osho
巴尔扎克　Honoré de Balzac
巴甫洛夫　Ivan Pavlov
巴赫　Johann Sebastian Bach
巴罗　Barlow
巴门尼德　Parmenides
巴斯　David Buss
柏克哈特　Jacob Burckhardt
柏拉图　Plato
贝比鲁斯　Babe Ruth
贝多芬　Ludwig van Beethoven
贝尔　Charles Bell
贝尔纳　Claude Bernard
贝克莱　George Berkeley
贝塔朗菲　Ludwig von Bertalanffy
彼得一世　Peter the Great
毕达哥拉斯　Pythagoras
波尔茨曼　Ludwig Boltzmann
波普尔　Karl Popper
波义耳　Robert Boyle
伯里克利　Pericles
布丰　Buffon
布鲁纳　Jerome Seymour Bruner
布鲁诺　Giordano Bruno
布罗德曼　K. Brodman
布罗卡　Pierre Paul Broca
布罗特　Boris Brott
布瓦洛　Nicolas-Despreaux Boileau
策勒尔　Eduard Zeller
池田大作　Daisaku Ikeda
达·芬奇　Leonardo da Vinci
达尔文　Charles Robert Darwin
达特　Raymond Dart
戴蒙　Jared Diamond
戴森　Freeman Dyson
戴维　Humphry Davy
丹地　Walter E. Dandy
但丁　Dante Alighieri
道尔顿　John Dalton
道金斯　Richard Dawkins
德谟克利特　Democritus
狄奥多西二世　Theodosius II
狄更斯　Charles Dickens
狄拉克　P. A. M. Dirac
笛卡尔　René Descartes
第奥根尼　Diogenes
第谷　Tycho Brahe

丢勒　Albrecht Durer
杜林　Duhring
恩格斯　Frederick Engles
恩培多克勒　Empedocles
法拉第　Michael Faraday
法朗士　Anatole France
凡尔纳　Jules Verne
房龙　Hendrik Willem van Loon
费尔巴哈　Ludwig Feuerbach
冯·诺依曼　John von Neuman
冯特　Wilhelm Wundt
弗莱明　Alexander Fleming
弗洛伊德　Sigmund Freud
伏尔泰　Voltaire
福尔摩斯　Sherlock Holmes
福禄培尔　Fredrich Froebel
富兰克林　Benjamin Franklin
富勒　Thomas Fuller
伽利略　Galileo Galilei
盖伦　Galen
哥白尼　N. Copernicus
格尔森　Michael D. Gershon
格雷厄姆　Sonny Graham
格林菲尔德　Susan Greenfield
葛里克　Otto von Guericke
哈林顿　James Harrington
哈维　William Harvey
海德　Herry Head
海弗利克　Leonard Hayflick
海伦·凯勒　Helen Keller
海森堡　Werner Heisenberg
赫尔巴特　J. F. Herbart
赫拉克利特　Heraclitus
赫林　Ewald Hering
赫斯　W. R. Hess
赫胥黎　Thomas Henry Huxley
黑格尔　G. W. F. Hegel
华莱士　Alfred Russel Wallace
华生　John Watson
霍布斯　Thomas Hobbes
霍尔巴赫　P. H. D. Holbach
霍尔顿　Gerald J. Holton
霍根　John Horgan
霍金　Stephen William Hawking
焦耳　James Prescort Joule
杰克逊　John H. Jackson
久保田競　Kubota Kisou
居维叶　Georges Cuvier
卡赫　Ramony Cajal
卡莱尔　Thomas Carlyle
卡内基　Dale Carnegie
卡诺　N. L. S. Carnot
卡西尔　Ernst Cassirer
开普勒　Johannes Kepler
恺撒　Augustus Caesar
康德　Immanuel Kant
康迪拉克　Condillac
康帕内拉　Tommaso Campanella
柯布西埃　Le Corbusier
科恩　Bernard Cohen
克尔凯郭尔　Soren Aabye Kierkegaard
克莱因　Morris kline
克劳修斯　Rudolph Clausius
克林顿　Bill Clinton
夸美纽斯　Johann Amos Comenius
昆体良　Marcus Fsbius Ouintilianus
拉·梅特里　La Mettrie
拉尔修　Diogenes Laertius
拉斐尔　Raffaello Sanzio
拉马克　Monet Lamarck
拉普拉斯　Pierre Simon de Laplace
拉什利　Karl S. Lashley
莱昂斯　John Lyons
莱布尼茨　Gottfried Wilhelm Leibniz
赖德　Albert Pinkham Ryder
朗吉弩斯　Casius Longinus
雷　John Ray
利伯曼　Philip Lieberman
利斯　Martin J. Rees
列道克斯　Joseph LeDoux
林奈　Carl Linne
留基伯　Leucippus

龙萨 Pierre Ronsand
卢梭 Jean Jacques Rousseau
鲁利亚 Alexander R. Luria
路德 Martin Luther
伦敦 Jack London
伦琴 Wilhelm Rontgen
罗波 John Lorber
罗森 Stanley Rosen
罗斯 Steven Rose
罗斯福 Franklin Roosevelt
罗素 Bertrand Russell
洛克 John Locke
洛伦佐 Konrad Lorens
马赫 Ernst Mach
马卡连柯 Anton Makarenko
马克思 Karl Marx
马戎弟 Francois Magendie
马如利克 Marulic
迈克尔逊 A. A. Michelson
麦考莱 Thomas Macaulay
麦克莱恩 Paul Maclean
麦克林托克 Barbara McClintock
麦克斯韦 James Clerk Maxwell
门捷列夫 D. I. Mendeleyev
蒙台梭利 Maria Montessori
孟德斯鸠 C. L. Montesquieu
米德 Margaret Mead
米尔 Angenes Mille
米尔纳 Peter Milner
缪勒 Johannes Peter Muller
摩根 Elaine Morgan
莫雷 E. W. Morley
莫利斯 Desmond Morris
尼采 Friedrich Nietzsche
牛顿 Isaac Newton
欧几里得 Euclid
帕拉塞尔苏斯 Paracelsus
潘菲尔德 Wilder Graves Penfield
泡利 Wolfgang Pauli
培根 Francis Bacon
佩其 Charles Péguy
彭加勒 Henri Poincare
皮尔士 Charlce Peirce
皮亚杰 Jean Piaget
普京 Vladimir Putin
普利斯特利 Joseph Priestley
普林尼 Gaius Plinius Secundus
普洛丁 Plotinus
普桑 Nicolas Poussin
乔叟 Geoffrey Chaucer
丘奇兰德 Patricia Churchland
荣格 Carl Gustav Jung
萨德 Donatien Sade
萨哈罗夫 A. D. Sakharov
萨特 Jean Paul Sartre
塞尔维特 Michael Servetus
塞万提斯 M. C. Saaredra
莎士比亚 William Shakespears
商博良 Jean – Francois Champollion
尚若 Jean – Pierre Changeux
施密特 Bernhard Schmidt
叔本华 Arthur Schopenhauer
司马贺 H. Simon
斯·丹纳 H. A. Taine
斯蒂芬斯 Lincoln Steffens
斯金纳 B. F. Skinner
斯佩里 Roger Wolcott Sperry
梭伦 Solon
索绪尔 Ferdinand de Saussure
汤恩比 Arnold Toynbee
提丢斯 Titus
图灵 Alan Mathison Turing
土光敏夫 Soil Toshio
托尔斯泰 Leo Nikolayevich Tolstoy
托勒密 Ptolemy
威吉斯 Tom Wiggins
威利斯 Thomas Willis
威特 Carl Weter
韦尔斯 H. G. Wells
维格纳 Eugene Paul Wigner
维吉答萨拉阿毗旺萨 Vicittasarabhivamsa
维柯 Giambattista Vico

维萨留斯 A. Vasalius
维特根斯坦 Ludwig Wittgenstein
乌申斯基 K. D. Ushinski
西塞罗 Marcus Tullius Cicero
希波克拉底 Hippocrates
希瓦兹 Gary Schwartz
谢林 F. W. J. Schelling
谢伊诺夫斯基 Terrence J. Sejnowski
休谟 David Hume
薛定谔 Erwin Schrodinger
亚里士多德 Aristotle
亚历山大大帝 Alexander the Great
约旦 E. P. Jordan
詹腓力 Phillip E. Johnson
詹姆斯 William James
兹维斯 Fritz Zwicky

跋

◎**新理论与传统理论的差异**。可用两个概念一句话鲜明地显现出来，这就是：神经弧人对神经元人，英文是“Neurarcal Man vs Neuronal Man”。

◎**最高知识加想象力的力量有多大？**这部书就是个样板，它是对科学世界的大颠覆。对大脑中心论的颠覆：神经弧论。此外，还有：对反映论心理学的颠覆：精神心理学；对达尔文自然进化论的颠覆：斗争进化论；对人猿陆生论的颠覆：水猿理论；对机械系统论的颠覆：辩证系统论；对波普尔证伪理论的颠覆：生命力论等。

◎**新理论的实质是冯特理论的延伸**。一切心理活动来自生理活动，一切脑活动来自神经弧活动，范围扩及整体神经系统；生理健康是心理健康的基础，心理健康是生理健康的保证。神经弧论是生理学和心理学结合的产物，神经弧本身就具有生理性与心理性这两重性。

◎**不要反感灵魂论**。心理学就是“灵魂的科学”（Psycholog）。它的要素有三个：精神自我意识、内省和神经系统。

◎**心理学的新定义**。心理学是以神经系统为生理实体研究精神自我意识的科学，它的正确称呼就是精神心理学。

◎**赞美精神**。人远远地超越动物之处是人有精神，动物没有。动物拥有自我意识，是肉体性的，就是本能。人不仅拥有肉体自我意识，而且拥有精神自我意识，这后一种自我意识是动物所缺乏的，人就是拥有精神自我意识的动物。恩格斯称，地球上“最美的花朵”是“思维着的精神”。

◎**灵魂重于身体**。你若忌讳灵魂这个词，可将它转换为精神或心灵好了，但应当坚定不移地将它置于身体之上，这是人生幸福之道。大多数人反其道而行之，将身体置于灵魂的前面，甚至只知有身体，不知有灵魂，这是一切不幸和丑恶的根源。科学发现就需要灵魂的视觉，习惯盯着肉体、钱财、荣名的眼睛是看不见科学真理的。精神心理学的任务就是帮助人认识灵魂（精神）的重要性，致力于灵魂的提升。

◎**灵魂就是神经系统**。神经系统由神经弧组成，人在出生时已具雏形，遗传信息与集体无意识以组织结构形式隐藏其中，在降生后经环境刺激激活。

◎**神经弧的性质**。神经弧以感官为中心，伸出神经纤维通向大脑，大脑是神经弧终端的汇聚区，大脑如被部分切除，汇聚区将转移至保留脑区或下脑。神经弧就是感官伸展至大脑的神经链。

◎**神经通道的概念**。它是由特定刺激形成，为特定目的服务的比较稳定神经连接，包括基本通道、长期通道和临时通道三种，分别由刺激的次数和强度所决定。

◎**初生教育最重要**。人的智慧在 0－3 岁形成。理由之一是人的神经弧和基本神经通道在这个时期通过印随学习形成和定型，终生不变。胎教将这个过程往前延伸，其作用应当肯定。

◎感性与概念（理性）。在数以百万年计的漫长岁月中，人一直生活在感性之中；发明文字并获得概念只是近几千年的事。因此，人最容易接受的是感性事物，人的语言、记忆和思维在本质上是感性的。

◎动物与植物都有记忆和思维能力。这是部分科学家的观念。这种能力属于动植物的本能，且全是感性形式，自动起作用，范围限于性与食物，属于生存智慧。

◎记忆的两重性。人不仅大脑有记忆，器官和细胞同样有记忆，即心理上和生理上都有记忆而且生理记忆是更基本的。概括地说：记忆就是整体神经系统的基本功能。

◎记忆与思维。记忆分为感官记忆和概念记忆两种，每条神经弧拥有专门的感官记忆功能，与其他神经弧连接产生概念记忆，意识与思维也以这种形式产生。神经元没有独立的记忆和思维功能，它只是组成神经纤维的材料而已，建立在神经元基础上的大脑潜力“庞大论”是虚假的。

◎大脑不如小脑重要。传统理论将大脑称作学习的器官和知识的仓库，是人的智能中心，没有认识到它只是下脑的延伸，小脑比它重要；小脑是智慧的寓所，丘脑是灵魂的寓所，它们才是人脑中的关键。

◎大脑是神经系统的“终端机”。绝对应当颠倒地看大脑：它并不像人们所认定的那么重要。它不过是神经弧的交汇中心而已，半脑人和无脑人现象表明，这个中心还可能转移；人的意识不仅在脑，而且存在于多个神经结如腹部神经结中（“腹脑”论）。大脑实际是整个神经网络的“终端机”，神经系统本身才是“主机”，神经弧则是这个系统的主要“元件”。

◎“庞大论”是伪科学。“大脑潜力庞大以致无限”之论纯属无稽之谈。要论大脑的利用率，我的估计是：一般人当在70%左右，即使未受过正规教育的文盲，也应认为在60%左右，因为他们一般能控制自己的行为，正常地进行生产劳动。而那些受过高等教育从事复杂脑力劳动的知识分子，其大脑开发程度一般在80%左右，有杰出能力和重大贡献的杰出人物，其大脑开发程度当在90%以上。只有那些患有严重脑部疾病，不能进行正常学习、劳动的人，和自幼脱离了人类社会的“兽孩”，大脑利用率才在10%左右。

◎音乐神经通道的重要性。一个人成长为什么样的人，决定性的一点是：他自幼获得的是个什么样的音响系统，时时浮现在他心灵中的是什么样的乐曲和歌声，主导思维和想象中经常吟唱的是什么样的音乐旋律和主题曲，而不是他在学校里学了什么专业，掌握了多少知识。

◎通过练手提升灵魂。善待你的双手，它就能给你善的回报；恶待它们，就只会有恶劣的回报。我曾将合理安排双手的活动作为提升灵魂的一个途径，诚非虚言。此外，没有更好的途径。

◎健康要诀。人体是部热机，要想让它运转正常，就要亲近冷水。游泳、泡澡、淋雨、光脚在水中行走，用冷水洗脸和浇头，天天如此，有条件的话不妨连睡眠也在水中；相应地，要尽量少穿衣物和处于温暖舒适的环境中。

◎从猿到人三大自然元素。那就是水、鱼和恒欲，缺一不可。

◎恒欲的力量势不可挡。水、鱼、直立让猿获得恒欲，恒欲让猿产生爱情、言语并过上社会生活，同时走上斗争与飞跃式进化的道路，终至成人。

◎斗争进化论。斗争缩短了进化过程，斗争让动物获得智慧，残酷的斗争让猿最终进化成人。自然界无飞跃，人间世有飞跃，有斗争就有飞跃，斗争促成飞跃；在自然界，自我意识出现前，渐进是主流；自我意识出现后，飞跃取代了渐进，成为主流，出现人类社会。

◎人的定义。人是唯一拥有精神自我意识的动物。

◎学习最高知识的重大收获。发现五条真理的真理：真理与真理的发现者不可分；真理就是全体（黑格尔）；智慧是真理和知识的源泉（柏拉图）；追求绝对真理，获得相对真理；真理是社会公共资源。

◎人有能力发现绝对真理。起码已经发现了如下绝对真理：数学、化学、物理学、天文学、理念论和整体论（The Whole）。

◎真理需要追求才能得到。真理不像阳光，走到户外就能够得到；也不像伊甸园中的善恶树，伸手就能够采摘其上的果子。真理更像深埋地下的煤炭和石油，需要人艰苦探查和深入挖掘出来，并引火点燃，才会迸发耀目的光彩。

◎哲学与科学的基本分工。人起码是两重的，既是物质的，又是精神的，这是人与动物的显著区别，动物没有精神。换一种说法就是，人有身体和灵魂，在学术上也就有身体的学问和灵魂的学问，分别属于科学和哲学，这也是两者的基本分工。

◎灵魂与身体。柏拉图指出，灵魂是创造主用最优秀的理智（the best of intellectual）造成的，具有永恒的性质，是被造物中的最优秀者。因此，人应当为灵魂而不是为身体而活着，将追求灵魂提升放在第一位。懂得这样做的人，将获得灵魂的视觉，创造力最强，成就最大，最幸福。

◎灵魂提升之道。灵魂具有爱运动的特性，因而让灵魂学习从而得到提升的途径：一是以智慧充当灵魂的助手；二是努力改进自己的“手脑神经大通道”；三是通过艺术教育造就一个优秀的神经系统。

◎真理和知识的关系及来源。真理来自信念，知识来自真理，两者最终的来源是智慧。座右铭：与真理为友，与知识为友，更要与智慧为友，智慧是真理和知识的源泉。

◎模仿希腊人作的定义。艺术是爱美（philo-beauty）；哲学是爱智慧（philo-sophia）；科学是爱知识（philo-science 或 philo-knowledge），简称爱美、爱智、爱知，它们分别指向人的辨美丑、辨善恶、辨真伪的能力，即通常所说的真善美。但三者并非是同等的，美和善是永恒的、绝对的，真却在任何时候都是相对的。

◎智慧的定义。智慧就是发现真理，创造知识和运用知识的能力。哲学家长于发现真理，科学家长于创造知识和运用知识，大科学家往往又是哲学家。

◎智慧比真理重要。我们不能死心塌地地爱真理，因为我们能够认识的只是相对真理。我们更需要爱的和拥有的是发现真理的能力，即辨真伪、辨善恶的能力，也就是智慧。它是唯一能够引导人发现相对真理和接近绝对真理的力量，智慧是真理之源。

◎智慧决定成就。最早命名智慧又最重视智慧的民族走在世界的最前方，那就是希腊人，紧随其后的还有罗马人、犹太人和日耳曼人。埃及人和印度人可能在希腊人之前就认识智慧，却没有给予足够的重视。中国人独立给智慧命名的时间也很早——老子的《道德经》中就出现了智慧（或称“慧智”、“智”）之论，只可惜随即被抛弃了：“绝圣弃智”。

◎存在与智慧的关系。世界上根本不存在与人的智慧无关的所谓客观存在，一切存在都来自智慧，只有包含智慧的存在才是真的存在，才是真理，智慧是真理的源泉。智慧未能透彻参悟的存在，就不是真的存在，不是真理。

◎存在与思维的关系。人们的一个普遍的错觉是把自然认作是一个独立于人的实体，殊不知：它却是与精神共存之物。“自然不能离开精神而存在，精神不能离开自然而存在”，这是黑格尔在将近200年前就说过的话。需要加以强调的是，在两者之中，精神是主导因素，因为只有精神具有主动性。

◎真理与知识的关系。知识来自真理，真理得到确认立刻变成知识。数学曾被认为全部是真理，克莱因在20世纪却宣布：数学中没有真理。苏拉德认为，在知识宝库已经相当完善的今天，科学中也变得不再有真理，只有知识了。知识体系的建立和完善，意味着真理功成名就的隐退。

◎不要回避绝对和永恒的课题。不敢谈论绝对真理，把绝对与永恒的课题归诸宗教，是人束缚自己心灵的做法。任何课题都是人为，连宗教与神都是人造的，都可以摆放在人类的理智面前，作为科学研究的对象。

◎追求绝对与永恒。这些事物只存在于人的心灵中，现实中见不到，也没有人能够达到，但可以无限接近，把它们作为追求目标不会错。柏拉图指出的整体（The Whole）就是最高的绝对和永恒，可以作为人类普遍的追求目标。

◎人的使命。中国人认定自己的任务是认识他人和社会，“世事洞明皆学问，人情练达是文章”（《红楼梦》），人情世故是做人的根本；希腊人却将“认识自己”放在第一位。似乎各有各的理。但当我们想到，若人不能“认识自己”，我不能认识“我”时，我就不是为自己而活着，而是为其他——他人，他物，或为虚幻的、荒唐的、无聊的想法，等等——活着，就会领悟到希腊人高明之处。而我们大多数人就这样从对己无知（还自我安慰为“难得糊涂”）中过来，却意满志得或自我感觉良好，自以为幸福地度过了一生。

◎艺术、哲学、科学三位一体论。艺术是哲学和科学的源泉或创作者，亚忒女皇是伟先生的母亲，赛先生的祖母，万美之源。一个国家，只有当艺术优美时，它引发的哲学和科学才可能是美的、优秀的。一个国家如果缺乏优美的艺术，它产生的哲学和科学将是粗糙的、肤浅的，甚至根本不可能产生。这是哲学和科学都产生于希腊并且哲学一产生即达到高峰而世界上大多数国家在这些方面少有成就的深层原因。

◎哲学与科学的关系。是哲学孕育出科学，科学从哲学中产生，离开哲学，科学将寸步难行。过分尊崇赛先生，怠慢了它的父亲伟先生，是许多国家既未能发展起哲学，科学也止步不前的重要原因。

◎哲学的命运。哲学不仅帮助了科学，让科学成长壮大，而且哲学自身也走向科学，成为“哲学科学”（黑格尔语），并产生众多分支。这个事件自亚里士多德开始。

◎马克思主义哲学来自黑格尔。马克思和恩格斯称黑格尔为头足倒立着看世界的人——黑格尔也承认自己的方法是颠倒了的，——但马克思和恩格斯赞赏的是黑格尔，而不是当时欧洲的唯物主义者，尽管他们是“正立”的。唯物主义者费尔巴哈批判唯心主义者黑格尔，马克思和恩格斯却批判费尔巴哈，捍卫黑格尔，虽则后来又宣布脱离黑格尔。

◎观察世界的方式。所有人都被教育用颠倒的方式看世界，即从思想、从观念去观察世界；但大多数人没有这种感觉，习惯成自然，正像人们不再感觉视觉的颠倒一样——实际进入视网膜的是些颠倒的影像。

◎真爱的辩证法。真爱就是爱对象的本身而不是本身之外的因素。爱一个人是爱他本身而不是他的名誉、地位和财产等；爱科学也是这样，要爱知识本身而不是它可能给你带来的便宜。

◎境界就是追求目标。要勇于追求最高的目标，进入最高的境界，为整体作贡献。相应地，要参与最大的学习，掌握最高知识，追求绝对真理。这一切并非高不可攀，而是最为轻松易行的，最高境界就是最易的境界，就看你愿不愿意走进去。

◎恩格斯给世界指明前进的方向。回到希腊人那里去，为哲学、科学和其他。

◎各法各用。没有绝对对立的方法，演绎法和归纳法，辩证法和机械论，都是人的创造物，各有所用，我们要兼收并蓄。面对瞬息万变的世界，我们既需要普遍方法、联系方法、综合方法、描述方法；又需要特殊方法、孤立方法、分析方法、计算方法。没有完善的方法，只有合适的方法；没有最好的方法，只有较好的方法。

◎中国科学突破之路。目标：致力于创建科学的新顶峰而不是努力攀登科学现有的高峰。主要途径：大力倡导“理论思维”，鼓励创立新理论和新学派；将引进人才，购买技术，建设重点实验室置于次要地位。

◎伟大作品的产生。人类社会所有重大的发明创造都是建立在全部人类文明基础上的，而且只有建立在全部人类文明基础上的发明创造才是伟大的、完美的精神文明成果。仅靠一业之专、一技之长、一得之见产生的成果，可能是具有巨大经济效益或科学价值的成果，甚至可能是诺贝尔奖获奖项目，但很难是伟大的、完美的精神文明成果。

参考文献

[1] 恩格斯．自然辩证法[M]．北京：人民出版社，1971.

[2] 柏拉图．理想国[M]．北京：商务印书馆，2002.

[3] 亚里士多德．形而上学[M]．北京：商务印书馆，1996.

[4] 黑格尔．小逻辑[M]．北京：商务印书馆，2005.

[5] 黑格尔．哲学史讲演录[M]．北京：商务印书馆，1997.

[6] 尼采．希腊悲剧时代的哲学[M]．北京：商务印书馆，2006.

[7] 叔本华．作为意志和表象的世界[M]．上海：商务印书馆，1997.

[8] 策勒尔．古希腊哲学史纲[M]．上海：上海人民出版社，2007.

[9] 伍蠡甫．西方文论选[C]．上海：上海译文出版社，1979.

[10] 周辅成．西方伦理学名著选辑[C]．北京：商务印书馆，1987.

[11] 北京大学哲学系外国哲学史教研室．西方哲学原著选读[C]．北京：商务印书馆，1981.

[12] 中国社会科学院哲学研究所自然辩证法研究室．现代自然科学的哲学问题[M]．长春：吉林人民出版社，1984.

[13] 马奇．西方美学史资料选编[C]．上海：上海人民出版社，1987.

[14] 罗素．西方哲学史[M]．北京：商务印书馆，1980.

[15] 罗素．西方的智慧[M]．北京：世界知识出版社，1982.

[16] 波普尔．科学知识进化论[M]．上海：三联书店，1987.

[17] 波普尔．波普尔思想自述[M]．上海：上海译文出版社，1988.

[18] 贝塔朗菲．一般系统论：基础、发展和应用[M]．北京：清华大学出版社，1987.

[19] 沈骊天．系统信息控制科学原理[M]．南京：南京大学出版社，1987.

[20] 莫利斯．裸猿[M]．天津：百花文艺出版社，1987.

[21] 达尔文．物种起源[M]．北京：科学出版社，1972.

[22] 赫胥黎．人在自然界的位置[M]．北京：科学出版社，1971.

[23] 布朗．自我[M]．北京：人民邮电出版社，2004.

[24] 贝尔纳．实验医学研究导论[M]．北京：商务印书馆，1991.

[25] 房龙．艺术的故事[M]．北京：中国妇女出版社，2004.

[26] 费比恩．剑桥年度主题讲座·起源[M]．北京：华夏出版社，2006.

[27] 费比恩．剑桥年度主题讲座·进化[M]．北京：华夏出版社，2006.

[28] 卢梭．爱弥儿[M]．北京：商务印书馆，1996.

[29] 谢尔盖耶夫．智慧的探索[M]．上海：三联书店，1987.

[30] 梭罗．瓦尔登湖[M]．上海：上海译文出版社，2004.
[31] 维柯．新科学[M]．北京：商务印书馆，1989.
[32] 海克尔．宇宙之谜[M]．西安：陕西人民出版社，2005.
[33] 雅斯贝斯．时代的精神状况[M]．上海：上海译文出版社，2005.
[34] 纳撒尼尔·哈里斯．古希腊生活[M]．太原：希望出版社，2006.
[35] 曹日昌．普通心理学[M]．北京：人民教育出版社，1987.
[36] 彭聃龄．普通心理学[M]．北京：北京师范大学出版社，1988.
[37] 伍德．动物生理学原理[M]．北京：人民教育出版社，1981.
[38] 威尔斯．人类演化的未来[M]．北京：社会科学文献出版社，2002.
[39] 霍尔顿．科学与反科学[M]．南昌：江西教育出版社，1999.
[40] 李难．进化论教程[M]．北京：高等教育出版社，1990.
[41] 朱滢．文化与自我[M]．北京：北京师范大学出版社，2007.
[42] 胡纪泽．拷问心理学[M]．北京：中国城市出版社，2009.